《国务院关于支持赣南等原中央苏区振兴发展的若干意见》

简明读本

"Several Opinions of the State Council on Supporting the Rejuvenation
and Development of Gannan and Other Parts of Former Central Soviet Areas":

A Concise Reader

本书编写组　编

社会科学文献出版社
SOCIAL SCIENCES ACADEMIC PRESS (CHINA)

前　言

2012 年 6 月 28 日，这是一个值得铭记的日子。这一天，《国务院关于支持赣南等原中央苏区振兴发展的若干意见》（以下简称《若干意见》）出台。《若干意见》以科学发展观为指导，立足赣南等原中央苏区的特殊地位、特殊贡献和特殊困难，给予特殊的扶持政策。这是党中央、国务院着眼革命老区扶贫攻坚、全面建成小康社会作出的重大决策，饱含了党中央、国务院对赣南苏区人民的深切关怀和巨大支持，体现了我们党的执政理念、根本宗旨和执政追求，彰显了中国特色社会主义制度的优越性，对于全国革命老区加快发展具有标志性意义和示范作用。

赣南苏区是原中央苏区的主体和核心区域，是人民共和国的摇篮和苏区精神的主要发源地，为中国革命作出了重大贡献和巨大牺牲，在中国革命史上具有特殊重要的地位。新中国成立特别是改革开放以来，赣南苏区经济社会发生了翻天覆地的变化，但由于种种原因，后发展、欠发达状况没有得到根本改变，与全国的差距仍在拉大，迄今仍是全国较大的集中连片特殊困难地区。《若干意见》将赣南苏区作为支持的主体和重点，为赣州发展进行顶层设计，系统提出了赣州经济社会发展的行动纲领，是赣州发展史上的重要里程碑，给赣州带来亘古未有的重大历史机遇，必将开启赣州发展的新纪元。

赣南苏区振兴发展，寄托着 10.82 万革命先烈和无数革命先辈的奋斗理想，承载着赣南苏区人民数十年、几代人的孜孜追求。《若干意见》的出台，只是赣南苏区振兴发展的"万里长征第一步"。抓好《若干意见》的实施，进一步明晰振兴发展的时间表和路线图，切实把中央的扶持政策转化为加快发展、转型发展、跨越发展的强大动力，是赣州今后一个时期的重大战略任务。为使社会各界进一步了解《若干意见》出台的背景和过程，深度理解和把握《若干意见》的精神实质和主要内容，从而全面加快推进赣南苏区振兴发展，在国家发展改革委的指导帮助下，中共赣州市委、赣州市人民政府专门成立编撰小组组织编写了《〈国务院关于支持赣南等原中央苏区振兴发展的若干意见〉简明读本》（以下简称《读本》）。

《读本》主要以赣南苏区为视角，紧密联系赣州市情和经济社会发展的新形势、新任务、新情况，围绕《若干意见》的重大意义、指导思想、基本原则、战略定位、发展目标、主要任务和扶持政策等重要方面，进行了全方位、多层次的分析解读。本书分上下两篇，上篇主要为重要文件、领导讲话、解读文章和媒体报道等；下篇采取简明问答的形式，紧扣《若干意见》内容条文，精心挑选了166个对赣南苏区振兴发展有直接影响、干部群众关心关注的重要问题，着重解释政策的背景、内容和效应，分析面临的形势、挑战和机遇，阐明贯彻落实的思路举措；在突出内容的前瞻性、准确性和针对性的同时，又注重素材的丰富实用和语言的通俗易懂；力求作深入浅出和有说服力的解读，编成既是政策的解读本，又是市情的宣传册，还是工作的参考书，以期对广大干部群众深入学习领会和创造性贯彻落实《若干意见》有所裨益。

在《读本》编写过程中，以赣州市直各部门单位提供的素材为基础，同时参阅了其他方面的一些资料。由于本书涉及经济社会发展的方方面面，涵盖内容广而深，加之编者水平有限，疏漏和不当之处，敬请各位读者批评指正。

编　者

2013 年 2 月

目 录

上 篇

文 件

领导讲话

下　篇

上　篇

文 件

国务院关于支持赣南等原中央
苏区振兴发展的若干意见

国发〔2012〕21 号

各省、自治区、直辖市人民政府，国务院各部委、各直属机构：

赣南等原中央苏区在中国革命史上具有特殊重要的地位。新中国成立特别是改革开放以来，赣南等原中央苏区发生了翻天覆地的变化，但由于种种原因，经济社会发展明显滞后，与全国的差距仍在拉大。为支持赣南等原中央苏区振兴发展，现提出如下意见。

一　重大意义

（一）重要性和紧迫性。赣南等原中央苏区地跨赣闽粤，是土地革命战争时期中国共产党创建的最大最重要的革命根据地，是中华苏维埃共和国临时中央政府所在地，是人民共和国的摇篮和苏区精神的主要发源地，为中国革命作出了重大贡献和巨大牺牲。由于战争创伤的影响，以及自然地理等多种原因，迄今为止，原中央苏区特别是赣南地区，经济发展仍然滞后，民生问题仍然突出，贫困落后面貌仍然没有得到根本改变。还有不少群众住在危旧土坯房里，喝不上干净水，不能正常用电，一些红军和革命烈士后代生活依然困窘；基础设施薄弱、产业结构单一、生态环境脆弱等制约当地经济社会发展的问题仍然比较突出。振兴发展赣南等原中央苏区，既是一项重大的经济任务，更是一项重大的政治任务，对于全国革命老区加快发展具有标志性意义和示范作用。支持赣南等原中央苏区振兴发展，是尽快改变其贫困落后面貌，确保与全国同步实现全面建设小康社会目标的迫切要求；是充分发挥其自身比较优势，逐步缩小区域发展差距的战略需要；是建设我国南方地区重要生态屏障，实现可持续发展的现实选择；是进一步保障和改善民生，促进和谐社会建设的重大举措。

（二）发展机遇。赣南等原中央苏区既存在着历史包袱沉重、现实基础薄弱等困难和问题，又具有加快发展的有利条件和重大机遇。区位条件相对优越，是珠三角、厦漳泉地区的直接腹地和内地通向东南沿海的重要通道；特色资源丰富，素有世界钨都和稀土王国之称；正处于产业转移加快推进和工业化、城镇化加速发展阶段，市场开发潜力大；国家扶持力度进一步加大，原中央苏区人民思富图强、负重拼搏的意识不断增强。当前赣南等原中央苏区已进入加快发展的关键时期，必须牢牢抓住历史机遇，奋力攻坚克难，努力实现全面振兴和跨越式发展。

二　总体要求

（三）指导思想。以邓小平理论和"三个代表"重要思想为指导，深入贯彻落实科学发展观，弘扬苏区精神，加大扶持力度，加快新型工业化和城镇化进程，以解决突出的民生问题为切入点，着力改善城乡生产生活条件；以加快交通、能源、水利等基础设施建设为突破口，着力增强发展的支撑能力；以承接产业转移为抓手，着力培育壮大特色优势产业；以发展社会事业为重点，着力提升基本公共服务水平；以保护生态环境为前提，着力促进可持续发展；以改革开放为动力，着力破解体制机制障碍，努力走出一条欠发达地区实现跨越式发展的新路子，使原中央苏区人民早日过上富裕幸福的生活，确保与全国同步进入全面小康社会。

（四）基本原则。

——统筹兼顾，突出重点。在原中央苏区范围内，赣南具有特殊地位，面临特殊困难，要把支持赣南加快发展作为工作重点，协同推进原中央苏区整体振兴发展。

——立足当前，着眼长远。采取更加有力的措施，力争两三年内使突出的民生问题得到有效解决；加快实施一批增强"造血"功能的工程和项目，不断提升自我发展能力。

——加快发展，推进转型。坚定不移地走新型工业化、城镇化道路，同步推进农业现代化，促进"三化"协调发展；坚持加快发展与转型发展相结合，努力实现又好又快发展。

——改革创新，开放合作。进一步解放思想，开拓创新，深化重点领域和关键环节改革，鼓励先行先试，增强发展动力和活力；加强区域合作，构筑开放平台，提高对内对外开放水平。

——国家扶持，自力更生。充分考虑赣南等原中央苏区的特殊地位和当前面临的特殊困难，国家在资金、项目和对口支援等方面进一步加大支持力度；充分调动和发挥地方的积极性、主动性、创造性，大力弘扬苏区精神，通过自身努力加快发展。

（五）战略定位。

——全国革命老区扶贫攻坚示范区。集中力量打好新阶段扶贫攻坚战，编制实施罗霄山片区区域发展与扶贫攻坚规划，为全国革命老区扶贫开发、群众脱贫致富、全面建设小康社会积累经验，提供示范。

——全国稀有金属产业基地、先进制造业基地和特色农产品深加工基地。建设具有较强国际竞争力的稀土、钨稀有金属产业基地。依托本地资源和现有产业基础，大力发展新材料和具有特色的先进制造业。建设世界最大的优质脐橙产业基地和全国重要的特色农产品、有机食品生产与加工基地。

——重要的区域性综合交通枢纽。依托赣州区域性中心城市的区位优势，加快现代综合交通体系和快速通道建设，建成连接东南沿海与中西部地区的区域性综合交通枢纽和物流商贸中心。

——我国南方地区重要的生态屏障。推进南岭、武夷山等重点生态功能区建设，加强江河源头保护和江河综合整治，加快森林植被保护与恢复，提升生态环境质量，切实保障我国南方地区生态安全。

——红色文化传承创新区。加强革命遗址保护和利用，推动红色文化发展创新，提升苏区精神和红色文化影响力，建设全国爱国主义教育和革命传统教育基地，打造全国著名的红色旅游目的地。

（六）发展目标。到2015年，赣南等原中央苏区在解决突出的民生问题和制约发展的薄弱环节方面取得突破性进展。尽快完成赣州市农村安全饮水、农村危旧土坯房改造、农村电网改造升级、农村中小学薄弱学校改造等任务；基础设施建设取得重大进展，特色优势产业集群进一步壮大，城镇化率大幅提升，生态建设和环境保护取得显著成效；经济保持平稳较快发展；城乡居民收入增长与经济发展同步，基本公共服务水平接近或达到中西部地区平均水平。

到2020年，赣南等原中央苏区整体实现跨越式发展。现代综合交通运输体系和能源保障体系基本形成；现代产业体系基本建立，工业化、城镇化水平进一步提高；综合经济实力显著增强，人均主要经济指标与全国平均水平的差距明显缩小；人民生活水平和质量进一步提升，基本公共服务水平接近或达到全国平均水平，与全国同步实现全面建设小康社会目标。

三　优先解决突出民生问题，凝聚振兴发展民心民力

解决好民生问题是振兴发展的首要任务。要加大资金投入，集中力量尽快解决最突出的民生问题，切实改善群众生产生活条件，保护和调动人民群众参与振兴发展的积极性。

（七）加大以土坯房为主的农村危旧房改造力度。加大对赣南等原中央苏区农村危旧土坯房改造支持力度，重点支持赣州市加快完成改造任务。适应城镇化趋势，结合新农村建设，积极探索创新土坯房改造方式。大力支持保障性住房建设，加大对赣州市城市棚户区改造支持力度，加快国有工矿棚户区和国有农林场危房改造，"十二五"末基本完成改造任务。

（八）加快解决农村饮水安全问题。加大农村安全饮水工程实施力度，2014 年底前解决赣州市农村饮水安全问题，"十二五"末全面完成赣南等原中央苏区农村饮水安全任务。支持有条件的农村地区发展规模化集中供水，鼓励城镇供水管网向农村延伸。建立健全农村水质安全监测系统。

（九）加强农村电网改造和农村道路建设。加快推进赣南等原中央苏区新一轮农村电网改造升级，到"十二五"末建立起安全可靠、节能环保、技术先进、管理规范的新型农村电网。支持赣州市农网改造升级工程建设，电网企业加大投入，2013 年底前全面解决赣州市部分农村不通电或电压低问题。实施农村公路危桥改造，推进县乡道改造和连通工程，进一步提高农村公路的等级标准和通达深度。

（十）提高特殊困难群体生活水平。将居住在农村和城镇无工作单位、18 周岁之前没有享受过定期抚恤金待遇且年满 60 周岁的烈士子女，以及试行义务兵役制后至《退役士兵安置条例》实施前入伍、年龄在 60 周岁以上（含 60 周岁）、未享受到国家定期抚恤补助的农村籍退役士兵等人员纳入抚恤补助范围，落实相关待遇。积极研究在乡退伍红军老战士、失散红军等人员遗孀定期生活补助政策。支持解决上述特殊困难对象中孤老病残优抚对象的集中供养问题。帮助残疾人改善生活条件。

四　大力夯实农业基础，促进城乡统筹发展

把解决"三农"问题放在突出位置，巩固提升农业基础地位，大力发展现代农业，促进农业稳定发展、农民持续增收，加快城乡一体化进程，打牢振兴发展的坚实基础。

（十一）稳定发展粮食生产。以吉泰盆地、赣抚平原商品粮基地为重点，加强粮食生产重大工程建设，不断提高粮食综合生产能力。严格基本农田保护，支持高标准基本农田建设，加大中低产田改造投入，积极推行"单改双"，稳定粮食播种面积。支持发展现代种业，加快良种繁育体系建设。扩大对种粮农民直接补贴和农资综合补贴规模，扩大良种补贴范围。将适宜丘陵山区的中小型农机具纳入农机购置补贴范围，促进提高农业机械化水平。支持农

业科技服务体系建设，加快新技术、新品种的引进、示范和推广。

（十二）大力发展特色农业。优化农产品区域布局，推进农业结构调整，加快发展特色农业，建设面向东南沿海和港澳地区的重要农产品供应基地。做强脐橙产业，加快脐橙品种选育和改良，推进标准化、有机果园建设，支持贮藏、加工、物流设施建设。积极推进国家脐橙工程（技术）研究中心建设，研究建立脐橙交易中心。对脐橙实行柑橘苗木补贴政策和"西果东送"政策。大力发展油茶、毛竹、花卉苗木等特色林业，支持油茶示范基地县建设。积极发展蜜桔、茶叶、白莲、生猪、蔬菜、水产品、家禽等特色农产品。支持畜禽标准化规模养殖场（小区）建设。研究开展脐橙、蜜桔、白莲保险。支持动植物疫病防控、农产品质量安全检验检测等体系建设，扶持农业产业化龙头企业和农民专业合作社发展。支持赣州、吉安、抚州等市建设国家现代农业示范区。

（十三）促进城乡统筹发展。统筹城乡规划建设，推动城镇道路、供水、生态、环保等基础设施向农村延伸，公共服务向农村拓展。扎实推进新农村建设，加强村庄规划布局，引导农村社区建设，改善农村人居环境。大力发展县域经济，提升带动农村发展的能力。支持基础较好的中心镇壮大实力，增强对周边农村的生产生活服务功能。推进户籍管理制度改革，把有合法稳定职业和稳定住所的农村人口逐步转为城镇居民。大力发展休闲农业、乡村旅游，拓展农业功能，多渠道增加农民收入。强化农村劳动力转移就业和创业能力培训，鼓励外出农民工回乡创业，建设农民创业基地。支持赣州开展统筹城乡发展综合改革试验。

五 加快基础设施建设，增强振兴发展支撑能力

坚持基础设施先行，按照合理布局、适度超前的原则，加快实施一批重大交通、能源、水利等基础设施项目，构建功能完善、安全高效的现代化基础设施体系。

（十四）建设赣州综合交通枢纽。编制赣州市综合交通枢纽规划，加快构建综合交通运输体系，加强与周边城市和沿海港口城市的高效连接，把赣州建成我国重要的区域性综合交通枢纽。加快赣（州）龙（岩）铁路扩能改造，

建设昌（南昌）吉（安）赣（州）铁路客运专线，规划研究赣州至深圳铁路客运专线和赣州至韶关铁路复线，打通赣州至珠三角、粤东沿海、厦漳泉地区的快速铁路通道，加快赣（州）井（冈山）铁路前期工作，加强赣州至湖南、广东、福建等周边省份铁路运输通道的规划研究，提升赣州在全国铁路网中的地位和作用。改造扩建赣州黄金机场，研究建设航空口岸。适时将赣州黄金机场列为两岸空中直航航点。加快赣江航道建设，结合梯级开发实现赣州—吉安—峡江三级通航，加快建设赣州港。

（十五）加强交通基础设施建设。完善铁路网络，加快鹰（潭）瑞（金）梅（州）铁路、浦（城）梅（州）铁路、广（州）梅（州）汕（头）铁路扩能前期工作，适时开工建设。规划研究吉安至建宁铁路。研究瑞金火车站升级改造。加强公路建设，支持大庆—广州高速公路赣州繁忙路段实施扩容改造工程，规划建设兴国—赣县、寻乌—全南、乐安—宁都—于都、广昌—建宁、金溪—资溪—光泽等高速公路。加大国省道干线公路改造力度，力争县县通国道，重点推进通县二级公路建设。加快推进国家公路运输枢纽站场建设。支持三明沙县机场新建工程，扩建吉安井冈山机场、龙岩连城机场，研究建设赣东南机场和瑞金通勤机场。

（十六）提高能源保障能力。研究论证瑞金电厂扩建项目，规划建设抚州电厂、粤电大埔电厂"上大压小"工程等电源点项目。推进国电井冈山水电站前期工作。支持发展风电、太阳能、生物质能发电。建设赣州东（红都）500千伏输变电工程和抚州至赣州东（红都）500千伏线路。提高县网供电保障能力，建设石城、崇义、安远等县220千伏变电站。取消赣州市220千伏、110千伏输变电工程建设贷款地方财政贴息等配套费用。推进樟树—吉安—赣州、泉州—赣州、揭阳—梅州—赣州等成品油管道项目建设。依托蒙西至华中电煤运输通道建设，解决赣州地区煤运问题。支持建设赣州天然气及成品油仓储基地。

（十七）加快水利基础设施建设。加大支持力度，加快实施城镇防洪工程建设，提高赣州等市城镇防洪标准。开展上犹江引水、引韩济饶供水等水资源配置工程和韩江（高陂）大型水利枢纽前期工作，继续支持廖坊灌区工程建设。加快章江等大型灌区续建配套与节水改造，尽快完成病险水库除险加固。

加快中小河流治理。逐步扩大赣南苏区小型农田水利重点县建设覆盖面。将一般中小型灌区新建、续建配套及节水改造、中小型排涝泵站更新改造以及小水窖、小水池、小塘坝、小泵站、小水渠等"五小"水利工程纳入中央支持范围。建立山洪地质灾害监测预警预报体系。

六 培育壮大特色优势产业，走出振兴发展新路子

坚持市场导向，立足比较优势，着力培育产业集群，促进集聚发展、创新发展，推动服务业与制造业、产业与城市协调发展，构建特色鲜明、结构合理、集约高效、环境友好的现代产业体系。

（十八）积极推动优势矿产业发展。发挥骨干企业和科研院所作用，加大技术改造和关键技术研发力度，促进稀土、钨等精深加工，发展高端稀土、钨新材料和应用产业，加快制造业集聚，建设全国重要的新材料产业基地。将赣南等原中央苏区列为国家找矿突破战略行动重点区域，加大地质矿产调查评价、中央地质勘查基金等中央财政资金的支持力度。支持赣州建设稀土产业基地和稀土产学研合作创新示范基地，享受国家高新技术产业园区和新型工业化产业示范基地扶持政策。积极推进技术创新，提升稀土开采、冶炼和应用技术水平，提高稀土行业集中度。按照国家稀土产业总体布局，充分考虑资源地利益，在赣州组建大型稀土企业集团。国家稀土、钨矿产品生产计划指标向赣州倾斜。研究支持建设南方离子型稀土与钨工程（技术）研究中心，加大国家对稀土、钨关键技术攻关的支持力度。支持赣州建设南方离子型稀土战略资源储备基地，研究论证建立稀有金属期货交易中心。

（十九）加快提升制造业发展水平。发挥现有产业优势，大力发展电子信息、现代轻纺、机械制造、新型建材等产业，积极培育新能源汽车及其关键零部件、生物医药、节能环保、高端装备制造等战略性新兴产业，形成一批科技含量高、辐射带动力强、市场前景广阔的产业集群。支持设立战略性新兴产业创业投资资金，建设高技术产业孵化基地。加大对重大科技成果推广应用和产业化支持力度，增强科技创新能力。支持国内整车企

业在赣州等市设立分厂。支持军工企业在赣州、吉安发展军民结合高技术产业。支持赣州新型电子、氟盐化工、南康家具以及吉安电子信息、抚州黎川陶瓷、龙岩工程机械等产业基地建设。支持建设国家级检验检测技术研发服务平台。

（二十）促进红色文化旅游产业大发展。编制赣南等原中央苏区革命遗址保护规划，加大对革命旧居旧址保护和修缮力度，发挥革命旧居旧址在爱国主义教育中的重要作用。支持中央苏区历史博物馆、中央苏区烈士陵园、东固革命烈士陵园等红色文化教育基地建设。支持在瑞金建设公务员培训基地。大力发展红色旅游，将赣南等原中央苏区红色旅游列入国家旅游发展战略，支持红色旅游基础设施建设。深化赣南与井冈山、闽西、粤东北的旅游合作，以瑞金为核心高起点建设一批精品景区和经典线路，支持创建国家 5A 级旅游景区，推动红色旅游与生态旅游、休闲旅游、历史文化旅游融合发展。支持赣州、吉安创建国家旅游扶贫试验区。

（二十一）大力发展现代服务业。健全金融机构组织体系，完善金融机构、金融市场和金融产品，推动建立赣闽粤湘四省边际区域性金融资源共享机制。鼓励境内外金融机构在赣州设立经营性分支机构，支持和鼓励各类银行业金融机构发起设立新型农村金融机构。大力发展现代物流业，研究完善物流企业营业税差额纳税试点办法，支持赣州、抚州创建现代物流技术应用和共同配送综合试点城市，推动赣州、吉安综合物流园区及广昌物流仓储配送中心等项目建设。鼓励发展科技研发、工业设计和服务外包，规范发展法律咨询、信用评估、广告会展、培训认证等商务服务业。适应城镇化和人口老龄化趋势，扶持发展社区服务、家政服务、社会化养老等生活服务业。支持赣州建设服务业发展示范基地。

（二十二）推动产业与城市协调发展。促进产业和生产要素向城市集聚，提升城市服务功能和承载能力。支持赣州建设省域副中心城市，调整行政区划，增设市辖区，推动赣县、南康、上犹与赣州中心城区同城化发展，科学规划建设章康新区，扶持瑞金、龙南次中心城市建设。加快吉泰走廊城镇体系建设。科学规划城市功能定位和产业布局，强化城市基础设施和公共服务设施建设，增强辐射带动能力。推进数字化城市建设。

七　加强生态建设和环境保护，增强可持续发展能力

牢固树立绿色发展理念，大力推进生态文明建设，正确处理经济发展与生态保护的关系，坚持在发展中保护、在保护中发展，促进经济社会发展与资源环境相协调。

（二十三）加强生态建设和水土保持。加强天然林资源保护，巩固和扩大退耕还林成果，加大长江和珠江防护林工程以及湿地保护和恢复投入力度，支持自然保护区、森林公园、地质公园、湿地公园等建设。加强生物多样性保护。加强中幼龄林抚育和低质低效林改造，改善林相结构，提高林分质量。将赣州、吉安列为全国木材战略储备生产基地。支持森林防火设施建设。加大对森林管护和公益林建设扶持力度，加强草山草坡保护和利用。加大水土流失综合治理力度，继续实施崩岗侵蚀防治等水土保持重点建设工程。加强赣江、东江、抚河、闽江源头保护，开展水产种质资源保护和水生态系统保护与修复治理。深入开展瑞金、上犹等生态文明示范工程试点。支持开展生态移民搬迁、地质灾害移民搬迁。将赣州市居住在库区水面木棚的农民纳入"渔民上岸"工程实施范围。

（二十四）加大环境治理和保护力度。编制矿山环境综合治理规划，加大矿山地质环境治理专项资金支持力度，加快完成赣州市历史遗留矿山环境综合治理。支持城镇污水处理厂和污水管网建设，"十二五"末完成所有县城生活污水管网体系建设，支持开发区、工业园、产业园污水处理设施建设。推进多种污染物协同控制，加强城市大气污染防治。支持赣州市重点区域重金属污染防治和历史遗留问题综合整治，加大工业行业清洁生产推行力度。支持建设赣南危险废物处置中心，加强危险废物规范化管理。加强城乡饮用水水源保护以及陡水湖、万安水库生态环境保护与治理。推进农村清洁工程，加大农村环境综合整治和农业面源污染防治力度，支持发展农村沼气，加强乡镇垃圾处理设施建设。加强环境监管能力建设。

（二十五）大力发展循环经济。鼓励参与国家循环经济"十百千示范行动"，支持赣州建设铜铝有色金属循环经济产业园，推进资源再生利用产业

化。严格控制高耗能、高排放和产能过剩行业新上项目，提高行业准入门槛。积极开展共伴生矿、尾矿和大宗工业固体废弃物综合利用，发展稀土综合回收利用产业。支持赣州、井冈山经济技术开发区实施循环化改造，建设国家生态工业示范园区。支持赣州开展全国低碳城市试点，实施低碳农业示范和碳汇造林工程。推进循环农业发展。支持资源型城市可持续发展。

八 发展繁荣社会事业，促进基本公共服务均等化

坚持以人为本，促进经济建设与社会发展相协调，大力发展各项社会事业，不断提高基本公共服务水平，让改革发展成果更多地惠及广大城乡居民。

（二十六）优先发展教育事业。加快实施学前教育三年行动计划。支持农村义务教育薄弱学校改造、边远艰苦地区农村学校教师周转宿舍建设，到2013年全面完成赣州市校舍危房改造，到2015年基本解决小学、初中寄宿生住宿问题。逐步提高农村义务教育阶段家庭经济困难寄宿生生活费补助标准，在集中连片特殊困难地区全面实施农村义务教育学生营养改善计划。加大"特岗计划"、"国培计划"对赣州市的倾斜力度。统筹研究解决普通高中债务，在实施普通高中改造计划等项目中对赣州等市进行倾斜。建立适应地方产业发展的现代职业教育体系，扶持办好中等职业学校。面向贫困地区定向招生专项计划向赣州等市倾斜，扩大部属师范大学的招生规模，支持免费师范毕业生到赣州等市中小学任教。支持江西省与有关部门共建江西理工大学，扶持赣州等市高等院校和稀土、钨、铀等优势特色学科建设。支持赣州开展教育综合改革试验。

（二十七）提升城乡医疗卫生服务水平。健全农村县、乡、村三级和城市社区医疗卫生服务网络，加快重大疾病防控等公共卫生服务能力建设。加强赣州市市级医院建设，支持中心城区增设三级综合医院，建设儿童、肿瘤等专科医院和市县两级中医院、妇幼保健院，支持人口大县建设三级综合医院，到2015年千人口床位数达到江西省平均水平，2020年达到全国平均水平，提升区域性医疗服务能力。加强基层医疗卫生队伍建设，积极培养全科医生。完善食品药品检验检测体系，支持赣州市食品药品检验检测中心和瑞

金、龙南等区域性食品药品检验检测机构建设。加强人口和计划生育服务能力建设。

（二十八）加快文化体育事业发展。支持市级图书馆、文化馆、博物馆和县级文化馆、图书馆以及乡镇街道综合文化站、村及社区文化室、农家书屋等城乡公共文化设施建设。加快实施广播电视村村通等文化惠民工程，支持赣州市加强高山无线发射台站建设，"十二五"内提前实现户户通广播电视。加大历史文化名城名镇名村保护力度，加强非物质文化遗产保护。在新闻出版资源配置上给予赣州倾斜，支持赣州按照市场化方式创办客家出版社。推动抚州黎川发展油画艺术。支持城乡公共体育设施建设。

（二十九）加强就业和社会保障。加强基层人力资源和社会保障公共服务平台建设，依托现有资源建设综合性职业技能实训基地。建立完善统筹城乡的社会保障体系，实现基本养老保险、基本医疗保险制度全覆盖。逐步提高新型农村社会养老保险和城镇居民社会养老保险基础养老金标准以及企业退休人员基本养老金水平。完善城乡低保制度，实现应保尽保，合理提高低保标准。支持儿童福利院、残疾人康复中心、社会养老服务机构等设施建设。支持赣州区域性救灾减灾指挥中心和救灾物资储备库、应急避难场所建设。加大对赣州社会救助资金支持力度。

（三十）强化基层社会管理服务。加强基层组织建设，创新社会管理，积极主动为基层群众送政策、送温暖、送服务，推动社会管理重心下移。加快社区服务中心、服务站等综合性基层平台建设，构建以城乡社区为重点的基层社会管理服务体系。进一步拓展和延伸基层社会管理服务内容，完善维护群众权益机制。提高乡村基本运转经费保障水平。

九 深化改革扩大开放，为振兴发展注入强劲活力

坚持以改革开放促振兴发展，积极探索、开拓创新，着力构建有利于加快发展、转型发展的体制机制，有序承接产业转移，打造内陆开放型经济新格局。

（三十一）创新体制机制。深化行政管理体制改革，加快转变政府职能，

提高行政效能，优化发展环境。支持赣州发展成为较大的市，依法享有相应的地方立法权。加快要素市场建设，支持发展非公有制经济和中小企业，鼓励民间资本参与基础设施、公用事业和社会事业等领域建设。稳步开展农村土地承包经营权登记，探索农村集体建设用地流转制度改革。深化集体林权制度改革，开展经济林确权流通。采取更加灵活的措施，支持和鼓励赣州市在城乡统筹、扶贫开发、投融资等方面先行开展政策探索。研究设立瑞（金）兴（国）于（都）经济振兴试验区，鼓励先行先试，加大支持力度。支持赣州在地方金融组织体系、中小企业金融服务等方面开展改革试验。

（三十二）有序承接产业转移。坚持市场导向与政府推动相结合，发挥自身优势，完善产业配套条件和产业转移推进机制，依托现有产业基础，促进承接产业集中布局。支持设立赣南承接产业转移示范区，有序承接东南沿海地区产业转移，严禁高污染产业和落后生产能力转入。推动赣州"三南"（全南、龙南、定南）和吉泰走廊建设加工贸易重点承接地。在条件成熟时，在赣州出口加工区的基础上按程序申请设立赣州综合保税区，建设成为内陆开放型经济示范区。推动瑞金、龙南省级开发区加快发展，支持符合条件的省级开发区升级，在科学规划布局的基础上有序推进未设立开发区的县（区、市）设立产业集聚区。支持设立国家级高新技术产业园区。

（三十三）推动开放合作。强化与珠三角、厦漳泉等沿海地区的经贸联系，打造以赣州经济技术开发区为核心，以赣州"三南"至广东河源、瑞金兴国至福建龙岩产业走廊为两翼的"一核两翼"开放合作新格局。支持建设赣闽、赣粤产业合作区。支持吉泰走廊开放开发，建设工业化、城镇化和农业现代化协调发展示范区，打造重要的经济增长带。建立完善区域内更加紧密的合作机制，加强在基础设施共建共享、资源开发利用、产业发展、生态建设与环境保护等方面的合作，加快区域一体化进程。密切与鄱阳湖生态经济区、海峡西岸经济区等周边重要经济区的协作互动。鼓励与沿海地区加强铁海联运等合作。深化与台港澳地区在农业、环保、电子信息及服务贸易等领域的合作交流。支持省级出口基地升级为国家级外贸转型升级专业型示范基地。

十　加大政策扶持力度

原中央苏区特别是赣南地区经济社会发展存在特殊困难和问题，应给予特别的政策支持。

（三十四）赣州市执行西部大开发政策。

（三十五）财税政策。进一步加大中央财政均衡性转移支付力度，逐步缩小地方标准财政收支缺口。加大中央财政对赣南等原中央苏区振兴发展的财力补助。加大中央专项彩票公益金对赣州社会公益事业的支持力度。支持化解赣州市县乡村公益性债务，将公益性建设项目国债转贷资金全部改为拨款。中央代地方政府发行的债券向原中央苏区倾斜。统筹研究将赣州列为中国服务外包示范城市并享受税收等相关优惠政策问题。

（三十六）投资政策。加大中央预算内投资和专项建设资金投入，在重大项目规划布局、审批核准、资金安排等方面对赣南等原中央苏区给予倾斜。中央在赣州安排的公益性建设项目，取消县及县以下和集中连片特殊困难地区市级资金配套。加大扶贫资金投入。国家有关专项建设资金在安排赣州市公路、铁路、民航、水利等项目时，提高投资补助标准或资本金注入比例。

（三十七）金融政策。鼓励政策性银行在国家许可的业务范围内，加大对赣南等原中央苏区的信贷支持力度。鼓励各商业银行参与赣南等原中央苏区振兴发展。促进赣州地方法人金融机构加快发展，发挥差别准备金动态调整机制的引导功能，支持地方法人金融机构合理增加信贷投放，优化信贷结构，满足有效信贷需求。支持开展保险资金投资基础设施和重点产业项目建设，开展民间资本管理服务公司试点。支持符合条件的企业发行企业（公司）债券、中期票据、短期融资券、中小企业集合票据和上市融资。深化融资性担保公司或再担保公司、小额贷款公司创新试点。大力推进农村金融产品和服务方式创新，鼓励和支持设立村镇银行。

（三十八）产业政策。实行差别化产业政策，从规划引导、项目安排、资金配置等多方面，给予支持和倾斜。加大企业技术改造和产业结构调整专项对特色优势产业发展的支持力度。对符合条件的产业项目优先规划布局。支持赣州创建国家印刷包装产业基地，并实行来料加工、来样加工、来件装配和补偿贸易的政策。

（三十九）国土资源政策。在安排土地利用年度计划、城乡建设用地增减挂钩周转指标等方面，加大对赣南等原中央苏区的倾斜。支持赣州开展低丘缓坡荒滩等未利用地开发利用试点和工矿废弃地复垦利用试点，相关指标单列管理；支持开展农村土地综合整治工作，研究探索对损毁的建设用地和未利用地开发整理成园地的，经认定可视同补充耕地，验收后用于占补平衡；支持开展稀土采矿临时用地改革试点。在符合矿产资源规划和不突破开采总量指标的前提下，支持对稀土、钨残矿、尾矿和重点建设项目压覆稀土资源进行回收利用，对因资源枯竭而注销的稀土、钨采矿权，允许通过探矿权转采矿权或安排其他资源地实行接续。对稀土、钨矿等优势矿产资源在国家下达新增开采、生产总量控制指标时给予倾斜，积极支持绿色矿山建设。

（四十）生态补偿政策。将东江源、赣江源、抚河源、闽江源列为国家生态补偿试点。结合主体功能区规划调整和完善，研究将贡江、抚河源头纳入国家重点生态功能区范围，提高国家重点生态功能区转移支付系数，中央财政加大转移支付力度。加快建立资源型企业可持续发展准备金制度。国家加大对废弃矿山植被恢复和生态治理工程的资金支持。加大对国家公益林生态补偿投入力度。

（四十一）人才政策。加大东部地区、中央国家机关和中央企事业单位与赣南等原中央苏区干部交流工作的力度。鼓励中央国家机关在瑞金设立干部教育培训基地。国家重大人才工程和引智项目向原中央苏区倾斜，鼓励高层次人才投资创业，支持符合条件的单位申报建立院士工作站和博士后科研工作站。

（四十二）对口支援政策。建立中央国家机关对口支援赣州市 18 个县（市、区）的机制，加强人才、技术、产业、项目等方面的对口支援，吉安、抚州的特殊困难县参照执行。鼓励和支持中央企业在赣州发展，开展帮扶活动。支持福建省、广东省组织开展省内对口支援。鼓励社会力量积极参与对口支援。

十一　切实加强组织领导

（四十三）加强指导协调。由发展改革委牵头，建立支持赣南等原中央苏区振兴发展部际联席会议制度，负责对原中央苏区振兴发展的指导和统筹协调，加强监督检查和跟踪落实，研究解决重大问题，重大事项及时向国务院报告。抓紧编制赣闽粤原中央苏区振兴发展规划，进一步细化实化各项政策措施。国务院有关部门要结合自身职能，细化政策措施，加大支持力度，全面落实本意见提出的各项任务。

（四十四）强化组织实施。支持赣南等原中央苏区振兴发展，是一项长期而艰巨的任务。江西、福建、广东省人民政府要加强对本意见实施的组织领导，制订工作方案，落实工作责任，加强与有关部门和单位的沟通衔接，强化协调配合，推进本意见的实施。要按照本意见确定的战略定位和重点任务，加快重大项目建设，努力探索有利于科学发展的体制机制。涉及的重大政策、改革试点和建设项目按规定程序另行报批后实施。

（四十五）弘扬苏区精神。赣南等原中央苏区干部群众要切实增强责任感和使命感，大力弘扬以"坚定信念、求真务实、一心为民、清正廉洁、艰苦奋斗、争创一流、无私奉献"为主要内涵的苏区精神，进一步发扬艰苦奋斗作风，振奋精神、不等不靠，齐心协力、真抓实干，推动原中央苏区实现跨越式发展，不断开创振兴发展工作新局面。

国务院

二〇一二年六月二十八日

国务院关于同意建立支持赣南等原中央苏区振兴发展部际联席会议制度的批复

国函〔2012〕199号

发展改革委：

你委《关于建立支持赣南等原中央苏区振兴发展部际联席会议制度的请示》（发改地区〔2012〕3555号）收悉。现批复如下：

同意建立由发展改革委牵头的支持赣南等原中央苏区振兴发展部际联席会议制度。联席会议不刻制印章，不正式行文，请按照国务院有关文件精神认真组织开展工作。

附件：支持赣南等原中央苏区振兴发展部际联席会议制度

附件

支持赣南等原中央苏区振兴发展部际联席会议制度

为落实《国务院关于支持赣南等原中央苏区振兴发展的若干意见》（国发〔2012〕21号，以下简称《意见》）精神，加强对赣南等原中央苏区振兴发展的指导和统筹协调，经国务院同意，建立支持赣南等原中央苏区振兴发展部际联席会议（以下简称联席会议）制度。

一、主要职责

在国务院领导下，指导和统筹协调赣南等原中央苏区振兴发展相关工作，协调解决《意见》实施过程中遇到的重大问题，加强对《意见》实施工作的监督检查和跟踪评估，推动有关部门和地方的沟通交流，及时向国务院报告工作进展情况。完成国务院交办的其他事项。

二、成员单位

联席会议由中央组织部、发展改革委、教育部、科技部、工业和信息化部、民政部、财政部、人力资源社会保障部、国土资源部、环境保护部、住房城乡建设部、交通运输部、铁道部、水利部、农业部、商务部、文化部、卫生部、人民银行、国资委、海关总署、税务总局、林业局、旅游局、银监会、证监会、能源局、民航局、文物局、食品药品监管局、扶贫办、开发银行和江西省、福建省、广东省人民政府组成，发展改革委主要负责同志担任召集人，分管负责同志担任副召集人，各成员单位有关负责同志为联席会议成员。联席会议成员因工作变动需要调整的，由所在单位提出，联席会议确定。

联席会议办公室设在发展改革委，承担联席会议日常工作。联席会议联络员由有关部门业务司局负责同志以及江西省、福建省、广东省发展改革委和江西省赣州市人民政府负责同志组成。

三、工作规则

联席会议根据工作需要定期或不定期召开会议，由召集人或副召集人主持。可根据工作需要，邀请有关地方和其他部门参加会议。联席会议以会议纪要形式明确会议议定事项，经与会单位同意后印发有关方面。重大事项要及时向国务院报告。

四、工作要求

各成员单位要按照职责分工，积极研究支持赣南等原中央苏区振兴发展工作中的重大问题，认真落实联席会议议定事项；要互通信息、相互配合、相互支持、形成合力，充分发挥联席会议的作用。联席会议办公室要及时向各成员单位通报有关情况。

支持赣南等原中央苏区振兴发展部际联席会议成员名单

召 集 人：张平　发展改革委主任

副召集人：杜鹰　发展改革委副主任

成　　员：凌成兴　　江西省副省长

陈荣凯　　福建省副省长

徐少华　　广东省副省长

邓声明　　中央组织部部务委员兼干部一局局长

鲁　昕　　教育部副部长

陈小娅　　科技部副部长

苏　波　　工业和信息化部副部长

戴均良　　民政部副部长

王　军　　财政部副部长

杨志明　　人力资源社会保障部副部长

王世元　　国土资源部副部长

周　建　　环境保护部副部长

唐　凯　　住房城乡建设部总规划师

翁孟勇　　交通运输部副部长

陆东福　　铁道部副部长

矫　勇　　水利部副部长

杨绍品　　农业部总经济师

王　超　　商务部副部长

王仲伟　　文化部副部长

陈啸宏　　卫生部副部长

潘功胜　　人民银行副行长

黄丹华　　国资委副主任

孙毅彪　　海关总署副署长

解学智　　税务总局副局长

张建龙　　林业局副局长

王志发　　旅游局副局长

蔡鄂生　　银监会副主席

张育军　　证监会主席助理

吴　吟　　能源局副局长

李　军　民航局副局长

顾玉才　文物局副局长

孙咸泽　食品药品监管局副局长

王国良　扶贫办副主任

王用生　开发银行副行长

国务院办公厅关于印发支持赣南等原中央苏区振兴发展重点工作部门分工方案的通知

国办函〔2012〕172 号

江西、福建、广东省人民政府，国务院有关部门：

《支持赣南等原中央苏区振兴发展重点工作部门分工方案》（以下简称《分工方案》）已经国务院同意，现印发给你们。

各有关部门、单位要认真贯彻落实《国务院关于支持赣南等原中央苏区振兴发展的若干意见》（国发〔2012〕21 号）精神，明确责任，加强领导，各司其职。要按照《分工方案》要求，对涉及本部门的工作进一步分解细化，抓紧制定具体措施，尽快组织实施，切实加大对赣南等原中央苏区振兴发展的支持力度。同一项工作涉及多个部门的，牵头部门要加强协调，及时跟踪进展情况，其他部门要密切配合，形成工作合力。江西、福建、广东省人民政府要积极发挥主体作用，与有关部门、单位共同推动各项政策措施落到实处。发展改革委要认真做好指导和统筹协调、督促检查等工作，重大问题及时向国务院报告。

2012 年 10 月 10 日

支持赣南等原中央苏区振兴发展
重点工作部门分工方案

一 关于优先解决突出民生问题

（一）加大以土坯房为主的农村危旧房改造力度

1. 加大对赣南等原中央苏区农村危旧土坯房改造支持力度，重点支持赣州市加快完成改造任务。大力支持保障性住房建设，加大对赣州市城市棚户区改造支持力度，加快国有工矿棚户区和国有农林场危房改造，"十二五"末基本完成改造任务。（住房城乡建设部、发展改革委、财政部、农业部、林业局、国土资源部。列第一位者为牵头部门，其他部门或单位按职责分工负责，下同）

（二）加快解决农村饮水安全问题

2. 加大农村安全饮水工程实施力度，2014年底前解决赣州市农村饮水安全问题，"十二五"末全面完成赣南等原中央苏区农村饮水安全任务。（发展改革委、水利部）

3. 支持有条件的农村地区发展规模化集中供水，鼓励城镇供水管网向农村延伸。建立健全农村水质安全监测系统。（住房城乡建设部、水利部、发展改革委、卫生部、环境保护部按职责分工负责）

（三）加强农村电网改造和农村道路建设

4. 加快推进赣南等原中央苏区新一轮农村电网改造升级，到"十二五"

末建立起安全可靠、节能环保、技术先进、管理规范的新型农村电网。支持赣州市农网改造升级工程建设，电网企业加大投入，2013 年底前全面解决赣州市部分农村不通电或电压低问题。（能源局、国家电网公司）

5. 实施农村公路危桥改造，推进县乡道改造和连通工程，进一步提高农村公路的等级标准和通达深度。（交通运输部、发展改革委）

（四）提高特殊困难群体生活水平

6. 将居住在农村和城镇无工作单位、18 周岁之前没有享受过定期抚恤金待遇且年满 60 周岁的烈士子女，以及试行义务兵役制后至《退役士兵安置条例》实施前入伍、年龄在 60 周岁以上（含 60 周岁）、未享受到国家定期抚恤补助的农村籍退役士兵等人员纳入抚恤补助范围，落实相关待遇。积极研究在乡退伍红军老战士、失散红军等人员遗孀定期生活补助政策。支持解决上述特殊困难对象中孤老病残优抚对象的集中供养问题。帮助残疾人改善生活条件。（民政部、财政部、人力资源社会保障部）

二　关于大力夯实农业基础

（五）稳定发展粮食生产

7. 以吉泰盆地、赣抚平原商品粮基地为重点，加强粮食生产重大工程建设。支持高标准基本农田建设，加大中低产田改造投入，积极推行"单改双"，稳定粮食播种面积。支持发展现代种业，加快良种繁育体系建设。扩大对种粮农民直接补贴和农资综合补贴规模，扩大良种补贴范围。将适宜丘陵山区的中小型农机具纳入农机购置补贴范围。支持农业科技服务体系建设，加快新技术、新品种的引进、示范和推广。（农业部、发展改革委、国土资源部、财政部、科技部、水利部）

（六）大力发展特色农业

8. 做强脐橙产业，加快脐橙品种选育和改良，推进标准化、有机果园建设。对脐橙实行柑橘苗木补贴政策。积极发展蜜桔、茶叶、白莲、生猪、蔬菜、水产品、家禽等特色农产品。支持畜禽标准化规模养殖场（小区）建设。支持动植物疫病防控、农产品质量安全检验检测等体系建设。扶持农业产业化龙头企业和农民专业合作社发展。支持赣州、吉安、抚州等市建设国家现代农业示范区。（农业部、发展改革委、科技部、财政部、质检总局）

9. 支持脐橙贮藏、加工、物流设施建设。积极推进国家脐橙工程（技术）研究中心建设，研究建立脐橙交易中心。对脐橙实行"西果东送"政策。（商务部、发展改革委、财政部、农业部、科技部）

10. 大力发展油茶、毛竹、花卉苗木等特色林业，支持油茶示范基地县建设。（林业局、发展改革委）

11. 研究开展脐橙、蜜桔、白莲保险。（保监会、农业部、财政部）

（七）促进城乡统筹发展

12. 统筹城乡规划建设，推动城镇道路、供水、生态、环保等基础设施向农村延伸，公共服务向农村拓展。（住房城乡建设部、发展改革委、国土资源部、交通运输部、水利部、环境保护部、林业局）

13. 大力发展县域经济，提升带动农村发展的能力。支持基础较好的中心镇壮大实力，增强对周边农村的生产生活服务功能。（发展改革委、住房城乡建设部）

14. 扎实推进新农村建设，加强村庄规划布局，引导农村社区建设，改善农村人居环境。（住房城乡建设部、中央农办、国土资源部、环境保护部、发展改革委）

15. 推进户籍管理制度改革，把有合法稳定职业和稳定住所的农村人口逐步转为城镇居民。（公安部、发展改革委）

16. 强化农村劳动力转移就业和创业能力培训，鼓励外出农民工回乡创业，建设农民创业基地。（人力资源社会保障部、发展改革委）

17. 支持赣州开展统筹城乡发展综合改革试验。（发展改革委）

三 关于加快基础设施建设

（八）建设赣州综合交通枢纽

18. 编制赣州市综合交通枢纽规划，把赣州建成我国重要的区域性综合交通枢纽。加快赣（州）龙（岩）铁路扩能改造，建设昌（南昌）吉（安）赣（州）铁路客运专线，规划研究赣州至深圳铁路客运专线和赣州至韶关铁路复线，打通赣州至珠三角、粤东沿海、厦漳泉地区的快速铁路通道，加快赣（州）井（冈山）铁路前期工作，加强赣州至湖南、广东、福建等周边省份铁路运输通道的规划研究。改造扩建赣州黄金机场，研究建设航空口岸。适时将赣州黄金机场列为两岸空中直航航点。（发展改革委、铁道部、民航局、海关总署、国台办、质检总局）

19. 加快赣江航道建设，结合梯级开发实现赣州—吉安—峡江三级通航，加快建设赣州港。（交通运输部、发展改革委、水利部）

（九）加强交通基础设施建设

20. 加快鹰（潭）瑞（金）梅（州）铁路、浦（城）梅（州）铁路、广（州）梅（州）汕（头）铁路扩能前期工作，适时开工建设。规划研究吉安至建宁铁路。研究瑞金火车站升级改造。（铁道部、发展改革委）

21. 支持大庆至广州高速公路赣州繁忙路段实施扩容改造工程，规划建设兴国—赣县、寻乌—全南、乐安—宁都—于都、广昌—建宁、金溪—资溪—光泽等高速公路。加大国省道干线公路改造力度，力争县县通国道，重点推进通县二级公路建设。加快推进国家公路运输枢纽站场建设。（交通运输部、发展改革委）

22. 支持三明沙县机场新建工程，扩建吉安井冈山机场、龙岩连城机场，研究建设赣东南机场和瑞金通勤机场。（民航局、发展改革委）

（十）提高能源保障能力

23. 研究论证瑞金电厂扩建项目，规划建设抚州电厂、粤电大埔电厂"上大压小"工程等电源点项目。推进国电井冈山水电站前期工作。支持发展风电、太阳能、生物质能发电。推进樟树—吉安—赣州、泉州—赣州、揭阳—梅州—赣州等成品油管道项目建设。支持建设赣州天然气及成品油仓储基地。（能源局）

24. 建设赣州东（红都）500千伏输变电工程和抚州至赣州东（红都）500千伏线路。提高县网供电保障能力，建设石城、崇义、安远等县220千伏变电站。取消赣州市220千伏、110千伏输变电工程建设贷款地方财政贴息等配套费用。（国家电网公司、能源局）

25. 依托蒙西至华中电煤运输通道建设，解决赣州地区煤运问题。（铁道部、发展改革委、能源局）

（十一）加快水利基础设施建设

26. 加大支持力度，加快实施城镇防洪工程建设，提高赣州等市城镇防洪标准。（水利部、发展改革委、住房城乡建设部）

27. 开展上犹江引水、引韩济饶供水等水资源配置工程和韩江（高陂）大型水利枢纽前期工作，继续支持廖坊灌区工程建设。加快章江等大型灌区续建配套与节水改造，尽快完成病险水库除险加固。加快中小河流治理。逐步扩大赣南苏区小型农田水利重点县建设覆盖面。将一般中小型灌区新建、续建配套及节水改造、中小型排涝泵站更新改造以及小水窖、小水池、小塘坝、小泵站、小水渠等"五小"水利工程纳入中央支持范围。（水利部、发展改革委、财政部、农业部）

四　关于培育壮大特色优势产业

（十二）积极推动优势矿产业发展

28. 支持赣州建设稀土产业基地和稀土产学研合作创新示范基地，享受国家高新技术产业园区和新型工业化产业示范基地扶持政策。提升稀土开采、冶炼和应用技术水平，提高稀土行业集中度。在赣州组建大型稀土企业集团。国

家稀土、钨矿产品生产计划指标向赣州倾斜。（工业和信息化部、发展改革委、财政部、国资委、科技部、国土资源部、环境保护部）

29. 将赣南等原中央苏区列为国家找矿突破战略行动重点区域，加大地质矿产调查评价、中央地质勘查基金等中央财政资金的支持力度。支持赣州建设南方离子型稀土战略资源储备基地。（国土资源部、发展改革委、财政部）

30. 研究支持建设南方离子型稀土与钨工程（技术）研究中心。（科技部）

31. 加大国家对稀土、钨关键技术攻关的支持力度。（科技部、财政部）

32. 研究论证建立稀有金属期货交易中心。（证监会）

（十三）加快提升制造业发展水平

33. 支持设立战略性新兴产业创业投资资金，建设高技术产业孵化基地。（财政部、发展改革委、科技部）

34. 支持国内整车企业在赣州等市设立分厂。支持赣州新型电子、氟盐化工、南康家具以及吉安电子信息、抚州黎川陶瓷、龙岩工程机械等产业基地建设。（发展改革委、工业和信息化部按职责分工负责）

35. 加大对重大科技成果推广应用和产业化支持力度，增强科技创新能力。（科技部、发展改革委、财政部、工业和信息化部）

36. 支持军工企业在赣州、吉安发展军民结合高技术产业。（工业和信息化部、国防科工局、发展改革委、科技部）

37. 支持建设国家级检验检测技术研发服务平台。（质检总局、科技部）

（十四）促进红色文化旅游产业大发展

38. 编制赣南等原中央苏区革命遗址保护规划，加大对革命旧居旧址保护和修缮力度。支持中央苏区历史博物馆建设。（文物局、文化部、民政部、发展改革委、财政部、中央宣传部、中央党史研究室）

39. 支持中央苏区烈士陵园、东固革命烈士陵园等红色文化教育基地建设。（民政部、发展改革委、财政部）

40. 将赣南等原中央苏区红色旅游列入国家旅游发展战略，支持红色旅游基础设施建设。深化赣南与井冈山、闽西、粤东北的旅游合作，以瑞金为核心高起点建设一批精品景区和经典线路，支持创建国家 5A 级旅游景区。支持赣州、吉安创建国家旅游扶贫试验区。（旅游局、发展改革委、财政部、扶贫办）

41. 支持在瑞金建设公务员培训基地。（人力资源社会保障部）

（十五）大力发展现代服务业

42. 推动建立赣闽粤湘四省边际区域性金融资源共享机制。鼓励境内外金融机构在赣州设立经营性分支机构，支持和鼓励各类银行业金融机构发起设立新型农村金融机构。（人民银行、银监会、证监会、保监会）

43. 研究完善物流企业营业税差额纳税试点办法。（财政部、税务总局）

44. 支持赣州、抚州创建现代物流技术应用和共同配送综合试点城市，推动赣州、吉安综合物流园区及广昌物流仓储配送中心等项目建设。（商务部、发展改革委、交通运输部、财政部）

45. 支持赣州建设服务业发展示范基地。（发展改革委）

（十六）推动产业与城市协调发展

46. 支持赣州建设省域副中心城市，调整行政区划，增设市辖区，扶持瑞金、龙南次中心城市建设。加快吉泰走廊城镇体系建设。（住房城乡建设部、民政部、发展改革委）

47. 科学规划建设章康新区。（发展改革委、住房城乡建设部）

48. 推进数字化城市建设。（工业和信息化部）

五　关于加强生态建设和环境保护

（十七）加强生态建设和水土保持

49. 加强天然林资源保护，巩固和扩大退耕还林成果，加大长江和珠江防护林工程以及湿地保护和恢复投入力度，支持自然保护区、森林公园、地质公园、湿地公园等建设。加强中幼龄林抚育和低质低效林改造。将赣州、吉安列为全国木材战略储备生产基地。支持森林防火设施建设。加大对森林管护和公益林建设扶持力度。（发展改革委、林业局、环境保护部、住房城乡建设部、农业部、财政部、国土资源部、水利部）

50. 加大水土流失综合治理力度，继续实施崩岗侵蚀防治等水土保持重点建设工程。（水利部、发展改革委、财政部、林业局）

51. 加强赣江、东江、抚河、闽江源头保护，开展水产种质资源保护和水生态系统保护与修复治理。（发展改革委、水利部、环境保护部、农业部、林业局）

52. 深入开展瑞金、上犹等生态文明示范工程试点。（发展改革委、林业局、财政部）

53. 支持开展生态移民搬迁、地质灾害移民搬迁。（发展改革委、国土资源部、扶贫办）

54. 将赣州市居住在库区水面木棚的农民纳入"渔民上岸"工程实施范围。（住房城乡建设部、农业部、发展改革委、国土资源部）

（十八）加大环境治理和保护力度

55. 编制矿山环境综合治理规划，加大矿山地质环境治理专项资金支持力度，加快完成赣州市历史遗留矿山环境综合治理。（国土资源部、环境保护部、发展改革委）

56. 支持城镇污水处理厂和污水管网建设，"十二五"末完成所有县城生活污水管网体系建设，支持开发区、工业园、产业园污水处理设施建设。（发展改革委、环境保护部、住房城乡建设部、工业和信息化部）

57. 支持赣州市重点区域重金属污染防治和历史遗留问题综合整治，加大工业行业清洁生产推行力度。支持建设赣南危险废物处置中心，加强危险废物规范化管理。加强城乡饮用水水源保护以及陡水湖、万安水库生态环境保护与治理。推进农村清洁工程，加大农村环境综合整治和农业面源污染防治力度，支持发展农村沼气，加强乡镇垃圾处理设施建设。加强环境监管能力建设。（环境保护部、发展改革委、工业和信息化部、水利部、农业部、住房城乡建设部）

（十九）大力发展循环经济

58. 鼓励参与国家循环经济"十百千示范行动"，支持赣州建设铜铝有色金属循环经济产业园，推进资源再生利用产业化。严格控制高耗能、高排放和产能过剩行业新上项目，提高行业准入门槛。（发展改革委、环境保护部、科技部、工业和信息化部）

59. 积极开展共伴生矿、尾矿和大宗工业固体废弃物综合利用，发展稀土综合回收利用产业。支持赣州、井冈山经济技术开发区实施循环化改造，建设国家生态工业示范园区。（发展改革委、国土资源部、环境保护部、工业和信息化部、商务部、科技部）

60. 支持赣州开展全国低碳城市试点，实施低碳农业示范和碳汇造林工程。推进循环农业发展。支持资源型城市可持续发展。（发展改革委、环境保护部、农业部、林业局）

六　关于发展繁荣社会事业

（二十）优先发展教育事业

61. 加快实施学前教育三年行动计划。支持农村义务教育薄弱学校改造、边远艰苦地区农村学校教师周转宿舍建设，到2013年全面完成赣州市校舍危房改造，到2015年基本解决小学、初中寄宿生住宿问题。（教育部、财政部、发展改革委）

62. 逐步提高农村义务教育阶段家庭经济困难寄宿生生活费补助标准，在集中连片特殊困难地区全面实施农村义务教育学生营养改善计划。（财政部、教育部、发展改革委）

63. 加大"特岗计划"、"国培计划"对赣州市的倾斜力度。统筹研究解决普通高中债务，在实施普通高中改造计划等项目中对赣州等市进行倾斜。建立适应地方产业发展的现代职业教育体系，扶持办好中等职业学校。面向贫困地区定向招生专项计划向赣州等市倾斜，扩大部属师范大学的招生规

模，支持免费师范毕业生到赣州等市中小学任教。（教育部、发展改革委、财政部）

64. 支持江西省与有关部门共建江西理工大学，扶持赣州等市高等院校和稀土、钨、铀等优势特色学科建设。支持赣州开展教育综合改革试验。（教育部、工业和信息化部）

（二十一）提升城乡医疗卫生服务水平

65. 健全农村县、乡、村三级和城市社区医疗卫生服务网络，加快重大疾病防控等公共卫生服务能力建设。加强赣州市市级医院建设，支持中心城区增设三级综合医院，建设儿童、肿瘤等专科医院和市县两级中医院、妇幼保健院，支持人口大县建设三级综合医院，到 2015 年千人口床位数达到江西省平均水平，2020 年达到全国平均水平，提升区域性医疗服务能力。加强基层医疗卫生队伍建设，积极培养全科医生。（卫生部、发展改革委、财政部）

66. 加强人口和计划生育服务能力建设。（人口计生委、发展改革委、财政部）

67. 支持赣州市食品药品检验检测中心和瑞金、龙南等区域性食品药品检验检测机构建设。（食品药品监管局、发展改革委）

（二十二）加快文化体育事业发展

68. 支持市级图书馆、文化馆、博物馆和县级文化馆、图书馆以及乡镇街道综合文化站、村及社区文化室，农家书屋等城乡公共文化设施建设。加大历史文化名城名镇名村保护力度，加强非物质文化遗产保护。推动抚州黎川发展油画艺术。（文化部、发展改革委、财政部、住房城乡建设部、新闻出版总署、文物局）

69. 加快实施广播电视村村通等文化惠民工程，支持赣州市加强高山无线发射台站建设，"十二五"内提前实现户户通广播电视。新闻出版资源配置上给予赣州倾斜，支持赣州按照市场化方式创办客家出版社。支持城乡公共体育设施建设。（广电总局、新闻出版总署、体育总局、发展改革委）

（二十三）加强就业和社会保障

70. 加强基层人力资源和社会保障公共服务平台建设，依托现有资源建设综合性职业技能实训基地。建立完善统筹城乡的社会保障体系，实现基本养老保险、基本医疗保险制度全覆盖。逐步提高新型农村社会养老保险和城镇居民社会养老保险基础养老金标准以及企业退休人员基本养老金水平。完善城乡低保制度，实现应保尽保，合理提高低保标准。（人力资源社会保障部、民政部、财政部、卫生部）

71. 支持儿童福利院、残疾人康复中心、社会养老服务机构等设施建设。支持赣州区域性救灾减灾指挥中心和救灾物资储备库、应急避难场所建设。加大对赣州社会救助资金支持力度。（民政部、发展改革委、财政部）

（二十四）强化基层社会管理服务

72. 加快社区服务中心、服务站等综合性基层平台建设，提高乡村基本运转经费保障水平。（民政部、财政部）

七 关于深化改革扩大开放

（二十五）创新体制机制

73. 支持和鼓励赣州市在城乡统筹、扶贫开发、投融资等方面先行开展政策探索。研究设立瑞（金）兴（国）于（都）经济振兴试验区，鼓励先行先试，加大支持力度。（发展改革委、财政部、国土资源部、人民银行、银监会、住房城乡建设部、扶贫办）

74. 稳步开展农村土地承包经营权登记，探索农村集体建设用地流转制度改革。（农业部、中央农办、国土资源部、林业局）

75. 深化集体林权制度改革，开展经济林确权流通。（林业局、发展改革委、财政部）

76. 支持赣州发展成为较大的市，依法享有相应的地方立法权。（法制办）

77. 支持赣州在地方金融组织体系、中小企业金融服务等方面开展改革试验。（人民银行、银监会、证监会、保监会、发展改革委、工业和信息化部）

（二十六）有序承接产业转移

78. 支持设立赣南承接产业转移示范区，有序承接东南沿海地区产业转移，严禁高污染产业和落后生产能力转入。（发展改革委、环境保护部、工业和信息化部、商务部）

79. 推动赣州"三南"（全南、龙南、定南）和吉泰走廊建设加工贸易重点承接地。（商务部）

80. 推动瑞金、龙南省级开发区加快发展，支持符合条件的省级开发区升级，在科学规划布局的基础上有序推进未设立开发区的县（区、市）设立产业集聚区。（商务部、科技部、发展改革委、国土资源部、住房城乡建设部、工业和信息化部按职责分工负责）

81. 支持设立国家级高新技术产业园区。（科技部、发展改革委、国土资源部）

82. 在赣州出口加工区的基础上按程序申请设立赣州综合保税区，建设成为内陆开放型经济示范区。（海关总署、发展改革委、质检总局、税务总局、财政部、国土资源部、商务部）

（二十七）推动开放合作

83. 打造以赣州经济技术开发区为核心，以赣州"三南"至广东河源、瑞金兴国至福建龙岩产业走廊为两翼的"一核两翼"开放合作新格局。支持建设赣闽、赣粤产业合作区。支持吉泰走廊开放开发，建设工业化、城镇化和农业现代化协调发展示范区，打造重要的经济增长带。（发展改革委、商务部）

84. 鼓励与沿海地区加强铁海联运等合作。深化与台港澳地区在农业、环保、电子信息及服务贸易等领域的合作交流。支持省级出口基地升级为国家级外贸转型升级专业型示范基地。（商务部、发展改革委、铁道部、海关总署、工业和信息化部、农业部、台办、港澳办、质检总局）

八　关于加大政策扶持力度

（二十八）关于执行西部大开发政策

85. 赣州市执行西部大开发政策。（发展改革委、财政部等）

（二十九）财税政策

86. 进一步加大中央财政均衡性转移支付力度，逐步缩小地方标准财政收支缺口。加大中央财政对赣南等原中央苏区振兴发展的财力补助。加大中央专项彩票公益金对赣州社会公益事业的支持力度。支持化解赣州市县乡村公益性债务，将公益性建设项目国债转贷资金全部改为拨款。中央代地方政府发行的债券向原中央苏区倾斜。（财政部、发展改革委、民政部）

87. 统筹研究将赣州列为中国服务外包示范城市并享受税收等相关优惠政策问题。（商务部、发展改革委、教育部、科技部、工业和信息化部、财政部、人力资源社会保障部、税务总局、外汇局）

（三十）投资政策

88. 加大中央预算内投资和专项建设资金投入，在重大项目规划布局、审批核准、资金安排等方面对赣南等原中央苏区给予倾斜。中央在赣州安排的公益性建设项目，取消县及县以下和集中连片特殊困难地区市级资金配套。加大扶贫资金投入。国家有关专项建设资金在安排赣州市公路、铁路、民航、水利等项目时，提高投资补助标准或资本金注入比例。（发展改革委、财政部、交通运输部、水利部、农业部、林业局、教育部、卫生部、住房城乡建设部、环境保护部、铁道部、扶贫办、民航局、能源局）

（三十一）金融政策

89. 鼓励政策性银行在国家许可的业务范围内，加大对赣南等原中央苏区的信贷支持力度。鼓励各商业银行参与赣南等原中央苏区振兴发展。促进赣州地方法人金融机构加快发展，发挥差别准备金动态调整机制的引导功能，支持

地方法人金融机构合理增加信贷投放，优化信贷结构，满足有效信贷需求。（人民银行、银监会、国家开发银行、农业发展银行）

90. 支持开展保险资金投资基础设施和重点产业项目建设。（保监会）

91. 开展民间资本管理服务公司试点。支持符合条件的企业发行企业（公司）债券、中期票据、短期融资券、中小企业集合票据和上市融资。（证监会、发展改革委、人民银行）

92. 深化融资性担保公司或再担保公司、小额贷款公司创新试点。大力推进农村金融产品和服务方式创新，鼓励和支持设立村镇银行。（银监会、发展改革委、人民银行、工业和信息化部）

（三十二）产业政策

93. 实行差别化产业政策，从规划引导、项目安排、资金配置等多方面，给予支持和倾斜。加大企业技术改造和产业结构调整专项对特色优势产业发展的支持力度。对符合条件的产业项目优先规划布局。（发展改革委、工业和信息化部、科技部、环境保护部按职责分工负责）

94. 支持赣州创建国家印刷包装产业基地，并实行来料加工、来样加工、来件装配和补偿贸易的政策。（新闻出版总署、财政部、商务部、税务总局）

（三十三）国土资源政策

95. 在安排土地利用年度计划、城乡建设用地增减挂钩周转指标等方面，加大对赣南等原中央苏区的倾斜。支持赣州开展低丘缓坡荒滩等未利用地开发利用试点和工矿废弃地复垦利用试点，相关指标单列管理；支持开展农村土地综合整治工作，研究探索对损毁的建设用地和未利用地开发整理成园地的，经认定可视同补充耕地，验收后用于占补平衡；支持开展稀土采矿临时用地改革试点。支持对稀土、钨残矿、尾矿和重点建设项目压覆稀土资源进行回收利用，对因资源枯竭而注销的稀土、钨采矿权，允许通过探矿权转采矿权或安排其他资源地实行接续。对稀土、钨矿等优势矿产资源在国家下达新增开采、生产总量控制指标时给予倾斜，积极支持绿色矿山建设。（国土资源部、发展改革委、财政部、环境保护部、工业和信息化部、农业部、林业局）

（三十四）生态补偿政策

96. 将东江源、赣江源、抚河源、闽江源列为国家生态补偿试点。结合主体功能区规划调整和完善，研究将贡江、抚河源头纳入国家重点生态功能区范围，提高国家重点生态功能区转移支付系数，中央财政加大转移支付力度。（发展改革委、财政部、环境保护部、水利部）

97. 国家加大对废弃矿山植被恢复和生态治理工程的资金支持。加大对国家公益林生态补偿投入力度。（财政部、发展改革委、国土资源部、林业局、环境保护部）

（三十五）人才政策

98. 加大东部地区、中央国家机关和中央企事业单位与赣南等原中央苏区干部交流工作的力度。（中央组织部、人力资源社会保障部）

99. 国家重大人才工程和引智项目向原中央苏区倾斜，鼓励高层次人才投资创业，支持符合条件的单位申报建立院士工作站和博士后科研工作站。（人力资源社会保障部、科技部）

（三十六）对口支援政策

100. 建立中央国家机关对口支援赣州市 18 个县（市、区）的机制，加强人才、技术、产业、项目等方面的对口支援，吉安、抚州的特殊困难县参照执行。鼓励和支持中央企业在赣州发展，开展帮扶活动。（发展改革委、中央组织部、人力资源社会保障部、国资委等）

101. 支持福建省、广东省组织开展省内对口支援。鼓励社会力量积极参与对口支援。（发展改革委）

九 切实加强组织领导

（三十七）加强指导协调

102. 建立支持赣南等原中央苏区振兴发展部际联席会议制度。抓紧编制

赣闽粤原中央苏区振兴发展规划，进一步细化实化各项政策措施。（发展改革委）

103. 加强对本意见实施的组织领导，制订工作方案，落实工作责任，加强与有关部门和单位的沟通衔接，强化协调配合，推进本意见的实施。要按照本意见确定的战略定位和重点任务，加快重大项目建设，努力探索有利于科学发展的体制机制。（江西、福建、广东省人民政府）

国土资源部办公厅关于 2012 年支持赣州经济社会发展若干措施的函

国土资厅函〔2012〕577 号

江西省国土资源厅：

《关于落实国土资源部支持赣南苏区经济社会发展若干措施进展情况的报告》（赣国土资函〔2012〕200 号）收悉，经部第 53 次专题会议审议通过，现将有关情况函复如下：

一　土地资源管理方面

（一）同意江西省赣州市开展低丘缓坡荒滩等未利用地开发利用试点工作。按照开展低丘缓坡荒滩等未利用地开发利用试点工作的总体要求，指导赣州市试点市（县）编制试点方案和专项规划，规范推进试点工作。部在下达 2012 年低丘缓坡荒滩等未利用地开发利用试点规模时予以倾斜，相关指标单列。

（二）支持赣南苏区调结构、转方式、保民生重大项目用地。同意赣州市提出的 14 个用地项目，先由江西省国土资源厅安排用地计划，部在下半年调剂用地计划指标时予以统筹考虑。

（三）支持赣州市开展土地利用总体规划定期评估与适时修改试点前期准备工作。在开展规划评估修改的前期准备工作中，赣州市要进一步细化规划评估内容，补充规划主要控制指标实现程度、土地利用布局分析、耕地和基本农田保护、节约集约用地与空间布局、生态用地、土地利用重大工程与重点建设项目实施情况、规划实施措施执行情况、规划重大背景变化情况等评估内容。

（四）支持赣州市继续开展城乡建设用地增减挂钩试点。部在下达 2012

年城乡建设用地增减挂钩指标时，适度增加江西省指标，保障赣州市城乡建设用地增减挂钩周转指标。

（五）同意赣州市开展工矿废弃地复垦利用试点工作。支持赣州市按照开展工矿废弃地复垦利用试点工作的总体要求，选择工矿废弃地复垦利用潜力大的县、市开展试点工作，并指导试点市、县编制试点工作方案和专项规划，规范推进工作。部在下达2012年工矿废弃地复垦利用试点规模时予以倾斜，相关指标单列。

（六）支持赣州市开展土地整治项目。按照《财政部国土资源部关于调整中央分成的新增建设用地土地有偿使用费分配方式的通知》（财建〔2007〕84号）规定，部支持江西省国土资源厅在瑞金市黄柏乡开展土地整治工作，项目经费由江西省国土资源厅解决。

（七）支持赣州市按照发展区域性比较优势，将损毁的建设用地、耕地和未利用地，开发整理为新增耕地或开发整理成园地的，经国土资源部门认定达到耕地标准的，可以视同补充耕地，用于占补平衡。

此外，部正在开展规范农村集体土地流转试点工作，拟对流转试点原则、范围、主体、程序、内容等分别做出规定。在部署开展农村集体经营性建设用地流转改革试点工作中，优先考虑在赣州市试点。

二　矿产资源管理方面

（一）支持赣州市利用地质矿产评价专项资金和中央地勘基金开展重点勘查区和稀土国家规划矿区调查评价；支持对稀土资源进行整合；支持关闭资源枯竭的稀土矿山，并利用已有稀土探矿权或其他资源地作为接续区。

部已组织对《江西省稀土等矿产勘查专项规划（2010～2015）》的预审工作，并下发预审意见。在划定的整装勘查规划区和重点勘查规划区块，支持赣州市2013年重稀土调查评价项目申报工作。支持赣州市2013年地质矿产调查评价等中央财政专项项目申报工作。

2012年，在地质矿产调查评价专项中，重点安排了江西1∶5万遂川县、良口、横市井、夏府幅区调，江西崇义淘锡坑外围钨矿调查评价、江西竹山一广东澄江地区钨锡多金属矿远景调查、江西赣县罗仙崇——龙潭下钨矿远景调查、江西三稀资源综合研究与重点评价、江西省大余县下垄钨矿左拔矿区接替资源勘查等工作，经费投入 1230 万元。

2011 年已在稀土国家规划矿区部署了"赣县谢公坑"、"信丰县东坑——安远县铜锣窝"、"定南县龙塘"3 个稀土普查项目，另有 4 个铀、金项目，共 7 个地勘基金项目，年度投资 4315 万元，2012 年开始实施。支持拟申报的 5 个稀土接续矿区按照基金立项要求编制立项资料，理顺矿权关系，将优先安排通过立项程序组织评审的项目。

部支持赣州市稀土资源整合，请江西省国土资源厅按照《国土资源部办公厅关于矿产资源开发整合中采矿登记有关问题的通知》（国土资厅发〔2007〕65 号）规定，督促矿业权人加快工作进度，尽快办理整合矿区采矿许可证。

部已明确支持赣州市关闭资源枯竭的稀土矿山，支持赣州市资源枯竭的稀土、钨矿山，将稀土、钨矿山探矿权转为采矿权或者其他资源地作为稀土、钨矿山资源枯竭接续区。请赣州市根据矿产资源规划和矿业权设置方案的要求，编制具体实施方案，由江西省国土资源厅组织评审后报部批准实施。

《国土资源部办公厅关于同意江西省寻乌至全南高速公路穿越稀土矿产国家规划矿区的复函》（国土资厅函〔2012〕52 号）已下发，同意该项目穿越稀土矿产国家规划矿区，并允许对有利价值的稀土资源进行回收利用，回收指标从江西省 2012 年稀土开采总量控制指标中调剂解决。

（二）支持赣州市按照地质矿产调查评价专项和中央地勘基金项目渠道，申报矿产勘查专项规划需要资金支持的项目。2012 年地质矿产调查评价专项在赣州市已安排左拔钨矿老矿山接替资源勘查项目，安排资金 260 万元，矿山企业配套资金 460 万元。2013 年地质矿产调查评价专项和中央地质勘查基金项目将继续按照上述规划做出的工作安排，对赣州的稀土等矿产资源调查评价及勘查工作予以支持。

（三）支持赣州市稀土、钨、氟化工产业发展，给予稀土、钨、萤石矿业权设置政策和开采总量控制指标倾斜。2012 年在全国开采总量控制指标未新增的前提下，部为江西省调剂增加 800 吨钨矿指标，建议江西省国土资源厅在指标分配时向赣州市倾斜。在全国钨、稀土开采总量控制指标有新增的情况下，部将继续向江西省和赣州市倾斜。支持对 2010 年 1 月前设立的萤石探矿权，依照有关规定申请萤石矿探矿权转采矿权。关于变更钨矿开采规模的问题，请赣州市提出需要变更开采规模的具体名单和理由，部根据有关规定研究办理。

（四）支持赣州市开展稀土资源储备。支持赣州市龙南县汶龙上庄、寻乌县吉潭、会昌县珠兰埠、定南县沙头长桥 4 个稀土矿区纳入矿产地储备范围。根据矿产地储备试点工作安排，部将组织专家对赣南 4 个稀土矿产地储备矿区进行论证后予以划定。

三　地质灾害防治和地质环境保护方面

（一）关于支持赣州市申报中型以上地质灾害防治专项资金。目前赣州市提出 2012 年度地质灾害治理方面的 19 个项目均为大型，不符合财政部国土资源部关于印发《特大型地质灾害防治专项资金管理暂行办法》（财建〔2009〕463 号）规定，请江西省国土资源厅在使用中央按因素法分配资金落实项目时向赣州市倾斜，对符合特大型地质灾害防治专项要求的项目，部予以支持。

（二）支持赣州市开展废弃稀土和钨矿山地质环境治理。2012 年寻乌县石排废弃稀土矿矿山地质环境治理示范工程已通过部与财政部组织的论证，并已获得项目启动资金 1 亿元。部将结合工程实施方案并根据工程进展和资金使用管理情况，商财政部进一步给予资金支持。

（三）支持赣州市绿色矿山建设和资源节约与综合利用示范项目建设。部会同财政部确定了江西赣南钨矿资源综合利用示范基地、江西省铜矿资源综合利用示范基地和江西赣州稀土资源综合利用示范基地为首批综合利用示范基地。2011 年，中央财政共安排了 1.8 亿元补助资金，加快示范基地建设进程，形成规模效益。通过示范基地建设，力争到 2015 年盘活和增加钨资源金属量 10 万吨、铜资源金属量 500 万吨和稀土资源 75 万吨以上，显著增加资源供给能力，将建设成为我国重要的工业原材料生产基地。同时，在绿色矿山建设方面，也将给予政策、项目和资金方面倾斜。

（四）支持赣州市矿山公园、地质公园和地热等项目建设。2012 年，部将组织第三批国家矿山公园申报工作，请江西省国土资源厅协助赣州市按照要求做好矿山公园规划和立项申报工作。部鼓励和支持赣州市申报国家矿山公园建设，支持赣州市开展地质遗迹保护和地热资源开发利用等工作。

（五）支持赣州市在稀土矿区建设视频监控网开展稀土执法监察。部已将赣州市稀土国家规划矿区列为开展国土资源执法视频监控网建设试点，根据《国土资源部办公厅关于开展国土资源执法视频监控网建设试点工作的通知》（国土资厅发〔2011〕45 号）规定，矿区视频监控网建设和维护经费由地方政府承担，部对试点工作进行指导、检查、验收和推广。

四　几点要求

请江西省国土资源厅按照以上意见，认真做好 2012 年部支持赣州政策措施项目的实施工作，加强指导和监管，将部支持的项目建设成国土资源管理工作的示范工程、精品工程。

（一）认真做好赣州市低丘缓坡荒滩等未利用地开发利用试点和工矿废弃地复垦利用试点工作。请江西省国土资源厅按照部开展低丘缓坡荒滩等未利用地开发利用试点和工矿废弃地复垦利用试点的通知要求，加强组织领导，认真做好赣州市试点工作的项目审核、组织监管和验收考核。

（二）把支持赣州市经济社会发展与扶贫开发工作相结合，加快人民群众脱贫致富步伐。加快落实符合调结构、转方式、保民生用地需要，加快新农村建设用地和土地整治项目的审批，加快矿产资源勘查、地质灾害防治和地质环境保护项目的实施，把改变贫困地区生产生活条件、改善生存环境作为落实部支持措施的重点，确保新阶段扶贫开发工作的顺利推进。

（三）加强指导和监管，扎实推进各项措施的落实。江西省国土资源厅要加强部门之间沟通协调，强化评估监管工作，以大扶贫机制落实共同责任，大力推进赣州定点扶贫开发工作，为新阶段部扶贫开发工作积累经验，提供示范。

二○一二年六月十五日

国家开发银行关于支持赣南等
原中央苏区振兴发展的意见

开行发〔2012〕392 号

各分行、代表处，总行各部门，控股子公司：

赣南等原中央苏区地跨赣闽粤，在中国革命史上具有特殊重要地位，为中国革命作出了重大贡献和巨大牺牲。由于多种原因，经济发展仍然滞后，民生问题仍然突出，贫困落后面貌仍未得到根本改变。同时，区位条件相对优越，特色资源丰富，市场开发潜力巨大。为贯彻落实《国务院关于支持赣南等原中央苏区振兴发展的若干意见》（国发〔2012〕21 号，以下简称"国发 21 号文件"）精神，充分发挥开发性金融不可替代作用，支持赣南等原中央苏区振兴发展，在全国革命老区加快发展中发挥标志性示范作用，现提出以下工作意见。

一　总体要求

支持赣南等原中央苏区进一步保障改善民生，尽快改变贫困落后面貌，充分发挥该地区比较优势，逐步缩小区域发展差距，是我行落实国发 21 号文件精神，贯彻中部地区崛起等区域发展政策，支持革命老区和欠发达地区跨越式发展的具体体现。要坚持开发性金融方向，围绕赣南等原中央苏区的战略定位和发展目标，结合当地实际，突出我行特色，坚持规划先行，推进信用建设，深化综合服务，明确支持重点，探索模式创新，发挥引领作用。

二 重点领域

（一）以交通、能源、水利为重点的重大基础设施建设

1. 综合交通网络

综合枢纽。赣龙铁路扩能改造工程等赣州市与周边城市和沿海港口城市的铁路通道建设；赣州黄金机场改造扩建；赣江航道和赣州港建设。

铁路。鹰（潭）瑞（金）梅（州）铁路、浦（城）梅（州）铁路、广（州）梅（州）汕（头）铁路扩能；规划建设的吉安至建宁铁路；瑞金火车站升级改造。

公路。大庆—广州高速公路赣州繁忙路段扩容改造工程；规划建设的兴国—赣县、寻乌—全南、乐安—宁都—于都、广昌—建宁、金溪—资溪—光泽等高速公路；国省道干线公路改造；国家公路运输枢纽站场建设。

机场。三明沙县机场新建工程；吉安井冈山机场和龙岩连城机场扩建工程；研究建设的赣东南机场和瑞金通勤机场。

2. 能源

瑞金电厂扩建；规划建设的抚州电厂、粤电大埔电厂"上大压小"工程等电源点项目；国电井冈山水电站；风电、太阳能、生物质能发电；赣州东（红都）500千伏输变电工程和抚州至赣州东（红都）500千伏线路；提高县网供电保障能力的重大项目；樟树—吉安—赣州、泉州—赣州、揭阳—梅州—赣州等成品油管道项目建设；赣州天然气及成品油仓储基地建设。

3. 水利

提高赣州等城市防洪标准的城镇防洪工程建设；上犹江引水、引韩济饶供水等水资源配置工程和韩江（高陂）大型水利枢纽建设、廖坊灌区工程建设；章江等大型灌区续建配套与节水改造，病险水库除险加固。

（二）以政府关心的热点、难点为重点的民生领域建设

在国家和地方政府总体安排范围内，赣州等地区的农村危旧房改造、农村

饮水安全、农村电网改造、农村公路建设；以赣州等地区城市棚户区改造、国有工矿棚户区和国有农林场危房改造等为重点的保障性住房建设；具有地方特色优势、成长性较好的中小企业建设；助学贷款等教育领域和基层医院等城乡医疗领域建设。

（三）以优势矿产业等为重点的现代产业体系建设

稀土、钨等矿山资源整合、资源战略储备，稀土、钨等精深加工，高端稀土、钨新材料和应用产业发展领域的产业基地建设和大型企业集团发展；现有产业和战略性新兴产业领域科技含量高、辐射带动力强、市场前景广阔的重大项目和龙头企业；红色旅游与生态旅游、休闲旅游、历史文化旅游融合发展的特色旅游业配套设施项目；赣州、吉安综合物流园区，广昌物流仓储配送中心等现代物流业项目建设；脐橙产业等特色农业领域的产业化龙头企业发展，赣州、吉安、抚州等市国家现代农业示范区建设。

（四）以循环经济等为重点的生态环境综合配套建设

城镇污水处理和污水管网建设；稀土综合回收利用产业等循环经济领域重点项目；长汀等地区水土流失综合治理重点项目。

（五）以提高县域融资能力为重点的机制体制建设

推动各级政府向政府融资主体注入土地、矿产资源、特许经营权等有效资源，增强经营能力和融资能力。结合该地区目前阶段的欠发达特点，推动对一般性转移支付资金的整合运用，探索以省级增信方式提高县域融资能力，实现"输血"向"造血"转变。

（六）以承接产业转移为重点的内陆开放型经济建设和区域经济合作

围绕赣南承接产业转移示范区建设，赣州"三南"（全南、龙南、定南）和吉泰走廊建设加工贸易重点承接地等产业集聚区域的路、水、电、气、热、通信等综合配套设施建设；与鄱阳湖生态经济区、海峡西岸经济区等周边重要经济区的跨区域协作联动的重大项目；大企业、大集团在该地区实施的跨区域资源重组整合；对口支援开发式扶贫示范性项目。

三　实施原则

赣南等原中央苏区经济发展相对滞后，民生问题比较突出，发展基础薄弱，投融资需求较大，需要财政性资金与金融性资金、其他资金有效配合。我行融资要体现机构特色，用好有限资源，发挥独特作用。

从融资与建设项目现金流适配性看，重点是金融适合支持的项目，金融与财政性资金可配套支持的项目，中长期投融资为主、短期资金搭桥过渡的项目。从建设项目在本领域所起作用看，重点是形成综合交通网络、连接周围区域的重要区段和节点项目；促进形成和完善行业机制和规则的关键性项目；体现国家专门扶持政策导向的示范性项目。

四　融资融智服务

（一）规划先行

支持和参与《赣闽粤原中央苏区振兴发展规划》等重点规划编制和重大课题研究，牵头编制《赣南等原中央苏区振兴发展系统性融资规划》，统筹安排融资方式和融资总量，提出重大项目融资方案及建议。积极为该地区地方政府、企业提供项目融资融智服务，推动规划项目尽快落地，促进投融资体制改革。

（二）综合金融服务

结合赣南等原中央苏区特定区位特征、产业结构和发展阶段的融资需求，积极发挥我行中长期投融资优势，通过贷款和投资、债券、租赁、证券等相结合，实现融资工具多样化，为赣南等原中央苏区经济社会发展提供综合金融服务。

（三）拓宽融资模式

用好用足国家对该地区的财税、投资、土地等配套倾斜政策空间的同时，积极探索创新我行支持赣南等原中央苏区振兴发展的金融产品和融资模式。结合当地资源优势，借鉴国内其他资源富集地区有益经验，探讨对稀土、钨等优势矿产资源开发采用矿权大额融资模式。研究运用土地、矿产资源以外的其他有效资源进行融资。

五 政策措施和内外协调

（一）政策措施

1. 加大投入力度

"十二五"期间，赣南等原中央苏区新增贷款增速高于西部地区平均水平。对赣南等原中央苏区基础设施建设、特色优势产业发展、社会事业和民生等领域由我行牵头融资的重大建设项目，纳入全行重大项目规模资源统筹范围，并在信贷规模等资源总量配置上予以倾斜。

2. 提供优惠政策

对能源和交通基础设施类重大项目，在项目经济寿命期内及监管规定下，可适当提高项目的宽限期和贷款期限上限。对赣南等原中央苏区我行牵头融资的重大项目，可在国家政策和我行利率管理规定范围内结合项目风险状况从优考虑。重点领域中符合我行支持要求的重大项目，资本金比例可根据需要执行国家规定的最低比例。赣南等原中央苏区重点项目可优先评审，优先审议，优先配置贷款规模。支持赣南资源丰富、具有发展潜力的项目，特别是对稀土等行业中已通过我行认定的战略性成长型企业，予以重点支持。鉴于国发21号文件已明确赣州市执行西部大开发政策，可对赣州市执行我行对西部地区的政府动态债务率、贷款期限和宽限期、贷款利率等各项优惠政策。

3. 完善机构管理

根据我行分支机构发展规划，在监管部门允许和条件成熟的前提下，研究推动在赣州市设立二级分行。

（二）内外协调

1. 加强组织领导

成立支持赣南等原中央苏区振兴发展领导小组，由总行分管对口区域的行领导任组长，有关部门负责人参加，总体协调各行工作。业务发展局牵头负责组织实施推动工作；有关部门和控股子公司结合工作职能，根据实际需要提出支持赣南等原中央苏区振兴发展的专门意见、实施细则或工作方案。江西省分行、福建省分行、广东省分行负责做好具体工作的对接落实，每年对工作进展情况进行分析总结，及时向总行和地方政府、有关部门报告，重要情况可随时上报。

2. 深化政府合作

将支持赣南等原中央苏区振兴发展，分别列入我行与江西、福建、广东三省年度高层联席会议议题之一。每年至少召开两次分行与省级和有关市县发改委、金融办等部门的工作协调会，沟通工作进度，落实融资事项。

3. 人才交流培训

加大我行与赣南等原中央苏区所在地政府和企业干部的双向交流工作力度，并根据我行培训计划组织对赣南等原中央苏区地方干部进行专题培训。

二〇一二年八月二十四日

中国农业银行关于支持赣南等原中央苏区振兴发展的指导意见

农银发〔2012〕271 号

江西分行：

为贯彻落实国务院《关于支持赣南等原中央苏区振兴发展的若干意见》精神，充分发挥农业银行服务城乡经济发展的重要作用，主动履行金融机构社会责任，现就切实加大对江西分行政策支持力度，推动赣州、吉安、抚州等原中央苏区所在地分行（以下简称赣南三家分行）加快业务发展，以实际行动支持赣南等原中央苏区大建设、大开发和大发展，提出以下指导意见：

一　总体原则

（一）抢抓机遇，加快发展

切实把握赣南等原中央苏区打造全国革命老区扶贫攻坚示范区、稀有金属产业基地、先进制造业基地和特色农产品深加工基地、重要的区域性综合交通枢纽、南方地区重要生态屏障、红色文化传承创新区的有利契机，进一步解放思想、更新观念，转变工作作风，强化责任意识，发挥赣南等原中央苏区独特红色文化优势、特色资源优势和区位条件优势，抢抓市场机遇，拓展重点业务和重点项目，为赣南等原中央苏区实现跨越式发展贡献力量。

（二）商业运作，注重效益

发挥农业银行横跨城乡的独特定位和网络渠道优势，坚持商业运作。统筹经营资源，切实形成赣南三家分行营销与管理合力。进一步明确发展规划和信贷投放重点，加快推进经营转型，增强金融服务能力，努力提升经营效益。

（三）循序渐进、强化管理

兼顾当前和长远发展要求，稳步推进赣南三家分行支持赣南等原中央苏区振兴发展各项工作。加强风险管控，综合评估风险回报，实现风险与收益的均衡，确保可持续发展。

二　财务扶持政策

（四）绩效考核

在坚持全行绩效考核体系统一性前提下，对赣南三家分行实施差异化的考核挂钩政策，适当提高资源配置的挂钩比例。总行对"121 工程"县域支行名单实行动态管理，赣南三家分行中经营状况良好、发展潜力和基础比较好的县域支行，可择优纳入"121 工程"。

（五）费用配置

提高赣南三家分行职工福利费总额，提高员工福利待遇，缩小与发达地区差距；在总行核定的费用总量内，增加业务费用预算，每年专项安排一定的战略费用，由赣南三家分行统筹使用并在次年转入基础费用。

（六）固定资产配置

在总行核定的固定资产投资额度的基础上，给予赣南三家分行一定的战略资源倾斜；加大赣南三家分行两网建设和专项建设投入力度，同等条件下优先解决营业办公环境较差等问题；适度提高赣南三家分行县及县以上营业办公用房维修改造项目审批权限及零星购置项目转授权权限；为赣南三家分行增配一定数量的县域业务用车，并适度提高业务用车配置标准。

（七）对外捐赠

江西分行可在总行对一级分行的授权范围内统筹安排赣南三家分行对外捐赠事宜，但不得直接对赣南三家分行转授权。江西分行应积极支持中央苏区扶贫点小学与卫生院重建、农田水利与道路改造等公益性和基础设施项目建设。

三　信贷政策

（八）信贷规模

总行在年度计划配置中将给予江西分行信贷规模适度倾斜，并对赣南三家分行所属总行重点客户加大战略计划支持力度。江西分行在年度计划配置中按不低于 3 个百分点的增速对赣南三家分行进行倾斜配置。

（九）行业信贷政策

1. 交通行业

重点支持铁道部、地方铁路局及其直接或间接控股的铁路企业在赣州、吉安、抚州投资的进入国家中长期铁路网规划的铁路项目，以及江西省高速公路投资集团有限责任公司及其直接或间接控股超过 50%（含）的子公司在赣州、吉安、抚州投资的机场高速公路、我行支持类旅游景区的高速公路以及连接赣州与吉安的高速公路项目，支持把赣南等原中央苏区建设成为重要的区域性综合交通枢纽。

2. 能源行业

在符合我行相关行业信贷政策的条件下，重点支持国家电网公司及其直接或间接控股超过 50%（含）的子公司在赣州、吉安、抚州投资的农电网改造项目及输变电项目，以及全国五大发电集团直接或间接控股超过 50%（含）的子公司在赣州、吉安、抚州投资的电厂、电站项目，促进提高赣南等原中央苏区的能源保障能力。

3. 稀土、钨稀有金属等特色产业

在符合我行有色金属行业信贷政策的条件下，重点支持江西稀有金属钨业控股集团有限公司及其直接或间接控股超过50％（含）的子公司在赣州投资的稀土和钨行业项目，以及赣州稀土矿业有限公司在赣州投资的稀土项目，把赣州建设成具有较强国际竞争力的稀土、钨稀有金属产业基地。

4. 特色农业

重点支持脐橙、蜜桔、茶叶、白莲、生猪等特色农产品项目，把赣南等原中央苏区建设成世界最大的优质脐橙产业基地和全国重要的特色农产品、有机食品生产与加工基地。

（十）产品创新

鼓励赣南三家分行根据当地市场特征和客户需求积极开展产品创新，其辖属县域支行参照享受第三类"三农"产品创新基地有关政策。对总行研发的新产品，优先在赣南三家分行推广使用。对于赣南三家分行中同业比较成熟，或涉及信贷产品创新的产品，在不突破外部监管规定和现行政策制度的前提下，江西分行可根据业务需要进行产品创新，制定单项信贷产品管理办法，经一级分行信贷管理部门审核并报总行相关业务主管部门备案后实施。需突破现行政策制度的，按照总行有关规定执行。

四 "三农"扶持政策

（十一）积极支持农业产业化龙头企业和农副产品收购客户

积极支持农业产业化龙头企业。对原中央苏区所在地省级以上农业产业化龙头企业，因收购农副产品产生的季节性资金需求，在落实合法、有效、足值担保的前提下，经一级分行审批，可按照担保测算法核定该类客户的授信额度理论值，但实际授信额度不得超过收购资金的60％。

（十二）积极支持农业特色产业发展

立足赣南等原中央苏区农业资源禀赋，积极支持中高端农户发展现代农业、生态农业、绿色农业、特色农业、旅游农业和精品农业，及时响应中高端农户信贷需求，适时调整农户贷款政策，加大信贷扶持力度，切实加强惠农、富农金融服务。

（十三）积极支持江西分行制定差异化的区域信贷政策

赣南等原中央苏区所在分行可结合县域特色资源和支柱型产业集群的实际情况，针对总行的行业信贷政策和信贷管理制度提出适应性调整需求，报总行批准后以区域信贷政策发布。

（十四）择优支持县域房地产开发客户

由江西分行统筹安排该区域内县域房地产开发贷款业务，在满足总行县域房地产信贷政策相关要求的前提下，对具有良好股东实力、较高开发资质的重点房地产开发客户进行择优支持，满足赣南等原中央苏区县域房地产刚性需求。

（十五）择优支持县域旅游基础设施建设

在满足总行县域旅游开发建设信贷政策相关要求的前提下，对赣南等原中央苏区旅游开发项目，旅游景区项目中包含的不超过总投资 20% 的配套宾馆酒店可纳入旅游景区项目一并按一般固定资产贷款审批，推动该区域内红色旅游、生态旅游、休闲旅游和历史文化旅游产业的融合发展。

五　业务发展政策

（十六）总分行联动营销

对总行级核心客户（包括但不限于铁道部、首都机场集团、国家电网、华能集团、国电集团、大唐集团、中电投、华电集团、中石油、中石化、中国五矿、中国铝业、包钢集团、中粮集团、中国建材、中信集团、中烟公司、雨润集团等）在赣南等原中央苏区的重大投资项目，总行客户部门牵头开展总对总营销。对非总行级核心客户（包括但不限于广晟有色、横店东磁等）在赣南等原中央苏区的重大投资项目，总行指导和协调相关分行开展联动营销，协助江西分行做好项目对接工作。

（十七）服务对口支持项目

总行将加强与对口支援赣州市 18 个县（市、区）和吉安、抚州特殊困难县的中央国家机关的沟通联系，掌握援助资金及重点项目情况；建立农行系统支援赣南等原中央苏区项目定期信息交流制度，实现总、分行系统联动；对中央企业在赣州发展和帮扶所实施的投资项目，由总行客户部门牵头开展总对总营销；总行将加大对赣南三家分行和经营行的人才、资金和技术等对口支援工作。

（十八）资金管理

在坚持全行实行金额资金管理的前提下，总行有关部门在总行核心客户优惠 FTP 名单核定时优先考虑赣南三家分行因素，适当调高资金来源的价格、调减资金运用的成本。

（十九）经济资本

总行将在全年经济资本配置中适当考虑增加江西分行相应的经济资本战略性配置，省分行在年度计划配置中综合考虑赣南三家分行效益性经济资本配置情况，统一予以落实。

六　队伍建设与人力资源管理政策

（二十）加强干部队伍建设

坚持"德才兼备、以德为先，尚贤用能、绩效为先"的人才理念，选好干部，配强班子。赣南三家分行领导班子年龄、学历、专业结构互补匹配，辖内一级支行 3 年内分别配备 1 名全日制本科以上学历的班子成员，提高当地行领导班子知识化、专业化水平和科学发展的能力。对业务规模较大，辖属机构网点较多的赣州分行可增加 1 名副行长职数，按 1 正 5 副配备，用于加强前台市场营销力量。

（二十一）加大干部交流力度

总分行互派交流干部和省际分行交流干部优先安排到赣南三家分行及辖内县支行挂职。有计划地从赣南三家分行班子成员和科级干部中选派人员到总行和其他经济发达省份分行挂职锻炼。

（二十二）机构升格

对三家二级分行辖内业务规模大、经营效益好、管理水平高的县支行，可参照重点县域支行推进计划相关标准进行升格或高配。赣南三家分行要根据经济发展情况对机构布局进行优化调整，在符合城区一级支行总量控制的情况下，对满足升格为一级支行标准的二级支行，总行将研究批准其升格为一级支行，进一步提升其服务地方经济发展的能力。

（二十三）优化网点网络布局

加大赣南三家分行网点建设资源投入，整合城区低效网点，优先完成县域网点网络布局规划工作；选择高端客户密集的地区建设精品网点和理财中心，合理配置网点人员，提升劳动生产率，提高人均投资回报率。在经济活跃区域逐步新设网点。加大现金类自助设备、壁挂式自助服务终端和智能支付终端投放。在城区的新兴区域及我行网点服务空白区设立离行式自助银行，开展惠农金融服务"村村通"工程，提高金融服务覆盖率。

（二十四）适度增加赣南三家分行用工计划

一级分行在总行下达的用工计划控制数范围内，加大用工增量计划向赣南三家分行的倾斜力度，主要用于补充网点柜员和营销岗位人员。

（二十五）适度扩大员工招聘范围

适当调整合同制柜员招聘条件。上述赣南三家分行的合同制柜员以本地生源为主，招聘条件放宽至全日制本科应届毕业生（不限录取批次）。确实存在招聘困难的县以下网点，可招聘全日制大学专科应届毕业生。

（二十六）加大培训力度

加大高管人员培训力度，适当吸收赣南三家分行一级支行副职参加一级支行"一把手"培训、二级分行副职参加二级分行"一把手"培训，增加二级分行部门助理以上干部和专业技术骨干参加总行业务培训的名额。强化农行网络学院的推广应用，加强对江西分行组织实施原中央苏区特色网络培训项目的业务指导。

（二十七）倾斜配置工资资源

考虑到江西分行效益增长明显，历史原因造成人均工资排名不高，因此，总行在年末核定今年工资总额时，根据该行效益及工资排名情况，酌情给予倾斜，保持工资持续稳步增长。

七　资产处置政策

（二十八）加强沟通协调

加强与财政部的沟通协调，在现行政策范围内，争取对赣南三家分行股改剥离不良资产处置工作给予倾斜。

（二十九）加大疑难项目处置力度

实行总分行系统联动处置，优化处置管理机制和运作流程，提高疑难项目处置效率和收益。

（三十）加强系统指导，落实支持措施

加强与赣南三家分行的沟通对接，确定专门处室对口指导帮扶赣南三家分行资产处置工作，适度调减年度不良资产清收计划。

八 工作要求

（三十一）积极争取政策支持

江西分行和辖属赣州、吉安、抚州分行要分别加强与省市党委政府的汇报沟通，主动融入和对接赣南等原中央苏区振兴发展规划，积极争取地方党政部门对我行的最大支持。

（三十二）统一认识，加强领导

江西分行要充分认识支持赣南等原中央苏区振兴发展的重要性、迫切性和长期性，进一步统一思想、强化领导、精心谋划、周密部署，在赣南等原中央苏区大建设、大开放、大发展的过程中加快自身发展。

（三十三）抓好落实、细化政策

江西分行要认真执行总行指导意见，指导赣州、吉安、抚州分行努力做好金融服务各项工作，积极履行社会责任。其他需总行支持的事项，采取"一事一报"方式另行审批。

（三十四）加强管理，确保实效

江西分行要进一步加强内部管理，切实把握机遇，顺势而上，努力提升经营水平。总行将进一步跟踪江西分行和辖属赣州、吉安、抚州分行经营情况，切实加大支持力度，确保经营效益的稳步提升。

二〇一二年九月十一日

文化部办公厅关于印发《支持赣南等原中央苏区文化事业振兴发展实施方案》的通知

财务司、文化产业司、公共文化司、非物质文化产业司、国家文物局办公室：

为贯彻落实《国务院关于支持赣南等原中央苏区振兴发展的若干意见》（国发〔2012〕21号）精神，加强赣南等原中央苏区文化建设，我部研究起草了《支持赣南等原中央苏区文化事业振兴发展实施方案》，现予印发，请遵照执行。

特此通知

文化部办公厅

2012年10月15日

支持赣南等原中央苏区文化事业振兴发展实施方案

为贯彻落实《国务院关于支持赣南等原中央苏区振兴发展的若干意见》精神，加强赣南等原中央苏区文化建设，现提出具体实施方案如下：

一、支持赣州市公共文化服务体系示范区（项目）创建和市级公共图书馆、文化馆建设。为进一步完善地市级公共文化服务体系建设，切实保障人民群众公共文化权益，由我部会同国家发展改革委、国家文物局共同研究编制的《全国地市级公共文化设施建设规划》已于2012年1月正式印发。经与国家发展改革委积极争取，赣州市、吉安市、抚州市群众艺术馆项目已纳入项目库内。下一步，我部将积极协调国家发展改革委，按照规划中的补助标准，争取对该项目尽早安排中央投资，并积极争取赣州市图书馆扩建纳入国家补助规划。（财务司负责）

二、支持县级图书馆、文化馆建设。为解决县级图书馆、文化馆设施设备落后，不具备基本服务条件等问题，中央财政从 2009 年开始，对全国面积不达标的县级"两馆"进行修缮，使其具备开展公共文化服务的基本条件，更好地为基层群众提供有效的文化服务。截止 2011 年底，我部共安排修缮赣州、吉安、抚州三市一批县级公共图书馆和文化馆的维修改造。下一步，我部将积极沟通协调财政部，争取对部分面积虽达标但建成年代较为久远的县级"两馆"进行维修改造，进一步完善县级公共图书馆和文化馆设施条件，其中将优先安排三市各县（区）市"两馆"。（财务司负责）

三、支持乡镇综合文化站建设。为进一步改善乡镇级文化设施条件，"十一五"期间，文化部和国家发展改革委组织实施了《全国"十一五"乡镇综合文化站建设规划》，投入 39.48 亿元中央预算内资金补助全国 2.67 万个乡镇综合文化站建设项目，在全国范围内实现"乡乡有文化站"的建设目标。其中，共安排江西赣州市 4680 万元，补助 278 个乡镇综合文化站建设项目。截止 2012 年 3 月底，竣工项目 218 个，竣工率 78.4%。下一步，我们将结合近期开展的全国乡镇综合文化站建设检查评估工作，加大对江西省的督促指导，争取使赣州市的未完工项目尽快竣工。（财务司负责）

四、支持村及社区文化活动中心（室）建设。据了解，国家发展改革委正在着手研究统筹包括村级文化活动室在内的村级公共服务设施建设问题，希望能够整合各种资源，建设综合性的集文化、新闻出版、广播电影电视、民政、体育及计生等功能于一体的农村公共服务中心。下一步，我部将积极与国家发展改革委、财政部等部分进行沟通，争取尽快建立分工机制，分步骤、有计划地推进农村文化设施的建设工作，加大支持赣州、吉安、抚州的村文化活动室、社区文化活动中心（室）场所建设及设施配置。（财务司负责）

五、支持公共数字文化建设。加强对赣州、吉安、抚州三市全国文化信息资源共享工程的支持力度，通过转移支付补助江西省文化共享工程资源建设，重点支持兴国山歌、赣剧、赣南采茶戏、吉安民歌等地方特色文化专题资源和红色历史文化多媒体资源建设。进一步支持赣州、吉安、抚州三市扩展服务网络，优化技术平台，创新服务模式，提升社会效益。加快数字图书馆推广工程建设力度。2012 年，支持完成赣州等三市的图书馆数字化建设。"十二五"时期，建设覆盖赣州等三市的数字图书馆虚拟网。实施公共电子阅览室建设计划，与乡镇文化站建设、街道（社区）文化中心（文化活动室）建设结合，到2015年，全面实现公共电子阅览室在已配备文化共享工程设备的乡镇、街道和社区基层服务点全覆盖。（公共文化司负责）

六、支持建设和完善基层公共文化服务体系经费保障机制。给予赣州、吉安、抚州三市"四馆一站"免费开放经费补助，给予赣州创建国家公共文化服务体系建设示范区经费补助，积极协调财政部，争取设立流动文化服务工程，其中争取为赣州市、吉安、抚州的县级公共图书馆、文化馆各配备一辆流动服务车。（财政司负责）

七、支持非物质文化遗产保护和基础建设。积极支持赣州等三市非物质文化保护，继续给予政策倾斜及扶持。加强对赣州、吉安、抚州国家级非物质文化遗产项目目录申报、联合国教科文组织优秀实践项目申报、资源补助的支持力度，支持赣州、吉安、抚州非物质文化遗产传习所、展示馆等保护利用设施建设。我部会同国家发展改革委等部门，编制印发了《国家"十二五"文化和自然遗产保护设施设施规划》，拟在"十二五"时期，在国家级非物质文化遗产名录中筛选100个具备与旅游开发、生产经营、展示利用等进行有效结合的保护传承项目，分类建设保护传承环境设施。该项目将在确定项目时对赣州等三市给予适当倾斜。此外，我部还将大力推动赣南地区文化生态整体性保护，支持建设客家文化（赣南）生态保护实验区，加强指导。（非物质文化遗产司负责）

八、大力发展红色旅游等特色文化产业。继续指导江西省文物局抓紧做好赣南等原中央苏区革命遗址保护规划编制工作，并根据规划的要求，按照全面保护、规划先行、突出重点、分期实施的原则，力争在"十二五"期间，把急需抢救维修革命旧居旧址中的全国重点文物保护单位修缮好，同时指导做好革命旧居旧址中的省级及市县级文物保护单位的保护工作，确保文物安全。一如既往地积极支持文化产业。支持、规范和引导建设一批高起点、规模化的以文化旅游为主营业务的文化产业基地和园区。鼓励赣南等原中央苏区文化企业申报国家文化产业示范基地和中央财政文化产业发展专项资金。引导各类社会资本投资赣南等原中央苏区红色旅游基础设施建设和景区经营管理。充分利用中国（深圳）国际文化产业博览交易会、中国义乌文化产品交易博览会等平台为赣南等原中央苏区文化企业提供项目合作与产品推介支持。（文化产业司、国家文物局负责）

九、支持红色文化教育基地建设。协调江西省文物局对中央苏区历史博物馆与瑞金中央革命根据地纪念馆建设和发展规划加强业务指导，确保合理到位，突出特色，争创一流。积极与发展改革委、财政部等委沟通，配合做好相关工作，加大对赣南等原中央苏区文物保护经费的投入力度。（国家文物局负责）

商务部办公厅关于支持赣南等原中央苏区商务事业振兴发展有关事项的复函

商办资函〔2012〕1061号

江西省商务厅：

你厅《关于恳请商务部支持赣南等原中央苏区商务事业振兴发展有关事项的请示》（赣商综字〔2012〕284号）收悉。经研究，现函复如下：

一 支持承接产业转移

（一）关于支持赣州和吉安加工贸易重点承接地的建设和发展。

2007年以来，我部会同有关部门在中西部地区和东部欠发达地区先后认定了三批共44个加工贸易梯度转移重点承接地。2007年和2008年，江西省赣州市和吉安市分别于被认定为重点承接地。近年来，两市加工贸易保持平稳增长，承接梯度转移取得积极成效。下一步，我们将根据承接地的发展情况，在全面总结和评估的基础上开展承接梯度转移示范地的认定工作，届时将对赣州等地予以积极考虑。关于制定政策支持赣州、吉安加工贸易发展问题，请提出具体政策需求和建议，我们将积极配合，协调有关部门予以重点扶持。

（二）关于支持赣州等地赴境外开展产业招商活动和组织开展"跨国公司赣南行活动"。

我部支持赣州等地结合自身产业优势赴境外开展招商活动，并根据赣州的需求，积极组织跨国公司赴赣南等原中央苏区进行投资考察。

（三）支持赣州设立"赣粤产业合作示范区"和"赣闽产业合作示范区"。

建议江西省抓紧与广东、福建两省就设立两个示范区进行充分论证，提出具体措施和规划，再报有关部门研究办理。

（四）关于支持赣南与台港澳有关机构和重要商会建立更加紧密的合作机制。

我部积极支持赣南与台港澳有关机构和重要商会建立更加紧密的合作机制，并做好相关联络工作。

（五）关于充分利用中国投资贸易投洽会、加工贸易博览会等重要平台，强化赣州与珠三角、厦漳泉等沿海地区的经贸联系。

我部支持赣州充分利用中国投资贸易投洽会、中国中部博览会等平台，积极推介自身优势产业项目，加强与珠三角、厦漳泉等沿海地区的经贸联系。建议赣州加强与厦门市和中博会主办省份的联系，我部将积极予以协助。

（六）关于帮助赣州经济技术开发区、井冈山经济技术开发区与广东、福建、浙江、上海等东部沿海地区的国家级经济开发区建立项目承接、人才培养、规划建设等方面的紧密合作关系。

我部每年举办的中国投资贸易投洽会、中国—亚欧博览会、中国中部博览会、中国国际绿色创新技术产品展等投资促进活动，国家级经济技术开发区都积极参与，建议赣州、井冈山经济技术开发区通过参与上述活动寻找商机。我部每年都开展开发区人才培训工作，建议赣州、井冈山经济技术开发区积极参加培训班，学习规划建设方面的有益经验。

（七）关于加大利用外资政策支持力度，将赣南等原中央苏区优势产业列入《中西部地区外商投资优势产业目录》，加快赣南等原中央苏区优势产业发展。

目前，我部正会同发展改革委修订《中西部地区外商投资优势产业目录》，江西省已报送优势产业目录，建议赣南等原中央苏区向江西省有关部门提出将自身优势产业纳入优势产业目录，我部将积极予以考虑。

（八）关于支持设立赣南承接产业转移示范区，促进赣州积极承接产业转移。

我部积极支持赣州承接产业转移，并设立承接产业转移示范区。

（九）关于支持赣州申报全国服务外包示范城市。

从 2009 年起，服务外包示范城市由国务院认定。截至目前，已经有 10 个省（自治区）向国务院申报服务外包示范城市。请江西省按程序向国务院提出申请。

二 支持外贸转方式扩规模

（十）关于支持设立赣州脐橙、甜菊糖、家具、玩具等国家外贸转型升级专业示范基地，提高赣州优势产业出口品牌效应和竞争力。

2011年，根据《商务部关于开展外贸转型升级示范基地培育工作的函》（商贸函〔2011〕62号），经地方申报、商会初评、专家组评审、答辩等程序，我部已认定第一批59家国家级外贸转型专业型示范基地，涉及农、轻、纺、医保、化工、新型材料等六大类产品领域，其中包括江西上饶茶叶基地。

日前，第二批国家外贸转型升级示范基地认定工作已开始，江西省此次向我部申报抚州南丰蜜桔、九江化纤、鹰潭眼镜3家出口基地，我部正依照有关标准进行评审。建议下一步江西省积极发展赣南特色产业并努力扩大出口，在做好省级相关示范基地建设工作的基础上，可结合自身产业特色向我部申报外贸转型升级示范基地，我部将予以积极支持。

（十一）关于支持赣州建设面向东南沿海和港澳地区优质水果、蔬菜、活畜禽和水产品供应基地，在政策资金上给予重点扶持。给予赣州增加2家以上供港活猪资质企业，优先安排出口配额。

内地供应香港市场活猪日均4000头左右。2007年，我部进行供港活猪管理机制改革，先后两批新增供港活猪经营企业37家，供港活猪经营企业达到72家（江西省7家，其中赣州地区2家）。目前，供港活猪保持基本稳定，企业出口正常，价格较平稳，香港方面反映良好，因此，我部暂不考虑扩大经营企业数量。据了解，江西省部分具有供港活猪出口资格的企业目前已停止出口业务，如赣州符合供港要求的企业有出口意愿，可通过江西省商务厅向我部申请划转供港活猪经营资格。

2012年，我部已下达江西省供港活猪出口配额7.25万头（含2012年8月下达2.7万头），如配额使用完毕，可向我部申请追加。

（十二）关于支持赣州出口企业开拓国际市场，在中国进出口商品交易会上设立赣南原中央苏区外贸企业专区，每届交易会分配赣州展位不少于100个。

江西省第110届广交会共获得展位528.5个，占总展位0.91%，成交额6.6亿美元，占总成交额1.75%；第111届广交会获得展位537.5个，占总展位0.95%，成交额5.9亿美元，占总成交额1.7%。商务部积极支持江西及赣南等原中央苏区的企业参加广交会，通过广交会平台开拓国际市场。根据2008年广交会改革确定的方案，在刚刚结束的第112届广交会一般性展位基数重核中和品牌展位评审中，为了体现对江西及赣南等原中央苏区倾斜，在核算一般性展位数量时，先切块分配一定数量后，再将其出口额按2倍计算；在品牌评审中，较好地满足了江西省的品牌展位申请。第112届广交会，江西省获得一般性展位470.5个，品牌展位70个，展位总数540.5个。江西省在近三届广交会所获得的展位数量在逐届增长。

根据现行的广交会展位安排办法，广交会一般性展位均为按照各省（区、市）交易团上一年度出口额按公式计算后下达各省（区、市）交易团，再由各省（区、市）交易团分配给各县、市、地区，并无将展位直接安排给各县、市、地区的做法。且广交会按照国际展览的通行做法，实行专业化布展，各展区均按展品类别设置，如果为赣南等原中央苏区企业按属地单独建立展区，既打破了现行的组展体制，也将严重影响企业的参展实效。希望江西省按照广交会管理办法，结合本省实际情况，在所获展位中为赣南等原中央苏区企业安排广交会展位。

（十三）关于加大对赣南等原中央苏区资金支持力度。

为支持江西省商务事业发展，2012年我部会同财政部已拨付江西省外经贸专项资金22330万元，其中中小企业国际市场开拓资金4370万元，外经贸区域协调发展促进资金10540万元，外贸公共服务平台建设资金5050万元，对外经济技术合作专项资金2130万元，茧丝绸专项资金240万元，比2011年增加1600万元，增长7.2%。拨付江西省内贸发展专项资金25775万元。为进一步加大对中部地区承接产业转移工作的力度促进中部地区发挥比较优势，目前我部正商财政部对中部地区承接产业转移工作予以资金支持。

在今后的资金安排中，我们将充分考虑江西省商务发展实际，在符合政策规定的前提下，商财政部进一步加大资金支持力度。对于赣南等原中央区现代流通体系建设及各项商务工作的支持，建议请江西省按照有关资金办法和管理要求，在已切块分配的项目资金中予以统筹考虑。

（十四）关于支持赣州稀土产业发展，对赣南稀土产品出口配额予以倾斜，分配量不低于全国总量的20%，其中中重稀土配额占全国产量的50%以上。

江西是我国中部矿产资源大省，赣州又是我国中重稀土的主产地之一，我部在稀土等出口配额管理中，一直对江西省及赣州市给予充分考虑和支持。中重稀土出口价格远高于轻稀土产品，我部在稀土配额分配公式中，专门列入了金额权重予以倾斜，在2012年的配额分配中，更将金额权重由原来的0.1提高到0.5。近年来，赣州的稀土出口配额在全国配额总量中的占比逐年递增。

目前，稀土的各项管理政策日趋严格，《国务院关于促进稀土行业持续健康发展的若干意见》（国发〔2011〕12号）明确要求加强稀土出口管理。为落实国务院总体要求，近年来我部不断完善和严格出口配额管理，分配公式充分征求并尊重行业意见，分配方式公开、透明。今后，我部将继续支持赣州稀土产业发展，赣州稀土企业也可加强与行业组织的沟通，在配额分配原则等问题上充分反映企业诉求。

近期，有关部门正在拟定组建稀土大型企业集团的实施方案，我部在下一步的稀土出口管理方面也将积极配合行业整合，继续提高出口集中度。建议赣州稀土企业加强与行业主管部门沟通，积极参与行业整合工作。

三　支持现代流通体系建设

（十五）关于加快推进赣南"万村千乡市场工程"项目建设。

截至2011年底，中央财政累计安排项目资金2.4亿元，支持江西省"万村千乡市场工程"新建改造农家店2.2万家、配送中心132个。2012年，中央财政补贴资金6344万元已下达江西。下一步，我们将会同财政部积极考虑江西省提出的要求，向赣南地区倾斜。

（十六）关于支持赣州市肉类蔬菜流通基础建设。支持赣州市列入全国肉菜质量可追溯体系建设试点城市。对赣南规模以上屠宰企业升级改造享受西部大开发扶持政策。

2010年10月，我部会同财政部启动了肉类蔬菜流通追溯体系建设试点工作。目前，已经分三批确定了35个试点城市，下一步，将继续扩大肉类蔬菜流通追溯体系建设试点范围。关于将赣州市抓紧创造试点条件。如赣州市确已具备基础条件，我部将积极予以考虑。

根据《中央财政促进服务业发展专项资金管理办法》（财建〔2009〕227号）规定，结合全国屠宰行业发展实际，2012年，"放心肉"服务体系建设试点项目继续支持西部地区符合条件屠宰行业对屠宰加工、无害化处理、肉品品质检验、污水处理等设施设备进行标准化改造。根据《财政部商务部关于下达2012年放心肉服务体系建设等商贸流通服务业项目资金的通知》（财建〔2012〕325号），相关支持资金已划拨至各试点地区财政部门。2013年，我们将根据屠宰行业发展需求，协调相关部门，扩大"放心肉"服务体系支持范围，并积极考虑将江西省原中央苏区列为试点地区。

（十七）关于支持赣州、抚州列入现代物流技术应用和共同配送综合试点城市。

2012年，我部启动了现代物流技术应用和共同配送综合试点工作。目前，已经确定广州等9个城市为第一批试点城市。待下一步扩大试点范围时，我部将积极考虑支持赣州、抚州的现代物流技术应用和共同配送工作。

（十八）关于将赣州、吉安、抚州三市列入便民菜市场改造工作试点。

为贯彻落实《国务院办公厅关于搞活流通扩大消费的意见》（国办发〔2008〕134号），2009年，我部会同财政部启动了全国标准化菜市场示范工程。为鼓励江西省改造提升便民消费环境，2009年，我部支持江西省开展标准化菜市场示范工程项目建设，安排资金2400万元。

2012年，在原标准化菜市场工作基础上，我部会同财政部选择部分地区开展城市便民菜场试点工作。目前，试点工作已启动。今后，我们将充分考虑江西省蔬菜流通体系建设和发展需要，给予积极支持。

（十九）关于支持赣南生活必需品应急保供体系建设，增加赣州国家生猪活体储备基地数量。

我部高度重视赣南等原中央苏区市场应急调控体系建设，积极采取措施提高赣南地区应急调控能力。一是安排中央储备肉计划。为保障江西省猪肉市场供应，根据国家肉类市场宏观调控需要，结合江西省生猪产销实际，2012 年我部在江西省安排中央活体储备 8100 吨（三轮合计），其中赣南地区 1800 吨（三轮合计），基本满足了当地肉类市场调控需要。今后，我们将根据全国市场调控需要及当地实际，适当增加赣南地区中央储备肉活体储备计划。二是支持应急体系调运资金。为有效应对自然灾害，保证生活必需品市场供应，我部每年都对江西给予资金支持，2012 年下拨应急体系调运资金 407 万元，用于支持应急调运费用补贴。如赣南地区发生突发事件导致生活必需品市场出现异常情况，可紧急调运应急商品投放赣南市场，并对调运投放费用予以适当补贴。

（二十）关于加大脐橙"西果东送"政策支持力度。

我部积极推动江西农产品流通体系建设。2012 年，我部将赣州市纳入"西果东送"农产品现代流通综合试点，支持赣州建立有效缓解果品"卖难"问题的长效机制，进一步完善农产品现代流通体系建设。建议江西省对脐橙产业布局、持续增产给流通环节造成的压力和市场对低附加值单一品种的消化能力不足等进行认真研判，在此基础上，推进"西果东送"各项工作。在贯彻落实《国务院关于支持赣南等原中央苏区振兴发展的若干意见》（国发〔2012〕21 号）时，统筹考虑生产和流通环节，高度重视流通体系建设，在配套资金、配套政策和布局规划等方面予以大力扶持，加大市场开拓力度，通过流通带动生产，促进脐橙品种改良和产业结构优化。

（二十一）关于支持赣州建设国家脐橙交易中心问题。

我部支持赣州建立国家脐橙交易中心。交易中心应当严格按照《国务院关于清理整顿各类交易场所切实防范金融风险的决定》（国发〔2011〕38 号）和《国务院办公厅关于清理整顿各类交易场所的实施意见》（国办发〔2012〕37 号）的相关规定由江西省人民政府负责审批，并征得清理整顿各类交易场所部际联席会议的书面意见后实施。如注册名称中有"中国"字样，按照国务院有关规定，由江西省人民政府向国务院上报请示，按照规定程序办理。

（二十二）关于支持赣州申报"放心早餐"工程试点城市，并给予资金扶持。

我部将根据早餐工程总体进度，结合江西餐饮业和早餐发展实际需要，指导江西省早餐服务体系建设。

（二十三）关于支持赣州、吉安、抚州申报全国再生资源回收利用体系建设试点城市。

我部支持赣州、吉安、抚州申报全国再生资源回收利用体系建设试点城市。

（二十四）关于指导和支持赣州加强成品油油库规划、建设和仓储，帮助相关企业尽快获得成品油仓储、批发资格。

我部将配合江西省商务厅，按照《商务部关于"十二五"期间石油流通行业发展的指导意见》（商运发〔2011〕413号），指导赣州市商务局科学编制本地区成品油流通行业"十二五"发展规划，合理布局油库和加油站建设。经江西省商务厅规划确认的成品油油库建设竣工后，赣州市商务局应按照《成品油市场管理办法》规定，通过省级商务主管部门向我部申报成品油批发或仓储经营资质。

（二十五）关于支持赣州、吉安列入全国电子商务示范城市。

我部将积极指导赣州、吉安创建国家电子商务示范基地。

四　支持对外开放平台建设

（二十六）关于支持瑞金、龙南等省级开发区升级为国家级经济技术开发区。

2008年底，国务院启动省级开发区升级为国家级开发区工作后，国务院办公厅先后将九江、赣州、井冈山、上饶、南昌小蓝、萍乡、宜春、共青城、龙南、瑞金等10家省级开发区升级请示批转我部研究办理。其中，九江、赣州、井冈山、上饶、南昌小蓝等6家省级开发区已经国务院批准升级；宜春、共青城、龙南、瑞金经济开发区升级事宜正在研究办理中。我部将按照国务院确定的原则继续做好省级开发区升级工作，严格审核把关，把握好工作节奏，并抓紧研究建立具有可操作性的省级开发区升级长期工作机制。

（二十七）关于支持赣州出口加工区申请设立赣州综合保税区，把赣州建设成为内陆开放型经济示范区。

我部支持赣州利用海关特殊监管区域承接产业转移，发展加工贸易，发挥海关特殊监管区域的带动作用。对于综合保税区建设等问题，建议赣州结合实际情况研究制定可行性方案，按规定程序向主管部门提出申请，我部将积极予以配合。

五　支持企业加快"走出去步伐"

（二十八）关于支持赣南外经企业开展对外承包工程，对成套设备出口专项适当降低入围门槛，促进赣南外经企业做大做强。

2009 年 5 月，国务院批准实施 421 亿美元大型成套设备出口融资保险专项安排（以下简称 421 专项）。截至 2011 年底，421 专项已全面完成，有效推动了我国大型成套设备开拓国际市场。421 专项申报项目要求中国成分原则上不低于 60%，优先支持技术先进、带动性强的大型成套设备出口项目。

近期，国务院同意 2012 年继续实施总额不超过 200 亿美元的专项，并原则同意将专项政策常态化。下一步，我们将按照国务院《关于支持赣南等原中央苏区振兴发展的若干意见》（国发〔2012〕21 号）的要求，支持赣南地区经济建设。对于赣南地区中国成分不低于 60% 的申报项目，我部将给予积极考虑。

（二十九）关于加大政策和资金支持力度，鼓励赣南有实力的企业对外投资办厂，开展境外资源勘探开发、农林业合作开发和营销网络建设等。

我部积极鼓励赣南有实力的企业对外投资办厂，开展境外资源勘探开发、农林业合作开发和营销网络建设，同时希望有关企业根据自身实力和市场规则，考虑所在国的实际情况、投资环境、引资政策等多方面因素，认真做好前期可行性研究和项目风险防范工作。

六 其他工作

部省合作是我部服务于地方经济社会工作的一项重要机制。我部将认真研究江西省提出的建议，进一步加强与江西省合作，尤其是支持赣南等原中央苏区商务事业振兴发展的有关问题。将视部领导的工作日程，考虑由部领导年内率队到江西召开部省合作联席会。关于组织调研组赴赣南等原中央苏区调研、成立赣南等原中央苏区振兴发展领导小组等问题，建议纳入部省合作年度重点工作。

商务部办公厅

2012 年 10 月 18 日

工商总局关于印发《国家工商行政管理总局关于支持赣南等原中央苏区振兴发展的意见》的通知

工商办字〔2012〕199 号

江西省工商行政管理局：

《国家工商行政管理总局关于支持赣南等原中央苏区振兴发展的意见》已经 2012 年 11 月 5 日国家工商行政管理总局局务会议审议通过。现印发给你局，请认真贯彻执行。

工商总局

2012 年 11 月 19 日

国家工商行政管理总局关于支持赣南
等原中央苏区振兴发展的意见

振兴发展赣南等原中央苏区是党中央、国务院立足老区扶贫攻坚、着眼全面建设小康社会全局作出的重大决策。充分发挥工商行政管理职能作用，积极支持赣南等原中央苏区振兴发展，是重要的经济任务和政治任务。根据《国务院关于支持赣南等原中央苏区振兴发展的若干意见》精神，结合赣南等原中央苏区振兴发展的实际需要，在法律法规和职责权限范围内，坚持改革创新、先行先试、注重实效的原则，提出如下支持意见。

一、支持在振兴发展中先行先试

（一）支持探索振兴发展的体制机制。支持在赣南等原中央苏区开展工商行政管理领域有关政策创新、先行先试。对赣南等原中央苏区工商行政管理工作在资金、项目、基础设施、人才培育和对口支援等方面加大扶持力度。支持赣州市加快推进瑞金、兴国、于都经济振兴试验区等重大平台建设，推进综合改革试点。

（二）支持创新市场监管执法机制。支持赣州市构建流通环节食品安全监管示范区和流通环节食品安全电子监管系统；支持依法开展反垄断、反不正当竞争、打击合同欺诈、打击销售假冒伪劣商品、治理虚假违法广告和清理规范无证无照经营工作；支持建立运用现代化手段打击传销规范直销长效机制；支持"赣南脐橙"等驰名商标或地理标志商标侵权案件的查办，视情适时组织全国性或区域性的商标专项保护行动；支持开展网络商品交易、第三方电子商务平台及有关服务行为等电子商务市场监管体系建设。

（三）支持完善消费者权益保护机制。支持大力推进12315行政执法体系建设，畅通维权渠道，扩展维权网络，推动建立行政调解与人民调解、司法调解相衔接、多措并举化解消费纠纷的工作机制。

二、支持产业结构战略性调整

（四）支持承接东南沿海地区产业转移。支持赣州市设立国家级承接产业转移示范区。支持赣州"三南"（龙南、定南、全南）和吉泰走廊建设加工贸易重点承接地。支持大型企业整体转移，支持总部经济落户赣州。

（五）支持特色优势产业发展。支持赣州优势矿产业、先进制造业和脐橙等特色产业的发展，构建全国稀有金属产业基地、先进制造业基地和特色农产品深加工基地。支持赣州市建立国家脐橙交易中心，推动优势产业企业资产整合、兼并重组。

（六）支持现代新兴产业、新型业态发展。对从事尚未纳入国民经济行业分类标准的新兴行业、新兴业态，可根据行业和经营特点，参照国民经济行业分类进行登记。积极引导各类社会资本利用股权出资等方式进入新材料、新能源、生物产业等战略性新兴产业。

（七）支持现代服务业发展。支持赣州融资性中小企业担保公司、小额贷款公司发展。支持赣州建设服务业发展示范基地。支持赣南等原中央苏区现代服务业企业以品牌经营、连锁经营、特许经营和新型物流经营等现代流通方式开展经营。鼓励境内外投资者在赣南等原中央苏区开展会展服务和投资文化体育产业，加强国际间经贸文化交流合作，做大做强传统服务业，发展金融保险、科研开发、现代物流等生产型服务业，加快发展知识密集型服务业。

（八）支持广告会展产业发展。支持赣州广告产业园区建设，培育发展广告企业。同意江西省工商行政管理局委托赣州市工商行政管理局，依法对赣州市行政区域内的广告企业从事固定形式印刷品广告经营发布活动进行审批登记。支持举办各类博览会、展销会、项目推荐会、广告节、商标节等经贸洽谈和展销活动，促进区域性经济发展。

三、支持建立与经济发展相适应的现代企业登记注册和服务体系

（九）授予赣州市工商行政管理局行使不含行政区划内资企业名称变更的受理权。对赣州市工商行政管理局开放国家工商行政管理总局企业名称数据库，授予赣州市工商行政管理局行使不含行政区划内资企业名称变更的受理权。

（十）授予应当由国家工商行政管理总局登记管辖的内资企业登记管辖权。对住所设在赣州，依法应由国家工商行政管理总局登记管辖的内资企业，依企业申请，所管辖区市工商行政管理局可以进行登记。

（十一）支持开展赣州市工商行政管理局开展外商投资企业登记注册工作。授权赣州市工商行政管理局通过"国家工商行政管理总局综合业务系统"，向国家工商行政管理总局申报名称中使用"中国"字样和不含行政区划外商投资企业名称的预先核准、变更登记。支持赣南等原中央苏区符合条件的县级工商行政管理局以及赣州经济技术开发区工商行政管理局申请外商投资企业核准登记权。

（十二）放宽企业名称登记条件。对在赣南等原中央苏区投资设立的注册资本达到5000万元人民币、企业经济活动性质分别属于国民经济行业3个以上大类的企业，同意其在企业名称中不使用国民经济行业类别用语表述企业所从事的行业。

（十三）放宽企业登记场所条件。对产权人无法提交有关经营场地产权证明的，经当地政府或者派出机构、各类经济功能区管委会、居（村）委会出具同意该场所从事经营活动的相关证明，可以使用该场所办理注册登记。

（十四）放宽企业集团登记条件。对赣南等原中央苏区企业组建集团，凡母公司注册资本达到 3000 万元人民币、母子公司注册资本总额达到 5000 万元人民币的，可以申请设立企业集团。

（十五）支持农民专业合作社发展。本着依法自愿有偿和进退自由的原则，在不改变土地集体所有性质、不改变土地用途、不损害农民土地承包权益的前提下，依法允许农民以土地承包经营权出资成立农民专业合作社。探索享有林地承包经营权的农民以林地承包经营权和林木所有权出资，兴办林农专业合作社。支援探索农民专业合作社联合社登记管理工作。

（十六）支持调整登记管辖权限。支持赣南等原中央苏区县级工商行政管理局委托有条件的工商行政管理所（分局）开展农民专业合作社、合伙企业、个人独资企业的登记注册。

（十七）支持实施商标战略。支持赣州市创建国家商标战略实施示范城市，支持赣南苏区企业在经济活动中使用自主商标，增加商标附加值，提高商标知名度。对符合驰名商标的，依法予以认定、保护。支持赣南苏区运用地理标志商标发展农村经济、提高农民收入，对符合条件的地理标志集体商标、证明商标申请，及时予以审查核准。

（十八）支持加快赣南诚信体系建设。支持赣州市工商行政管理局不断完善市场主体信用分类监管制度，建立公众服务平台，积极开展诚信市场和文明集市创建活动，促进社会诚信体系建设。支持开展"守合同重信用"企业公示活动。

国家工商行政管理总局关于支持赣南等原中央苏区振兴发展的意见，由总局职能司局会同江西省工商行政管理局和赣南等原中央苏区范围内工商行政管理机关具体落实。江西省工商行政管理局要及时将总局的支持意见向江西省委、省政府汇报，赣南等原中央范围内工商行政管理机关要及时将总局的支持意见向当地党委、政府汇报，在当地党委、政府的领导下，深入贯彻落实科学发展观，围绕中心、服务大局，切实履行法定职责，扩展服务领域，提升服务水平，加强效能建设，用好用足总局的支持政策，为赣南等原中央苏区振兴发展作出积极贡献。

农业部办公厅关于印发《支持赣南等原中央苏区振兴发展重点工作分工方案》的通知

农办计函〔2012〕183号

有关司局：

为深入贯彻落实《国务院关于支持赣南等原中央苏区振兴发展的若干意见》（国发〔2012〕21号），进一步推进赣南等原中央苏区农业结构调整，加快发展特色农业，促进农民持续增收，按照《国务院办公厅关于印发支持赣南等原中央苏区振兴发展重点工作部门分工方案的通知》（国办函〔2012〕172号）要求，我部研究提出了《支持赣南等原中央苏区振兴发展重点工作分工方案》。现印送你司局，请结合本单位职能，进一步细化和分解分工任务，抓紧制定具体落实措施，认真贯彻执行。由我部牵头的事项，要主动与其他参与部门沟通协调，推动工作落实；由我部参与的事项，请认真配合牵头部门开展工作；部内牵头司局要加强组织协调，确保中央各项政策落到实处。

农业部办公厅

2012年11月26日

支持赣南等原中央苏区振兴发展重点工作分工方案

《支持赣南等原中央苏区振兴发展重点工作部门分工方案》涉及我部职能的任务共15项，其中牵头的任务有3项（可以进一步分解为8小项任务），参加的任务有12项。具体分工如下（除标明分别牵头负责的任务外，列在分工项目首位的为牵头单位，其他为主要参加单位）。

一、我部作为牵头单位的事项

1. 以吉泰盆地、赣抚平原商品粮基地为重点，加强粮食生产重大工程建设。支持高标准基本农田建设，加大中低产田改造投入，积极推行"单改双"、稳定粮食播种面积。（计划司、种植业司）

2. 支持发展现代种业，加快良种繁育体系建设。（种子局、计划司）

3. 扩大对种粮农民直接补贴和农资综合补贴规模，扩大良种补贴范围。将适宜丘陵山区的中小型农机具纳入农机购置补贴范围。（财务司、种植业司、农机化司）

4. 支持农业科技服务体系建设，加快新技术、新品种的引进、示范和推广。（科教司、种子局）

5. 做强脐橙产业，加快脐橙品种选育和改良，推进标准化、有机果园建设。积极发展蜜桔、茶叶、白莲、生猪、蔬菜、水产品、家禽等特色农产品。支持畜禽标准化规模养殖场（小区）建设。（种植业司、畜牧业司、渔业局分别牵头，计划司、科教司参与）

6. 支持动植物疫病防控、农产品质量安全检验检测等体系建设，扶持农业产业化龙头企业和农民专业合作社发展。（种植业司、兽医局、监管局、经管司分别负责）

7. 支持赣州、吉安、抚州等市建设国家现代农业示范区。（计划司）

8. 稳步开展农村土地承包经营权登记，探索农村集体建设用地流转制度改革。（经营司）

二、我部作为主要参加单位的事项

1. 大力支持保障性住房建设，加大对赣州市城市棚户区改造支持力度，加快国有工矿棚户区和国有农林场危房改造，"十二五"末基本完成改造任务。（农垦局）

2. 支持贮藏、加工、物流设施建设。积极推进国家脐橙工程（技术）研究中心建设，研究建立脐橙交易中心。对脐橙实行柑橘苗木补贴政策和"西果东送"政策。（市场司、乡企司、财务司）

3. 研究开展脐橙、蜜桔、白莲保险。（政法司）

4. 开展上犹江引水、引韩济饶供水等水资源配置工程和韩江（高陂）大型水利枢纽前期工作，继续支持廖坊灌区工程建设。加快章江等大型灌区续建配套与节水改造，尽快完成病险水库除险加固。加快中小河流治理。逐步扩大赣南苏区小型农田水利重点县建设覆盖面。（计划司、种植业司、渔业局）

5. 加强天然林资源保护，巩固和扩大退耕还林成果，加大长江和珠江防护林工程以及湿地保护和恢复投入力度，支持自然保护区、森林公园、地质公园、湿地公园等建设。加强生物多样性保护。（科教司、畜牧业司）

6. 加强赣江、东江、抚河、闽江源头保护，开展水产种质资源保护和水生态系统保护与修复治理。（渔业局、科教司）

7. 将赣州市居住在库区水面木棚的农民纳入"渔民上岸"工程实施范围。（渔业局）

8. 推进农村清洁工程，加大农村环境综合整治和农业面源污染防治力度，支持发展农村沼气，加强乡镇垃圾处理设施建设。（科教司）

9. 支持赣州开展全国低碳城市试点，实施低碳农业示范和碳汇造林工程。推进循环农业发展。（科教司）

10. 深化与台港澳地区在农业、环保、电子信息及服务贸易等领域的合作交流。（办公厅、国合司）

11. 加大中央预算内投资和专项建设资金投入，在重大项目规划布局、审批核准、资金安排等方面对赣南等原中央苏区给予倾斜。中央在赣州安排的公益性建设项目，取消县及以下和集中连片特殊困难地区市级资金配套。加大扶贫资金投入。国家有关专项建设资金在安排赣州市公路、铁路、民航、水利等项目时，提高投资补助标准或资本金注入比例。（计划司、财务司）

12. 支持赣州开展低丘缓坡荒滩等未利用地开发利用试点和工矿废弃地复垦利用试点，相关指标单列管理；支持开展农村土地综合整治工作，研究探索对损毁的建设用地和未利用地开发整理成园地的，经认定可视同补充耕地，验收后用于占补平衡。（种植业司）

中国残疾人联合会办公厅关于促进赣州市残疾人事业发展有关问题的函

残联厅〔2012〕136号

江西省残联：

经你会同意赣州市残联上报的《关于恳求中国残联对口支援赣南原中央苏区残疾人事业发展振兴的请示》（赣市残联字〔2012〕116号）、《关于恳求着力支持和促进赣南原中央苏区残疾人事业发展振兴的请示》（赣市残联字〔2012〕117号）收悉。经研究并报中国残联领导同意，函复如下：

一、中国残联对为中国革命作出突出贡献的赣州市的残疾人事业发展十分重视，将按照国务院有关文件精神，积极支持赣州市残疾人事业加快发展。

二、在中国残联组织实施与地方有关项目时，将考虑赣州市的特殊情况，力所能及地予以倾斜。近期，中国残联已对2013～2015年贫困智力残疾儿童康复救助项目安排进行调整，每年专门调剂25个补助名额给赣州市。

三、中国残联将积极协调国家发展改革委和财政部，支持赣州市有关项目立项建设。

四、同意2012年安排赣州市一辆残疾人辅助器具流动服务车。

五、关于中国残疾人福利基金会募捐资金用于赣州市残疾人事业发展问题。由于国家及民政部对社会组织募集和使用善款有了一些新的规定和要求，以及捐赠的资金一般都有指定用途，因此，中国残疾人福利基金会准备在慈善物资募集和安排上适当向赣州市倾斜。

六、积极支持赣州市残联干部到中国残联机关挂职锻炼。在安排全国残联干部培训时，将按计划安排赣州市残联干部参加。

希望你会抓住机遇，采取有效措施，积极指导和支持赣州市残疾人事业加快发展。

中国残联办公厅

2012 年 12 月 18 日

环境保护部贯彻落实《国务院关于支持赣南等原中央苏区振兴发展的若干意见》的实施意见

环发〔2012〕141号

福建省、江西省、广东省环境保护厅，部机关各部门，各派出机构、直属单位：

为贯彻落实《国务院关于支持赣南等原中央苏区振兴发展的若干意见》（国发〔2012〕21号），加强赣南等原中央苏区环境保护，促进振兴发展与可持续发展，确保与全国同步实现全面建设小康社会目标，现提出以下实施意见。

一 总体要求

（一）重要意义

赣南等原中央苏区地跨赣闽粤，是人民共和国的摇篮和苏区精神的主要发源地。长期以来，赣南等原中央苏区为中国革命与建设作出了重大贡献和巨大牺牲，但由于种种原因，社会经济发展滞后，生态环境保护基础薄弱。当前，赣南等原中央苏区正处在产业转移加快推进和工业化、城镇化加快发展阶段，经济发展与资源环境约束的矛盾比较突出。加强赣南等原中央苏区环境保护，改善生态环境质量，是贯彻落实党中央、国务院支持赣南等原中央苏区振兴发展战略的重要举措，对于建设我国南方地区重要生态屏障，尽快改变贫困落后面貌，实现跨越式发展和可持续发展，具有十分重要的意义。

（二）指导思想

高举中国特色社会主义伟大旗帜，以邓小平理论、"三个代表"重要思想和科学发展观为指导，牢固树立生态文明理念，坚持在发展中保护、在保护中发展，充分发挥环境保护优化经济发展的综合作用；着力加强环境基础设施建设，创新环境保护体制机制，提升环境管理能力，促进环境基本公共服务均等化，为经济社会发展提供环境支撑；坚持保护与治理并重，加快解决影响可持续发展和损害群众健康的突出环境问题，积极防范环境风险，为赣南等原中央苏区人民创造优良的生产生活环境。

（三）主要目标

到 2015 年，赣南等原中央苏区环境基础设施建设取得重大进展，环境管理能力明显提升，环境基本公共服务水平接近或达到中部地区平均水平，主要污染物排放总量得到有效控制，重点流域区域环境质量得到改善。

到 2020 年，赣南等原中央苏区环境基本公共服务水平接近或达到全国平均水平，与全国同步实现全面建设小康社会的环境目标，生态环境优良，可持续发展能力明显提升。

二　以环境保护优化经济发展

（四）引导经济发展合理布局

结合国家、省主体功能区规划，编制环境功能区划，实施中长期环保规划，加强分区管理和规划引导。探索编制城市环境总体规划，优化城市布局和发展。加大对赣南等原中央苏区各类工业园区（工业集中区）规划环评的支持力度，开展稀土、钨稀有金属、氟材料、电镀等产业基地规划环评，促进开发建设的发展定位、总体布局、发展规模和产业结构与区域资源环境承载能力相适应。

（五）支持重大项目建设

对符合国家产业政策、国家明确支持赣南等原中央苏区发展的建设项目，加快审批进度，并视情况委托或下放部分环评审批权限。支持赣南等原中央苏区做大做强稀土、氟材料、钨稀有金属、建材、冶炼等特色优势产业，建设瑞（金）兴（国）于（都）经济振兴试验区、吉泰走廊协调发展示范区、赣南承接产业转移示范区、赣粤产业合作区、海西三明生态工贸区、梅州承接产业转移示范区和旅游文化产业示范园。加强承接产业转移项目环评审批管理，严禁高污染行业和落后生产能力转入，在产业有序转移过程中实现转型升级。

（六）实施差别化问题控制政策

充分考虑赣南等原中央苏区新改扩建重大建设项目的合理需求，采取一事一议的原则，统筹解决总量指标。对落户赣南等原中央苏区的中央企业，支持在集团内部调剂解决总量指标。支持赣南等原中央苏区开展排污权有偿使用和交易试点。鼓励对总量减排重点涉水、涉气行业及特色优势行业（稀土、钨等有色金属冶炼加工行业）开展全口径核查核算。支持建设火电、钢铁、水泥等行业脱硫脱硝以及应用先进治理技术的稀土、钨冶炼行业脱氨等减排工程。

（七）加强循环经济发展和资源综合利用

支持赣州、龙岩建设铜铝有色金属循环经济产业园，加强铜、铝等废旧有色金属资源回收利用拆解环境管理。鼓励开展共伴生矿、尾矿和大宗工业固体废弃物综合利用及集中处置，发展稀土综合回收利用产业。支持赣州、吉安、抚州等开展餐厨废弃物等资源化利用和无害化处理试点。支持赣州经济技术开发区、赣县经济技术开发区、井冈山经济技术开发区、抚州金巢经济开发区、海西三明生态工贸区等创建国家生态工业示范园区。

三　全面深化污染综合治理

（八）加快环境基础设施建设

加强城镇污水处理设施建设，所有县及中心镇建设污水处理设施。加强污水管网配套和污泥处置设施建设，到 2015 年城镇生活污水集中处理率达到 85%。推进开发区、工业园、产业园污水处理等环保基础设施建设，严格园区环境监管。加强城镇垃圾无害化处理设施建设，提高垃圾收运机械化程度和垃圾渗滤液处理水平，到 2015 年城镇生活垃圾无害化处理率达到 80%。提升赣南等原中央苏区危险废物收运和处置管理水平，支持建设赣南危险废物处置中心。

（九）加强流域区域水污染防治

支持赣南等原中央苏区加强水环境综合整治，编制实施流域水污染防治规划，积极协调有关部门加大支持力度，推动东江、赣江、抚河、闽江、九龙江、汀江等流域水环境质量改善。加强湖泊生态保护与污染防治，将陡水湖、万安水库等湖库纳入《国家良好湖泊生态环境保护规划》并予以积极支持。加强城乡饮用水水源地环境保护，进一步强化东江饮用水安全保障，严格上游地区环境准入和监管。支持赣南等原中央苏区开展地下水污染状况调查和污染防治，加大稀土行业地下水污染防治力度。

（十）深化城市环境综合整治

支持赣南等原中央苏区重点城市创建国家环境保护模范城市。推进城市内河污染治理。支持重点城市环境空气监测能力建设，具备 PM2.5（细颗粒物）等监测能力，按照新标准评价发布环境空气质量信息。以化工、建材等行业为重点，加强废气污染和烟粉尘治理。开展机动车尾气污染防治，指导建设机动车排放监控中心。推进多种污染物协同控制，建立联防联控机制。

（十一）加快重金属污染综合防治

支持实施《重金属污染综合防治"十二五"规划》，加快崇义、南康、赣县、大余、章贡区、大田、尤溪等重点区域重金属污染综合防治，指导赣州市、吉安市、抚州市、三明市开展重金属污染场地治理修复试点。采取关停并转、升级改造、深度治理等措施，加强涉重金属行业污染防治，推进涉重金属企业的入园管理和统一治污。

（十二）加大农村环境保护力度

扩大农村环境连片整治覆盖范围，支持赣南等原中央苏区全面开展农村环境综合整治。加快推进农村生活污水、垃圾处理设施建设，健全农村垃圾收运系统，积极探索农村环境保护新路子。开展土壤污染加密调查，加强畜禽养殖污染防治、农业面源污染防治和农村集中式饮用水水源地环境保护。建设有机食品基地，发展绿色农业。

四　加强生态环境保护和建设

（十三）加强重点区域生态保护

加大赣江、东江、抚河、闽江、九龙江源头保护力度，积极协调研究将贡江、抚河源头纳入国家重点生态功能区范围，加强区域生态环境质量考核评估，开展流域生态系统保护与修复治理。支持赣南等原中央苏区国家级自然保护区建设，严格生态环境监管，切实提高建设和管护水平。加强井冈山、九连山、齐云山、赣江源等南岭山脉、武夷山脉、罗霄山脉区域的生态保护和生物多样性示范区建设，开展生物多样性及物种资源调查与评估。

（十四）加强稀土等矿山生态环境恢复治理

开展历史遗留的稀土、铅锌、钨矿、铀矿等废弃矿山尾砂分布及危害情况现状调查，编制实施综合治理规划，鼓励稀土等矿区废弃资源综合利用。按照国家稀土行业准入条件和环保核查的相关要求，加强对稀土、铅锌、钨矿等矿产资源开发的环境监管，依法关闭不符合环保要求的稀土矿山。实行矿山环境恢复治理保证金制度，落实开发开采企业的环境治理和生态恢复责任。加强抚州市乐安县铀矿环境污染综合治理。

（十五）支持开展生态示范创建

落实"以奖代补"政策措施，支持赣南等原中央苏区创建国家级生态市、生态县、生态乡镇和生态村，鼓励具备条件的市、县开展生态文明建设试点。

五 推进体制机制创新和科技攻关

（十六）建立流域区域生态补偿机制

支持将东江源、赣江源、抚河源、闽江源纳入国家生态补偿试点，改善流域源头生态环境质量。推动研究建立东江等流域生态补偿机制，指导和支持赣南等原中央苏区建立境内河流生态补偿机制。支持提高赣南等原中央苏区国家重点生态功能区转移支付系数，加大中央财政转移支付力度。

（十七）加强环保科技攻关

支持赣州市、梅州市建立南方稀土、钨污染防治工程技术中心，加大对稀土、钨开采与冶炼污染防治关键技术攻关力度。支持赣南等原中央苏区开展重金属污染综合防治、土壤污染修复治理、湖库水体生态恢复等领域科研工作，加强推广应用矿山综合开发和污染治理先进适用技术。

六 加强环保能力建设

（十八）加强环境监管能力建设

赣南等原中央苏区市、县环境监管能力建设享受西部大开发政策，力争到2015 年赣南等原中央苏区市级环境监测、监察、应急、信息、宣教等达到国家二级标准化建设要求，县级环境监测、监察、信息等达到国家三级标准化建设要求。地市级辐射环境监测机构达到国家标准化建设要求，增强辐射应急监测快速响应能力。加大对赣南等原中央苏区环境监测和执法业务用房建设的支持力度。

（十九）提高风险防范和应急处置水平

加快建设完善的空气、水环境质量监测预警体系，以稀土、铅锌、钨等行业开采冶炼为重点，加强赣南等原中央苏区环境风险隐患排查整治，建设必要的环境风险防控设施，加强环境应急预案管理，加强环境应急指挥调度、应急物资储备、应急监测设备等能力建设，提升重金属等污染监测预警水平和应急应对能力，有效防范环境风险。

（二十）加强环保队伍建设

加强环保干部双向交流，积极推荐国家和发达省市环保干部到赣南等原中央苏区挂职，争取两年安排赣南等原中央苏区 2~3 名环保干部到环境保护部系统挂职（学习）锻炼，协调安排业务骨干到发达省市锻炼培训。加强环保业务培训，力争用三年时间对赣南等原中央苏区市县环保局局长和监测、监察、应急、辐射等各领域业务骨干培训一轮。

（二十一）支持环境保护国际合作交流

积极帮助赣南等原中央苏区争取双边、多边、履约等国际环境合作项目，引进国外环境保护资金、污染治理技术和先进管理模式，加强国际环境合作与交流。

七　强化组织协调和实施

（二十二）加强指导协调

环境保护部根据需要适时召开专题会议，研究解决赣南等原中央苏区环境保护重大问题；福建、江西、广东省环境保护厅切实发挥承上启下作用，加强业务指导和协调。

（二十三）强化组织实施

环境保护部和福建、江西、广东省环境保护厅加强工作统筹，把支持赣南等原中央苏区环境保护作为日常工作有机组成部分，常抓不懈，赣南等原中央苏区加强工作衔接，夯实基础，共同抓好政策措施落实，确保实效。

中华人民共和国环境保护部

2012 年 11 月 29 日

国家林业局关于印发《国家林业局关于支持赣南等原中央苏区加快林业发展的意见》的通知

林规发〔2012〕312号

江西、福建、广东省林业厅，国家林业局各司局、直属单位：

为贯彻落实《国务院关于支持赣南等原中央苏区振兴发展的若干意见》（国发〔2012〕21号）精神，加快赣南等原中央苏区林业发展，我局研究提出了《国家林业局关于支持赣南等原中央苏区加快林业发展的意见》，现印发你们，请遵照执行。

国家林业局

2012年12月17日

国家林业局关于支持赣南等原中央苏区加快林业发展的意见

为深入贯彻落实《国务院关于支持赣南等原中央苏区振兴发展的若干意见》（国发〔2012〕21号，以下简称《若干意见》），充分发挥林业在赣南等原中央苏区生态建设、生物多样性保护和促进区域经济社会发展的重要作用，构建我国南方地区重要生态屏障，提出如下意见。

一、深刻认识赣南等原中央苏区加快林业发展的重大意义

赣南等原中央苏区在中国革命史上具有特殊重要的地位。地跨赣闽粤，处于南岭山地、武夷山南部和罗霄山交汇地区，自然条件优越，林地资源丰富，生物多样性富集，加快林业发展具有得天独厚的条件。

党中央、国务院高度重视赣南等原中央苏区的生态建设。《若干意见》明确指出，赣南等原中央苏区是"我国南方地区重要的生态屏障"，要"推进南岭、武夷山等重点生态功能区建设，加强江河源头保护和江河综合整治，加快森林植被保护与恢复，提升生态环境质量，切实保障我国南方地区生态安全"，赋予了赣南等原中央苏区明确的战略定位。充分发挥赣南等原中央苏区的林业优势，加快林业发展，是增强赣南等原中央苏区经济社会可持续发展能力的必然要求，是加快赣南等原中央苏区扶贫开发、全面建设小康社会和推动区域协调发展的战略需要，是构建国家生态安全体系的重大举措。

二、支持赣南等原中央苏区加快林业发展的总体思路和目标

总体思路：以邓小平理论、"三个代表"重要思想和科学发展观为指导，以"建屏障、保安全、惠民生"为宗旨，牢固树立生态文明理念，以生态保护和恢复为重点，统筹兼顾生态、生产和生活，促进生态系统良性循环；推进先进适用科技成果转化，提高生态建设成效；建立和完善生态补偿机制，巩固和发展生态成果，促进赣南等原中央苏区全面协调可持续发展，构筑我国南方地区重要的生态屏障。

发展目标：坚持"统筹兼顾、突出重点，立足当前、着眼长远，加快发展、推进转型，改革创新、开放合作，国家扶持、自力更生"五项原则，坚持"输血"与"造血"并重，不断增强赣南等原中央苏区林业发展内生动力、体制活力、发展能力，实现林业科学发展、跨越式发展。到 2020 年，力争森林覆盖率稳定在 70% 以上，森林蓄积高于"十一五"平均增长水平，自然保护区、森林公园、湿地公园面积占国土面积的比例达到 8% 以上。

三、支持赣南等原中央苏区加快林业发展的工作重点

围绕总体思路和目标，在 2012～2020 年期间，国家林业局将按照《若干意见》要求，进一步加大对赣南等原中央苏区扶持力度，确保原渠道项目与资金增加部分重点向赣南等原中央苏区倾斜，新设立项目与资金优先支持赣南等原中央苏区林业事业发展。

（一）加快南方地区重要生态屏障建设。支持林业重点工程建设，提高森林质量，确保林业"双增"目标如期实现。重点是：继续推进退耕还林和珠江、长江流域防护林工程，加大植树造林、封山育林力度，切实巩固和扩大退耕还林成果，着力提高珠江、长江流域森林防护功能；加大湿地保护和恢复力度，加快自然保护区能力建设，全面有效地保护和恢复原生植被生态系统、湿地生态系统和生物多样性。指导帮助赣南等原中央苏区到2020年3～5个自然保护区建设管理达到国家级示范保护区水平，10个以上省级自然保护区升格为国家级自然保护区，新建一批自然保护区、森林公园、湿地公园。支持赣南等原中央苏区加强公益林建设；加大对国家公益林生态补偿投入力度，逐步提高补偿标准。

（二）大力推进林业扶贫开发。按照《中国农村扶贫开发纲要》精神，加强对赣南等原中央苏区林业扶贫开发工作的帮扶。加大选派干部到赣南等原中央苏区挂职工作力度，强化对赣南等原中央苏区林业发展的智力支持，加强对林区贫困群众的技术技能培训，实施项目支持和示范带动。突出重点，先行先试，在赣州探索林区、自然保护区贫困村、组、户的扶贫模式，通过产业、项目、资金等多种途径，发挥林业在扶贫开发工作中的作用，把赣州市打造成林业扶贫开发攻坚示范区。

（三）积极发展特色优势产业。结合林业重点工程实施，鼓励支持赣南等原中央苏区大力培育林业特色优势产业，增加农民收入。鼓励加快林业特色产业园建设，大力发展油茶、毛竹、花卉苗木、森林旅游、野生动植物繁育利用等特色林业产业，加快林业产业转型升级。支持赣南等原中央苏区油茶示范县建设，扩大国家油茶示范基地县范围；支持赣南等原中央苏区建立亚热带林木种苗、花卉示范基地；开展木材战略储备基地建设，培育特殊林木资源，把赣州、吉安纳入《全国木材战略储备基地建设规划》范围，开展珍稀树种培育与利用；支持赣南等原中央苏区建设林产品加工基地，积极支持赣州家具产业、闽西北及赣州木质活性碳、植物香精香料等林化产业、吉安楠木基地建设；加大农业综合开发林业项目投入力度，支持赣南等原中央苏区发展林下经济；加大森林公园、湿地公园建设力度，支持在赣江、东江、抚河、闽江源头和重要区域设立国家级森林公园和国家湿地公园，优先设立城市森林（湿地）公园、森林旅游示范区。推动赣南等原中央苏区尽快建设成为南方地区重要的林业产业基地。支持赣南等原中央苏区经济社会发展，在占用征收林地定额上给予适当倾斜。

（四）全力促进民生建设。"十二五"期间，完成赣南等原中央苏区全部国有林场危旧房改造，协调有关部门，争取将赣南等原中央苏区自然保护区、国有苗圃、国家级森林公园等基层林业单位职工危旧房改造纳入国家扶持范围；逐步将林业专用公路的改造升级纳入全国林区道路规划统筹解决；逐步将国有林区饮水安全问题，协调纳入《全国农村饮水安全工程规划（2010～2015 年）》统筹解决。

（五）加强林业基础能力建设。支持赣南等原中央苏区加强林木种苗、林业科技、林业人才培养、森林防火、林产品质量安全监督管理、森林资源与生态状况综合监测和林业有害生物防治等方面的基础能力建设，进一步形成林业发展的有机整体，提高林业保护和建设的能力。重点是：支持赣南等原中央苏区林木种苗工程建设，加快良种基地建设步伐，逐步扩大良种补贴范围；着力加强市、县、乡三级林业科技推广服务基础设施及能力建设，支持九连山、井冈山、赣江源等典型生态区域规划建设生态站（点），做好中央财政林业科技推广项目立项和实施，支持开展林业科技示范区建设，支持开展光皮树等生物质能源及龙脑樟等天然药用植物的培育和利用研究；支持江西环境工程职业学院在赣南原中央苏区振兴中发挥独特的行业优势，突出办学特色，服务地方经济，培养应用人才，重点支持林业技术等学科专业建设及实训基地建设，将其建设成为省部共建的区域性林业技能型人才培养基地；加大对赣南等原中央苏区森林防火工作的指导和支持力度，按照《全国森林防火中长期发展规划（2009～2015 年）》有关要求，支持赣南等原中央苏区森林火险预警、森林防火通信和信息指挥、重点火险区综合治理工程等建设项目，增强森林火灾预防、扑救、保障水平，提高森林火灾综合防控能力；大力支持赣南等原中央苏区林产品质量安全监督管理体系建设，帮助成立江西省林产品质量检验检测中心，加强检测中心基础设施及能力建设；大力支持赣南等原中央苏区森林资源与生态环境监测体系建设，加强基础设施设备建设，提高综合监测能力，建立森林及林地资源常态化预警预报机制；帮助赣南等原中央苏区建设一批能适应森林资源保护与建设发展需要的林业有害生物防治基础设施，重点建设防治应急物资储备和仓库、有害生物监测和检疫检验设施等，加大专职检疫在岗人员技术培训，支持开展林业有害生物灾害治理，提高赣南等原中央苏区防控检疫性和危险性林业有害生物的能力；进一步支持完善野生动物疫源疫病监测防控网络体系基础设施和技术力量提升，使敏感区域的监测防控设施和手段达到有效保障公共安全要求；加大对赣南等原中央苏区森林公安工作的指导和支持力度，视中央投资情况，在森林公安中央转移支付和基本建设投入方面对赣南等原中央苏区予以倾斜，重点加强森林公安业务用房和基层派出所建设；加大对林业工作站、木材检查站站房、交通工具、执法装备等基础设施建设支持力度，充分发挥基层站所在森林资源保护中的重要作用；加大林业工作站建设力度，提高人员素质，强化政策宣传、资源管护、林政执法、生产组织、科技推广和社会化服务等职能，充分发挥基层林业站在生态保护与建设一线的重要基础保障作用；鼓励支持建立林业电子政务标准体系、信息管理体系、管理运行体系建设，提高林业信息化管理水平。

（六）推进体制机制改革。积极支持赣南等原中央苏区深化集体林权制度改革等试点工作，本着有利于促进资源发展、有利于激发社会参与林业建设积极性的原则，在赣州开展林权抵押贷款、林权股份制经营、林权流转社会化服务等试点，将赣州列为全国林权制度改革示范区，在赣州成立南方林业产权交易所赣南分中心。支持赣州组建以林权作资本的赣州林业企业集团并帮助上市。在特定领域对赣南等原中央苏区实现差别化政策，助推赣南等原中央苏区不断探索发展新模式。指导完善集体林权流转监管制度，支持赣州建立林权管理服务中心，将赣州纳入林权管理服务中心标准化建设试点范围。指导编制林下经济发展规划，支持开展林下经济示范基地建设，加大对林下经济发展的扶持力度。指导帮助赣南等原中央苏区成立赣州碳汇交易中心，支持赣南等原中央苏区开展碳汇造林工程。引导支持建设一批带动性强、辐射范围广的农民林业专业合作组织示范县和示范社。帮助赣南等原中央苏区完善林木抵押、林权流转和森林保险等配套政策。支持赣南等原中央苏区开展森林可持续经营试点。

广电总局办公厅关于印发《广电总局贯彻〈国务院关于支持赣南等原中央苏区振兴发展的若干意见〉的实施意见》的通知

广办发办字〔2012〕181 号

江西省广电局，总局机关各司局、直属各单位：

为认真贯彻落实《国务院关于支持赣南等原中央苏区振兴发展的若干意见》（国发〔2012〕21 号），总局制定了《广电总局贯彻〈国务院关于支持赣南等原中央苏区振兴发展的若干意见〉的实施意见》，现予印发，请结合实际贯彻执行。

二〇一二年十二月十八日

广电总局贯彻《国务院关于支持赣南等原中央苏区振兴发展的若干意见》的实施意见

赣南等原中央苏区是人民共和国的摇篮，为中国革命作出了重大贡献和巨大牺牲。支持赣南等原中央苏区振兴发展，是党中央、国务院关心革命老区、着眼全局做出的一项重大战略决策。为认真贯彻落实《国务院关于支持赣南等原中央苏区振兴发展的若干意见》（国发〔2012〕21 号），进一步支持和促进赣南等原中央苏区广播影视事业又好又快发展，现提出如下实施意见：

1. 加快实施广播电视村村通工程，积极开展直播卫星公共服务。一是支持江西省广电局优先安排赣南等原中央苏区"十二五"广播电视村村通规划建设任务，争取提前实现 20 户以下已通电自然村村通广播电视。二是大力推进直播卫星户户通工程，利用直播卫星开展广播电视公共服务，使有线网络未通达农村地区的广大用户可以通过双模机顶盒接收直播卫星和地面数字传输的中央和本地广播电视节目，争取"十二五"末实现广播电视全覆盖，做到户户通。

2. 支持赣州市加强高山无线发射台站建设。对符合《广播电视高山无线发射台站基础设施建设管理办法》条件要求的高山无线发射台站基础设施建设给予支持，对发射机房和技术用房、围墙、道路、铁塔、供电、给排水、冷暖、通风、节传、监控和防雷接地进行升级改造，进一步提高广播电视无线覆盖水平和安全播出保障能力，使农民群众通过无线接收的方式，收听收看好中央和地方无线广播电视节目。

3. 深入实施农村电影放映、县级城市数字电影院建设等惠民工程。积极争取赣南苏区农村公益放映在资金扶持上享受国家西部地区的政策，进一步改善赣南等原中央苏区农村电影放映设施的设备和条件。赣州市的 18 个县（市、区）执行西部大开发政策。支持赣南县级城市建设数字影院。

4. 支持赣州、吉安、抚州广播电视数字化升级改造。按照数字化网络化的要求，支持赣州、吉安、抚州广播电视台对硬盘播出、音频工作站、制作网络、广播电视网站等进行升级改造。

5. 帮助赣南等原中央苏区各级广播电视播出机构着力办好现有频道频率、创办品牌节目栏目。在电影精品创作专项资金、少儿精品发展专项资金和国产动画发展专项资金使用方面，继续对赣南等原中央苏区电影精品创作、少儿节目和影视动漫创作生产予以扶持。

6. 积极建设赣南红色影视基地，繁荣发展各类红色电影电视剧创作生产。基地建设有关方案按程序另行专项报总局审批。

7. 支持赣南等原中央苏区发展移动多媒体广播电视、网络广播影视等新媒体新业态，建立完善市场体系，构建完善从节目创作、内容服务、网络传输到产品开发的产业链。

8. 中央人民广播电台、中央电视台、中国国际广播电台、中国网络电视台等加大对赣南等原中央苏区的宣传力度。

9. 针对赣南等原中央苏区广播影视队伍情况开展岗位培训。每年为赣南等原中央苏区集中举办一期广播影视专业技术人员培训班，在总局培训计划中对赣南等原中央苏区予以名额保障和经费支持。

10. 广电总局、江西省联合成立对口支持和促进赣南等原中央苏区广播影视事业发展工作领导小组，由总局领导担任组长，江西省委、省政府分管领导担任副组长，具体负责对赣南等原中央苏区广播影视事业的支持服务工作。

民政部关于进一步支持和促进赣南等
原中央苏区民政事业振兴发展的意见

民发〔2012〕237号

为贯彻落实《国务院关于支持赣南等原中央苏区振兴发展的若干意见》（国发〔2012〕21号，以下简称《若干意见》），进一步支持和促进赣南等原中央苏区民政事业加快发展，现提出如下意见：

一　总体要求

（一）重大意义

赣南等原中央苏区地跨赣闽粤，是共和国的摇篮和苏区精神的主要发源地，为中国革命作出了重大贡献和巨大牺牲，在中国革命史上具有特殊重要地位。由于战争创伤及自然地理等原因，原中央苏区特别是赣南地区经济发展仍然滞后，民生问题仍然突出，贫困落后面貌仍未得到根本改变。进一步支持和促进赣南等原中央苏区民政事业发展，对提高基本民生保障水平、加强和创新社会管理、逐步解决赣南等原中央苏区贫困落后问题具有重要的现实意义和深远的历史意义。

（二）指导思想

坚持以邓小平理论、"三个代表"重要思想、科学发展观为指导，大力弘扬苏区精神，充分发挥民政在社会建设中的骨干作用，加大对赣南等原中央苏区扶持力度，着力完善基本民生保障制度，着力增强基层民主活力和社会自治功能，着力推进优抚安置改革政策落实，着力提高民政基本社会服务水平，着力加强民政能力建设，推动赣南等原中央苏区民政事业改革发展，促进赣南等原中央苏区与全国同步全面建成小康社会。

（三）发展目标

分步骤、分阶段推进赣南等原中央苏区振兴发展。到 2015 年，以城乡最低生活保障为重点的新型社会救助体系进一步健全，重大自然灾害应对能力显著增强，社会福利实现适度普惠，基层群众自治不断深化，社会组织服务社会能力明显增强，优抚安置保障体系更加完善，民政基本公共服务水平明显提高，各项民政事业发展水平提速提质。

到 2020 年，民政事业发展总体适应全面建成小康社会要求，基本民生保障体系健全完善，民政社会管理更加高效，便民利民、功能配套的民政公共服务体系全面建立，民政基础设施更加完善，服务国防和军队建设更加扎实有力，各项民政事业发展指标接近或达到全国平均水平。

二 支持重点

（一）健全完善综合防灾减灾应急体系

针对赣州极端天气气候事件频发、多灾易灾特点，支持赣州建设区域性救灾减灾指挥中心、救灾物资储备库和应急避难场所。支持赣南等原中央苏区每个县建设救灾物资储备库（点）和应急避难场所，并配备救灾专用设备和救灾专用车辆。与新农村建设、综合减灾示范社区创建相结合，支持在乡（镇）一级建设具有综合功能的应急避难场所。加大救灾补助资金投入力度，参照中央对困难地区倒损房补助标准，支持赣南等原中央苏区灾后民房恢复重建工作，重点支持赣州市加快实施农村革命烈士遗属、在乡退伍红军老战士子女及失散红军遗属危旧土坯房改造。支持赣南等原中央苏区实施农房保险制度，增强灾后恢复重建能力；支持建立防灾减灾文化宣传教育基地；支持创建一批国家级综合减灾示范社区；支持防灾减灾人才和专业队伍建设，健全灾害信息员队伍并加强业务培训。

（二）健全完善覆盖城乡的社会救助体系

将赣州列为全国社会救助重点资助地区，加大对赣州社会救助资金支持力度。支持赣南等原中央苏区完善城乡低保制度，适度扩大保障面，实现应保尽保；合理提高低保标准，"十二五"期间城市和农村低保标准年增长率分别不低于14.7%和18.8%。支持赣南等原中央苏区完善重特大疾病医疗救助制度，到"十二五"末，政策范围内住院自付费用救助比例由50%提高到70%。支持农村五保供养服务机构建设，赣南等原中央苏区每个乡镇建设一所敬老院。2015年实现赣南等原中央苏区农村五保供养服务机构集中供养能力达到80%的目标。改善农村五保供养对象生活条件，农村五保供养标准达到当地农村居民平均生活水平。

（三）加快推进社会福利体系建设

支持赣南等原中央苏区大力发展以"扶老、助残、救孤、济困"为重点的社会福利事业，逐步拓展社会福利保障范围，着力推动社会福利由补缺型向适度普惠型转变。支持完善高龄老人补贴制度和养老服务补贴制度；提高城镇"三无"对象生活补助水平，确保不低于当地居民平均生活水平；探索建立重度贫困残疾人定期生活补贴制度和护理补贴制度；建立困难儿童分类保障制度，合理确定并落实孤儿养育标准，逐步将受艾滋病影响儿童、重病、重残、罕见病儿童和在押服刑人员未成年子女等事实上无人抚养儿童纳入保障范围。适应社会福利事业发展需要和人口老龄化趋势，进一步提高项目补助标准，支持赣南等原中央苏区加快建设市、县两级收养失能、半失能老年人为主的老年养护设施、多功能的居家和社区养老服务机构等公共福利设施，支持赣南等原中央苏区50万人口以上的县或者孤儿数量较多的县建设独立的儿童福利机构或在当地社会福利机构中设立独立的儿童部。赣南等原中央苏区每个县建设一所综合性社会福利中心，推行公办民营、民办公助，引导和支持社会力量参与养老服务，逐步建立面向所有老年群体，以居家为基础、以社区为依托、以机构为支撑的社会养老服务体系。到"十二五"末，实现每千名老年人拥有养老床位数达到40张。

（四）切实提高社会管理服务水平

着眼于创新基层社会管理、改善社区人居环境、推动基本公共服务均等化，在政策、资金和项目建设上向赣南等原中央苏区倾斜。支持赣南等原中央苏区社区服务中心、服务站等城乡社区综合服务平台建设，解决部分社区无办公用房、无服务设施问题。重点支持赣南等原中央苏区街道（乡镇）社区服务中心和社区服务站建设，力争到 2015 年，城市社区服务设施综合覆盖率达到 90% 以上，每百户居民拥有的社区服务设施面积不低于 20 平方米；农村村级社区服务设施覆盖率达到 50% 以上。支持赣南等原中央苏区推进社区服务信息化建设，在中心城区建设社区综合服务信息平台，在街道、社区建立社区服务信息网络平台，逐步提高社区信息装备条件和社区服务信息化水平。支持赣州建设服务业发展示范基地，扶持发展社区服务、社会化养老等生活服务业。加强社会组织培育管理和党建工作，提升对社会组织的规范引导和监督管理水平。利用中央财政支持社会组织参与社会服务项目，增加赣南等原中央苏区的项目数量和资金，加强社会组织孵化示范基地建设，引导和鼓励全国性社会组织加大支持力度。支持赣南等原中央苏区科学布局县级殡仪服务设施，改扩建县（市、区）殡仪馆，建设城乡公益性、生态节地型公墓，指导落实惠民殡葬政策。支持赣南等原中央苏区市、县两级救助管理机构设施建设、设备配置。支持为赣南等原中央苏区选派和培养一批社会工作专业人才，推动当地社会工作服务发展。

（五）健全完善优抚安置服务体系

将居住在农村和城镇无工作单位、18 周岁之前没有享受过定期抚恤金待遇且年满 60 周岁的烈士子女，以及试行义务兵役制后至《退役士兵安置条例》实施前入伍、年龄在 60 周岁以上（含 60 周岁）、未享受到国家定期抚恤补助的农村籍退役士兵等人员纳入抚恤补助范围，落实相关待遇。认真研究制定在乡退伍红军老战士、红军失散人员和在乡老复员军人遗孀定期生活补助政策。研究解决赣南等原中央苏区特别是赣州特殊困难群体中孤老病残优抚对象的集中供养问题，支持县级中心光荣院建设，维修改造现有乡镇光荣院。支持江西省荣军医院（江西康宁医院）、赣州荣军中心（集医疗、康复、休养于一体）建设。支持赣南等原中央苏区平稳有序建立新型退役士兵安置制度，加大对退役士兵职业教育和技能培训等安置经费的投入，完善退役士兵自主就业、创业优惠政策，促进退役士兵以创业带动就业。支持赣南等原中央苏区完成散葬烈士墓搬迁、抢修保护和零散烈士纪念设施抢救保护工程。加大对赣南等原中央苏区纪念建筑设施保护和修缮支持力度，发挥革命旧居旧址在爱国主义教育中的重要作用。支持赣州建设中央苏区烈士陵园、吉安建设东固革命烈士陵园和螺子山革命烈士纪念园等红色文化教育基地。支持赣南等原中央苏区市、县新建改造一批军供站，对亟需更新设备及维修改造的军供站予以重点倾斜，逐步理顺军供站产权管理体制。

（六）积极支持调整优化行政区划格局

根据国家政策，按照统筹城乡、区域发展和加快城镇化进程要求，适应赣州经济社会发展现实需要，研究调整优化行政区划，指导、协助做好行政区划调整方案论证和社会稳定风险评估工作，支持加快赣州省域副中心城市建设，推动赣县、南康、上犹与赣州中心城区同城化发展，加快构筑同城化发展框架。扶持瑞金、龙南次中心城市建设。加大对地名公共服务、地名文化建设、平安边界建设和行政区域界线管理等工作的指导支持力度。

（七）着力推进罗霄山片区扶贫开发

按照《若干意见》提出的把赣南等原中央苏区建设成为全国革命老区扶贫攻坚示范区的战略定位，着力协调推进江西罗霄山片区扶贫开发。优先解决江西罗霄山片区突出的民生问题，协调并帮助解决生产、生活设施落后问题，扶持发展特色产业，加快脱贫致富步伐。对江西的17个罗霄山片区县（市）在项目资金安排上给予重点扶持。

（八）推进民政信息化建设

着眼于提高民政系统管理水平和服务效能，指导赣南等原中央苏区加强民政信息化系统建设与管理，做好相关发展规划的制定和实施工作。中央专项资金对赣南等原中央苏区市、县"数字民政"工程项目给予补助。支持赣南等原中央苏区采取省级支持一部分，市、县配套一部分，中央补助一部分的办法，多渠道筹集资金，加快建设集社会救助、救灾减灾、社会福利、优抚安置、区划地名、社会事务、社会管理、业务指导、远程培训等功能于一体的综合信息平台，不断提高民政信息化水平。

三　保障措施

（一）落实各项支持政策

在实施《国家基本公共服务体系"十二五"规划》（国发〔2012〕29号）、《国家综合防灾减灾规划（2011～2015年）》（国办发〔2011〕55号）、《社会养老服务体系建设规划（2011～2015年）》（国办发〔2011〕60号）、《社区服务体系建设规划（2011～2015年）》（国办发〔2011〕61号）和《民政事业发展"十二五"规划》（民发〔2011〕209号）时，指导赣南等原中央苏区做好政策衔接，推动目标任务落实。坚持按照突出重点、同等优先的原则，加大中央预算内投资和专项建设资金投入，在重大项目规划布局、审批核准、资金安排等方面对赣南等原中央苏区特别是赣州给予重点倾斜。在涉及民政的中央财政转移支付、投资补助、税收优惠等各项政策方面，对赣州执行西部大开发政策。中央在赣州安排的民政公益性建设项目和专项补助，取消市、县及以下资金配套。

（二）支持拓展民政资源

进一步加大中央专项彩票公益金对赣州社会公益事业的支持力度。协调落实中央专项彩票公益金参照新疆、西藏切块支持赣州社会公益事业项目建设；加大民政部本级使用的中央彩票公益金投向赣南等原中央苏区力度。大力支持赣南等原中央苏区开发、发行福利彩票新品种、新游戏，中国福利彩票发行的新品种优先照顾在赣州上市。在中国福利彩票中发行即开型"振兴赣南等原中央苏区"专项彩票。扶持创建具有赣南等原中央苏区地方特色的品牌慈善项目，鼓励和引导国内外慈善组织、民营资本参与赣南等原中央苏区慈善公益事业发展。鼓励东部发达省市民政系统对口支援赣南等原中央苏区民政事业，形成区域间协调互动、共同发展新局面。

（三）夯实民政发展基础

重点扶持赣南等原中央苏区基层能力建设。支持建立健全完善乡（镇、街道）民政工作机构，充实工作力量，帮助解决基层民政力量薄弱问题，促进基层实现有人办事、有钱办事、有能力办事、能办成事的工作目标。

（四）加强民政人才队伍建设

依托重大民政人才工程，将赣南等原中央苏区民政人才队伍建设纳入全国民政人才规划体系给予大力支持。支持赣南等原中央苏区民政干部到民政部机关学习锻炼，选派部机关优秀年轻干部到赣南等原中央苏区挂职锻炼。支持赣南等原中央苏区加强民政人才培训基地建设，开展民政干部、民政专业技术人才、民政技能人才等各类人才培训，为推动赣南等原中央苏区民政事业发展提供智力和人才支持。

2012 年 12 月 26 日

国家旅游局办公室关于印发《关于支持赣南等原中央苏区旅游产业发展的实施意见》的通知

旅办发〔2013〕1号

江西省、福建省、广东省旅游局:

现将《关于支持赣南等原中央苏区旅游产业发展的实施意见》,印发给你们,请结合实际,抓紧落实,并将进展情况及时汇报我局。

国家旅游局办公室

2012年12月26日

关于支持赣南等原中央苏区旅游产业发展的实施意见

赣南等原中央苏区生态环境优良,旅游资源丰富多彩,区位优势突出,发展旅游产业具备良好的条件。国务院出台的《关于支持赣南等原中央苏区振兴发展的若干意见》(国发〔2012〕21号)中明确提出了要在赣南等原中央苏区"建设红色文化传承创新区,打造全国著名的红色旅游目的地,促进红色文化旅游产业大发展"。为深入贯彻落实《若干意见》,充分发挥旅游业在带动地方经济社会发展方面的作用,利用有利条件,促进赣南等原中央苏区旅游产业又好又快发展,特制定如下实施意见。

一、加强规划指导

将赣南等原中央苏区红色旅游列入国家旅游发展战略,国家旅游局支持编制赣南等原中央苏区旅游产业提升规划,依托丰富的红色资源,大力发展红色旅游，促进红色文化旅游产业大发展，打造全国著名的红色旅游目的地。

二、加大项目支持

国家旅游局掌握和协调的资金向赣南等原中央苏区适当倾斜。帮助协调国家发改委、交通部、财政部等国家相关部委，支持改善区内重点景区交通通达条件及交通道路指示系统等，进一步完善旅游基础设施。

三、促进宣传推广

将赣南等原中央苏区旅游宣传作为江西省重要旅游宣传内容纳入国家旅游局对外宣传推广工作。支持赣南等原中央苏区参加中国国际旅游交易会、中国国内旅游交易会、中国国际旅游商品博览会、中国旅游产业博览会等国内重要展会，并为其举办旅游宣传推广活动提供便利。

四、强化智力支持

帮助赣南等原中央苏区旅游人才培养，定期举办旅游人才培训班。国家旅游局举办的各类培训对赣南等原中央苏区适当倾斜，根据工作需要，视情况安排国家旅游局与赣南等原中央苏区开展干部双向挂职锻炼。

五、支持打造精品

加强对赣南等原中央苏区高等级旅游景区创建工作指导力度，高起点建设一批精品景区，支持瑞金红色旅游景区、通天岩景区等重点景区按标准打造精品旅游景区。支持赣州、吉安、抚州发展度假旅游、生态旅游，并按标准创建生态旅游示范区。

六、推进新业态发展

积极支持赣州、吉安探索旅游扶贫新模式，设立国家旅游扶贫实验区。支持发展休闲农业、乡村旅游，推动红色旅游与生态旅游、休闲旅游、历史文化旅游的融合发展，构建形式多样的复合型旅游产品，将赣南等原中央苏区建设成全国红色旅游与其他旅游融合发展的示范区域。

七、引导资金投入

鼓励央企、国内外大型旅游企业投资赣南等原中央苏区旅游业，积极引导社会资金投入旅游业。

八、开展区域合作

通过举办论坛、联谊会等方式，加强赣南等原中央苏区内部赣南、赣中、赣东南、闽西、粤东北等区域旅游合作，科学规划旅游线路，实施线路互连、市场互动、客源互送，扎实推进中央苏区旅游一体化进程。

九、推动智慧旅游

支持赣州、吉安、抚州等中心城市及其他旅游重点县旅游集散中心建设，积极打造集游客中转集散、旅游信息咨询发布、旅游产品交易等功能于一体的旅游集散中心，推动赣南等原中央苏区"智慧旅游"快速发展。

十、增列赴台旅游试点

支持赣州、吉安、抚州等地加强与台湾的合作交流，国家旅游局按照"积极稳妥、循序渐进"的原则，会同相关部门积极推动在原中央苏区扩大赴台个人游试点城市范围和增加赴台游组团社。

江西省人民政府交通运输部贯彻落实《国务院关于支持赣南等原中央苏区振兴发展的若干意见》加快推进交通运输科学发展会谈纪要

为贯彻落实《国务院关于支持赣南等原中央苏区振兴发展的若干意见》（国发〔2012〕21号）（以下简称《若干意见》），加快赣南等原中央苏区交通运输基础设施建设，为区域经济社会振兴发展提供有力的交通运输保障，江西省人民政府与交通运输部就共同推进赣南等原中央苏区交通运输发展达成共识。纪要如下：

一 贯彻落实《若干意见》，合力推进赣南等原中央苏区交通运输发展

贯彻落实《若干意见》，推进赣南等原中央苏区振兴发展，既是一项重大的经济任务，更是一项重大的政治任务，对于全国革命老区加快发展具有标志性意义和示范作用。赣南等原中央苏区是全国革命老区扶贫攻坚示范区、全国稀有金属产业基地、重要的区域性综合交通枢纽、我国南方地区重要的生态屏障以及红色文化传承创新区，加快交通运输基础设施建设是促进赣南等原中央苏区振兴发展的基础和先导，按照《国民经济和社会发展第十二个五年规划纲要》和《交通运输"十二五"发展规划》，江西省人民政府和交通运输部将共同采取有力措施，推动赣南等原中央苏区交通运输发展取得重大进展。江西省将把交通运输建设作为赣南等地区发展的战略任务，统筹兼顾，进一步加大投入和建设力度，打破交通瓶颈制约，大力提高交通运输服务能力和水平。交

通运输部支持江西省关于赣南等原中央苏区交通运输发展的思路和措施，将进一步加强与江西省政府的沟通协调，贯彻落实国务院的战略部署，加大对赣南等原中央苏区交通运输发展的指导和支持，积极推动相关重大项目建设，促进赣南等原中央苏区经济社会全面协调可持续发展。

二 明确目标任务，推进赣南等原中央苏区交通运输发展取得重大进展

（一）总体目标

以科学发展观为指导，按照国务院《若干意见》的部署要求和规划的区域，坚持"统筹规划、合理布局、积极推进、适度超前"的原则，加快赣南等原中央苏区交通运输基础设施建设，大力提升服务能力和水平，提高交通运输抗灾和应急保障能力，依托赣州区域性中心城市的区位优势，加快现代综合交通运输体系和快速通道建设，为实现赣南等原中央苏区振兴发展、与全国同步进入全面小康社会提供强有力的交通运输保障。

到 2020 年，赣南等原中央苏区交通运输基础设施建设取得重大突破，现代综合运输体系基本形成，国家高速公路基本建成，普通国省干线技术等级和服务能力显著提升，农村公路交通条件显著改善，航道和港口设施能力全面加强，交通运输服务水平和交通安全应急保障能力显著提高，基本形成能力充分、服务优质、运行高效、安全环保、管理先进的交通运输体系。

到 2015 年，赣南等原中央苏区交通运输基础设施建设取得重大进展，高速公路主通道基本建成，国省干线公路总体服务水平明显提高，国家公路运输枢纽客货运站场建成率分别达到 50%、40%，实现乡镇和所有具备条件的建制村通班车。

（二）主要任务

一是高速公路方面。重点加快建设兴国—赣县、金溪（浒湾）—资溪（花山界，赣闽界）、寻乌—全南等高速公路项目，适时启动大广高速公路赣州繁忙段扩容改造前期工作。

二是国省干线公路方面。调整完善区域国省道规划布局，实现县县通国道，省道网布局进一步优化；加快区域内 G105、G323 国道以及部分地方迫切需要的省道升级改造，重点加强县通二级公路建设，推进定南—龙南—全南等新增国道及区域内重大产业项目对外连接通道建设，提升国省道整体服务水平和能力。

三是农村公路方面。加快区域内县乡道改造和连通工程建设，提升农村公路技术等级、路面状况和服务水平；实施农村公路危桥改造和安保工程，提高农村公路安全水平和抗灾防灾能力。

四是红色旅游公路方面。支持赣州市 G323 国道至南方红军三年游击战争纪念园（馆）景区公路和省道 S216 至反"围剿"纪念馆公路等项目建设。

五是运输场站方面。加快赣州、吉安国家公路运输枢纽场站建设，完善农村客运场站体系，改造部分老旧县级客运站，加强乡镇客运站和建制村招呼站（候车亭、停靠点）建设。

六是水运方面。重点推进赣江石虎塘、新干航电枢纽工程和井冈山、峡江枢纽通航建筑物建设工程。实施南昌至湖口段二级航道整治工程以及石虎塘至神岗山三级航道整治工程等，尽快实现赣州—吉安—峡江三级通航。建设赣州港。

三　加强省部协作，切实加快赣南等原中央苏区交通运输发展

（一）完善变通规划，加强前期工作

江西从服务、引导和促进经济社会协调发展出发，按照《若干意见》确定的发展思路和重点，进一步完善赣南等原中央苏区交通运输发展规划，加快推进重大项目前期工作，切实把《若干意见》确定的目标和任务落到实处。交通运输部将进一步加强对赣南等原中央苏区交通运输发展规划和前期工作的指导，做好与国家总体规划和相关专项规划的衔接，加快项目前期工作审核等相关工作。

111

（二）加强组织领导，保障项目实施

江西省将组织协调有关部门和各级地方政府，制定分解落实方案，充分调动广大人民群众的积极性，全力抓好赣南等原中央苏区交通运输振兴发展工作。江西省各级政府将在规划选址、土地指标、征地拆迁、环境保护、水利林业等方面为交通基础设施建设提供保障条件，确保有关项目的顺利实施。交通运输部将加大力度，在政策实施、项目建设、资金投入等方面给予积极支持，并将进一步加强统筹协调、督促检查、跟踪落实等工作。

（三）加大政策支持，推进项目建设

江西省将进一步加大部门间沟通协调力度，加大对赣南等原中央苏区交通运输振兴发展的投资力度，积极拓宽融资渠道，保证资金需求：1）省级和市级财政统筹资金，加大投入，积极争取中央代发地方政府债券对交通投入额度，省级每年安排一定比例的地方政府债券用于交通基础设施建设；2）统筹扶贫、以工代赈资金和土地出让收入等，加大对农村公路建设投入力度；3）解决农村公路和农村客运站场建设用地，以及公路建设料场用地；4）结合新农村建设和一事一议制度，鼓励农民自愿投工投劳投资等参与农村公路建设；5）鼓励资源开采、旅游开发等受益企业投资建设、养护相关专用公路；6）进一步完善民间资本投资交通建设的政策规定，营造良好的投资环境。

交通运输部进一步加大对赣南等原中央苏区交通运输振兴发展的支持力度；1）对赣州市的交通基础设施项目按西部地区标准进行补助；2）对符合国家投资政策、前期工作条件具备的高速公路项目及时纳入年度投资计划予以资金支持；3）进一步加大对赣南等原中央苏区国省干线公路和农村公路建设的支持力度；4）支持国家公路运输枢纽站场建设，支持部分老旧县级客运站、乡镇客运站以及建制村招呼站（候车亭、停靠点）建设；5）指导地方在乡镇客运站建设中，加强与农村邮政物流的结合，提高农村客货运输服务水平；6）支持列入"十二五"规划的航道整治和航电枢纽建设；7）加强交通科技、人才等支持力度。

双方认为，加快赣南等原中央苏区交通运输发展是贯彻落实国务院《若

干意见》的重要内容，江西省人民政府与交通运输部将按照《若干意见》的总体要求，强化责任、紧密配合、扎实工作、大力推进交通运输基础设施建设，提升交通运输服务水平和保障能力，为赣南等原中央苏区实现跨越式发展提供强有力的交通运输支撑和保障。

二〇一二年十二月三十一日

财政部海关总署国家税务总局关于赣州市执行西部大开发税收政策问题的通知

财税〔2013〕4 号

江西省财政厅、国家税务局、地方税务局，海关总署广东分署、各直属海关：

为贯彻落实《国务院关于支持赣南等原中央苏区振兴发展的若干意见》（国发〔2012〕21 号）关于赣州市执行西部大开发政策的规定，现将赣州市执行西部大开发税收政策问题通知如下：

一、对赣州市内资鼓励类产业、外商投资鼓励类产业及优势产业的项目在投资总额内进口的自用设备，在政策规定范围内免征关税。

二、自 2012 年 1 月 1 日至 2020 年 12 月 31 日，对设在赣州市的鼓励类产业的内资企业和外商投资企业减按 15% 的税率征收企业所得税。

鼓励类产业的内资企业是指以《产业结构调整指导目录》中规定的鼓励类产业项目为主营业务，且其主营业务收入占企业收入总额 70% 以上的企业。

鼓励类产业的外商投资企业是指以《外商投资产业指导目录》中规定的鼓励类项目和《中西部地区外商投资优势产业目录》中规定的江西省产业项目为主营业务，且其主营业务收入占企业收入总额 70% 以上的企业。

三、本通知自 2012 年 1 月 1 日起执行。

财政部海关总署国家税务总局

2013 年 1 月 10 日

卫生部印发关于支持赣南等原中央苏区卫生事业振兴发展的实施意见的通知

卫规财函〔2013〕8号

江西省、福建省、广东省卫生厅，部机关有关司局，部预算管理有关单位，国家食品药品监督管理局、国家中医药管理局：

为贯彻落实《国务院关于支持赣南等原中央苏区振兴发展的若干意见》（国发〔2012〕21号）精神，我部制定了《关于支持赣南等原中央苏区卫生事业振兴发展的实施意见》。现印发给你们，请遵照执行。

中华人民共和国卫生部

2013年1月15日

关于支持赣南等原中央苏区卫生事业振兴发展的实施意见

为深入贯彻落实《国务院关于支持赣南等原中央苏区振兴发展的若干意见》（国发〔2012〕21号，以下简称《若干意见》），支持赣南等原中央苏区卫生事业振兴发展，确保赣南等原中央苏区与全国同步建立健全覆盖城乡居民的医疗卫生制度，同步实现人人享有基本医疗卫生服务的目标，现提出如下实施意见：

一、充分认识加快赣南等原中央苏区卫生事业振兴发展的重大意义

支持赣南等原中央苏区振兴发展，是党中央、国务院关心革命老区、着眼全局作出的一项重大战略决策，是尽快改变赣南等原中央苏区贫困落后面貌，确保与全国同步实现全面建成小康社会目标的迫切要求。当前，受自然地理、历史条件和经济发展水平等因素制约，赣南等原中央苏区还存在医疗卫生机构资源问题不足、医疗卫生服务体系不完善、基础设施条件较差、卫生人才队伍建设滞后等问题，影响了卫生事业振兴发展。各有关方面要站在全局和战略的高度，充分认识贯彻落实《若干意见》重大意义，进一步推进赣南等原中央苏区深化医疗卫生体制改革，积极帮助解决突出困难和问题，在政策、项目、资金等方面给予支持倾斜，努力推动赣南等原中央苏区卫生事业振兴发展。

二、指导思想

以邓小平理论、"三个代表"重要思想、科学发展观为指导，按照《若干意见》有关要求，从赣南等原中央苏区卫生工作实际出发，结合区域经济社会发展战略和区域卫生发展布局，以实现人人享有基本医疗卫生服务为目标，进一步深化医疗卫生体制改革，努力提高卫生服务能力和人民群众健康水平，为支持赣南等在中央苏区振兴发展提供坚强保障。

三、基本原则

（一）以人为本，维护健康。贯彻落实党的十八大关于"健康是促进人的全面发展的必然要求"的工作要求，以保障人民健康为中心，以实现人人享有基本医疗卫生服务作为赣南等原中央苏区卫生工作的出发点和落脚点，切实维护群众健康权益。

（二）深化改革，倾斜支持。推进赣南等原中央苏区深化医药卫生体制改革，围绕"保基本、强基层、建机制"，制订政策措施，加大投入力度，在资金、项目方面向赣南等原中央苏区倾斜，努力构建基本医疗卫生制度，促进人民群众更加均等地获得公共卫生和基本医疗服务。

（三）科学规划，协调发展。坚持从实际出发，立足当前，优先解决好影响和制约赣南等原中央苏区卫生事业发展的突出问题。同时着眼长远，研究解决关系卫生事业发展全局的重大战略性、关键性问题，做好长远规划。结合《若干意见》和西部大开发政策等有关要求，指导地方科学制订区域卫生规划，并与本地区及国家相关规划和政策有效衔接，实现与本省乃至全国卫生事业协调发展。

（四）统筹兼顾，突出重点。充分考虑赣南在原中央苏区范围内的特殊地位和面临的特殊困难，以支持赣南卫生事业发展为重点，协调推进原中央苏区卫生事业发展水平。

（五）加强协作，自我发展。充分发挥中央和地方两方面的积极性，形成工作合力。同时，赣南等原中央苏区各级各类卫生单位要进一步增强工作积极性、主动性和创造性，全面提高自我发展能力，促进卫生事业可持续发展。

四、发展目标

到 2015 年，初步建立起覆盖城乡居民的基本医疗卫生制度。基层医疗卫生机构基础设施得到明显改善，医疗保障和服务水平得到有效提升，人民健康水平得到提高，卫生事业整体发展水平接近本省平均水平，为实现到 2020 年主要健康指标接近全国平均水平奠定基础。

五、主要任务

（一）继续巩固完善新型农村合作医疗制度。稳步提高新农合保障水平，探索建立与经济发展水平相适应的筹资机制，到 2015 年新农合政府补助标准提高到每人每年 360 元以上，政策范围内住院费用报销比例达到 75% 左右。稳步推进 20 种重大疾病医疗保障试点工作，逐步扩大重大疾病保障范围，提升保障水平。大力开展新农合支付方式改革，加强新农合管理经办机构能力建设。

（二）大力加强医疗卫生服务体系建设。积极协调国家有关部门，按照填平补齐的原则，支持赣州市人口大县建设三级综合医院；支持赣南等原中央苏区乡镇卫生院建设，改善支医人员生活设施条件；中央和地方共同努力，基本消除卫生室"空白村"。指导赣南等原中央苏区健全以社区卫生服务为基础、社区卫生服务机构与预防保健机构和医院合理分工、密切协作的新型城市卫生服务体系，支持有条件的社区卫生服务中心建设。指导赣南等原中央苏区优化医疗机构布局、结构和规模，充分发挥市级医院在危重急症和疑难杂症的诊疗、医学教育、科研及指导培训基层卫生人员等方面的骨干作用。支持赣州中心城区增设三级综合医院，建设儿童、肿瘤等专科医院。通过加快市级医院建设，实现赣州市到 2015 年千人口床位数达到江西省平均水平，2020 年达到全国平均水平。对赣南医学院脑血管疾病防治重点实验培育建设工作给予技术指导。

（三）进一步完善公共卫生服务体系建设。加大对赣南等原中央苏区市县两级疾控中心实验室建设的支持力度，优先完善赣州市卫生监督体系特别是基层卫生监督网络，支持县级卫生监督机构业务用户建设，支持赣州市开展重点职业病监测和赣南等原中央苏区农村饮用水卫生监测。支持市县两级妇幼保健院建设。

（四）稳步推进基本公共卫生服务均等化。逐步提高人均基本公共卫生服务经费补助标准，到2015年达到人均40元以上。积极实施重大公共卫生服务项目，加大重大传染病、地方病、慢性非传染疾病、精神疾病和职业病等的防治力度。继续开展农村孕产妇住院分娩补助、农村妇女乳腺癌宫颈癌检查、新生儿疾病筛查、贫困白内障患者复明等项目，开展儿童营养改善项目，有效降低孕产妇死亡率和婴幼儿死亡率。开展卫生监督协管服务，提高农村卫生监督服务覆盖率。

（五）提高重大突发公共卫生事件处理能力。建立健全急救网络，支持农村急救机构建设。进一步完善突发公共卫生事件监测系统、医疗救治信息系统和应急指挥决策系统以及全省突发公共卫生事件应急处理三级指挥协调机制。加强对群众性不明原因疾病、群众性急性中毒以及其他严重影响公众健康的突发公共卫生事件的应急准备、风险评估和事件处置，积极做好自然灾害、事故灾难、社会安定等突发事件的医疗卫生应急处置与救援工作。

（六）巩固完善国家基本药物制度和基层医疗卫生机构运行新机制。巩固政府办基层医疗卫生机构实施国家基本药物制度成效，落实基本药物全部配备使用和医保支付政策。有序推进村卫生室实施基本药物制度，执行基本药物制度各项政策，同步落实对乡村医生的各项补助和支持政策。继续深化基层医疗卫生机构综合改革，健全基层医疗卫生机构稳定长效的多渠道补偿机制。

（七）积极推进公立医院改革。以破除"以药补医"机制为关键环节，以县级医院综合改革为重点，统筹推进公立医院补偿机制改革，落实政府办医责任。健全内部运行机制，提高运转效率，发挥县级公立医院龙头辐射作用，提升县域医疗服务。积极支持社会资本举办各类医疗机构，完善社会资本举办医疗机构执业环境。

（八）加强基层医疗卫生队伍建设。推进全科医生制度建设，加大对全科医生临床培养基地建设支持力度，通过规范化培养、转岗培训、执业医师招聘和设置特岗等方式加强全科医生队伍建设。加强乡村医生培养培训，为赣南等原中央苏区订单定向免费培养一定数量的医学生。开展农村卫生人员实用岗位技能培训。到 2015 年，使每万名城市居民拥有 2 名以上全科医生，每个乡镇卫生院都有全科医生。

（九）大力推进卫生信息化建设。加强公共卫生、医疗服务、新农合、基本药物监管以及综合管理等应用系统建设。以居民电子健康档案为基础，构建区域卫生信息平台；以电子病历为核心，推进医院信息化建设。通过居民健康卡，实现居民电子健康档案、电子病历以及省和区域卫生信息平台信息的共享。加强顶层设计，统一标准规范，到 2015 年，初步形成纵向贯穿省、市、县、乡、村，横向覆盖主要医疗卫生机构，基于居民电子健康档案、电子病历、门诊统筹管理的医疗卫生信息化体系的基本架构，实现省内跨机构、跨区域互联互通和信息资源共享。

（十）支持中医药事业发展。加强市县两级中医院建设。积极发展社区中医服务，在乡镇卫生院设置中医科和中药房，加强基层中医药适宜技术推广。加大对名老中医传承工作、中医特色疗法规范研究等支持力度。鼓励社会力量举办中医院和中医门诊部。积极发展中医预防保健服务。不断提高中医药服务水平，使中医药在公共卫生、农村卫生、城市社会卫生服务以及重大、疑难疾病治疗方面发挥更大作用。加强中药资源保护与合理利用，支持开展中药资源调查，为当地药材生产提供技术服务，促进区域中药产业合理布局与发展。

（十一）加强食品药品监管能力建设。强化食品药品监管技术支撑能力，完善食品药品检验检测体系，支持赣州市食品药品检验检测中心和瑞金、龙南等区域性食品药品检验检测机构建设，提高食品药品检验水平和安全保障能力。

六、认真落实各项支持政策

（一）西部大开发政策。认真贯彻落实《中共中央国务院关于深入实施西部大开发战略的若干意见》（中发〔2012〕11 号），确保赣州市享受到西部大开发各项政策。

（二）财经政策。卫生部积极协调有关部门，支持化解赣州市县乡村公立医疗卫生机构长期债务，将公益性卫生建设项目国债转贷资金全部改为拨款。

（三）投资政策。卫生部积极协调有关部门，在重大卫生项目审批、资金安排等方面对赣南等原中央苏区给予倾斜；在中央投资安排赣州市医疗卫生机构建设项目时，取消县及县以下和集中连片特殊困难地区市级资金配套。

（四）对口支援政策。组织国家医疗队赴赣南等原中央苏区开展诊疗服务、临床教学、技术培训等多种形式的帮扶活动。建立卫生部预算管理医院对口支援制度，重点支持赣州市人民医院加强人才培养和能力建设，建立远程医疗会诊系统，安排学科带头人到支援医院进修学习。深入开展"万名医师支援农村卫生工程"和东西部省际医院对口支援工作，组派城市三级医院医务人员对口支援县级医院，大力实施"二级以上医疗卫生机构对口支援乡镇卫生院"项目，着力提高赣南等原中央苏区医疗技术水平和管理服务水平。

七、工作要求

（一）加强组织领导。把支持赣南等原中央苏区卫生事业振兴发展作为卫生部扶持开发与对口支援工作领导小组的重要工作内容予以统筹考虑。江西、福建、广东省卫生厅，要明确一名负责人和联络员，具体负责涉及赣南等原中央苏区卫生事业振兴发展的协调推进工作。切实加强与国家支持赣南等原中央苏区振兴发展部际联席会议的沟通联系，待国家发展改革委牵头编制的赣闽粤原中央苏区振兴发展规划印发实施后，再进一步完善、落实各项政策措施。

（二）明确工作责任。卫生部扶贫开发与对口支援工作领导小组各成员单位要认真学习贯彻《若干意见》，各司其职，各负其责，加强协调，研究制订切实可行的落实方案，明确细化目标任务和工作进度，切实加大支持倾斜力度。赣南等原中央苏区各级卫生行政部门要积极争取地方党委、政府的支持和帮助，在经费投入、能力建设、人员编制、人才培养、对口支援、项目管理等方面加大保障力度，并制订行之有效、切实可行的帮扶措施，支持赣南等原中央苏区卫生事业又好又快发展。

（三）弘扬苏区精神。赣南等原中央苏区卫生系统广大干部职工要切实增强责任感和使命感，艰苦奋斗、不怕困难，以苏区精神凝聚卫生事业振兴发展的强大力量，切实把中央支持与自力更生紧密结合、把卫生事业振兴发展与贯彻落实西部大开发、深化医改等有关政策有效衔接，不等不靠、奋力拼搏，着力推动赣南等原中央苏区卫生事业跨越式发展。

国务院国有资产监督管理委员会规划发展局关于进一步做好在赣南地区对接合作相关工作的通知

规划函〔2013〕8 号

各中央企业：

为全面贯彻落实《国务院关于支持赣南等原中央苏区振兴发展的若干意见》（以下简称《意见》），鼓励和支持中央企业在赣南发展，开展帮扶活动，积极支持赣南经济社会发展，现将有关事项通知如下：

一、各中央企业要紧紧围绕主业和发展战略，认真研究赣南的资源和产业优势，积极寻找战略机遇，科学决策合作项目，不断创新合作方式，进一步推动与赣南对接合作，开展帮扶活动，支持赣南经济社会发展。

二、在合作过程中，要按照市场化原则，以企业为载体，以产权为纽带，坚持合作共赢，充分发挥比较优势，形成互补效应。通过广泛深入参与赣南振兴发展各项事业，努力改善赣南人民群众生活水平和质量。

三、在认真研究赣南资源和产业优势的基础上，找准切入点和契合点，科学谋划在赣南的产业布局，带动赣南经济社会的全面发展。积极参与赣南国家重要钨、盐化工等战略性新兴产业基地建设和优势资源开发利用，推动赣南机械制造、医药、食品等传统产业转型升级，推进赣南地区红色旅游产业发展，帮助赣南培育和壮大优势产业集群，大力发展科技含量高、附加值高的深加工应用产业，不断推进技术创新，以重大项目、重点产业带动赣南产业转型升级和结构优化，推动赣南打造特色经济板块。

各有关中央企业要高度重视在赣南地区开展对接合作和帮扶工作的重

要意义，紧紧围绕主业积极寻求在赣南发展机遇，办好事、办实事，并进一步做好与赣南地区相关部门的沟通和协调工作，共同促进赣南的发展振兴。

国务院国资委规划发展局

2013 年 1 月 16 日

国家旅游局国务院扶贫办关于同意在江西省赣州市、吉安市设立"国家旅游扶贫试验区"的批复

旅发〔2013〕37 号

江西省旅游局、江西省扶贫和移民办公室：

《关于呈请审定江西省赣州市、吉安市国家旅游扶贫试验区方案的请示》（赣旅字〔2012〕106 号）收悉。经研究，现批复如下：

一、同意在江西省赣州市、吉安市设立"国家旅游扶贫试验区"（以下简称"试验区"）。

二、请你局（室）对《江西省赣州市国家旅游扶贫试验区方案》和《江西省吉安市国家旅游扶贫试验区方案》进一步修改完善后再按程序报批。要充分征求相关部门意见，并与《罗霄山片区区域发展与扶贫攻坚规划》相衔接。

三、试验区要积极发挥资源优势，合理保护并开发旅游资源，以发展红色旅游、乡村旅游、生态旅游、民俗旅游等旅游产品为重点，为探索建立旅游扶贫开发新模式积累经验。

专此批复。

2013 年 2 月 17 日

工业和信息化部关于支持赣南原中央苏区工业和信息化发展的意见

工信部规〔2013〕69号

江西省工业和信息化委员会、通信管理局：

支持赣南等原中央苏区振兴发展，是党中央、国务院作出的重大战略决策，具有重要的政治意义和经济意义。为贯彻落实《国务院关于支持赣南等原中央苏区振兴发展的若干意见》（国发〔2012〕21号），加快赣南原中央苏区工业和信息化发展，提出以下意见：

一　支持赣南原中央苏区工业和信息化发展的重要意义

（一）赣南原中央苏区是土地革命战争时期中国共产党创建的最大、最重要的根据地，为中国革命作出了重大贡献和巨大牺牲。由于自然和历史原因，赣南整体发展水平与全国相比还有很大差距，工业和信息化基础薄弱，产业结构单一，产业链条不完善，创新能力不强，缺乏辐射和带动力强的龙头骨干企业，已经成为制约当地经济社会发展的重要因素。为完成2020年赣南等原中央苏区整体实现跨越式发展，与全国同步建成全面小康社会的目标，必须采取切实有效的扶持措施，"输血"与"造血"相结合、国家扶持与自力更生相结合，加快工业和信息化发展，带动赣南原中央苏区实现全面振兴。

二　支持优势矿产业做强做大

（二）支持赣州建设全国重要的稀土、钨产业基地和稀土产学研合作创新示范基地。大力发展高性能稀土磁性材料、发光材料、功能陶瓷、储氢材料及其应用产品，建设硬质合金及刀钻具等钨精深加工和应用项目，形成资源勘探、开发、冶炼、加工、应用一体化产业链，开展稀土、钨开发利用综合试点。支持赣州建设国家南方离子型稀土与钨工程（技术）研究中心，建立稀有金属产品交易中心。

（三）支持在赣州组建大型稀土集团。支持稀土行业兼并重组，在赣州组建大型稀土企业集团，指导支持赣州稀土集团公司发展。支持将赣州列入国家稀土资源地储备与实物储备相结合的战略储备试点地区，支持将赣州稀土矿业公司列入国家稀土产品收储企业。

三　加快提升制造业发展水平

（四）做大做强电子信息产业。支持发展计算机及周边产品、汽车电子、消费类电子、锂离子电池、新一代数字视听和智能手机及配套等产业。支持赣州信丰电子信息产业基地积极创建新型工业化产业示范基地，加快赣州开发区、于都电子信息产业集聚区建设。

（五）发展氟（盐）化工及新型建材产业。支持精细氟化物、氟中间体、制冷剂、氟材料等氟化工产业发展，建设兴国、会昌、全南等氟（盐）化工产业基地。支持赣州综合利用工业废渣生产水泥，对现有生产线进行余热发电、脱硝改造，协同处置废弃物，建设赣南地区危废物处置中心。大力发展建筑陶瓷、新型装饰材料、高性能玻璃纤维及其复合材料。

（六）支持现代轻纺业和特色农产品加工业发展。支持纺织服装、制鞋箱包、现代家具等产业创建知名品牌，打造南康家具、龙南服饰、于都毛针织等产业集群。支持发展粮油、脐橙、油茶、甜叶菊、烤鳗、禽畜等特色农产品深加工产业，促进卷烟产业转型升级。

四　培育发展战略性新兴产业

（七）推动新能源汽车及关键零部件产业发展。支持赣州发展节能及新能源汽车及配套产业，建设新能源汽车工程（技术）中心，重点发展高性能动力电池、电机、电控等关键零部件和核心技术。推进赣州发展汽车变速箱、动力总成等汽车关键零部件产业，协调推进新能源汽车试点工作。

（八）加快发展高端装备制造产业。支持发展稀土加工专用设备、磁电设备等高端装备制造产业。鼓励有条件的企业按照专业化的方式，积极发展航空机载设备和系统、航空零部件、航空材料等相关配套产业。以航空配套产业为主线，发展轻小型直升机总装及航空机电、客舱设备及内饰件、航空新材料、大件加工及部件组装等配套产业。

（九）壮大生物医药产业。大力推进现代中药业、化学制药业发展，支持医疗器械产业发展。支持建设道地中药材种植基地和新版 GMP 认证改造。支持青峰药业等重点医药企业发展。

五 促进产业集聚和绿色低碳发展

（十）支持产业园区建设。积极推动江西赣州经济开发区有色金属（稀土新材料）国家新型工业化产业示范基地的创建工作，支持产业基地公共服务能力提升建设。支持有条件的工业园区，积极创建新型工业化产业示范基地，加大对特色产业园区建设的指导力度。指导帮助赣州修订完善园区发展规划，加快现有园区转型升级。支持与深圳、厦门以及香港、台湾等地合作共建产业园区。

（十一）积极承接产业转移。支持赣州高新技术产业园区、综合保税区、瑞（金）兴（国）于（都）经济振兴试验区、"三南"（全南、龙南、定南）加工贸易重点承接地、赣南承接产业转移示范区五大区域建设，打造以赣州经济技术开发区为核心，龙南、定南、全南至广东河源，瑞金、兴国至福建龙岩产业走廊为两翼的"一核两翼"开放合作新格局，严禁高污染产业和落后生产能力转入。支持赣南地区与东中部地区建立产业转移对接协调机制，开展产业对接、会展等经贸活动，深化合作交流。

（十二）大力发展循环经济和节能环保装备。支持在废弃稀土和钨矿山中进行稀土残矿、尾矿和钨低品位矿、难选矿等综合回收利用，开展再生资源回收利用综合试点工作，建设赣州大宗工业固体废物综合利用示范基地。推动铜铝有色金属循环经济产业园建设，构建废杂铜—拆解加工—铜杆线，锡矿开采—精锡原矿/再生冶炼—锡深加工，钴资源回收—氧化钴/钴电池材料等特色产业链。支持发展高效节能锅炉、余热余压利用、高效储能、节能监测等节能新技术和装备。鼓励开发和推广应用高效节能电器、高效照明等产品。大力推动先进环保产品和技术装备产业化。支持发展环保服务业，探索新型环保服务模式。

六　推动军民结合产业和中小企业发展

（十三）促进军民结合产业发展。鼓励和支持军工企业与赣南企业加强合作，支持当地企业参与国防科技工业建设。组织军工企业、科研院所开展对接活动，推动军民两用技术转化和推广应用，发展军民结合高技术产业。积极支持赣州按照国家新型工业化产业示范基地的标准和要求，建设国家级军民结合产业园区。

（十四）推动中小企业发展。落实《国务院关于支持小型微型企业健康发展的意见》，加大对赣南原中央苏区中、小、微型企业发展的扶持力度。支持中小企业公共服务平台和小企业创业基地建设，加快完善中小企业服务体系。支持建设中小企业信用担保机构。中小企业发展专项资金等继续支持赣南原中央苏区中小企业发展。

七　提高技术创新能力，推进信息化与工业化深度融合

（十五）加强技术创新能力建设。推进赣南原中央苏区创新平台建设，加大对重点产业关键技术研发、成果转化和示范应用的支持力度。支持符合条件的企业申报国家级企业技术中心和国家技术创新示范企业。鼓励我部所属高校、科研院所建立分支机构或共建研发工程中心，组建产业创新发展联盟，开展联合技术攻关。支持共建江西理工大学，加强稀土、钨等优势特色学科建设，培养急需的高层次人才。组织我部所属高校、科研院所、国家有关行业协会、学会赴赣南原中央苏区开展科技服务、项目对接、信息交流等活动。

（十六）推进"两化"深度融合。支持赣南原中央苏区重点产业实施数字化改造，在研发设计、生产过程控制和管理等环节推广应用信息技术，提高重点行业和企业信息化水平。积极支持赣州、吉安、抚州智慧城市建设，支持推进

"三网"融合，优化信息通信基础设施网络布局，贯彻落实光纤到户国家建设标准、推动农村网络基础设施发展水平提升和信息通信网络基础设施共建共享。协调和支持基础电信运营商加大对赣南原中央苏区信息通信基础设施的投入，加快建设"光网城市"、"无线城市"、"信息下乡"等重大项目。支持发展云计算、物联网产业及示范应用。支持应急通信建设。积极协调财政部，争取无线电频率占用费专项资金对瑞金中央苏区无线电通信史迹陈列馆建设项目给予一定支持。

八 加强规划指导和政策支持

（十七）加强规划指导。加强对赣南原中央苏区工业和信息化发展相关规划编制和实施的指导，组织有关行业协会、科研院所就工业和信息化发展的重大问题提供战略咨询。在国家工业和信息化发展总体规划、行业规划及专项规划的产业布局和重大项目安排中，充分考虑当地特色优势产业的发展。支持编制"一核两翼"、瑞（金）兴（国）于（都）经济振兴试验区、赣州"三南"加工贸易重点承接区等区域发展规划。

（十八）实行差别化产业政策。支持赣南原中央苏区特色优势产业列入产业结构调整指导目录（鼓励类），对相关行业发展政策予以明确细化，支持特色产业和重大项目建设。对稀土、钨、氟（盐）化工以及新型干法水泥、汽车制造、特种钢铁、电线电缆等特色优势产业，给予政策倾斜。对拟上市企业符合产业政策认定等相关手续简化程序、及时办理。国家稀土、钨指令性计划对赣州予以倾斜，支持稀土、钨行业兼并重组。

（十九）加强项目和资金支持。优先在赣南等原中央苏区规划布局重大项目，加快立项审批。国家产业振兴和技术改造、稀土产业调整升级、中小企业发展、淘汰落后产能中央财政奖励、关闭小企业中央财政补助、重大科技成果转化项目补助、电子信息产业发展基金、物联网发展、宽带普及提速、信息化和工业化深度融合等专项资金，及稀土创新发展工程、新能源汽车创新发展工程、科技重大专项等予以优先支持。

2013 年 2 月 28 日

中共江西省委江西省人民政府贯彻落实《国务院关于支持赣南等原中央苏区振兴发展的若干意见》的实施意见

赣发〔2012〕8号

为认真贯彻落实《国务院关于支持赣南等原中央苏区振兴发展的若干意见》（国发〔2012〕21号，以下简称《若干意见》），紧紧抓住重大历史机遇，加快赣南等原中央苏区振兴发展，实现建设富裕和谐秀美江西的宏伟目标，现提出如下实施意见。

一　全面把握《若干意见》的精神实质和总体要求

（一）充分认识重大意义

支持赣南等原中央苏区振兴发展，是党中央、国务院关心革命老区、进一步促进我省加快发展作出的重大战略决策；是尽快改变赣南等原中央苏区贫困落后面貌，确保与全国同步实现全面小康社会目标的迫切要求；是充分发挥其自身比较优势，逐步缩小区域发展差距的战略需要；是建设我国南方地区重要生态屏障，实现可持续发展的现实选择；是进一步保障和改善民生，促进和谐社会建设的重大举措。《若干意见》是我省继《鄱阳湖生态经济区规划》后又一个上升为国家层面的区域性发展战略，饱含了党中央、国务院和中央领导同志的亲切关怀，体现了国家有关部门的倾力支持，顺应了全省人民特别是原中央苏区人民过上美好幸福生活的热切期盼，对于我省加速构建"龙头昂起、两翼齐飞、苏区振兴、绿色崛起"的发展格局，提升在全国区域发展中的地位，具有巨大的推动作用和里程碑意义。

（二）深入贯彻指导思想

全省上下必须坚持以邓小平理论和"三个代表"重要思想为指导，深入贯彻落实科学发展观，弘扬苏区精神，加大对赣南等原中央苏区扶持力度，加快新型工业化和城镇化进程，以解决突出的民生问题为切入点，着力改善城乡生产生活条件；以加快交通、能源、水利等基础设施建设为突破口，着力增强发展的支撑能力；以承接产业转移为抓手，着力培育壮大特色优势产业；以发展社会事业为重点，着力提升基本公共服务水平；以保护生态环境为前提，着力促进可持续发展；以改革开放为动力，着力破解体制和机制障碍，努力走出一条欠发达地区实现跨越式发展的新路子，使原中央苏区人民早日过上富裕幸福的生活，确保与全国同步进入全面小康社会。

（三）切实遵循基本原则

加快赣南等原中央苏区振兴发展，必须坚持"统筹兼顾、突出重点，立足当前、着眼长远，加快发展、推进转型，改革创新、开放合作，国家扶持、自力更生"五项原则，把支持赣南与整体振兴、发展经济与改善民生、新型工业化城镇化与农业现代化、深化改革与扩大开放、自我发展与上级支持有机结合起来，坚持"输血"与"造血"并重，不断增强内生动力、体制活力、发展能力，努力实现加速发展、科学发展、跨越发展。

（四）准确把握战略定位

立足把赣南等原中央苏区建设成为"全国革命老区扶贫攻坚示范区，全国稀有金属产业基地、先进制造业基地和特色农产品深加工基地，重要的区域性综合交通枢纽，我国南方地区重要的生态屏障，红色文化传承创新区"五个方面战略定位，加快编制相关规划，推进重大项目建设，落实各项扶持政策，大胆开展先行先试，提升综合实力和竞争力，努力把赣南等原中央苏区打造成为我省充满活力的发展新高地、中部地区最具潜力的经济增长极。

（五）全面实现发展目标

有步骤、分阶段推进赣南等原中央苏区振兴发展。到 2015 年，在解决突出的民生问题和制约发展的薄弱环节方面取得突破性进展。尽快完成赣州市及吉安、抚州原中央苏区农村安全饮水、农村危旧土坯房改造、农村电网改造升级、农村中小学薄弱学校改造等任务；基础设施建设取得重大进展，特色优势产业集群进一步壮大，城镇化率大幅提升，生态建设和环境保护取得显著成效；经济保持平稳较快发展，主要经济指标增速明显高于全省平均水平；城乡居民收入增长与经济发展同步，基本公共服务水平接近或达到中西部地区平均水平。

到 2020 年，赣南等原中央苏区整体实现跨越式发展。建成一批重大铁路、高速公路等项目，现代综合交通运输体系基本形成，赣州重要的区域性综合交通枢纽地位基本确立；完成一批重大能源项目建设，清洁安全、保障有力的能源支撑体系基本建成；形成一批具有较强竞争力的特色优势产业，经济发展质量明显提高，现代产业体系基本建立，工业化、城镇化水平进一步大幅提高；综合经济实力显著增强，人均主要经济指标与全国平均水平的差距明显缩小；生态文明建设继续保持全国领先；人民生活水平和质量进一步提升，基本公共服务水平接近或达到全国平均水平，与全国同步实现全面建设小康社会目标。

二　优先解决突出民生问题

（六）加大以土坯房为主的农村危房改造力度

抓紧落实赣南等原中央苏区危旧土坯房纳入农村危房改造中央补助范围政策，积极争取农村危房改造计划指标并重点支持赣州市加快实施，确保省级配套资金到位。编制赣南苏区农村危旧土坯房改造专项规划，优先实施农村革命烈士遗属、在乡退伍红军老战士子女及失散红军遗属危旧土坯房改造，确保2015 年赣州率先完成农村危旧土坯房改造任务。适应城镇化趋势，结合新农村建设，积极探索创新土坯房改造方式。加强与国家有关部门对接，大力实施保障性住房建设，加大对赣州市城市棚户区改造支持力度，加快国有工矿棚户区和国有农林场危房改造，"十二五"末基本完成改造任务。（省住房建设厅牵头，省发改委、省财政厅、省民政厅、省残联、省国土资源厅、省农业厅、省林业厅、省扶贫移民办配合）

（七）加快解决农村饮水安全问题

大力实施农村饮水安全工程，争取国家加大投入，2014 年底前解决赣州市农村饮水安全问题，"十二五"末全面完成赣南等原中央苏区农村饮水安全任务。支持有条件的农村地区发展规模化集中供水，扶持城镇供水管网向农村延伸。（省水利厅牵头，省发改委、省财政厅、省住房建设厅配合）

建立健全农村水质安全监测系统，对农村集中式饮用水源的水质进行监测，确保饮用水安全。（省卫生厅牵头，省环保厅配合）

（八）加强农村电网改造和农村道路建设

加大实施赣南等原中央苏区新一轮农村电网改造升级力度，到"十二五"末建立起安全可靠、节能环保、技术先进、管理规范的新型农村电网。争取国家电网公司加大投入，优先支持赣州市农网改造升级工程建设，2013 年底前全面解决赣州市部分农村不通电或电压低问题。（省能源局牵头，省电力公司配合）

加快实施农村公路危桥改造工程，推进县乡道改造和连通工程，进一步提高农村公路的等级标准和通达深度。提高农村公路建设项目省级补助标准，县道升级改造提高到 50 万元/公里，乡道升级改造提高到 30 万元/公里，通村公路提高到 15 万元/公里，"十二五"期间将原中央苏区人口集中的自然村道路硬化列入省级规划优先安排。（省交通运输厅牵头，省发改委配合）

（九）提高特殊困难群体生活水平

将居住在农村和城镇无工作单位、18 周岁之前没有享受过定期抚恤金待遇且年满 60 周岁的烈士子女，以及试行义务兵役制后至《退役士兵安置条例》实施前入伍、年龄在 60 周岁以上（含 60 周岁）、未享受到国家定期抚恤补助的农村籍退役士兵等人员纳入抚恤补助范围，落实相关待遇。争取国家尽快制定相关政策，将在乡退伍红军老战士子女、失散红军等人员遗孀纳入国家定期生活补助范围。支持解决上述特殊困难群体中孤老病残优抚对象的集中供养问题。建设一批集中供养设施。对符合就业条件的烈士子女、残疾人实施就业援助，免费开展技能轮训和创业培训。建立重度贫困残疾人定期生活补贴制度、护理补贴制度，切实帮助残疾人改善生活条件。（省民政厅牵头，省财政厅、省人保厅、省扶贫移民办、省残联配合）

三　着力提升现代农业和城乡统筹发展水平

（十）稳定发展粮食生产

以吉泰盆地、赣抚平原商品粮基地为重点，加强粮食生产重大工程建设，不断提高粮食综合生产能力。严格基本农田保护，加快高标准基本农田建设，加大"冷浆田"等中低产田改造投入，积极推行"单改双"，稳定提高粮食播种面积。大力发展现代种业，加快良种繁育体系建设。扩大对种粮农民直接补贴和农资综合补贴规模，扩大良种补贴范围。落实国家对适宜丘陵山区的中小型农机具纳入农机购置补贴范围的政策，促进提高赣州、吉安、抚州市农业机械化水平。支持农业科技服务体系建设，加快新技术、新品种的引进、示范和推广。（省农业厅牵头，省国土资源厅、省财政厅、省科技厅配合）

（十一）大力发展特色农业

优化农产品区域布局，推进农业结构调整，加快发展特色农业，建设面向东南沿海和港澳地区的重要农产品供应基地。做强脐橙产业，加快脐橙品种选育和改良，推进标准化、有机果园建设，积极争取实施脐橙园、蜜桔园雨水积蓄和节水灌溉工程。到 2015 年，赣南脐橙种植面积达到 200 万亩，产量 300 万吨。大力推进国家脐橙工程（技术）研究中心建设。扩大优质茶叶种植规模，做优犹江绿茶、小布岩茶、白茶、狗牯脑等特色品牌。加快建设南方重要的烟叶种植基地。积极发展蜜桔、白莲、生猪、蔬菜、水产品、家禽等特色农产品，在基地建设、农业综合开发、融资贷款、科技专项等方面优先支持。加大畜禽标准化规模养殖场（小区）建设力度。支持动植物疫病防控、农产品质量安全检验检测等体系建设。优先申报科技富民、星火计划和强县专项行动计划，农业科技成果转化资金等国家科技计划项目。扶持农业产业化龙头企业和农民专业合作社发展。加快赣州、吉安、抚州国家现代农业示范区建设。支持开展农产品现代流通综合试点。（省农业厅牵头，省发改委、省科技厅、省商务厅、省水利厅、省食品药品监督管理局、省质监局、江西出入境检疫检验局配合）

支持脐橙贮藏、加工、物流设施及市场营销体系建设。2013 年建成国家脐橙交易中心，支持抚州建设蜜桔交易中心。争取国家尽早对脐橙实行"西果东送"的政策。（省商务厅牵头，省农业厅、省发改委配合）

尽快落实国家对脐橙实行柑橘苗木补贴政策。大力发展油茶、毛竹、苗木花卉等特色林业，支持油茶示范基地县和杂交水稻制种基地建设。将条件较好县列入省花木产业重点发展区域，建立区域性花木交易市场。支持发展林下经济。（省林业厅牵头，省发改委、省农业厅、省财政厅配合）

争取国家将脐橙、蜜桔、白莲纳入农业政策性保险目录。（省财政厅牵头，省农业厅、江西保监局配合）

（十二）促进城乡统筹发展

统筹城乡规划建设，推动城镇道路、供水、生态、环保等基础设施向农村延伸，公共服务向农村拓展。大力发展县域经济，提升带动农村发展的能力。支持基础较好的中心镇壮大实力，增强对周边农村的生产生活服务功能。（省住房建设厅牵头，省发改委、省交通运输厅、省水利厅、省环保厅、省民政厅、省卫生厅、省人保厅等配合）

进一步提升新农村建设水平，加强村庄规划布局，突出村落连片、村镇联动整治建设，引导农村社区建设，改善农村人居环境。（省新农村办牵头，省环保厅、省住房建设厅、省发改委、省财政厅配合）

推进户籍管理制度改革，把在城镇有合法稳定职业和稳定住所的农村人口逐步转为城镇居民。（省公安厅牵头，省发改委、省民政厅、省教育厅、省卫

生厅、省人保厅、省住房建设厅、省人口计生委、省国土资源厅、省农业厅等配合）

大力发展休闲农业、乡村旅游，支持建设一批精品特色乡村旅游点，拓展农业功能，多渠道增加农民收入。（省旅游局牵头，省农业厅配合）

强化农村劳动力转移就业和创业能力培训，鼓励外出农民工回乡创业，扶持建设农民创业基地。（省人保厅牵头，省扶贫移民办配合）

支持赣州开展统筹城乡发展综合改革试验。（省发改委负责）

四 加快构建现代化基础设施支撑体系

（十三）建设赣州综合交通枢纽

编制赣州市综合交通枢纽规划，加快构建综合交通运输体系，加强与周边城市和沿海港口城市的高效连接，把赣州建成我国重要的区域性综合交通枢纽。加快赣龙铁路扩能改造，力争"十二五"中后期开工建设昌吉赣铁路客运专线。争取赣州至深圳铁路客运专线、赣韶铁路复线列入国家铁路建设中长期调整规划，"十二五"期内启动前期工作，打通赣州至珠三角、粤东沿海、厦漳泉地区的快速铁路通道。加快赣井铁路前期工作，积极推动赣州至湖南、广东、福建等周边省份铁路运输通道的规划研究并进入国家规划。提升赣州在全国铁路网中的地位和作用。改造扩建赣州黄金机场，推动航空口岸建设，争取 2014 年成为两岸空中直航点。加密赣州至北京、上海、广州、成都等地航线，争取新增赣州至香港、昆明等城市航线。（省发改委牵头，省交通运输厅、省商务厅、南昌铁路局、省机场集团公司、省铁办、省委台办、江西出入境检验检疫局、南昌海关配合）

加快赣江航道建设，结合梯级开发，尽早实现赣州—吉安—峡江三级航道通航。加快建设赣州港，2017 年前建成水西综合货运码头。抓紧开展赣粤运河工程规划研究工作。（省交通运输厅牵头，省发改委、省商务厅、省水利厅配合）

（十四）加强交通基础设施建设

加快鹰瑞梅铁路扩能前期工作，争取 2015 年前开工建设。尽快启动吉安—建宁前期工作，推动瑞金火车站升级为二等站，适时开展吉安火车站扩能改造。（省铁办牵头，南昌铁路局配合）

加快推进大广高速公路赣州吉安繁忙路段扩容改造工程，以及南昌—兴国—赣县、寻乌—全南、乐安—宁都—于都、广昌—建宁、抚州—金溪—资溪—光泽等高速公路建设，到 2015 年赣州、吉安、抚州实现县县通高速。加大国省道干线公路改造力度，实现县县通国道，重点推进通县二级公路建设。优先安排国省道改造项目，提高省级补助标准。争取国家代地方发行普通公路建设债券。加快推进国家公路运输枢纽站场建设。（省交通运输厅牵头，省发改委配合）

扩建吉安井冈山机场，抓紧研究建设赣东南机场和瑞金通勤机场。（省发改委牵头，省机场集团公司、民航江西监管局配合）

（十五）提高能源保障能力

争取瑞金电厂扩建，今年开工建设抚州电厂。加快国电井冈山水电站前期工作。支持发展风电、太阳能、生物质能发电，重点推进永新生物质发电、安远生物质发电、泰和水槎风电等项目。加快推进樟树—吉安—赣州、泉州—赣州、揭阳—赣州等成品油管道项目建设，加快赣州天然气及成品油仓储基地建设。大力推进天然气管网工程，支持赣州、吉安、抚州中心城区压缩天然气加气母站建设，争取 2015 年县县用上天然气。开展上犹、定南等国家绿色能源示范县建设。（省能源局牵头，省商务厅、中石化江西石油分公司、中石油江西销售公司、省天然气公司配合）

"十二五"内开工建设赣州东（红都）500 千伏输变电工程和抚州至赣州（红都）500 千伏线路。争取建设武汉—南昌—赣州 1000 千伏特高压交流工程。提高县网供电保障能力，争取到 2015 年，石城、崇义、安远、乐安、广昌等县建成 220 千伏变电站。取消赣州市 220 千伏、110 千伏输变电工程建设贷款地方财政贴息等配套费用。（省电力公司牵头，省能源局、省财政厅

配合）

依托蒙西至华中电煤运输通道建设，解决吉安、赣州地区煤运问题。（省能源局牵头，省铁办配合）

（十六）加快水利基础设施建设

加快实施城镇防洪工程，提高赣州和吉安、抚州市城镇防洪标准，争取纳入国家补助范围。尽快开工建设上犹江引水工程和新干航电枢纽，2015年建成峡江水利枢纽。加快推进廖坊灌区二期、章江、万安和南车灌区续建配套与节水改造，尽快完成病险水库除险加固，推进病险水闸除险加固。加快江河主要支流及中小河流治理工程建设。逐步扩大全国小型农田水利重点县建设覆盖范围，争取赣州及其他原中央苏区全部纳入实施范围。将一般中小型灌区新建、续建配套及节水改造、中小型排涝泵站更新改造以及小水窖、小水池、小塘坝、小泵站、小水渠等"五小"水利工程纳入中央支持范围，抓紧编制实施方案，积极申报国家水利专项投资。建立山洪地质灾害监测预警预报体系。（省水利厅牵头，省发改委、省财政厅、省交通运输厅、省农业厅、省国土资源厅配合）

五　做大做强特色优势产业

（十七）积极推动优势矿产业发展

发挥赣州稀土矿业、江钨控股集团、章源钨业、虔东稀土等骨干企业和江西理工大学、赣州有色冶金研究所等国内外科研院所的作用，加大技术改造，突破一批引领未来发展的关键技术，促进稀土、钨等精深加工。大力发展高性能稀土永磁、稀土发光等高端稀土、钨新材料和应用产业，扩大高端领域应用，增加产品附加值，加快制造业集聚，建设全国重要的新材料产业基地。加快建设赣州稀土产业基地和稀土产学研合作创新示范基地，落实国家高新技术产业园区和新型工业化产业示范基地扶持政策。积极推进技术创新，提升稀土开采、冶炼和应用技术水平，提高稀土行业集中度。争取国家稀土创新发展工程项目、稀土产业调整升级等专项扶持资金向赣州倾斜。依托赣州稀土矿业公司，引进战略合作者，加快组建大型稀土企业集团。国家稀土、钨矿产品生产计划指标向赣州倾斜。（省工信委牵头，省发改委、省科技厅、省国土资源厅、省商务厅配合）

尽快落实国家找矿突破战略行动重点区域有关政策、项目和资金，加大赣州、吉安、抚州地质矿产调查评价、中央地质勘查基金等中央财政资金的支持力度。加快建设赣州南方离子型稀土战略资源储备基地，争取赣州龙南县上庄稀土矿区、寻乌县吉潭稀土矿区、定南县沙头长桥稀土矿区、会昌县珠兰埠稀土矿区等4个稀土储备矿区列为首批国家矿产地储备试点范围。（省国土资源厅牵头，省财政厅配合）

推进国家级南方离子型稀土与钨工程（技术）研究中心建设，积极申报国家科技重大专项，支持稀土、钨关键技术攻关。（省科技厅牵头，省质监局配合）

支持在赣州建立稀有金属期货交易中心。（江西证监局牵头，省政府金融办配合）

（十八）加快提升制造业发展水平

大力发展电子信息、现代轻纺、机械制造、新型建材等产业，在申报国家、省级高技术产业发展专项等方面予以优先考虑，对获得中国驰名商标、中国名牌产品的企业给予奖励。积极培育新能源汽车及其关键零部件、生物医药、节能环保、高端装备制造等战略性新兴产业，形成一批科技含量高、辐射带动力强、市场前景广阔的产业集群。积极引进和推动国内整车企业在赣州等市设立分厂，支持将赣州、抚州列入国家"十城千辆节能与新能源汽车推广示范城市"。加快建设赣州新型电子、会昌氟盐化工、南康家具，吉安电子信息、新型建材，抚州生物医药、新能源汽车及配件、黎川陶瓷等产业基地。（省工信委牵头，省发改委、省科技厅、省质监局配合）

设立战略性新兴产业创业投资引导基金，争取中央财政参股基金。支持赣州开发区、井冈山开发区、金巢开发区建设高技术产业孵化基地。（省发改委牵头，省财政厅、省科技厅、省工信委配合）

加大对重大科技成果推广应用和产业化支持力度，各类科技计划项目和经费向原中央苏区倾斜，增强科技创新能力。（省科技厅牵头，省发改委、省工信委配合）

大力引进军工企业在赣州、吉安发展军民结合高技术产业，重点发展钨粉精深加工为主的特种材料项目，争取国家军品生产计划倾斜。（省国防科工办牵头，省科技厅、省工信委配合）

建设国家级家具、玩具、电子信息、食品、矿山机械检验检测技术研发服务平台。支持国家钨与稀土产品质量监督检验中心建设。推动南康创建全国实木家具产业知名品牌示范区。（省质监局牵头，省科技厅、省商务厅配合）

（十九）促进红色文化旅游产业大发展

尽快编制赣南等原中央苏区革命遗址保护规划，争取中央专项投资，加大对革命旧居旧址保护和修缮力度，发挥革命旧居旧址在爱国主义教育中的重要作用。加快建设中央苏区历史博物馆、中央苏区烈士陵园、东固革命烈士陵园、"反围剿"纪念馆、长征出发地纪念园等红色文化教育基地。（省委宣传部牵头，省文化厅、省发改委、省财政厅、省民政厅、省委党史研究室配合）

抓住赣南等原中央苏区红色旅游列入国家旅游发展战略的有利时机，争取更多红色旅游项目列入全国红色旅游二期方案。整合国家、省资金建设一批通达景区及景区内旅游公路、游步道和旅游集散中心等设施。深化赣南与井冈山、赣东、闽西、粤东北的旅游合作，以瑞金为核心高起点建设一批精品景区和经典线路，创建国家5A级旅游景区，推动红色旅游与生态旅游、休闲旅游、历史文化旅游融合发展。加快创建赣州、吉安国家旅游扶贫试验区。规划建设赣州和井冈山红色文化创意园、江南宋城文化园、红色影视基地、白鹭洲书院改造等文化旅游产业项目。支持办好中国红色旅游博览会、井冈山国际杜鹃花节、赣州国际脐橙节、广昌国际莲花节。（省旅游局牵头，省委宣传部、省委党史研究室、省发改委、省财政厅、省交通运输厅、省文化厅、省广电局、省扶贫移民办配合）

加快瑞金国家公务员培训基地建设。（省人保厅负责）

（二十）大力发展现代服务业

健全金融机构组织体系，完善金融机构、金融市场和金融产品，推动建立赣闽粤湘四省边际区域性金融资源共享机制，支持赣州建设区域性金融中心。鼓励境内外金融机构到赣州设立经营性分支机构，支持和鼓励各类银行业金融机构发起设立新型农村金融机构，支持赣州银行跨区域设立分支机构，推动设立赣南苏区保险公司。（省政府金融办牵头，省财政厅、人行南昌中心支行、江西银监局、江西证监局、江西保监局配合）

大力发展现代物流业，启动物流企业营业税差额纳税试点。推动赣州、吉安综合物流园区及广昌物流仓储配送中心等项目建设。（省发改委牵头，省国税局、省地税局、省商务厅配合）

支持赣州、抚州创建现代物流技术应用和共同配送综合试点城市，在原中央苏区每个县（市、区）建立一个物流配送中心。每个县（市、区）、中心镇建成一个标准化农贸市场。优先安排"万村千乡市场工程"项目，提高农家店覆盖率。（省商务厅牵头，省发改委配合）

鼓励发展科技研发、工业设计、文化创意和服务外包，规范发展法律咨询、信用评估、科技中介、广告会展、培训认证等商务服务业。支持吉安建设国家电子商务示范城市。适应城镇化和人口老龄化趋势，鼓励发展社区服务、家政服务、社会化养老等生活服务业。支持赣州建设服务业发展示范基地。优先培育一批省级服务外包示范园。（省发改委牵头，省科技厅、省工信委、省商务厅、省工商局、省质监局、省民政厅配合）

（二十一）推动产业与城市协调发展

促进产业和生产要素向城市集聚，提升城市服务功能和承载能力。加快赣州省域副中心城市建设，尽快完成城市总体规划报批，推动调整行政区划，适时增设市辖区，到2020年中心城区建成面积达到200平方公里，总人口达到200万。推动赣县、南康、上犹与赣州中心城区同城化发展，加快构筑同城化发展框架。科学规划建设章康新区，把章康新区打造成为赣南原中央苏区的核心发展区、先行发展试验区、承接央企帮扶重要平台和全省经济发展的重要引擎。扶持瑞金、龙南次中心城市建设。加快吉泰走廊城镇体系建设，推进城乡统筹发展。科学规划城市功能定位和产业布局，强化城市基础设施和公共服务设施建设，增强辐射带动能力。（省住房建设厅牵头，省发改委、省工信委、省文化厅、省教育厅、省卫生厅、省科技厅配合）

推进赣州、吉安、抚州数字化城市建设，加快数据基地、光网城市、自然资源和空间地理信息系统等重大工程建设。（省工信委牵头，省测绘与地理信息局、省信息中心配合）

建设赣州地震预警中心台网，加密地震烈度速报与预警台网，建设会昌地震观测与应急指挥分中心，升级安远等6个强震动台和寻乌等7个测震数字台。支持在地震重点监视防御区建设地震应急避难场所。（省地震局牵头，省住房建设厅、省财政厅配合）

六　扎实推进生态建设和环境保护

（二十二）加强生态建设和水土保持

深入实施"一大四小"造林绿化工程，重点加快高速、国省道绿化步伐。加强天然林资源保护，巩固和扩大退耕还林成果，加大长江和珠江防护林工程以及湿地保护和恢复投入力度。支持自然保护区、森林公园、地质公园、湿地公园等建设，优先安排省级自然保护区专项补助。支持在赣江、抚河、东江源头和重要区域设立省级森林公园，优先设立城市型森林公园。支持打造森林旅游示范区，林业基本建设、林业重点工程、旅游发展基金等建设资金给予倾斜。森林资源保护先进县奖励经费优先安排。加强中幼龄林抚育和低质低效林改造，改善林相结构，提高林分质量。加快赣州、吉安国家木材战略储备生产基地建设，开展珍稀树种培育与利用，率先在崇义、上犹、全南、宁都、永丰、遂川等县开展试点。加大赣州、吉安、抚州森林防火设施建设支持力度。加大对森林管护和公益林建设扶持力度，优先满足原中央苏区增加生态公益林的需要。加强草山、草坡的保护和利用。（省林业厅牵头，省环保厅、省住房建设厅、省农业厅、省财政厅、省国土资源厅配合）

加大水土流失综合治理力度，继续实施崩岗侵蚀防治等水土保持重点建设工程。加强赣江、东江、抚河源头保护，推动赣江、东江源头升级为国家级水资源保护区，开展水产种质资源保护和水生态系统保护与修复治理。（省水利厅牵头，省发改委、省林业厅、省农业综合开发办配合）

结合主体功能区规划调整和完善，争取将贡江、抚河源头纳入国家重点生态功能区范围。支持将上犹陡水湖纳入国家中小湖泊环境整治范围。加强生物多样性保护。（省环保厅牵头，省发改委、省林业厅、省水利厅、省住房建设厅等配合）

深入开展瑞金、上犹生态文明示范工程试点，落实中央财政生态补助资金。争取国家生态文明示范工程扩大试点范围。支持创建省级生态县、生态工业园区，并争取有条件的上升为国家级。（省发改委牵头，省林业厅、省财政厅、省环保厅配合）

加大生态移民搬迁、地质灾害移民搬迁、易地扶贫搬迁支持力度。扶持赣州市居住在库区水面木棚的农民实施"渔民上岸"工程，"十二五"内全面完成搬迁任务。（省扶贫移民办牵头，省国土资源厅、省农业厅、省住房建设厅配合）

（二十三）加大环境治理和保护力度

尽快衔接编制矿山环境综合治理规划，争取国家加大矿山地质环境治理专项资金投入，率先完成赣州市历史遗留矿山环境综合治理。（省国土资源厅牵头，省环保厅配合）

支持城镇污水处理厂和污水管网以及开发区、工业园、产业园污水处理设施建设，"十二五"末完成所有县城生活污水管网体系建设。（省发改委牵头，省住房建设厅、省工信委、省中小企业局配合）

推进多种污染物协同控制，加强城市大气污染防治。支持赣州市重点区域重金属污染防治和历史遗留问题综合整治，加大工业行业清洁生产推行力度。支持建设赣南危险废物处置中心，加强危险废物规范化管理。加强城乡饮用水水源保护及陡水湖、万安水库生态环境保护与治理。推进农村清洁工程，加大农村环境综合整治和农业面源污染防治力度，支持发展农村沼气，加强乡镇垃圾处理设施建设。加强环境监管能力建设。（省环保厅牵头，省发改委、省工信委、省农业厅、省水利厅、省国土资源厅、省住房建设厅配合）

（二十四）大力发展循环经济

积极参与国家循环经济"十百千示范行动"，加快赣州铜铝有色金属循环经济产业园建设，推进资源再生利用产业化。严格控制高耗能、高排放和产能过剩行业新上项目，提高行业准入门槛。积极开展共伴生矿、尾矿和大宗工业固体废弃物综合利用，发展稀土综合回收利用产业。支持赣州、井冈山经济技术开发区实施循环化改造，建设国家生态工业示范园区。支持赣州开展全国低碳城市试点，实施低碳农业示范和碳汇造林工程。支持赣州申报全国节能减排财政政策综合城市，争取赣州、吉安、抚州列入国家再生资源回收体系建设试点城市。推进循环农业发展。支持资源型城市可持续发展，争取将赣州等列入国家资源枯竭型城市试点。争取赣州、吉安、抚州开展餐厨废弃物等资源化利用和无害化处理试点。（省发改委牵头，省工信委、省商务厅、省环保厅、省国土资源厅、省农业厅、省林业厅配合）

七 大力促进基本公共服务均等化

（二十五）优先发展教育事业

加快实施学前教育三年行动计划。支持农村义务教育薄弱学校改造、边远艰苦地区农村学校教师周转宿舍建设，到 2013 年全面完成赣州市校舍危房改造，到 2015 年赣州、吉安、抚州市基本解决小学、初中寄宿生住宿问题。逐步提高农村义务教育阶段家庭经济困难寄宿生生活费补助标准，在集中连片特殊困难地区全面实施农村义务教育学生营养改善计划。加大"特岗计划"、"国培计划"对赣州市的倾斜力度。争取国家支持尽快化解普通高中债务，在实施普通高中改造计划等项目中对赣州、吉安、抚州倾斜。建立适应地方产业发展的现代职业教育体系，扶持办好中等职业学校。面向贫困地区定向招生专项计划向赣州、吉安、抚州倾斜，扩大部属师范大学的招生规模，支持免费师范毕业生到赣州、吉安、抚州中小学任教。对长期在农村基层工作的教师,在职称评定等方面实行倾斜。实行特级教师巡回讲学制度。重点安排农村骨干教师进入省级重点院校进修学习。支持赣南师院更名为赣南师范大学。积极推动国家有关部门与我省共建江西理工大学,争取共建东华理工大学,扶持稀土、钨和铀等优势特色学科建设。支持吉安职业技术学院建设。支持赣州开展教育综合改革试验。(省教育厅牵头,省发改委、省财政厅、省人保厅、省住房建设厅、省工信委、省扶贫移民办配合)

(二十六)提升城乡医疗卫生服务水平

健全农村县、乡、村三级和城市社区医疗卫生服务网络,加快重大疾病防控等公共卫生服务能力建设。加强赣州市市级医院建设,支持中心城区增设三级综合医院,建设儿童、肿瘤等专科医院和市县两级中医院、妇幼保健院,支持人口大县建设三级综合医院,到2015年千人口病床数达到全省平均水平,2020年达到全国平均水平,提升区域性医疗服务能力。积极化解基层医疗卫生机构长期债务。支持乡镇卫生院职工周转房建设和危房改造。加强基层医疗卫生队伍建设,积极培养全科医生。组织省内三级甲等医院对口帮扶县级医院。(省卫生厅牵头,省发改委、省财政厅、省人保厅配合)

完善食品药品检验检测体系,支持赣州市食品药品检验检测中心和瑞金、龙南等区域性食品药品检验检测机构建设,加强县级食品药品快检室建设。(省食品药品监管局牵头,省卫生厅、省农业厅、省质监局配合)

加强人口和计划生育服务能力建设。提高农村部分计划生育家庭奖励扶助和城乡计划生育家庭尤其是失独家庭特别扶助标准,提高独生子女父母奖励费标准,支持建立计生女儿户家庭特殊制度。全面开展国家免费孕前优生健康检查,争取国家帮助赣南等原中央苏区配备相关计生设备,到2015年全面完成县乡站(所)标准化、规范化、信息化建设。(省人口计生委牵头,省财政厅配合)

(二十七)加快文化体育事业发展

支持市级图书馆、文化馆、博物馆和县级文化馆、图书馆、档案馆、博物馆以及乡镇街道综合文化站、村及社区文化室、农家书屋等城乡文化设施建设。加大历史文化名城名镇名村保护力度。加强客家文化、庐陵文化、兴国山歌、广昌孟戏、宜黄戏、遂川窗溪民俗等非物质文化遗产保护。推进赣南客家围屋申报世界文化遗产名录。推动抚州黎川发展油画艺术。（省文化厅牵头，省发改委、省住房建设厅、省新闻出版局、省档案局配合）

加快实施广播电视村村通等文化惠民工程，支持赣州市加强高山无线发射台站建设，"十二五"内提前实现户户通广播电视。（省广电局负责）

在新闻出版资源配置上给予赣州倾斜，加强红色出版史料的抢救、保护、传承，支持赣州、吉安按市场化方式创办客家出版社、井冈山出版社。（省新闻出版局负责）

支持城乡公共体育设施建设，加大对原中央苏区田径场、健身运动场、球类健身房和农村体育健身设施的支持力度，积极争取国家资金投入。支持赣州建设省运会体育场馆设施。（省体育局负责）

（二十八）加强就业和社会保障

加强基层人力资源和社会保障公共服务平台建设，依托现有资源建设综合性职业技能实训基地。免除中职（含技工院校）涉农专业及农村家庭经济困难学生学费。建立完善统筹城乡的社会保障体系，实现基本养老保险、基本医疗保险全覆盖。逐步提高新型农村社会养老保险和城镇居民社会养老保险基础养老金标准以及企业退休人员基本养老金水平，争取到 2020 年达到全国平均水平。完善城乡低保制度，实现应保尽保，合理提高低保标准。加大对残疾人的就业和社会保障的帮扶力度。（省人保厅牵头，省发改委、省财政厅、省教育厅、省民政厅、省扶贫移民办、省残联配合）

支持儿童福利院、残疾人康复托养、社会养老服务机构、救助管理机构等设施建设。原中央苏区每个县城建设一所综合性社会福利中心，每个乡镇建设一所敬老院。支持赣州区域性救灾减灾指挥中心和救灾物资储备库、应急避难场所建设。争取将赣州列为全国社会救助重点资助地区，加大对赣州社会救助资金支持力度。（省民政厅牵头，省发改委、省财政厅、省残联、省红十字会配合）

（二十九）强化基层社会管理服务

加强基层组织建设，创新社会管理，积极主动为基层群众送政策、送温暖、送服务，推动社会管理重心下移。加快社区服务中心、服务站等综合性基层平台建设，构建以城乡社区为重点的基层社会管理服务体系。进一步拓展和延伸基层社会管理服务内容，完善维护群众权益机制。提高乡村基本运转经费保障水平。（省委组织部牵头，省发改委、省民政厅、省财政厅、省信访办配合）

八　深入推进改革开放

（三十）创新体制机制

深化行政管理体制改革，加快转变政府职能，提高行政效能，优化发展环境。加快要素市场建设，支持发展非公有制经济和中小企业，鼓励民间资本参与基础设施、公用事业和社会事业等领域建设。采取更加灵活的措施，支持和鼓励赣州市在城乡统筹、扶贫开发、投融资等方面先行开展政策探索。设立瑞（金）兴（国）于（都）经济振兴试验区，制定试验区总体发展规划，加大支持力度，开展先行先试。（省发改委牵头，省工信委、省工商局、省中小企业局、省政府金融办配合）

加强工作对接，支持赣州尽快发展成为较大的市，依法享有相应的地方立法权。（省政府法制办负责）

加强法制建设，及时制定地方性法规，严格依法行政，为振兴发展创造良好的法制环境。（省人大常委会法工委牵头，省政府法制办配合）

稳步开展农村土地承包经营权登记，探索农村集体建设用地流转制度改革，争取列入国家试点范围。（省农业厅牵头，省国土资源厅配合）

加快农村集体土地所有权、农村集体建设用地使用权、宅基地使用权确权登记发证。（省国土资源厅牵头、省农业厅、省林业厅、省水利厅、省住房建设厅配合）

深化集体林权制度改革，开展经济林确权流通，在赣州建立林权管理服务中心。（省林业厅负责）

支持赣州在地方金融组织体系、中小企业金融服务等方面开展改革试验，设立中小企业担保公司，完善区域内信用担保体系。（省政府金融办负责）

（三十一）有序承接产业转移

坚持市场导向与政府推动相结合，发挥自身优势，完善产业配套条件和产业转移推进机制，依托现有产业基础，促进承接产业集中布局。争取国家2013年底前设立赣南承接产业转移示范区，有序承接东南沿海地区产业转移，严禁高污染产业和落后生产能力转入。推动赣州"三南"（龙南、定南、全南）和吉泰走廊建设加工贸易重点承接地。（省商务厅牵头，省发改委、省工信委配合）

积极创造条件，推动赣州出口加工区申请设立赣州综合保税区，建设成为内陆开放型经济示范区。推动瑞金、龙南省级开发区加快发展，支持符合条件的省级开发区升级。（省商务厅牵头，省发改委、省工信委、省中小企业局、国土资源厅、江西出入境检验检疫局、南昌海关配合）

在科学规划布局的基础上有序推进未设立开发区的县（市、区）设立产业集聚区。优先审批省级特色产业基地。支持赣州、吉安、抚州设立国家级高新技术产业园区。（省发改委牵头，省工信委、省中小企业局、省科技厅、省商务厅、省国土资源厅、江西出入境检验检疫局、南昌海关配合）

（三十二）推动开放合作

强化与珠三角、厦漳泉等沿海地区的经贸联系，打造以赣州经济技术开发区为核心，以赣州龙南、定南、全南至广东河源，瑞金、兴国至福建龙岩产业走廊为两翼的"一核两翼"开放合作新格局。加快赣闽、赣粤产业合作区建设，建立完善省际合作机制。抓紧编制吉泰走廊振兴发展规划，加快开放开发，建设工业化、城镇化和农业现代化协调发展示范区，打造重要的经济增长带。建立完善赣南等原中央苏区区域内更加紧密的合作机制，加强在基础设施共建共享、资源开发利用、产业发展、生态建设与环境保护等方面的合作，加快区域一体化进程。密切与鄱阳湖生态经济区、海峡西岸经济区等周边重要经济区的协作互动。鼓励与沿海地区加强铁海联运等合作。深化与台港澳地区在农业、环保、电子信息及服务贸易等领域的合作交流。支持省级出口基地升级为国家级外贸转型升级专业型示范基地。（省商务厅牵头，省发改委、省工信委、省农业厅、省环保厅、省交通运输厅、省委台办、省铁办、江西出入境检验检疫局、南昌海关配合）

九　认真落实各项支持政策

（三十三）赣州市执行西部大开发政策

认真贯彻《中共中央国务院关于深入实施西部大开发战略的若干意见》（中发〔2010〕11号），落实中央财政转移支付、投资补助、税收优惠等各项政策，及国家规定的省级配套政策。（省发改委牵头，省财政厅、省工信委、省科技厅、省教育厅、省国税局、省地税局、省水利厅、省农业厅、省林业厅、省交通运输厅、省住房建设厅、省商务厅、省国土资源厅、省人保厅、省民政厅、省扶贫移民办等部门配合）

（三十四）财税政策

对接落实中央财政进一步加大均衡性转移支付力度，逐步缩小地方标准财政收支缺口，以及加大对赣南等原中央苏区振兴发展的财力补助政策。省级财政设立原中央苏区振兴专项补助资金，每年安排赣州市18个县（市、区）和吉安、抚州等原中央苏区重点帮扶县补助资金1000万元。省级安排经济社会事业发展专项资金重点向原中央苏区倾斜。争取中央专项彩票公益金加大对赣州社会公益事业的支持力度。积极申报在中国福利彩票中发行即开型"振兴赣南等原中央苏区"专项彩票。争取中央财政安排专项补助支持化解赣州市县乡村公益性债务，落实将公益性建设项目国债转贷资金全部改为拨款。中央代地方政府发行的债券向赣州和吉安、抚州原中央苏区倾斜。积极申报赣州为中国服务外包示范城市并享受税收相关优惠政策。（省财政厅牵头，省发改委、省民政厅、省工信委、省国税局、省地税局配合）

（三十五）投资政策

加大中央预算内投资、专项建设资金申报和倾斜安排力度，积极落实省级配套资金。中央在赣州安排的公益性建设项目，取消县及县以下和集中连片特困地区市级资金配套。在重大项目规划布局、审批核准、资金安排等方面对原中央苏区给予倾斜，并纳入重大项目绿色通道。落实国家有关专项建设资金在安排赣州市公路、铁路、民航、水利等项目时，提高投资补助标准或资本金注入比例政策。积极争取国家加大扶贫资金投入，省扶贫资金向原中央苏区倾斜。省基本建设投资和各专项投资加大对原中央苏区支持力度。（省发改委牵头，省财政厅、省工信委、省交通运输厅、省水利厅、省环保厅、省扶贫移民办、省铁办、江西民航监管局配合）

（三十六）金融政策

鼓励政策性银行在国家许可的业务范围内，加大对赣南等原中央苏区的信贷支持力度。鼓励各商业银行以更大力度支持原中央苏区加快推进工业化、城镇化和农业农村现代化。支持国家开发银行牵头商业银行扩大信贷规模，重点支持昌吉赣客专等重大基础设施建设，并在赣州设立分支机构。促进赣州地方法人金融机构加快发展，利用差别准备金动态调整机制，合理增加信贷投放规模，优化信贷结构，满足有效信贷需求。积极引导保险资金投资基础设施和重点产业项目建设，开展民间资本管理服务公司试点。支持符合条件的企业发行企业（公司）债券、中期票据、短期融资券、中小企业集合票据和上市融资。深化融资性担保公司或再担保公司、小额贷款公司创新试点。大力推进农村金融产品和服务方式创新，鼓励和支持设立村镇银行。（省政府金融办牵头，省发改委、人行南昌中心支行、江西银监局、江西证监局、江西保监局、国开行江西分行配合）

（三十七）产业政策

实行差别化产业政策，拟订特色优势产业发展目录，从规划引导、项目安排、资金配置等多方面，给予赣州、吉安、抚州支持和倾斜。加大中央和省级企业技术改造和产业结构调整专项对特色优势产业发展的支持力度。对符合条件的产业项目优先规划布局。鼓励赣南等原中央苏区企业申报省重点培育和发展出口名牌，在境外认证、注册等方面给予资金支持。在工业园区、开发区、产业基地开展规划环评能评试点，简化项目环评能评审批程序。优先安排申报国家和省财政奖励节能技改项目。（省发改委牵头，省工信委、省商务厅、省科技厅、省环保厅配合）

支持赣州创建国家级印刷产业基地，抓紧落实国家"三来一补"政策，积极争取中央文化发展产业专项资金补助。（省新闻出版局牵头，省商务厅配合）

（三十八）国土资源政策

在安排土地利用年度计划、城乡建设用地增减挂钩周转指标等方面，加大对赣南等原中央苏区的倾斜。对列入省重大项目调度会、省战略性新兴产业推进会、省开放型经济调度会的项目优先安排省预留新增建设用地指标。支持赣州开展低丘缓坡荒滩等未利用土地开发利用试点和工矿废弃地复垦利用试点，相关指标单列管理。支持开展农村土地综合整治工作，积极探索对损毁的建设用地和未利用地开发整理成园地的，经认定后可视同补充耕地，验收后用于占补平衡。争取国家支持开展稀土采矿临时用地改革试点。在符合矿产资源规划和不突破开采总量指标的前提下，支持对稀土、钨残矿、尾矿和重点建设项目压覆稀土资源进行回收利用，对因资源枯竭而注销的稀土、钨采矿权，允许通过探矿权转采矿权或安排其他资源地实施接续。对稀土、钨矿等优势矿产资源在国家下达新增开采、生产总量指标时给予倾斜，积极支持绿色矿山建设。（省国土资源厅牵头，省发改委、省工信委、省财政厅、省农业厅、省林业厅配合）

（三十九）生态补偿政策

抓好东江源、赣江源、抚河源国家生态补偿试点工作，落实国家生态补偿资金，启动一批生态示范工程建设。研究扩大赣江源、抚河源保护区面积，加大财政奖补力度。（省发改委牵头，省财政厅、省环保厅、省水利厅、省林业

厅配合）

加强汇报衔接，争取将贡江、抚河源头纳入国家重点生态功能区范围，落实提高国家重点生态功能区转移支付系数，中央财政加大转移支付力度，并加大对国家公益林生态补偿投入的政策。逐步提高公益林省级补助标准。加快建立资源型企业可持续发展准备金制度，资源企业依据法律、行政法规有关规定提取用于环境保护、生态恢复等方面的专项资金，按照国家规定准予税前扣除。（省财政厅牵头，省发改委、省林业厅、省国税局、省地税局配合）

争取国家加大对废弃矿山植被恢复和生态治理工程的资金支持。（省国土资源厅牵头，省林业厅、省财政厅配合）

（四十）人才政策

落实好东部地区、中央国家机关和中央企事业单位与赣南等原中央苏区干部交流工作。从省直机关选派优秀干部和技术型人才挂职或驻点帮扶。（省委组织部负责，省人保厅配合）

积极衔接中央国家机关在瑞金设立干部教育培训基地。落实好国家重大人才工程和引智项目向原中央苏区倾斜的政策，鼓励高层次人才投资创业，支持符合条件的单位申报建立院士工作站和博士后科研工作站。鼓励高校毕业生到原中央苏区基层工作。（省人保厅牵头，省教育厅、省科技厅配合）

（四十一）对口支援政策

做好中央国家机关对口支援赣州市 18 个县（市、区）的工作，尽快制订对口支援总体方案，加强人才、资金、技术、产业、项目等方面的对口支援，吉安、抚州的特殊困难县参照执行。多方争取中央企业到赣州帮扶。实行定点帮扶机制，原中央苏区所有县各安排一位省级领导挂点、一个省直部门帮扶、一家国有或国有控股企业对口帮扶。鼓励社会力量积极参与对口支援，积极牵线搭桥，每年组织百名侨领侨商、百名非公经济知名企业家到原中央苏区洽谈投资项目，开展交流合作。（省委组织部牵头，省委统战部、省国资委配合）

十　强化组织保障措施

（四十二）加强组织领导

省政府成立以省领导为组长、省直有关部门和有关设区市政府主要负责人为成员的领导小组，加强与部际联席会议对接，统筹解决《若干意见》实施中的重大问题。领导小组办公室设在省发改委，负责协调推进原中央苏区振兴发展日常工作，会同福建、广东两省配合国家发改委加快编制赣闽粤原中央苏区振兴发展规划，进一步细化实化各项政策措施。赣州市、吉安市、抚州市要成立相应的组织领导机构，切实抓好贯彻落实工作。

（四十三）明确工作责任

省直有关部门要按照责任分工要求，各司其职、各负其责，切实做好本系统贯彻实施工作。牵头单位要加强组织协调，配合单位要按照职责分工主动担责。要按照能给则给、能放则放的原则，切实加大支持。赣州、吉安、抚州市要抓紧制定具体实施方案，明确细化目标任务和工作进度，确保各项工作落实到位。各地各部门各单位要树立大局意识，加强协调配合，形成工作合力。

（四十四）做好汇报对接

各地各部门要对《若干意见》中涉及本部门的内容进行认真研究和梳理，抓紧做好向国家有关部门和单位的汇报沟通衔接，争取国家尽快制定有关专项规划和方案，细化政策措施，落实资金项目，全力争取国家最大限度支持。及时将对接情况反馈领导小组办公室。

（四十五）开展督促检查

《若干意见》实施情况作为各地各部门领导班子目标考核的重要内容和领导干部任用的重要依据。建立原中央苏区统计指标体系，及时全面反映实施情况。加大督促检查力度，建立情况通报制度，及时通报各地各部门贯彻落实

《若干意见》特别是与国家有关部门对接落实的工作情况，推动各项工作全面完成。

（四十六）广泛宣传引导

大力宣传党中央、国务院对赣南等原中央苏区的关心和支持，大力宣传《若干意见》的重大意义，不断增强责任感、使命感和紧迫感，使之转化为推动苏区振兴发展的强大精神动力，激发全省广大干部群众干事创业的自觉性和积极性，营造有利于贯彻落实《若干意见》的良好环境。

加快赣南等原中央苏区振兴发展，是深入贯彻落实科学发展观的重大实践，是中央赋予江西的历史使命，事关我省小康社会目标的全面实现，事关我省经济社会的长远发展，事关苏区人民群众的福祉。全省上下必须深刻领会《若干意见》的精神实质和丰富内涵，把思想认识统一到党中央、国务院的重大决策上来，把工作谋划统一到省委、省政府的安排部署上来，大力弘扬苏区精神，艰苦奋斗、思富图强、抢抓机遇、开拓创新，努力实现赣南等原中央苏区全面振兴和跨越发展，向党中央、国务院和全省人民交上一份满意答卷。

附件一：

贯彻《若干意见》规划和方案

序号	规划和方案名称	牵头单位
1	赣闽粤原中央苏区振兴发展规划	省发改委
2	罗霄山片区区域发展与扶贫攻坚规划	省发改委省扶贫移民办
3	对口支援赣南苏区总体方案	省委组织部
4	"一核两翼"开放合作规划	省发改委
5	赣南等原中央苏区土坯房改造规划	省住房建设厅
6	赣州市综合交通枢纽规划	省发改委省交通运输厅
7	赣南等原中央苏区革命遗址保护规划	省文化厅
8	赣南等原中央苏区矿山环境综合治理规划	省国土资源厅
9	瑞（金）兴（国）于（都）经济振兴试验区总体发展规划	省发改委
10	吉泰走廊振兴发展规划	省发改委
11	赣州三南（全南、龙南、定南）加工贸易重点承接地规划	省发改委

附件二：

贯彻《若干意见》行动计划

序号	行动计划内容	牵头单位
一、民生工程		
1	加大农村安全饮水工程实施力度,2014年底前解决赣州市农村饮水安全问题,"十二五"末全面完成赣南等原中央苏区农村居民饮水安全任务。支持有条件的农村地区发展规模化集中供水,扶持城镇供水管网向农村延伸	省水利厅
2	加快推进赣南等原中央苏区新一轮农村电网改造升级,到"十二五"末建立新型农村电网。支持赣州市农网改造工程建设,2013年底前全面解决赣州市部分农村不通电和电压低问题	省能源局
3	实施农村公路危桥改造,推进县乡道改造和连通工程,进一步提高农村公路的等级标准和通达深度	省交通运输厅
4	提高特殊困难群体生活水平	省民政厅
二、农业发展		
5	加强粮食生产重大工程建设,支持高标准基本农田建设	省农业厅
6	落实国家对适宜丘陵山区的中小型农机具纳入农机具购置补贴范围的政策	省农业厅
7	建设国家脐橙工程(技术)研究中心	省科技厅
8	建设国家脐橙交易中心,落实脐橙"西果东送"政策	省商务厅
三、基础设施		
9	加快赣龙铁路扩能改造,开工建设昌吉赣铁路客运专线,规划建设赣深铁路客运专线和赣韶铁路复线,打通赣州至珠三角、粤东沿海、厦漳泉地区的快速铁路通道	省发改委省铁办
10	加快鹰瑞梅铁路、赣井铁路前期工作,规划研究吉安至建宁铁路,加强赣州至湘、粤、闽等周边省份铁路运输通道的规划研究	省发改委省铁办
11	改造扩建赣州黄金机场,研究建设航空口岸;扩建吉安井冈山机场,研究建设赣东南机场和瑞金通勤机场	省发改委
12	加快赣江航道建设,实现赣州—吉安—峡江三级航道通航,加快建设赣州港。规划研究赣粤运河工程	省交通运输厅
13	支持大广高速公路赣州等繁忙路段实施扩容改造工程,规划建设南昌—兴国—赣县、寻乌—全南、乐安—宁都—于都、广昌—建宁、金溪—资溪—光泽等高速公路。加大国省道干线公路改造力度,实现县县通国道,重点推进通县二级公路建设	省交通运输厅
14	争取国家同意华能瑞金电厂扩建项目,尽快开工建设抚州电厂工等电源点项目。推进国电井冈山水电站前期工作。建成赣州东(红都)500千伏输变电工程和抚州—赣州东(红都)500千伏线路,建设石城、崇义、安远等县220千伏变电站	省能源局省电力公司

续表

序号	行动计划内容	牵头单位
15	建设樟树—吉安—赣州、泉州—赣州、揭阳—赣州等成品油管道。支持建设赣州天然气及成品油仓储基地	省能源局
16	加快实施城镇防洪工程建设,提高赣州市、吉安市、抚州市城镇防洪工程标准。开展上犹江引水等水资源配置工程和大型水利枢纽前期工作,继续支持廖坊灌区工程建设。加快章江等大型灌区续建配套与节水改造,完成病险水库除险加固	省水利厅
四、产业发展		
17	支持赣州组建大型稀土企业集团	省发改委省工信委
18	支持建设国家级南方离子型稀土与钨工程(技术)研究中心,将稀土、钨关键技术攻关列入国家科技重大专项	省科技厅
19	支持赣州建设南方离子型稀土战略资源储备基地	省国土资源厅
20	研究建立稀有金属期货交易中心	江西证监局
21	支持设立战略性新兴产业创业投资引导基金,建设高技术产业孵化基地	省发改委省科技厅
22	支持赣州新型电子、氟盐化工、南康家具,吉安电子信息、新型建材,抚州生物医药、黎川陶瓷等产业基地建设	省发改委省工信委
23	支持国内整车企业在赣州等市设立分厂	省发改委
24	建设国家级检验检测技术研发服务平台	省质监局
25	瑞金红色旅游景区创建国家5A级旅游景区	省旅游局
26	支持赣州、吉安创建国家旅游扶贫试验区	省旅游局省扶贫办
27	加快赣州省域副中心城市建设,调整行政区划,增设市辖区。推动赣县、南康、上犹与赣州中心城区同城化发展,科学规划建设章康新区。扶持瑞金、龙南次中心城市建设	省民政厅省住房建设厅
五、生态建设和环境保护		
28	研究将贡江、抚河源头纳入国家重点生态功能区范围	省发改委
29	将赣州市居住在库区水面木棚的农民纳入"渔民上岸"工程实施范围	省住房建设厅
30	支持赣州市重点区域重金属污染防治和历史遗留问题综合整治	省环保厅省发改委
31	推进农村清洁工程,加大农村环境综合整治和农业面源污染防治力度,支持发展农村沼气,加强乡镇垃圾处理设施建设	省新村办
32	支持赣州参与国家循环经济"十百千示范行动",建设铜铝有色金属循环经济产业园,推进资源再生利用产业化。支持赣州、井冈山经济技术开发区实施循环化改造	省发改委省工信委
六、社会事业		
33	加快实施学前教育三年行动计划。支持农村义务教育薄弱学校改造。加快实施县级中等职业学校建设达标计划	省教育厅

序号	行动计划内容	牵头单位
34	推进江西理工大学省部共建,扶持赣州等市高等院校和稀土、钨、铀等优势特色学科建设	省教育厅省工信委
35	加强赣州市级医院建设,支持中心城区增设三级综合医院,建设儿童、肿瘤等专科医院和市县两级中医院、妇幼保健院,支持人口大县按三级综合医院医疗能力建设	省卫生厅
36	支持中央苏区历史博物馆、中央苏区烈士陵园、东固烈士陵园等红色文化教育基地建设	省委宣传部、省文化厅、省民政厅
37	实施文化惠民工程。支持客家围屋申报世界文化遗产	省文化厅
38	支持在瑞金建设国家公务员培训基地	省人保厅
39	建立原中央苏区统计报表制度	省统计局、国家统计局江西调查总队

附件三:

贯彻《若干意见》的试点和示范事项

序号	试点内容	牵头单位
1	支持赣州、吉安、抚州等市建设国家现代农业示范区	省农业厅
2	支持赣州市开展"西果东送"农产品现代流通综合试点	省商务厅
3	赣州开展统筹城乡发展综合改革试验	省发改委
4	支持赣州建设稀土产学研合作创新示范基地	省科技厅
5	赣州、抚州实施国家新能源汽车试点示范工程	省财政厅省科技厅
6	研究完善物流企业营业税差额纳税试点办法	省国税局
7	支持赣州、抚州创建现代物流技术应用和共同配送综合试点城市	省商务厅
8	支持赣州建设服务业发展示范基地	省发改委
9	建设赣州、吉安国家木材战略储备基地,选择部分县率先开展试点	省林业厅
10	瑞金、上犹生态文明示范工程试点	省发改委
11	支持赣州申报国家节能减排财政政策综合示范城市	省财政厅
12	支持赣州开展全国低碳城市试点	省发改委
13	支持赣州实施低碳农业示范工程	省农业厅
14	支持赣州成为较大的市,依法享有相应的地方立法权	省人大常委会法工委省政府法制办
15	支持和鼓励赣州市在城乡统筹、扶贫开发、投融资等方面先行开展政策探索	省发改委
16	推动赣州出口加工区整合为综合保税区,建设内陆开放型经济示范区	省商务厅

序号	行动计划内容	牵头单位
17	支持赣州在地方金融组织体系、中小企业金融服务等方面开展改革试验	省政府金融办
18	支持开展保险资金投资基础设施和重点产业项目建设,开展民间资本管理服务公司试点。深化融资租赁再担保公司、小额贷款公司创新试点	省政府金融办
19	支持赣州市开展低丘缓坡荒滩等未利用土地开发利用试点和工矿废弃地复垦利用试点。支持开展稀土采矿用地改革试点	省国土资源厅
20	组织实施东江源、赣江源、抚河源国家生态补偿试点	省发改委

中共赣州市委赣州市人民政府贯彻落实《国务院关于支持赣南等原中央苏区振兴发展的若干意见》的决定

赣市发〔2012〕13号

为认真贯彻落实《国务院关于支持赣南等原中央苏区振兴发展的若干意见》（国发〔2012〕21号，以下简称《若干意见》）和《中共江西省委、江西省人民政府贯彻落实〈国务院关于支持赣南等原中央苏区振兴发展的若干意见〉的实施意见》（赣发〔2012〕8号），全力推进赣州加快发展、转型发展、跨越发展，确保赣州与全国同步建成全面小康社会，现作出如下决定。

一 深刻认识《若干意见》出台的重大意义

《若干意见》从国家战略层面系统提出了赣州经济社会发展的行动纲领，是赣州发展史上的重要里程碑，给赣州带来亘古未有的重大历史机遇，必将开启赣州发展的新纪元。《若干意见》的出台，是践行党的根本宗旨的重大举措，是深入贯彻落实科学发展观、推动区域协调发展、实现共同富裕的重要部署，充分体现了党中央、国务院对赣南苏区的殷切关怀，彰显了我们党执政为民的理念和中国特色社会主义制度的优越性。贯彻落实好《若干意见》，对于实现人民群众根本利益、凝聚民心民力，巩固党的执政基础、促进社会和谐稳定，具有重大政治意义和深远历史意义；对于推动赣州跨越式发展，实现与全国同步建成全面小康社会目标，将起到决定性作用。全市各级党委、政府和广大党员干部群众要从全局和战略的高度，深刻认识《若干意见》出台的重大意义，把思想和行动统一到中央的决策部署上来，不断增强责任感和使命感，切实抓好《若干意见》贯彻落实，把中央的深切关怀和特殊支持转化为振兴发展的强大动力，转化为建设创业、宜居、平安、生态、幸福赣州的现实生产力。

二 扎实推进《若干意见》的贯彻落实

按照《若干意见》提出的总体要求，我们的指导思想是：以邓小平理论和"三个代表"重要思想为指导，深入贯彻落实科学发展观，紧紧抓住国家支持赣南苏区振兴发展的历史机遇，坚持民生改善与经济发展相结合、"输血"与"造血"相结合、国家扶持与自力更生相结合，牢固树立"发展为先、生态为重、创新为魂、民生为本"理念，以新型工业化和新型城镇化为核心，带动促进农业农村现代化、发展生态化，大力推进加快发展、转型发展、跨越发展，加快建设创业、宜居、平安、生态、幸福赣州，努力实现"一年一变样、三年大变样、五年上台阶、八年大跨越"，确保与全国同步建成全面小康社会。

战略定位是：建设全国革命老区扶贫攻坚示范区，全国稀有金属产业基地、先进制造业基地和特色农产品深加工基地，重要的区域性综合交通枢纽，我国南方地区重要的生态屏障，红色文化传承创新区。

发展目标是：到 2015 年，在解决突出的民生问题和制约发展的薄弱环节方面取得突破性进展。全面完成农村危旧土坯房改造、农村安全饮水、农村电网改造升级和农村道路建设、农村中小学薄弱学校改造等任务，基础设施建设、特色优势产业集群建设、城镇建设、生态建设和环境保护取得显著成效，城乡居民收入增长与经济发展同步，基本公共服务水平接近或达到中西部地区平均水平。到 2020 年，经济社会实现跨越式发展。以交通、能源、水利为重点的基础设施日臻完善，现代产业体系基本建立，人均主要经济指标与全国平均水平的差距明显缩小，人民生活水平和质量进一步提升，基本公共服务水平接近或达到全国平均水平，与全国同步实现全面建成小康社会目标。

（一）优先解决突出民生问题，凝聚振兴发展民心民力

坚持把解决好民生问题作为首要任务，集中力量解决群众最迫切、最突出的民生问题，切实改善群众生产生活条件，让全市人民在短时期内感受到振兴发展带来的实惠和变化。2013 年底前全面解决部分农村不通电或电压低问题；2014 年前解决农村饮水安全问题；2015 年完成农村危旧土坯房改造、农村电网改造升级，基本完成城市棚户区、国有工矿棚户区和国有农林场危房改造。加快农村道路建设，提高农村公路的等级标准和通达深度。落实抚恤补助、生活补助等政策，提高"两红"人员等特殊困难群体生活水平；切实帮助残疾人改善生活条件。充分利用中央国家机关对口支援政策，积极争取中央企业帮扶。抓好罗霄山（赣州）集中连片特困地区扶贫攻坚，统筹推进贫困村的扶贫开发工作。

（二）加快建设现代农业，促进城乡统筹发展

坚持把解决"三农"问题放在突出位置，加快发展现代农业，促进农业稳定发展、农民持续增收，加快城乡一体化进程。严格基本农田保护，稳定发展粮食生产。做大做强脐橙产业，大力发展油茶、毛竹、花卉苗木等特色林业，积极发展茶叶、生猪、蔬菜、水产品、白莲、家禽等特色农产品，加快发展农产品加工业。加大科研投入，培育龙头企业，发展精深加工，延长产业链条，建设国家现代农业示范区，打造世界最大的优质脐橙产业基地、面向东南沿海和港澳地区的重要农产品供应基地。促进城乡统筹发展，推动城镇基础设施和公共服务向农村延伸；大力发展县域经济，壮大基础较好的中心镇实力；积极开展统筹城乡发展综合改革试验，加快建设统筹城乡发展示范区。

（三）加快基础设施建设，增强振兴发展支撑能力

坚持基础设施先行，按照合理布局、适度超前的原则，大力实施一批重大交通、能源、水利等基础设施项目，构建功能完善、安全高效的现代化基础设施体系。围绕建设我国重要的区域性综合交通枢纽的目标，加快昌吉赣铁路客运专线（并延伸至深圳）、鹰瑞梅铁路、赣龙铁路扩能改造、赣井铁路、赣州

黄金机场改造扩建、瑞金通勤机场、瑞金火车站升级改造、赣江航道等重大交通项目建设，完善铁路网络，推进高速公路和国家公路运输枢纽站场建设，加大国省道干线和县乡公路改造升级力度，进一步加强与珠三角、粤东沿海、厦漳泉地区和周边城市的快速高效连接，着力构建综合交通运输体系。大力推进华能（瑞金）电厂二期、赣州东（红都）500千伏输变电工程、赣州东至抚州500千伏线路等电源电网建设，提高煤、天然气及成品油的供应能力，提升能源保障水平。切实加强城镇防洪工程建设、病险水库除险加固、中小河流治理和山洪地质灾害监测预警预报，进一步提升水利基础设施保障生产、防灾减灾能力。

（四）培育壮大特色优势产业，切实增强经济实力

坚持市场导向，立足比较优势，着力培育产业集群，促进集聚发展、高端发展、创新发展，加快构建特色鲜明、结构合理、集约高效、环境友好的现代产业体系。加快壮大优势矿产业，大力发展高端稀土、钨新材料和应用产业，组建大型稀土企业集团，打造国家级稀土、钨研发中心、交易中心，建设稀土产学研合作创新示范基地和全国重要的新材料产业基地。提升制造业发展水平，大力发展电子信息、现代轻纺、机械制造、氟盐化工、新型建材等产业，积极培育新能源汽车及其关键零部件、生物医药、节能环保、高端装备制造等战略性新兴产业，形成一批科技含量高、辐射带动力强、市场前景广阔的产业集群，打造先进制造业基地。围绕建设全国服务业发展示范基地，把现代服务业作为高增长的先行产业，坚持服务业与制造业配套联动，加快建设区域性金融、物流、旅游中心。突出发展金融业和现代物流业，鼓励发展科技研发、工业设计和服务外包，规范发展法律咨询、信用评估、广告会展、培训认证等生产性服务业，扶持发展社区服务、家政服务、社会化养老等生活性服务业，加快发展红色文化旅游产业和绿色生态旅游产业。深化产业与城市融合，促进产业和生产要素向城市聚集，城市集群与产业集群联动发展。做好城市总体规划和控制性详规，系统规划城市定位、功能区划、产业布局和交通网络等。加快调整行政区划，增设市辖区，高水平规划建设章康新区，推动赣县、南康、上犹与中心城区同城化发展，着力打造省域副中心城市和

四省通衢的特大型、区域性、现代化中心城市，加快建设瑞金、龙南次中心城市以及信丰、兴国、于都、宁都等卫星城，建设赣南城市群。推进数字化城市建设。

（五）加强生态建设和环境保护，提升可持续发展能力

坚持经济与生态协调发展、产业竞争力和环境竞争力同步提升，着力推进绿色发展、循环发展、低碳发展，形成节约能源资源和保护生态环境的产业结构、增长方式、消费模式，推进生态赣州建设，打造我国南方地区重要的生态屏障。加强生态建设和水土流失综合治理，改善林相结构，提高林分质量。加强河流源头保护，开展东江源、赣江源国家生态补偿试点；开展生态文明示范工程试点。加大环境治理和保护力度，突出抓好废弃矿山生态环境恢复治理、农村环境等综合整治以及重点区域重金属、农业面源等污染防治，推进污水处理设施建设，强化危险废弃物规范化管理，加强城乡饮用水水源保护。大力发展绿色生态经济，积极参与国家循环经济"十百千示范行动"，建设铜铝有色金属循环经济产业园和国家生态工业示范园区，构建低能耗的生产体系、可循环的资源体系；开展全国低碳城市试点，推进循环农业和资源型城市可持续发展。

（六）发展繁荣社会事业，促进基本公共服务均等化

加快发展教育、医疗卫生、文化、体育、就业、社保等各项社会事业，全面提升基本公共服务水平，让振兴发展成果更多地惠及广大城乡居民。优化教育资源配置，构建完整教育体系，突出抓好学前教育、农村义务教育、职业教育，促进教育均衡发展、公平惠民；健全市、县、乡、村医疗卫生服务网络，提升城乡医疗卫生服务水平；加强人口和计划生育服务能力建设；加强红色文化、客家文化、宋城文化等各类文化遗产保护，加快城乡公共文化设施和公共体育设施建设，构建覆盖城乡的公共文化服务体系；建立完善统筹城乡的社会保障体系，实现基本医疗保险、基本养老保险全覆盖。扎实推进"送政策、送温暖、送服务"工作全覆盖、常态化，做好新形势下群众工作，加强和创新社会管理。

（七）深入推进改革开放，为振兴发展注入强劲活力

进一步解放思想，坚持以改革开放促进振兴发展，积极探索、开拓创新，着力构建有利于加快发展、转型发展、跨越发展的体制机制。争取赣州成为较大的市，依法享有相应的地方立法权。积极推进先行先试，深化行政管理、农村集体建设用地流转和集体林权等各类制度改革，在城乡统筹、扶贫开发、投融资等方面开展政策探索。建设瑞（金）兴（国）于（都）经济振兴试验区，着力打造新的增长极。加快建设赣南承接产业转移示范区、"三南"加工贸易重点承接地，推动设立赣州综合保税区、国家级高新技术产业园区，努力把赣州打造成为东南沿海地区产业转移优选区、内陆开放型经济示范区。深化区域合作，强化与珠三角、厦漳泉等沿海地区经贸联系，密切与鄱阳湖生态经济区、海峡西岸经济区等周边重要经济区的协作互动，推动建设赣闽、赣粤产业合作区，打造以赣州经济技术开发区为核心，以赣州"三南"（龙南、定南、全南）至广东河源、瑞金兴国至福建龙岩产业走廊为两翼的"一核两翼"开放合作新格局，提升对外开放水平。

（八）用好用足用活政策，实现政策效应最大化

深入研究和充分利用政策，积极做好与国家部委的沟通衔接工作，创造性地用好用足用活《若干意见》提出的执行西部大开发政策、财税、投资、金融、产业、国土资源、生态补偿、人才、对口支援等特殊扶持政策，充分挖掘政策内涵，拓展政策容量，放大政策效应。对照《若干意见》，推动国家相关部委出台支持赣南苏区振兴发展的实施意见。加快研究制订相关规划和行动计划，抓紧策划和推进一批重大项目，实现政策项目化、项目集成化。建立项目申报滚动机制，提升抓项目水平，着力破解土地、资金等项目瓶颈；严格落实项目责任制，坚持重大项目调度制度，形成储备一批、开工一批、竣工一批、投产一批的项目滚动开发与有效推进机制。充分发挥政府投资的杠杆作用，引导和撬动民间资本，促进多元有效投入。

三　切实加强对贯彻落实《若干意见》的组织领导

充分发挥各级党委、政府和党员干部的作用，激发广大群众的积极性、主动性和创造性，调动各方力量促进赣南苏区振兴发展。

（一）加强组织协调

成立赣南苏区振兴发展领导小组，设立工作机构。各县（市、区）、赣州开发区成立相应组织领导机构，抓好本地贯彻落实工作。各地各部门要制订实施方案，主要领导要亲自抓、负总责，建立一级抓一级、层层抓落实的责任机制。加强与国家部委和上级有关部门的对接汇报，大力推动《若干意见》落到实处。

（二）营造浓厚氛围

精心组织，周密安排，在全市上下掀起学习宣传贯彻落实《若干意见》的热潮。结合"送政策、送温暖、送服务"工作，开展"永远热爱党永远跟党走"主题教育实践活动，通过党委中心组专题学习、媒体宣传、政策宣讲等多种形式，把《若干意见》宣传到基层，宣传到群众，做到家喻户晓，切实增强全市干部群众推进振兴发展的信心和决心，形成强大合力。大力弘扬以"坚定信念、求真务实、一心为民、清正廉洁、艰苦奋斗、争创一流、无私奉献"为主要内涵的苏区精神，及时总结推广贯彻落实《若干意见》中改革创新、攻坚克难的好经验、好做法，促进各项工作提速提质提效。

（三）强化人才保障

注重在振兴发展一线培养造就人才，将推动振兴发展实绩作为检验考察干部的主要内容，完善双向挂职交流机制，突出培养能谋划、善运筹，懂经济、善管理，会操作、善执行的人才，打造一支眼界宽广、理念先进、作风踏实、堪当重任的干部人才队伍。加快建设区域性人才高地，加强柔性引才，有针对性地吸引国内外各行业的领军人物、拔尖人才落户或服务赣州；降低人才创业的商务成本，办好职教园区、大学生创业园等，加快建设人才创业载体，优化人才服务、政策激励和工作生活环境。

（四）严格督查考核

加强对《若干意见》贯彻落实情况的工作调度、进展评估，确保各项任务落到实处。制订出台督查考核细则，将《若干意见》贯彻落实情况纳入各地各部门单位年度目标考核范围和领导班子绩效考核内容。抓好定期督查和日常督导，严格责任追究制度。加强政务公开，完善监督机制。

贯彻落实《若干意见》是一项长期的战略任务。全市各级党委、政府和广大干部群众要高举中国特色社会主义伟大旗帜，以邓小平理论和"三个代表"重要思想为指导，深入贯彻落实科学发展观，大力弘扬苏区精神，自力更生、艰苦奋斗、苦干实干，为建设创业、宜居、平安、生态、幸福赣州，实现与全国同步建成全面小康社会目标而努力奋斗！

中共赣州市委

赣州市人民政府

2012 年 7 月 17 日

中共赣州市委赣州市人民政府贯彻落实《国务院关于支持赣南等原中央苏区振兴发展的若干意见》的实施意见

赣市发〔2012〕14 号

为认真贯彻落实《国务院关于支持赣南等原中央苏区振兴发展的若干意见》（国发〔2012〕21 号，以下简称《若干意见》）和《中共江西省委、江西省人民政府贯彻落实〈国务院关于支持赣南等原中央苏区振兴发展的若干意见〉的实施意见》（赣发〔2012〕8 号），紧紧抓住国家支持赣州发展的重大历史机遇，努力推动我市加快发展、转型发展、跨越发展，确保与全国同步实现全面建成小康社会目标，制定如下实施意见。

一　充分认识贯彻落实《若干意见》的重大意义

《若干意见》是党中央、国务院关心老区、着眼全局作出的重大决策，是国家战略层面支持赣南等原中央苏区发展的顶层设计，系统绘制了赣州经济社会发展"路线图"，是赣州发展史上的重要里程碑，是赣州亘古未有的重大历史机遇，必将开启赣州发展的新纪元。《若干意见》明确指出，振兴发展赣南等原中央苏区，既是一项重大的经济任务，更是一项重大的政治任务，对于全国革命老区加快发展具有标志性意义和示范作用。支持赣南等原中央苏区振兴发展，是尽快改变赣南苏区贫困落后面貌，确保与全国同步全面建成小康社会的迫切要求；是充分发挥赣州比较优势，逐步缩小区域发展差距的战略需要；是建设我国南方地区重要生态屏障，实现可持续发展的现实选择；是进一步保障和改善民生，促进和谐社会建设的重大举措。《若干意见》把支持赣南苏区振兴发展作为重点，系统提出了扶持赣南苏区振兴发展的特殊政策措施，饱含着党中央、国务院的深切关怀，凝结着国家部委的倾力支持，顺应了赣南人民过上美好幸福生活的热切期盼，对于加快推进赣南苏区振兴发展，提升我市在全省乃至全国区域发展中的战略地位，必将起到巨大的推动作用。省委、省政府对赣南苏区振兴发展高度重视，专门出台《贯彻落实〈国务院关于支持赣南等原中央苏区振兴发展的若干意见〉的实施意见》。全市上下要站在全局和战略的高度，充分认识贯彻落实《若干意见》的重大意义，认真学习领会《若干意见》的精神实质和丰富内涵，解放思想、抓住机遇，求真务实、开拓创新，确保《若干意见》提出的各项目标任务和政策措施不折不扣地落到实处。

二　全面把握《若干意见》总体要求

《若干意见》提出的总体要求，为赣州加快发展、转型发展、跨越发展指明了方向。全市上下要以邓小平理论和"三个代表"重要思想为指导，深入贯彻落实科学发展观，大力弘扬苏区精神，按照《若干意见》"六个着力"的要求，坚持"统筹兼顾、突出重点，立足当前、着眼长远，加快发展、推进转型，改革创新、开放合作，国家扶持、自力更生"五项原则，以新型工业化和新型城镇化为核心，带动促进农业农村现代化、发展生态化，努力把赣州建设成为"全国革命老区扶贫攻坚示范区，全国稀有金属产业基地、先进制造业基地和特色农产品深加工基地，重要的区域性综合交通枢纽，我国南方地区重要的生态屏障，红色文化传承创新区"，走出一条欠发达地区实现跨越式发展的新路径，使全市人民早日过上富裕幸福的生活，确保与全国同步实现全面建成小康社会的宏伟目标。

三　明确工作目标和进度要求

（一）量化工作目标

《若干意见》明确了到 2015 年赣南等原中央苏区振兴发展的主要量化目

标和一系列定性的任务要求，提出了到2020年赣南等原中央苏区振兴发展的总体目标。各地各部门各单位要对量化指标进行分解细化，对有定性要求的工作任务，要转化为具体要求，确保各项目标任务如期实现。

（二）落实工作进度

按照《若干意见》明确的总体目标，主要指标的进度要求如下：

——一年一变样。2012年是《若干意见》实施的开局之年，各地各部门各单位要加快建立工作落实保障机制，制订工作实施方案和具体政策措施，启动农村危旧土坯房改造、农村安全饮水工程、农村电网改造、农村道路建设等民生工程，组织实施好一批重大项目，力争年内取得明显成效。

——三年大变样。到2015年，《若干意见》实施取得重大成果，特别是在解决突出的民生问题和制约发展的薄弱环节上取得突破性进展。全面完成农村危旧土坯房改造、农村安全饮水、农村电网改造、农村中小学薄弱学校改造等任务；开工建设一批重大基础设施项目，以稀土、钨、脐橙为特色的优势产业集群进一步壮大；生态建设和环境保护取得显著成效；城乡居民收入增长与经济发展同步；基本公共服务水平接近或达到中西部地区平均水平。

——五年上台阶。到2017年，全市经济社会发展水平跃上新台阶。现代综合交通运输体系和能源保障体系初步形成；工业化、城镇化水平达到50%以上；扶贫攻坚取得重大进展；人均GDP等主要指标与全国平均水平的差距进一步缩小；章康新区、赣州综合保税区、瑞兴于经济振兴试验区、"三南"加工贸易重点承接地建设取得实质性进展。

——八年大跨越。到2020年，与全国同步实现全面建成小康社会目标。基本建成全国革命老区扶贫攻坚示范区，全国稀有金属产业基地、先进制造业基地和特色农产品深加工基地，重要的区域性综合交通枢纽，我国南方地区重要的生态屏障和红色文化传承创新区，全面完成《若干意见》提出的各项目标任务。

四　认真落实《若干意见》提出的各项任务

（一）优先解决突出民生问题，凝聚振兴发展民心民力

1. 加大以土坯房为主的农村危旧房改造力度

抓紧落实把赣南苏区危旧土坯房纳入农村危房改造中央补助范围政策，积极向国家、省争取足额的农村危房改造计划指标，向省争取提高农村土坯房改造资金配套标准。编制赣南苏区农村危旧土坯房改造专项规划，优先实施农村革命烈士遗属、在乡退伍红军老战士子女及红军失散人员遗属危旧土坯房改造，确保 2015 年全面完成农村危旧土坯房改造任务。适应城镇化趋势，结合新农村建设，积极探索创新农村危旧土坯房改造方式。以"送政策、送温暖、送服务"联系点为依托，组织全市各级干部全力帮扶农村危旧土坯房改造。〔责任单位：市委农工部、市发改委、市教育局、市民政局、市财政局、市国土资源局、市城乡规划建设局、市交通运输局、市文广局、市卫生局、市扶贫移民办、市矿管局、市房管局、市委"送政策、送温暖、送服务"工作领导小组办公室，各县（市、区）、赣州开发区。责任单位有两个以上（含两个）的，排在第一的为牵头单位，下同。〕

加大全市保障性住房建设力度，加快城市棚户区改造、国有工矿棚户区和国有农林场危房改造，"十二五"末基本完成改造任务。〔责任单位：市房管局、市发改委、市工信委、市财政局、市国土资源局、市城乡规划建设局、市农业粮食局、市林业局、市国资委、市矿管局，各县（市、区）、赣州开发区〕

2. 加快解决农村饮水安全问题

大力实施农村安全饮水工程，争取国家、省加大投入，2014 年底前全面解决农村饮水安全问题。改善农村地区供水方式，支持有条件的农村地区发展规模化集中供水，扶持城镇供水管网向农村延伸。〔责任单位：市水利局、市委农工部、市发改委、市财政局、市城乡规划建设局，各县（市、区）、赣州开发区〕

建立健全农村水质安全监测系统，对农村集中式饮用水源的水质进行监测，确保农村居民喝上干净、卫生、安全的饮用水。〔责任单位：市卫生局、市环保局、市水文局，各县（市、区）、赣州开发区〕

3. 加强农村电网改造和农村道路建设

争取国家发改委、国家电网公司加大对赣南苏区农网改造投入，加快推进新一轮农村电网改造升级，到"十二五"末建立起安全可靠、节能环保、技术先进、管理规范的新型农村电网，2013年底前全面解决我市部分农村不通电或电压低问题。〔责任单位：赣州供电公司、市发改委，各县（市、区）、赣州开发区〕

加快实施农村公路及危桥改造工程，推进县乡道改造和连通工程，抓好提高农村公路建设项目省级补助标准的落实，进一步提高农村公路的等级标准和通达深度，用3~5年时间完成县乡公路升级改造、安保工程、客运网络连通工程建设，对所有农村公路危桥进行改造，到2015年底危桥改建、加固率达100%；到2016年底实现四个"100%"，即100%县道达三级公路及以上标准，100%乡道达四级公路及以上标准；全面完成农村客运网络建设，使100%的通行政村公路满足农村客运条件；100%县道实施完成安保工程。〔责任单位：市交通运输局、市发改委、市公路局，各县（市、区）、赣州开发区〕

4. 提高特殊困难群体生活水平

将居住在农村和城镇无工作单位、18周岁之前没有享受过定期抚恤金待遇且年满60周岁的烈士子女，以及试行义务兵役制后至《退役士兵安置条例》实施前入伍、年龄在60周岁以上（含60周岁）、未享受到国家定期抚恤补助的农村籍退役士兵等人员纳入抚恤补助范围，尽快落实相关待遇。争取国家尽快制定相关政策，将在乡退伍红军老战士子女、红军失散人员遗属纳入国家定期生活补助范围。着力解决上述特殊困难对象中孤老病残优抚对象的集中供养问题，争取国家、省投资建设一批集中供养设施。〔责任单位：市民政局、市财政局，各县（市、区）、赣州开发区〕

对符合就业条件的烈士子女、残疾人实施就业援助，免费开展技能轮训和创业培训。〔责任单位：市人力资源社会保障局、市民政局、市残联〕

建立重度贫困残疾人定期生活补贴、护理补贴制度，实施助残扶贫工程，争取中央、省级补助资金，切实帮助残疾人改善生活条件。〔责任单位：市残联、市民政局、市财政局、市扶贫移民办〕

（二）大力夯实农业基础，促进城乡统筹发展

5. 稳定发展粮食生产

加强粮食生产重大工程建设，大力推进农业综合开发、高标准农田建设和农田水利设施建设，增加土地复垦和中低产田改造的投入，实施土地整治重大工程、土壤有机质提升工程和测土配方施肥工程，不断提高粮食综合生产能力。严格基本农田保护，积极推行"单改双"，稳步提高粮食播种面积。大力发展现代种业，以杂交水稻、花生等良种繁育基地建设为重点，加快推进良种繁育体系建设。争取国家、省加大对粮食生产财政奖补力度，扩大种粮农民直接补贴、农资综合补贴规模，扩大良种补贴范围。落实国家将适宜丘陵山区的中小型农机具纳入农机购置补贴范围的政策，促进提高农业机械化水平。加强农业科技服务体系建设，推广应用农业新品种、新技术、新肥料、新农药、新机具。〔责任单位：市农业粮食局、市农业开发办、市发改委、市科技局、市财政局、市国土资源局、市水利局、市农机局，各县（市、区）、赣州开发区〕

6. 大力发展特色农业

优化农产品区域布局，推进农业结构调整，加快发展特色农业，建设面向东南沿海和港澳地区的重要农产品供应基地。〔责任单位：市农业粮食局、市果业局〕

做大做强脐橙产业，到 2020 年赣南脐橙面积发展到 220 万亩，总产量达到 350 万吨，建成世界最大的优质脐橙产业基地。加快脐橙品种选育和改良，完善赣南脐橙良种繁育体系。推广实施《赣南脐橙》国家标准，推进标准化、有机果园建设，加强赣南脐橙地理标志保护。积极推进国家脐橙工程（技术）研究中心建设。〔责任单位：市果业局、市科技局、市质监局、赣南师范学院、相关县（市、区）〕

加强脐橙贮藏、加工、物流设施及市场营销体系建设。2013 年建设集现

货交易、仓储配送、电子交易、信息采集和展示展销等功能为一体的国家级脐橙交易中心（批发市场）。尽快落实国家对脐橙实行"西果东送"政策。开展农产品现代流通综合试点。〔责任单位：市商务局、市果业局〕

尽快落实国家对脐橙实行柑橘苗木补贴的政策。〔责任单位：市财政局、市果业局〕

大力发展油茶、毛竹、花卉苗木等特色林业，加快油茶示范基地县建设。积极争取将条件较好县列入省花木产业重点发展区域，建立区域性花木交易市场。大力发展林下经济。〔责任单位：市林业局、市农业粮食局〕

加快农业特色产业升级。积极发展茶叶、生猪、蔬菜、水产品、白莲、家禽等特色农产品。加大畜禽标准化规模养殖场（小区）建设力度。加快发展农民专业合作社，加大新型农民培育力度，提高农民生产组织化程度。扶持壮大一批带动力强的农业产业化龙头企业，完善龙头企业与农户的利益联结机制。健全新型农业社会化服务体系，加快信息服务平台建设，建立农业技术推广、动植物疫病防控、农产品质量安全监管等公共服务体系。争取国家、省优先支持我市申报科技富民强县专项行动计划、农业科技成果转化资金等国家、省科技计划项目，建立和完善农业科技创新体系。建设国家现代农业示范区，着力推进赣县国家现代农业示范区建设，培育一批农产品加工示范园区、示范企业和示范项目。大力开展农产品现代流通综合试点。〔责任单位：市农业粮食局、市委农工部、市科技局、市供销社、市质监局、相关县（市、区）〕

争取国家将脐橙、蜜桔、白莲纳入农业政策性保险目录，提高中央、省财政补贴比例，扩大保险范畴。〔责任单位：市财政局、市农业粮食局、市果业局、人保财险赣州分公司〕

7. 促进城乡统筹发展

统筹城乡规划建设，加大城乡基础设施建设力度，推动城镇道路、供水、生态、环保等基础设施向农村延伸，公共交通、公共服务向农村拓展。推进有条件的县城逐步发展成为中等城市，壮大基础较好的中心镇的实力，积极引导有条件的建制镇发展成为中心镇，推动小城镇建设规模化、特色化，强化城镇对周边农村的生产生活服务功能。〔责任单位：市城乡规划建设局、市委农工部、市发改委、市国土资源局、市交通运输局、市水利局、市环保局〕

大力推进新农村建设，加强村庄规划布局，突出村镇联动、村落连片整治建设，推进新型农村社区和圩镇建设，改善农村人居环境。〔责任单位：市委农工部、市民政局、市国土资源局、市城乡规划建设局、市环保局、相关县（市、区）〕

大力发展县域经济，出台扩权强县政策措施，不断提升县域经济发展水平和带动农村发展的能力。〔责任单位：市发改委〕

深入推进户籍管理制度改革，研究制定与户籍管理制度改革相适应的配套政策，在就业、住房、入学、就医、社保等方面取得突破，为引农入城、农民转化为市民创造必要条件。〔责任单位：市公安局、市发改委、市教育局、市民政局、市人力资源社会保障局、市国土资源局、市城乡规划建设局、市农业粮食局、市卫生局、市人口计生委、市统计局、市房管局〕

大力发展休闲农业、乡村旅游，开展休闲农业示范点和乡村旅游知名品牌创建，建设一批精品特色乡村旅游点，拓展农业功能，多渠道增加农民收入。〔责任单位：市旅游局、市农业粮食局、市林业局、相关县（市、区）〕

强化农村劳动力转移就业和创业能力培训。吸引各类优秀人才投身现代农业建设，鼓励外出农民工回乡创业，建设农民创业基地。〔责任单位：市人力资源社会保障局、市委农工部、市农业粮食局、市扶贫移民办〕

开展统筹城乡发展综合改革试验。落实国家、省赋予我市统筹城乡发展综合配套改革试验先行先试的政策，加快城乡一体化进程。〔责任单位：市委农工部、市发改委、市国土资源局、市城乡规划建设局、市农业粮食局、市房管局、相关县（市、区）〕

（三）加快基础设施建设，增强振兴发展支撑能力

8. 建设赣州综合交通枢纽

编制综合交通枢纽规划，加强与周边城市和沿海港口城市的高效连接，把赣州建成我国重要的区域性综合交通枢纽。加快赣龙铁路扩能改造，尽早开工建设昌吉赣铁路客运专线，力争赣州至深圳铁路客运专线和赣州至韶关铁路复线列入国家铁路建设中长期规划，加快启动前期工作，打通赣州至珠三角、粤东沿海、厦漳泉地区的快速铁路通道。加快赣井铁路前期工作，加强赣州至湖

南、广东、福建等周边省份铁路运输通道的规划研究，提升赣州在全国铁路网中的地位和作用。〔责任单位：市发改委、市铁路建设办、市交通运输局、相关县（市、区）〕

改造扩建赣州黄金机场，推动航空口岸建设，加快建设两岸空中直航点。加密赣州至北京、上海、广州等地航线，争取开通赣州至香港航线。〔责任单位：市交通运输局、市发改委、赣州航空发展服务公司、市政府口岸办、赣州机场分公司〕

加快赣江航道建设，结合梯级开发，实现赣州—吉安—峡江三级通航，加快建设赣州港，2017年前建成水西综合货运码头。〔责任单位：市交通运输局、赣州港航分局〕

9. 加强交通基础设施建设

完善铁路网络，加快鹰瑞梅铁路前期工作，争取早日开工建设。尽快启动吉安—宁都—建宁铁路前期工作，推动瑞金火车站升级改造。〔责任单位：市铁路建设办、市发改委、市交通运输局、宁都县、瑞金市〕

加强公路建设，加快推进大庆—广州高速公路赣州繁忙路段扩容改造工程，积极推动兴国—赣县、寻乌—全南、乐安—宁都—于都等高速公路建设，确保2015年前实现县县通高速。加大国省道干线公路改造力度，实现县县通国道，重点推进通县二级公路建设。积极争取国家、省优先安排国省道改造项目，落实提高省级补助标准。争取国家代地方发行普通公路建设债券。加快推进国家公路运输枢纽站场建设。〔责任单位：市交通运输局、市发改委、市重点办、市公路局、赣州高速公路公司、相关县（市、区）〕

抓紧研究建设瑞金通勤机场。〔责任单位：市交通运输局、市发改委、瑞金市〕

10. 提高能源保障能力

积极开展瑞金电厂扩建项目研究论证，力争尽快开工建设。大力发展风电、太阳能、生物质能发电等新能源项目，开展上犹、定南等国家绿色能源示范县建设。推动樟树—吉安—赣州、泉州—赣州、揭阳—梅州—赣州等成品油管道项目建设。加快建设赣州天然气及成品油仓储基地。大力推进天然气管网工程，建设赣州中心城区压缩天然气加气母站，争取2015年县县用上天然气，推进华电赣州开发区工业园天然气电热冷三联供能源站项目建设。〔责任单位：市发改委、市重点办、中石化赣州石油分公司、相关县（市、区）〕

依托蒙西至华中电煤运输通道建设，解决赣州地区煤运问题。〔责任单位：市铁路建设办、市发改委〕

积极推动赣州东（红都）500千伏输变电工程和抚州至赣州东（红都）500千伏线路"十二五"期间开工建设。争取建设武汉—南昌—赣州1000千伏特高压交流工程。提高县网供电保障能力，争取到2015年，建成石城、崇义、安远等县220千伏变电站。落实取消赣州市220千伏、110千伏输变电工程建设贷款地方财政贴息等配套费用。〔责任单位：赣州供电公司、市发改委、市重点办、市财政局、相关县（市、区）〕

11. 加快水利基础设施建设

加快实施市、县城镇防洪工程建设并争取纳入国家补助范围，提高城镇防洪标准。尽快开展上犹江引水等水资源配置工程前期工作。加快推进章江等大型灌区续建配套与节水改造，尽快完成病险水库除险加固。加快江河主要支流及中小河流治理。逐步扩大小型农田水利重点县建设覆盖面，力争赣州18个县（市、区）全部纳入实施范围。抓紧落实好将一般中小型灌区新建、续建配套及节水改造、中小型排涝泵站更新改造以及小水窖、小水池、小塘坝、小泵站、小水渠等"五小"水利工程纳入中央支持范围，加快编制实施方案，积极申报国家水利专项投资。尽快建立山洪地质灾害监测预警预报体系。〔责任单位：市水利局、市发改委、市财政局、市国土资源局、市城乡规划建设局、市交通运输局、市农业粮食局、市矿管局、市水文局、市水务集团、相关县（市、区）〕

（四）培育壮大特色优势产业，走出振兴发展新路子

12. 积极推动优势矿产业发展

发挥赣州稀土集团、江钨控股集团等骨干企业和江西理工大学、赣州有色冶金研究所等国内外科研院所及高等院校作用，加大技术改造和关键技术研发力度，促进稀土、钨、萤石、锡、铜等精深加工。大力发展高性能稀土永磁、稀土发光、硬质合金等高端稀土、钨新材料和应用产业，扩大高端领域应用，

增加产品附加值，加快制造业集聚，建设全国重要的新材料产业基地。加快建设稀土产业基地和稀土产学研合作创新示范基地，争取国家高新技术产业园区和新型工业化产业示范基地扶持政策。积极推进技术创新，提升稀土开采、冶炼和应用技术水平，提高稀土行业集中度。争取国家稀土创新发展工程项目、稀土产业调整升级专项扶持资金向赣州倾斜。争取国家稀土、钨矿产品生产计划指标向赣州倾斜。〔责任单位：市工信委、市发改委、市科技局、市国土资源局、市商务局、市矿管局〕

依托赣州稀土集团公司，抓紧与央企、省企和行业内骨干企业合作，组建大型稀土企业集团。〔责任单位：市工信委、市发改委、市财政局、市国资委、赣州稀土集团公司〕

尽快争取国家找矿突破战略行动重点区域有关政策、项目和资金，争取国家加大地质矿产调查评价、中央地质勘查基金等中央财政资金的支持力度。加快建设南方离子型稀土战略资源储备基地，争取若干个稀土储备矿区列为首批国家矿产地储备试点。〔责任单位：市矿管局、市发改委、市工信委、市财政局、市国土资源局、赣南地调大队、二六四大队、江西冶勘二队〕

建立政产学研合作机制，发挥政府统筹规划、配置资源职能，以企业为主体，以江西理工大学等高校和科研院所为依托，组建技术创新战略联盟。推进国家级南方离子型稀土与钨工程（技术）研究中心建设，积极申报国家科技重大专项，争取国家、省加大稀土、钨关键技术攻关的支持力度。〔责任单位：市科技局、市发改委、市工信委、市财政局、市质监局、江西理工大学、赣州稀土集团公司、赣州有色冶金研究所〕

积极推进建立稀有金属期货交易中心工作。〔责任单位：市金融工作办、市发改委、市国资委〕

13. 加快提升制造业发展水平

制订工业经济三年攻坚、五年跨越行动计划，推动工业体量扩张、结构优化。充分发挥现有产业优势，大力发展电子信息、现代轻纺、机械制造、新型建材等产业，争取国家、省在高技术产业发展专项等方面给予优先支持，对获得中国驰名商标、中国名牌产品的企业给予奖励。积极培育新能源汽车及其关键零部件、生物医药、节能环保、高端装备制造等战略性新兴产业，形成一批科技含量高、辐射带动力强、市场前景广阔的产业集群。积极引进和推动国内整车企业在赣州设立分厂，争取列入国家"十城千辆节能与新能源汽车推广示范城市"。加快建设赣州新型电子、氟盐化工、南康家具等产业基地建设。〔责任单位：市工信委、市发改委、市科技局、市食品药品监管局、市矿管局、市工商局、市质监局、相关县（市、区）〕

设立战略性新兴产业创业投资引导基金，争取中央、省财政参股基金。建设高技术产业孵化基地。〔责任单位：市发改委、市工信委、市科技局、市财政局〕

争取国家、省加大对重大科技成果推广应用和产业化支持力度，各类科技计划项目和经费向赣州倾斜，增强科技创新能力。〔责任单位：市科技局、市发改委、市工信委、市财政局〕

大力引进军工企业在赣州发展军民结合高技术产业，重点发展钨、稀土精深加工为主的特种材料项目，争取国家军品生产计划向赣州倾斜。〔责任单位：市工信委、市科技局〕

建设国家级检验检测技术研发服务平台。推动国家钨与稀土产品质量监督检验中心建设。推动南康创建全国实木家具产业知名品牌示范区，并建设国家家具产品质量监督检验中心。〔责任单位：市质监局、市工信委、市科技局、市商务局、江西理工大学、南康市〕

14. 促进红色文化旅游产业大发展

尽快编制赣南苏区革命遗址保护规划，争取中央专项投资，加大对革命旧居旧址保护和修缮力度，发挥革命旧居旧址在爱国主义教育中的重要作用。加快建设苏区振兴展览展示馆、中央苏区历史博物馆、中央苏区烈士陵园、中央苏区反"围剿"战争纪念馆、寻乌调查纪念园、中央红军长征出发地纪念园、南方红军三年游击战争纪念园等红色文化教育基地。〔责任单位：市文广局、市委党史办、市发改委、市民政局、市财政局、相关县（市、区）〕

加快瑞金国家公务员培训基地建设。〔责任单位：市人力资源社会保障局、瑞金市〕

大力发展红色旅游，抓住赣南苏区红色旅游列入国家旅游发展战略的有利时机，争取更多红色旅游项目列入全国红色旅游二期方案。争取国家、省资金建设一批通达景区及景区内旅游公路、游步道和旅游集散中心等设施，完善旅游交通道路指示系统，将赣州建设成赣粤闽湘四省通衢旅游中心。以瑞金为核心高起点建设一批精品景区和经典线路，创建国家5A级旅游景区，加快推进中华苏维埃纪念园、兴国苏区干部好作风纪念园、"宁都起义"纪念馆、会昌毛泽东诗词纪念馆和博览园、石城阻击战纪念园等中央苏区红色旅游重点景区建设，打造中央苏区红色旅游长廊。加快推进中心城区"三江六岸"特色文化旅游观光带和特色生态文化旅游项目建设，规划建设红色文化创意园、江南宋城文化园、红色文化主题公园等文化旅游产业项目。推动红色旅游与生态旅游、休闲旅游、历史文化旅游融合发展。加快创建国家旅游扶贫试验区、国家级旅游度假区、生态旅游示范区。加大旅游人才培训力度。办好赣州国际脐橙节和赣州生态旅游节。深化与井冈山、赣东、闽西、粤东北的旅游合作。〔责任单位：市旅游局、市委宣传部、市委农工部、市委党史办、市发改委、市财政局、市交通运输局、市果业局、市林业局、市文广局、市扶贫移民办、相关县（市、区）〕

15. 大力发展现代服务业

健全金融机构组织体系，完善金融机构、金融市场和金融产品，争取国家、省推动建立赣闽粤湘四省边际区域性金融资源共享机制，推动区域性金融中心建设。规划建设"金融商务核心区"和金融信息平台，优化金融生态，发展基金管理、金融租赁、财务管理、信托管理以及后台服务等新兴金融业态和金融产品。积极引进境内外金融机构在赣州设立经营性分支机构，引进各类银行业金融机构发起设立新型农村金融机构。推进赣州银行引进战略投资者，完善法人治理机构，建立现代银行企业制度，支持跨区域设立分支机构。扶持农村商业银行做大做强。推动设立赣南苏区保险公司。〔责任单位：市金融工作办、市财政局、赣州银行、人民银行赣州市中心支行、赣州银监分局〕

大力发展现代物流业，启动物流企业营业税差额纳税试点。推动赣州综合物流园区、赣州空港物流园、赣州农产品加工物流中心等项目建设。〔责任单位：市交通运输局、市财政局、市商务局、市国税局、市地税局、赣州开发区〕

创建现代物流技术应用和共同配送综合试点城市，在每个县（市、区）

建立一个物流配送中心。每个县（市、区）中心镇建成一个标准化农贸市场。〔责任单位：市商务局、市发改委、市城乡规划建设局、市交通运输局、各县（市、区）〕

大力发展科技研发、工业设计、文化创意和服务外包，规范发展法律咨询、信用评估、科技中介、广告会展、培训认证等商务服务业。适应城镇化和人口老龄化趋势，发展社区服务、物业服务、家政服务、社会化养老等生活服务业。推进服务业发展示范基地建设。培育发展服务外包业。〔责任单位：市发改委、市工信委、市科技局、市民政局、市司法局、市商务局、市文广局、市房管局、市工商局、市质监局〕

16. 推动产业与城市协调发展

促进产业和生产要素向城市集聚，提升城市服务功能和承载能力。加快建设省域副中心城市，尽快完成城市总体规划报批，推动调整行政区划，到2020年中心城区建成面积达到200平方公里，总人口达到200万。推动赣县、南康、上犹与中心城区同城化发展，加快构筑同城化发展框架。〔责任单位：市城乡规划建设局、市发改委、市民政局、市国土资源局、相关县（市、区）〕

科学规划建设章康新区，把章康新区打造成为赣南苏区的核心发展区、先行发展试验区、承接央企帮扶重要平台和全省经济发展的重要引擎。〔责任单位：市城乡规划建设局、市发改委、市工信委、市财政局、市国土资源局、相关县（市、区）〕

扶持发展瑞金、龙南次中心城市和一批卫星城市，建设赣南城市群。科学规划城市功能定位和产业布局，强化城市基础设施和公共服务设施建设，增强辐射带动能力。〔责任单位：市城乡规划建设局、市发改委、市工信委、市国土资源局、市城管局、相关县（市、区）〕

推进智慧城市建设，加快数据基地、数字城管、光网城市、自然资源和空间地理信息系统等重大工程建设。〔责任单位：市工信委、市发改委、市民政局、市国土资源局、市城乡规划建设局、市城管局、相关县（市、区）〕

建设赣州地震预警中心台网，加密地震烈度速报与预警台网，建设会昌地震观测与应急指挥分中心，升级安远等6个强震动台和寻乌等7个测震数字

台。在地震重点监视防御区建设地震应急避难场所。〔责任单位：市防震减灾局、市财政局、市城乡规划建设局、相关县（市、区）〕

（五）加强生态建设和环境保护，增强可持续发展能力

17. 加强生态建设和水土保持

深入实施"一大四小"造林绿化工程，推进"森林城乡、绿色通道"建设，重点加快高速、国省道绿化步伐。加强天然林资源保护，巩固和扩大退耕还林成果，争取国家、省加大长江和珠江防护林工程以及湿地保护和恢复投入力度，支持自然保护区、森林公园、地质公园、湿地公园等建设，争取省级自然保护区专项补助优先安排赣州。争取在赣江、东江源头和重要区域设立省级森林公园，优先设立城市型森林公园，打造森林旅游示范区。争取省级林业基本建设、林业重点工程、旅游发展基金等建设资金向赣州倾斜，森林资源保护先进县奖励经费优先安排赣州。加强生物多样性保护。加强中幼龄林抚育和低质低效林改造，改善林相结构，提高林分质量。加快赣州国家木材战略储备生产基地建设，开展珍稀树种培育与利用，率先在崇义、上犹、全南、宁都等县开展试点。加强森林防火设施建设。争取国家、省加大对森林管护和公益林建设扶持力度，加强草山草坡保护和利用。〔责任单位：市林业局、市发改委、市财政局、市国土资源局、市城乡规划建设局、市农业粮食局、市环保局、市城管局、市矿管局、相关县（市、区）〕

加大水土流失综合治理力度，继续实施崩岗侵蚀防治等水土保持重点建设工程。〔责任单位：市水保局、相关县（市、区）〕

加强赣江、东江源头保护，开展水产种质资源保护和水生态系统保护与修复治理。争取将上犹陡水湖纳入国家中小湖泊环境整治范围。〔责任单位：市水利局、市发改委、市农业粮食局、市环保局、相关县（市、区）〕

深入开展瑞金、上犹等生态文明示范工程试点，争取中央财政生态补助资金。争取国家生态文明示范工程扩大试点范围。创建省级生态县、生态工业园区，争取有条件的上升为国家级。〔责任单位：市发改委、市工信委、市财政局、市林业局、市环保局、相关县（市、区）〕

争取国家、省加大生态移民搬迁、地质灾害移民搬迁、易地扶贫搬迁支持

力度。将居住在库区水面木棚的农民纳入"渔民上岸"工程实施范围，2013年底全面完成上岸搬迁任务。〔责任单位：市扶贫移民办、市国土资源局、市城乡规划建设局、市农业粮食局、市矿管局、相关县（市、区）〕

18. 加大环境治理和保护力度

尽快编制矿山环境综合治理规划，争取国家加大矿山地质环境治理专项资金投入，加快完成历史遗留矿山环境综合治理。〔责任单位：市矿管局、市财政局、市国土资源局、市水保局、市林业局、市环保局〕

建设城镇污水处理厂和污水管网，"十二五"末完成所有县城生活污水管网体系建设，加强开发区、工业园、产业园污水处理设施建设。〔责任单位：市城乡规划建设局、市发改委、市工信委、市环保局、市城管局〕

推进多种污染物协同控制，加强城市大气污染防治。推进重点区域重金属污染防治和历史遗留问题综合整治，加大工业行业清洁生产推行力度。建设危险废物处置中心，加强危险废物规范化管理。加强城乡饮用水水源保护以及陡水湖生态环境保护与治理。加快中心城区第二垃圾处理场建设。推进农村清洁工程，加大农村环境综合整治和农业面源污染防治力度，发展农村沼气，加强乡镇垃圾处理设施建设。加强环境监管能力建设。〔责任单位：市环保局、市委农工部、市发改委、市工信委、市国土资源局、市水利局、市农业粮食局、市果业局、市城管局〕

19. 大力发展循环经济

积极参与国家循环经济"十百千示范行动"，加快建设铜铝有色金属循环经济产业园，推进资源再生利用产业化。严格控制高耗能、高排放和产能过剩行业新上项目，提高行业准入门槛。积极开展共伴生矿、尾矿和大宗工业固体废弃物综合利用，发展稀土综合回收利用产业。推进赣州经济技术开发区实施循环化改造，建设国家生态工业示范园区。开展全国低碳城市试点，实施低碳农业示范和碳汇造林工程。争取列入国家再生资源回收体系建设试点城市。推进循环农业发展。推动资源型城市可持续发展，争取列入国家资源枯竭型城市试点。争取开展餐厨废弃物等资源化利用和无害化处理试点。〔责任单位：市发改委、市工信委、市财政局、市国土资源局、市农业粮食局、市林业局、市商务局、市环保局、市城管局、市矿管局、市质监局、市铜铝产业办、赣县、赣州开发区〕

（六）发展繁荣社会事业，促进基本公共服务均等化

20. 优先发展教育事业

修订和完善赣州市教育事业发展规划。加快实施学前教育三年行动计划。积极推进农村义务教育薄弱学校改造和义务教育学校扩容改造，到2013年全面完成校舍危房改造任务。加快边远艰苦地区农村学校教师周转宿舍建设，解决教师住房困难问题。大力支持农村寄宿制小学、初中新（改、扩）建学生宿舍、食堂及相关设施，完善寄宿制条件，到2015年基本解决小学、初中寄宿生住宿问题。〔责任单位：市教育局、市发改委、市财政局〕

逐步提高农村义务教育阶段家庭经济困难寄宿生生活费补助标准，在集中连片特殊困难地区全面实施农村义务教育学生营养改善计划，支持鼓励非国家试点县（区）开展农村义务教育营养改善计划地方试点。争取国家、省支持解决普通高中债务，以及在安排普通高中改造计划等项目时对赣州倾斜。〔责任单位：市教育局、市财政局、市扶贫移民办〕

做好"特岗计划"、"国培计划"相关工作，力争"特岗计划"实施范围覆盖所有县（市、区）。〔责任单位：市教育局、市财政局、市人力资源社会保障局、市扶贫移民办〕

扶持每个县（市、区）办好一所骨干示范中等职业学校，推进赣州职教园区、市级公共实训中心和钨、稀土、新能源汽车、氟盐化工、现代农业（脐橙）等专业实训基地建设，支持企业自办实训基地，建立适应赣州产业发展的现代职业教育体系。〔责任单位：市教育局、市发改委、市工信委、市科技局、市人力资源社会保障局〕

推动国家面向贫困地区定向招生专项计划向赣州倾斜，争取部属师范大学扩大对赣州的招生规模，支持免费师范毕业生到县乡中小学任教。〔责任单位：市教育局、市发改委、市人力资源社会保障局〕

对长期在农村基层工作的教师，在职称评定、工资待遇等方面实行倾斜。实行特级教师、省市学科带头人、骨干教师巡回讲学制度。重点安排农村骨干教师进入省级重点院校进修学习，不断提高中小学教师学历水平，提升教师队伍素质。〔责任单位：市教育局、市发改委、市财政局、市人力资

源社会保障局〕

加快高等院校发展，积极协助省人民政府和国家部委及相关部门共建江西理工大学，支持江西理工大学发展博士层次研究生教育。推动赣南教育学院尽快转制为赣州师范高等专科学校，赣州卫生学校等组建卫生职业技术学院，力争"十二五"期间将赣南师范学院更名为赣南师范大学，推动稀土、钨等优势特色学科建设。〔责任单位：市教育局、市发改委、市工信委、市科技局、市财政局、市人力资源社会保障局、市卫生局、江西理工大学、赣南师范学院〕

争取国家、省加大支持力度，着力实施教育综合改革试验，积极探索革命老区教育改革发展新模式。〔责任单位：市教育局、市发改委、市财政局、市人力资源社会保障局、市扶贫移民办〕

21. 提升城乡医疗卫生服务水平

编制赣州市医疗卫生专项规划（2012～2020），推动建立供需平衡、布局合理、公平性和可及性较好的基本医疗卫生服务体系，到2015年千人口床位数达到全省平均水平，2020年达到全国平均水平，提升区域性医疗服务能力。〔责任单位：市卫生局、市发改委〕

进一步健全市、县、乡、村医疗卫生服务网络，加强农村急救、卫生监督、重大疾病防控等公共卫生服务能力建设。在中心城区增设三级综合医院，建设赣州儿童、肿瘤等专科医院。加快市、县中医院、妇幼保健院建设，全面完成市、县级卫生监督机构业务用房建设，完成中心血站整体搬迁。加强农村医疗卫生服务体系建设，对于都、宁都、瑞金、兴国、南康等人口大县（市）的人民医院按三级综合医院标准加强医疗服务能力建设；对中心卫生院进行加强型建设，对一般卫生院进行标准化建设，全面消除村卫生室"空白村"，实现每个行政村建成一所标准化卫生室。完善城市社区卫生服务体系，实现每个街道办事处有一所政府举办的社区卫生服务中心，每个社区有一所卫生服务站。支持乡镇卫生院职工周转房建设和危房改造。〔责任单位：市卫生局、市发改委、市财政局、市人力资源社会保障局、相关县（市、区）〕

加强基层医疗卫生队伍建设，积极推进全科医生培训基地建设，大力培养全科医生。深化医学院校与基层医疗机构合作对接。联系和协调省直三级甲等

医院对口帮扶县（市）人民医院。〔责任单位：市卫生局、市发改委、市财政局、市人力资源社会保障局、赣南医学院〕

完善食品药品检验检测体系，加快建设赣州市食品药品检验检测中心和瑞金、龙南等区域性食品药品检验检测机构，加强县级食品药品快检室建设。〔责任单位：市食品药品监管局、市发改委、市质监局〕

加强人口和计划生育服务能力建设，提高农村部分计划生育家庭奖励扶助和城乡计划生育家庭尤其是失独家庭特别扶助标准，提高独生子女父母奖励费标准，建立计生女儿户家庭特殊制度。全面开展国家免费孕前优生健康检查，争取国家帮助赣州配备相关计生设备，到 2015 年全面完成县乡站（所）标准化、规范化、信息化建设。〔责任单位：市人口计生委、市财政局〕

22. 加快文化体育事业发展

编制赣州市城乡公共文化体育设施建设规划，全面启动公共文化体育设施达（提）标建设。〔责任单位：市文广局、市城乡规划建设局、市体育局〕

加快市级图书馆、文化馆、博物馆和县级文化馆、图书馆以及乡镇街道综合文化站、村及社区文化室、农家书屋等城乡公共文化设施建设，新建赣州市文化艺术中心。支持和鼓励民间投资兴办博物馆等公益性文化馆场建设。推进国家公共文化服务体系示范区创建工作，推进高山无线发射台站建设，加快实施广播电视村村通等文化惠民工程，到 2015 年全面完成 15 座无线发射台站（含赣州 852 台）基础设施建设，"十二五"内提前实现户户通广播电视。〔责任单位：市文广局、市发改委、市财政局、市城乡规划建设局、市新闻出版局、市档案局〕

加大历史文化名城名镇名村保护力度，推进七里窑大遗址保护工程，加大对福寿沟等宋城遗址的保护和开发利用。力争"十二五"期间完成全市各历史文化街区和历史文化名镇名村的修缮与整治工作，支持有条件的古镇、古村申报国家级和省级历史文化名镇名村。推进赣南围屋申报世界文化遗产名录。〔责任单位：市城乡规划建设局、市发改委、市文广局、相关县（市、区）〕

推进国家级客家文化（赣南）生态保护区设立和建设。加强赣南采茶戏、兴国山歌等非物质文化遗产保护。〔责任单位：市文广局、市发改委、市城乡规划建设局、相关县（市、区）〕

加强红色文化、客家文化、宋城文化等各类文化遗产保护。〔责任单位：市文广局、市委党史办〕

积极创办客家出版社。〔责任单位：市新闻出版局、赣南日报社〕

加快城乡公共体育设施建设。加快赣州市全民健身中心、县级"两场一馆一池"（体育场、健身场、体育馆、游泳池）、乡镇、村级及社区体育场地设施建设，积极争取国家、省资金投入，加快建设第十四届省运会体育场馆设施。〔责任单位：市体育局、市发改委、市财政局、相关县（市、区）〕

23. 加强就业和社会保障

加强基层人力资源和社会保障公共服务平台建设，依托现有资源建设赣州综合性职业技能实训基地。免除中职（含技工院校）涉农专业及农村家庭经济困难学生学费。〔责任单位：市人力资源社会保障局、市发改委、市教育局、市财政局〕

建立完善统筹城乡的社会保障体系，实现基本养老保险、基本医疗保险制度全覆盖。逐步提高新型农村社会养老保险和城镇居民社会养老保险基础养老金标准以及企业退休人员基本养老金水平，争取到 2020 年达到全国平均水平。完善城乡低保制度，实现应保尽保，合理提高低保标准。完善城乡医疗救助和临时生活救助制度，提高城乡困难群众整体救助水平。加大对残疾人的就业和社会保障的帮扶力度。〔责任单位：市人力资源社会保障局、市民政局、市财政局、市残联〕

加快推进赣州市儿童福利院、残疾人康复托养中心、社会养老服务机构、救助管理机构等设施建设。支持每个县（市、区）建设一所综合性残疾人康复托养中心和社会福利中心，每个乡镇建设一所敬老院。争取国家、省加大对赣州社会救助资金支持力度。〔责任单位：市民政局、市发改委、市财政局、市残联、相关县（市、区）〕

加快建设赣州区域性救灾减灾指挥中心和救灾物资储备库、应急避难场所。〔责任单位：市民政局、市财政局〕

24. 强化基层社会管理服务

加强基层组织建设，修缮和规范村级组织活动场所。深化"送政策、送温暖、送服务"工作，扎实推进干部直接联系服务群众"双向全覆盖"，做好新形势下群众工作，加强和创新社会管理。加快社区服务中心、服务站等综合性基层平台建设，争取中央投资和省级配套，解决城镇社区没有独立产权的办公和服务用房问题，建设一批新型农村社区，构建以城乡社区为重点的基层社会管理服务体系。进一步拓展和延伸基层社会管理服务内容，完善维护群众权益机制。〔责任单位：市委组织部、市委政法委、市委农工部、市民政局、市财政局、市中级法院、市检察院、市信访局、市发改委、市公安局〕

提高乡村基本运转经费保障水平，努力改善乡村干部工资福利待遇和办公生活条件。〔责任单位：市财政局、市委组织部〕

（七）深化改革扩大开放，为振兴发展注入强劲活力

25. 创新体制机制

深化行政管理体制改革，加快转变政府职能，精简审批事项，下放审批权限，提高行政效能，优化发展环境。〔责任单位：市政府办公厅、市纪委监察局、市编办、市发改委、市行政服务中心管理办〕

积极争取赣州批准为较大的市，依法享有相应的地方立法权。加强法制建设，及时制定地方性法规，严格依法行政。〔责任单位：市人大常委会办公厅、市政府法制办〕

加快要素市场建设，支持发展非公有制经济和中小企业，鼓励民间资本参与基础设施、公用事业和社会事业等领域建设。〔责任单位：市民营企业管理局、市发改委〕

稳步开展农村土地承包经营权登记，探索农村集体建设用地流转制度改革。深化集体林权制度改革，开展经济林确权流通，建立林权管理服务中心。采取更加灵活的措施，在城乡统筹、扶贫开发、投融资等方面先行开展政策探索。〔责任单位：市委农工部、市金融工作办、市国土资源局、市城乡规划建设局、市农业粮食局、市林业局、市扶贫移民办〕

推进农村集体土地所有权、农村集体建设用地使用权、宅基地使用权确权登记发证。〔责任单位：市国土资源局、市委农工部、市城乡规划建设局、市农业粮食局、市林业局、市扶贫移民办〕

积极推动设立瑞（金）兴（国）于（都）经济振兴试验区，制定试验区

总体发展规划，加大支持力度，开展先行先试。〔责任单位：市发改委、瑞金市、兴国县、于都县〕

在地方金融组织体系、中小企业金融服务等方面开展改革试验，设立中小企业担保公司，完善区域内信用担保体系。〔责任单位：市金融工作办、市民营企业管理局、人民银行赣州市中心支行、赣州银监分局〕

26. 有序承接产业转移

坚持市场导向与政府推动相结合，发挥自身优势，完善产业配套条件和产业转移推进机制，大力开展集群化、链条式招商引资，推动全建制、抱团式、集成化引进产业项目。加快赣南承接产业转移示范区建设，有序承接东南沿海地区产业转移，严禁高污染产业和落后生产能力转入。加快龙南、定南、全南加工贸易重点承接地建设，大力引进加工贸易先进制造业和高新技术产业项目，重点扶持高技术含量、高附加值、低碳型加工贸易产业。〔责任单位：市商务局、市发改委、市工信委、市招商服务中心、市环保局、龙南县、全南县、定南县〕

加快赣州出口加工区申请设立赣州综合保税区，建设成为内陆开放型经济示范区。推动瑞金、龙南等省级开发区升格为国家级，推动符合条件的开发区（工业园）升级。推进石城、崇义、寻乌等未设立开发区的县设立产业集聚区。〔责任单位：市商务局、市发改委、市工信委、市民营企业管理局、市政府口岸办、赣州海关、南昌海关驻龙南办事处、赣州出入境检验检疫局、省出入境检验检疫局驻龙南办事处、相关县（市、区）、赣州开发区〕

推动符合条件的产业园区申报设立国家级高新技术产业开发区。〔责任单位：市科技局、市发改委、市工信委〕

27. 推动开放合作

强化与珠三角、厦漳泉等沿海地区的经贸联系，打造以赣州经济技术开发区为核心，以赣州"三南"至广东河源、瑞金兴国至福建龙岩产业走廊为两翼的"一核两翼"开放合作新格局。加快赣闽、赣粤产业合作区建设。建立完善赣南等原中央苏区区域内更加紧密的合作机制，加强在基础设施共建共享、资源开发利用、产业发展、生态建设与环境保护等方面的合作，加快区域一体化进程。密切与鄱阳湖生态经济区、海峡西岸经济区等周边重要经济区的协作互动。加强与沿海地区铁海联运等合作，形成赣南与沿海地区在信息、物流、"大通关"等方面互利互惠的良好局面。深化与台港澳地区在农业、环保、电子信息及服务贸易等领域的合作交流。争取省级出口基地升级为国家级外贸转型升级专业型示范基地。〔责任单位：市商务局、市台办、市发改委、市工信委、市交通运输局、市农业粮食局、市招商服务中心、市环保局、市外侨办、市政府口岸办、赣州海关、赣州出入境检验检疫局、南铁赣州车务段、相关县（市、区）、赣州开发区〕

五　用好用足用活国家支持政策

28. 赣州市执行西部大开发政策

进一步加强与国家有关部委的对接汇报，协调落实西部大开发政策在我市全面落地。制订实施方案，加强对接落实中央财政转移支付、投资补助、金融优惠、税收优惠等各项政策及差别化产业政策，落实国家规定的省级配套政策。〔责任单位：市发改委、市金融工作办、市工信委、市教育局、市科技局、市民政局、市财政局、市人力资源社会保障局、市国土资源局、市城乡规划建设局、市交通运输局、市水利局、市农业粮食局、市林业局、市商务局、市招商服务中心、市文广局、市新闻出版局、市卫生局、市环保局、市扶贫移民办、市房管局、人民银行赣州市中心支行、赣州银监分局、赣州海关、市国税局、市地税局、市质监局等〕

29. 财税政策

加快对接落实中央财政进一步加大均衡性转移支付力度，逐步缩小地方标准财政收支缺口，以及中央财政加大对赣南苏区的财力补助政策。落实省财政相关补助资金，争取省级经济社会事业发展专项资金重点向赣南苏区倾斜。〔责任单位：市财政局〕

落实中央专项彩票公益金加大对赣州社会公益事业的支持力度。〔责任单位：市财政局、市民政局、市体育局、市残联、市国税局、市地税局〕

积极争取中央财政安排专项补助化解市县乡村公益性债务，对接落实将公益性建设项目国债转贷资金全部改为拨款。争取中央代地方政府发行的债券向

赣南苏区倾斜。〔责任单位：市财政局〕

积极申报将赣州列为中国服务外包示范城市并享受税收等相关优惠政策。〔责任单位：市商务局、市发改委、市财政局、市国税局、市地税局〕

30. 投资政策

对接落实加大中央预算内投资和专项建设资金、省级配套资金投入，在重大项目规划布局、审批核准、资金安排等方面给予赣州倾斜。〔责任单位：市发改委、市工信委、市教育局、市科技局、市民政局、市财政局、市城乡规划建设局、市交通运输局、市水利局、市农业粮食局、市林业局、市商务局、市文广局、市环保局、市扶贫移民办、市旅游局、市矿管局〕

对接落实中央在赣州安排的公益性建设项目，取消县及县以下和集中连片特殊困难地区市级资金配套政策。〔责任单位：市财政局、市发改委、市教育局、市民政局、市文广局、市卫生局、市体育局、市扶贫移民办〕

对接落实国家加大扶贫资金投入，省扶贫资金向赣南苏区倾斜。〔责任单位：市扶贫移民办、市财政局〕

加强与国家、省有关部门的汇报衔接，落实国家、省有关专项建设资金在安排公路、铁路、民航、水利等项目时，提高投资补助标准或资本金注入比例政策。〔责任单位：市发改委、市铁路建设办、市财政局、市交通运输局、市水利局、赣州机场分公司〕

31. 金融政策

对接落实政策性银行在国家许可的业务范围内，加大信贷支持力度。加强与金融部门沟通，鼓励各商业银行参与赣南苏区振兴发展。加快发展地方法人金融机构，发挥差别准备金动态调整机制的引导功能，合理增加信贷投放，积极向央行争取专项信贷规模，加大地方法人金融机构信贷投放力度。优化信贷结构，满足有效信贷需求。认真开展保险资金投资基础设施和重点产业项目建设，开展民间资本管理服务公司试点。推动符合条件的企业发行企业（公司）债券、中期票据、短期融资券、中小企业集合票据和上市融资。深化融资性担保公司或再担保公司、小额贷款公司创新试点。大力推进农村金融产品和服务方式创新，积极设立村镇银行。〔责任单位：市金融工作办、市发改委、市工信委、市财政局、人民银行赣州市中心支行、赣州银监分局〕

32. 产业政策

对接落实国家给予我市的差别化产业政策，制定特色优势产业发展目录，争取国家、省从规划引导、项目安排、资金配置等多方面，给予支持和倾斜。〔责任单位：市发改委、市工信委、市质监局〕

对接落实国家加大企业技术改造和产业结构调整专项对特色优势产业发展的支持力度，对符合条件的产业项目优先规划布局。〔责任单位：市发改委、市工信委、市农业粮食局、市果业局〕

鼓励和引导赣州企业积极申报省重点培育和发展出口名牌，争取国家、省在境外认证、注册等方面给予资金支持。〔责任单位：赣州出入境检验检疫局、市工信委、市商务局、市工商局〕

在开发区、工业园区、产业基地开展规划环评能评试点，简化项目环评能评审批程序。积极争取国家和省财政奖励节能技改项目。〔责任单位：市环保局、市发改委、市工信委、市财政局〕

积极创建国家印刷包装产业基地，抓紧落实国家来料加工、来样加工、来件装配和补偿贸易的政策，积极争取中央文化发展产业专项资金补助。〔责任单位：市新闻出版局、市发改委、市工信委、市商务局、赣州海关、市国税局、市地税局、赣州开发区〕

33. 国土资源政策

对接落实中央在安排土地利用年度计划、城乡建设用地增减挂钩周转指标等方面，加大对赣南苏区倾斜力度。〔责任单位：市国土资源局〕

积极开展低丘缓坡荒滩等未利用地开发利用试点和工矿废弃地复垦利用试点，落实国家对相关指标单列管理；积极开展农村土地综合整治工作，对损毁的建设用地和未利用地开发整理成园地的，经认定可视同补充耕地，验收后用于占补平衡。〔责任单位：市国土资源局、市发改委、市水保局、市农业粮食局、市林业局、市环保局、市安监局、市矿管局〕

在符合矿产资源规划和不突破开采总量指标的前提下，对稀土、钨残矿、尾矿和重点建设项目压覆稀土资源进行回收利用，对因资源枯竭而注销的稀土、钨采矿权，通过探矿权转采矿权或安排其他资源地实行接续。〔责任单位：市矿管局、市财政局、市国土资源局、市水保局、市环保局、市安监局、

赣南地调大队、二六四大队、江西冶勘二队〕

开展稀土采矿临时用地改革试点，切实解决赣州稀土采矿用地问题。对接落实对稀土、钨等优势矿产资源在国家下达新增开采、生产总量控制指标时给予赣南苏区倾斜，积极支持绿色矿山建设。〔责任单位：市矿管局、市工信委、市财政局、市国土资源局、市水保局、市林业局、市环保局〕

34. 生态补偿政策

落实将东江源、赣江源列为国家生态补偿试点，并认真开展好试点工作，争取国家生态补偿资金，启动一批生态示范工程建设。扩大赣江源保护区面积，落实省财政奖补政策。〔责任单位：市发改委、市财政局、市林业局、市环保局〕

结合主体功能区规划调整和完善，争取国家将贡江源头纳入国家重点生态功能区范围，提高国家重点生态功能区转移支付系数，中央财政加大转移支付力度。〔责任单位：市发改委、市财政局、市林业局、市环保局〕

加快建立资源型企业可持续发展准备金制度，争取资源企业依据法律、行政法规有关规定提取用于环境保护、生态恢复等方面的专项资金，按照国家规定准予税前扣除的政策。〔责任单位：市发改委、市财政局、市环保局、市国税局、市地税局〕

对接落实国家加大对废弃矿山植被恢复和生态治理工程的资金支持。〔责任单位：市矿管局、市发改委、市财政局、市林业局〕

落实好中央财政和省财政加大对国家公益林生态补偿投入力度。〔责任单位：市财政局、市发改委、市林业局、市环保局〕

35. 人才政策

进一步优化人才发展环境，健全人才引进、培养、使用的激励机制，落实国家加大东部地区、中央国家机关和中央企事业单位与我市干部交流工作的力度，落实省直机关优秀干部和技术型人才在我市挂职或驻点帮扶工作。〔责任单位：市委组织部、市人力资源社会保障局、市国资委〕

积极推进中央国家机关在瑞金设立干部教育培训基地。〔责任单位：市人力资源社会保障局、瑞金市〕

落实好国家重大人才工程和引智项目向原中央苏区倾斜的政策，鼓励高层次人才投资创业，支持符合条件的单位申报建立院士工作站和博士后科研工作

站。〔责任单位：市委组织部、市教育局、市科技局、市人力资源社会保障局、市科协〕

鼓励高校毕业生到赣南苏区基层工作。〔责任单位：市人力资源社会保障局、市教育局〕

36. 对口支援政策

全力争取国家支持，尽快制订对口支援总体方案，加快建立中央国家机关对口支援赣州市 18 个县（市、区）的机制，落实中央国家机关加强人才、技术、产业、项目等方面的对口支援。加强与支持赣南等原中央苏区振兴发展部际联席会议的对接联系和沟通协调。〔责任单位：市发改委、市委组织部、市工信委、市科技局〕

积极争取中央企业在赣州发展，开展帮扶活动。〔责任单位：市国资委、市工信委、市商务局〕

引导社会力量参与对口支援。积极牵线搭桥，组织侨领侨商、非公经济知名企业家到赣州洽谈投资项目，开展交流合作。〔责任单位：市委统战部、市侨联、市工商联〕

对接落实省定点帮扶机制。〔责任单位：市委组织部、市扶贫移民办、市国资委〕

六　强化组织保障

（一）加强学习宣传

各地各部门各单位要广泛组织学习宣传，开展丰富多彩的宣传宣讲活动，准确把握《若干意见》要求，研究吃透政策，引导广大干部群众切实把思想和行动统一到贯彻落实《若干意见》上来，凝聚各方面的智慧和力量，形成推动《若干意见》实施的强大合力。

（二）强化组织领导

成立赣南苏区振兴发展领导小组及其办公室，组织协调《若干意见》实施工作，协调处理推进赣南苏区振兴发展中的重大问题。各县（市、区）、赣州开发区要成立相应组织领导机构，抓好《若干意见》各项任务的落实。各地各部门主要领导要亲自抓、负总责，建立一级抓一级、层层抓落实的责任机制。

（三）明确职责分工

市直、驻市有关部门和单位要按照本意见的责任分工要求，各司其职、各负其责，切实做好本系统贯彻实施工作。各地各部门各单位要抓紧制订具体实施方案，明确细化目标任务和工作进度。要树立大局意识，加强协调配合，形成工作合力。牵头单位要加强组织协调，切实发挥牵头抓总的作用；责任单位要主动担责，积极跟进，确保承担工作任务如期完成。要抓紧做好向国家有关部委、省直有关部门的汇报沟通衔接，争取国家和省尽快制订有关专项规划和方案，细化政策措施，落实资金项目，全力争取国家、省最大限度支持。赣南苏区振兴发展领导小组办公室要及时掌握各地各部门各单位对接情况，加强信息沟通。

（四）严格责任考核

将《若干意见》实施情况纳入各地各部门各单位年度目标考核范围，列入领导班子和领导干部的绩效考核内容，建立目标责任考核机制，制定考核办法，严格兑现奖惩。要强化督促检查，严格责任追究制度。

全面贯彻落实好《若干意见》事关我市全面建成小康社会目标的实现，事关我市经济社会的长远发展。全市上下要切实增强推进《若干意见》实施的使命感、责任感和紧迫感，大力弘扬苏区精神，以更大的决心、更足的干劲、更有效的举措，真抓实干、顽强拼搏，全力推动全市经济社会加快发展、转型发展、跨越发展，向党中央、国务院和全市人民交上一份满意的答卷。

　　附件：1. 贯彻《若干意见》重大规划和方案

　　　　　2. 贯彻《若干意见》行动计划

　　　　　3. 贯彻《若干意见》的试点和示范事项

中共赣州市委

赣州市人民政府

2012 年 7 月 17 日

附件1：

贯彻《若干意见》重大规划和方案

序号	规划和方案名称	责任单位	工作要求
1	★全国革命老区扶贫攻坚示范区规划	市扶贫移民办、市发改委、市财政局	2012年11月底前完成编制，12月报省扶贫办、省发改委
2	罗霄山片区（赣州）区域发展与扶贫攻坚规划	市扶贫移民办	根据国务院批复出台的罗霄山片区区域发展与扶贫攻坚规划，结合实际，出台我市专项规划，11月底前完成编制
3	赣州市稀有金属产业基地规划（含钨、稀土产业发展专项规划）	市工信委	2012年8月底前完成编制，9月报省工信委
4	赣州市先进制造业基地规划（含铜铝产业、新能源汽车、电子信息业、现代轻纺业、食品工业、氟盐化工、生物制药、新型建材等产业专项规划）	市工信委	2012年8月底前完成编制，9月报省工信委
5	以脐橙为主的特色农产品基地规划	市果业局、市农业粮食局	2012年11月底前完成编制，12月报省农业厅
6	赣州市建设我国南方地区重要生态屏障规划	市林业局	2012年11月底前完成编制，12月报省林业厅
7	★赣州市区域性综合交通枢纽规划（含公路、铁路、水运、民航等专项规划）	市交通运输局、市发改委、市铁路建设办	2012年11月底前完成编制，12月报省交通运输厅、省发改委
8	赣州市物流商贸中心规划	市交通运输局、市城乡规划建设局、市商务局	2012年9月底前完成编制，10月报省交通运输厅、省商务厅
9	赣州市红色文化传承创新区规划	市委宣传部、市委党史办、市发改委、市文广局、市旅游局	2012年11月底前完成编制，12月报省委宣传部、省发改委
10	赣州市红色旅游发展专项规划	市旅游局、市发改委	2012年10月底前完成编制，11月报省旅游局、省发改委
11	★赣州市农村危旧土坯房改造规划	市城乡规划建设局、市委农工部、市发改委、市民政局、市扶贫移民办	2012年8月底前完成规划编制，9月报省住建厅，争取国家、省加大资金支持力度，三年内完成69.5万户改造任务

续表

序号	规划和方案名称	责任单位	工作要求
12	赣州市农村饮水安全专项规划	市水利局、市发改委	2012年8月底前完成编制,9月报省水利厅、省发改委
13	赣州农网改造升级专项规划	赣州供电公司、市发改委	2012年9月底前确定设计任务书和规划编制单位,2013年8月底前完成编制,2013年9月报省电力公司、省发改委
14	赣州市统筹城乡发展综合规划	市委农工部、市发改委、市城乡规划建设局	2012年9月底前完成试点方案,12月底前完成规划编制,2013年1月报省委农工部、省发改委
15	赣州市水利设施建设规划	市水利局、市发改委、市财政局	2012年12月底前完成编制,2013年1月报省水利厅、省发改委
16	★赣南苏区革命遗址保护规划	市文广局、市委党史办、市发改委	2012年9月底前完成编制,10月报省文化厅、省发改委
17	赣州市现代服务业发展规划	市发改委、市商务局	2012年12月底前完成编制,2013年1月报省发改委、省商务厅
18	赣州市建设赣粤闽湘四省边际区域性金融中心规划	人民银行赣州市中心支行、市金融工作办、赣州银监分局	2012年9月底前完成编制,10月报省金融办等单位
19	赣州市城市总体规划(含章康新区规划)	市城乡规划建设局	2012年8月底前完成纲要论证,9月底完成成果评审,10月底前报省政府审批
20	瑞金都市区、龙南都市区规划	市城乡规划建设局,龙南县、瑞金市及有关县	2012年11月底完成初步方案,2013年2月底完成纲要成果,5月底提交成果方案评审,6月底前上报审批
21	★赣州市矿山环境综合治理规划	市矿管局、市国土资源局、市林业局、市环保局	2012年12月底前完成编制,2013年1月报省国土资源厅、省地矿局
22	赣州市中小学校学生宿舍建设专项规划	市教育局、市发改委、市财政局	2012年10月底前完成编制,11月报省教育厅、省发改委
23	赣州市教育综合改革试验规划	市教育局、市发改委、市财政局、市人力资源社会保障局	2012年12月底前完成编制,2013年1月报省教育厅、省发改委
24	赣州市医疗卫生规划	市卫生局、市发改委	2012年9月底前完成编制,10月报省卫生厅、省发改委

序号	规划和方案名称	责任单位	工作要求
25	赣州市城乡公共文化体育设施建设规划	市文广局、市体育局	2012年9月底前完成编制,10月报省文化厅、省广电局、省体育局
26	★瑞(金)兴(国)于(都)经济振兴试验区发展规划	市发改委、兴国县、于都县、瑞金市	2012年9月底前完成编制,10月报省发改委,争取年底前由国家批复
27	★"三南"加工贸易重点承接地规划	市商务局、市发改委、龙南县、全南县、定南县	2012年10月底前完成编制,11月报省商务厅,争取年底前由商务部批复
28	赣南承接产业转移示范区规划	市发改委、市工信委、市商务局、市招商服务中心	2012年9月底前完成编制并报省发改委,争取10月报国家发改委
29	赣州市综合保税区规划	赣州开发区、市商务局、市政府口岸办、赣州海关、赣州出入境检验检疫局	2012年12月底前完成编制,2013年1月报省商务厅等单位
30	★赣南"一核两翼"开放合作规划	市发改委、市工信委、市商务局、市招商服务中心,有关县(市、区)、赣州开发区	2012年9月底前完成编制,10月报省发改委、省商务厅、省工信委,年底前报国家发展改革委批复
31	赣州市低丘缓坡荒滩等未利用土地开发利用试点专项规划	市国土资源局	2012年8月底前完成规划编制,9月底前拟订试点方案报省国土资源厅,争取年底前由国家批准实施
32	赣州市废弃工矿地复垦利用试点专项规划	市国土资源局、市矿管局	2012年8月底前完成规划编制,9月报省国土资源厅、省地矿局
33	赣州市土地整治专项规划	市国土资源局	2012年10月底前完成规划编制工作,11月报省国土资源厅
34	赣州市重金属污染防治规划	市环保局	2012年9月底前完成编制,10月报省环保厅
35	★制订对口支援总体方案,加快建立中央国家机关对口支援赣州市18个县(市、区)的机制;制订央企帮扶方案	市委组织部、市发改委、市工信委、市商务局、市国资委	2012年9月底前完成方案制订并报省,10月底前报国家发展改革委和中组部及国务院国资委,争取年底前批复出台

附件2：

贯彻《若干意见》行动计划

序号	规划和方案名称	责任单位	工作要求
一、民生工程			
1	2015年率先完成农村危旧土坯房改造任务	市委农工部、市发改委、市教育局、市民政局、市财政局、市国土资源局、市城乡规划建设局、市交通运输局、市文广局、市卫生局、市扶贫移民办、市矿管局、市房管局、市委"送政策、送温暖、送服务"工作领导小组办公室	2012年完成危旧土坯房改造10万户；到2015年全面完成以土坯房为主的农村危旧房改造任务，逐步淘汰危旧土坯房，农民居住水平明显提高，农村人居环境显著改善
2	加大全市保障性住房建设力度，加快城市棚户区改造、国有工矿棚户区和国有农林场危房改造，"十二五"末基本完成改造任务	市房管局、市发改委、市工信委、市财政局、市国土资源局、市城乡规划建设局、市农业粮食局、市林业局、市国资委、市矿管局	依照"十二五"相关规划，落实年度建设和用地计划，积极争取上级各项补助。城市棚户区、国有工矿棚户区、国有林场危旧房改造三年内基本完成
3	★大力实施农村安全饮水工程，争取国家、省加大投入，2014年底前解决农村饮水安全问题。支持有条件的农村地区发展规模化集中供水，扶持城镇供水管网向农村延伸	市水利局、市委农工部、市发改委、市财政局、市城乡规划建设局	2012年9月底前完成农村99.26万人安全饮水实施方案并上报省水利厅，2014年底前解决全市农村饮水安全问题。农村地区发展规模化集中供水，城镇供水管网向农村延伸
4	★争取国家发展改革委、国家电网公司加大对赣南苏区农网改造投入，加快推进新一轮农村电网改造升级，到"十二五"末建立新型农村电网。2013年底前全面解决赣州市部分农村不通电或电压低问题	赣州供电公司、市发改委	2013年前解决农村不通电或电压低问题，"十二五"末全面完成升级改造
5	★加快实施农村公路及危桥改造工程，推进县乡道改造和连通工程，进一步提高农村公路的等级标准和通达深度	市交通运输局、市发改委、市财政局	到2015年底危桥改建、加固率达100%。到2016年底实现四个"100%"，即100%县道达三级公路及以上标准，100%乡道达四级公路及以上标准；全面完成农村客运网络建设，使100%的通行政村公路满足农村客运条件；100%的县道实施完成安保工程

序号	规划和方案名称	责任单位	工作要求
6	★着力解决特殊困难对象中孤老病残优抚对象集中供养问题,争取国家、省投资建设一批集中供养设施	市民政局、市财政局	争取2012年底前完成可研报告,争取国家批复
7	切实帮助残疾人改善生活条件	市残联、市民政局、市财政局、市扶贫移民办	2012年底前建立重度贫困残疾人定期生活补贴制度、护理补贴制度,实施助残扶贫工程,争取2013年中央、省级补助资金明显增加,切实帮助残疾人改善生活条件
二、农业发展			
8	★高标准基本农田建设	市农业粮食局、市农业开发办、市国土资源局、市水利局	2012年底前争取更多的项目挤入省规划
9	★落实国家将适宜丘陵山区中小型农机具纳入农机购置补贴范围的政策	市农机局、市财政局	2012年10月前和农业部、省农业厅请求对接,争取2012年底前纳入农机购置补贴范围
10	建设面向东南沿海和港澳地区的重要农产品供应基地	市农业粮食局、市果业局	与全国特色农产品加工基地规划合并,2012年底前完成项目规划等前期工作
11	脐橙标准化和有机果园建设	市果业局、市质监局	2012年底前完成项目可研报告等前期工作并抓紧报批
12	加快脐橙品种选育和改良,完善赣南脐橙良种繁育体系	市果业局	加快完善脐橙良种繁育体系建设
13	★积极推进国家脐橙工程(技术)研究中心建设	市科技局、市果业局、赣南师范学院	加快建设步伐,全力做好评审等相关工作,2012年底前批准立项
14	★建设国家脐橙交易中心。尽快落实国家对脐橙实行"西果东送"政策。	市商务局、市果业局	抓紧完成各项前期工作,争取2013年建设集现货交易、仓储配送、电子交易、信息采集和展示展销等功能为一体的国家级脐橙交易中心。争取尽早落实"西果东送"政策
15	大力发展油茶、毛竹、花卉苗木等特色林业,加快油茶示范基地县建设	市林业局、市农业粮食局	2012年底前争取增加5个油茶示范基地建设示范县,毛竹低产林改造争取列入国家专项规划,争取上级林业发展专项资金;2013年以桂花为主的花卉苗木产业建设争取列入投资计划

续表

序号	规划和方案名称	责任单位	工作要求
16	建设国家现代农业示范区	市农业粮食局	2012 年底前完成规划,并向部、省申报。着力推进赣县国家现代农业示范区建设
三、基础设施			
17	大力发展休闲农业、乡村旅游	市旅游局、市农业粮食局、市林业局	2012 年 10 月完成赣南百里脐橙观光旅游带项目的可研报告,年底启动乡村旅游发展规划编制;积极争取上级对我市乡村旅游建设的支持。建设一批精品特色乡村旅游点
18	★赣(州)龙(岩)铁路扩能改造	市铁路建设办、市发改委	已开工,争取 2015 年前建成投入运营
19	★昌(南昌)吉(安)赣(州)铁路客运专线	市铁路建设办、市发改委	近期争取推动部省联合将项目建议书上报国家发展改革委
20	★赣州至深圳铁路客运专线	市铁路建设办、市发改委	2012 年底前启动规划研究,2013 年 6 月前完成编制项目建议书
21	★赣州至韶关铁路复线	市铁路建设办、市发改委	2012 年底前启动规划研究,力争进入"十二五"全国铁路规划,在"十三五"前期开工
22	★赣(州)井(冈山)铁路	市铁路建设办、市发改委	已列入"十二五"规划,争取 2012 年底启动项目前期工作,并开工建设
23	★鹰(潭)瑞(金)梅(州)铁路	市铁路建设办、市发改委	2012 年底前配合省铁办,争取完成项目立项批复,力争 2013 年完成可研批复并开工建设
24	蒙西至华中电煤运输通道延伸至赣州	市铁路建设办、市发改委	争取省委、省政府支持该项目延伸至赣,启动前期工作时,同步规划研究
25	赣州—郴州铁路	市铁路建设办、市发改委	2012 年底前启动前期工作
26	吉安—宁都—建宁铁路	市铁路建设办、市发改委	2012 年底前启动规划研究
27	瑞金火车站升级改造	市铁路建设办、瑞金市	2012 年底前启动规划研究,编制项目建议书。与鹰梅铁路同步实施
28	★改造扩建赣州黄金机场,推动航空口岸建设	市交通运输局、市发改委、赣州航空发展服务公司、市政府口岸办、赣州机场分公司	2012 年 11 月底完成可研报告编制工作,年底前报国家批复

续表

序号	规划和方案名称	责任单位	工作要求
29	★瑞金通勤机场	市交通运输局、市发改委、瑞金市	2012年底启动规划研究,2013年6月前完成编制项目建议书
30	★加快赣江航道建设,结合梯级开发实现赣州—吉安—峡江三级通航,加快建设赣州港,2017年前建成水西综合货运码头。	市交通运输局、赣州港航分局	2012年底前启动规划研究,抓紧完成相关前期工作。2017年前建成水西综合货运码头
31	★大庆—广州高速公路赣州繁忙路段扩容改造工程	市交通运输局、市发改委、市重点办、赣州高速公路公司	2012年底前启动规划研究,编制项目建议书
32	★兴国—赣县高速公路	市交通运输局、市发改委、市重点办、赣州高速公路公司	2012年9月完成可研编制,年底争取纳入新增国家高速公路调整规划中
33	★寻乌—全南高速公路	市交通运输局、市发改委、市重点办、赣州高速公路公司	2012年底前争取国家车购税补助资金
34	★乐安—宁都—于都高速公路	市交通运输局、市发改委、市重点办、赣州高速公路公司	2012年9月完成可研编制,年底前报国家批复
35	★国省道干线公路改造	市交通运输局、市发改委	根据年度项目计划安排,分年度完成前期工作。2012年完成路面重建127公里,2012年、2013年完成一、二级公路改造188公里
36	国家公路运输枢纽站场建设	市交通运输局、市发改委	根据项目规划和年度安排,逐年做好项目前期工作。2012年5个货运站完成前期工作、1个客运站场争取开工建设
37	★瑞金电厂扩建	市重点办、市发改委	争取2012年底前完成可研编制并通过审查,争取省上报国家申请"路条"
38	赣州市绿色能源示范县	市发改委、上犹县、定南县	2012年9月前完成定南、上犹绿色能源示范县相关规划和项目实施方案的修编,争取通过国家能源局审批
39	★赣州东(红都)500千伏输变电工程	赣州供电公司、市发改委、市重点办、市财政局	2012年内完成可研编制等工作,取得国家能源局核准必要的支持性文件,力争年底完成核准,2013年开工建设,2014年建成投运

续表

序号	规划和方案名称	责任单位	工作要求
40	★抚州至赣州东（红都）500千伏线路	赣州供电公司、市发改委、市重点办、市财政局	争取2012年底前调整纳入国家电网公司"十二五"规划，2013年启动前期工作，完成可研编制等工作，取得国家能源局核准必要的支持性文件，力争2013年底前完成核准，2014年开工建设
41	★石城、崇义、安远等县220千伏变电站	赣州供电公司、市发改委、市重点办、市财政局、崇义县、安远县、石城县	争取2012年底前调整纳入国家电网公司"十二五"规划，根据石城、崇义、安远等县经济社会及负荷发展情况，适时启动石城、崇义、安远等县220千伏输变电工程前期工作，力争2015年建成石城、崇义、安远等县220千伏输变电站
42	★樟树—吉安—赣州成品油管道	市发改委、市重点办、中石化赣州石油分公司	争取2012年内获得正式核准并开工建设
43	★泉州—赣州成品油管道	市发改委、市重点办、中石化赣州石油分公司	2012年底前确定业主，2013年6月底前完成规划研究
44	★揭阳—梅州—赣州成品油管道	市发改委、市重点办、中石化赣州石油分公司	2012年底前确定业主，2013年6月底前完成规划研究
45	★赣州天然气及成品油仓储基地建设	市发改委、市重点办、中石化赣州石油分公司	2012年底前确定业主，抓紧完成规划研究
46	★加快实施市、县城镇防洪工程建设并争取纳入国家补助范围，提高城镇防洪标准。开展上犹江引水等水资源配套工程前期工作。加快章江等大型灌区续建配套与节水改造，尽快完成病险水库除险加固。加快江河主要支流及中小河流治理工程。逐步扩大小型农田水利重点县建设覆盖面。争取"五小"水利工程建设纳入中央支持范围	市水利局、市发改委、市财政局、市国土资源局、市城乡规划建设局、市交通运输局	2012年底前争取10个中小河流治理项目和省水利厅审查一批赣州项目。完成小型农田水利重点县建设方案编制，并通过省级审查。"五小"水利工程尽快完成项目调研

序号	规划和方案名称	责任单位	工作要求
四、产业发展			
47	★加快组建大型稀土企业集团	市工信委、市发改委、市财政局、市国资委、赣州稀土集团公司	2012年9月底前编制完成组建方案，年底前上报国家审批
48	加快建设赣州稀土产业基地	市工信委、市发改委	2012年9月底前完成初步规划和实施方案，筹建稀土集团总部大厦，成立稀土科技产业园建设工作机构，争取年底前向国家申报
49	加快建设稀土政产学研合作创新示范基地	市科技局、市发改委、市工信委	2012年底前完成基地建设方案
50	★国家级南方离子型稀土与钨工程（技术）研究中心建设	市科技局、市发改委、市工信委、市财政局、市质监局、江西理工大学、赣州稀土集团公司、赣州有色冶金研究所	2012年11月底前完成可研报告，年底报国家批准立项组建
51	争取国家找矿突破战略行动重点区域有关政策、项目和资金，争取国家地质矿产调查评价、中央地质勘查基金的更大支持。	市矿管局、市发改委、市工信委、市财政局、市国土资源局、赣南地调大队、二六四大队、江西冶勘二队	2013年起对赣州资金支持明显增加
52	★南方离子型稀土战略资源储备基地	市矿管局、市发改委、市工信委、市财政局	2012年9月底前完成基地建设方案，争取年底前报国家审批
53	★研究建立稀有金属期货交易中心	市金融工作办、市发改委、市国资委	2013年3月底前完成项目论证工作
54	★设立战略性新兴产业创业投资基金。建设高技术产业孵化基地。	市发改委、市工信委、市科技局、市财政局	2012年底前编制完成1~2只基金组建方案，2013年6月底前上报国家。加大高技术产业孵化基地建设支持力度
55	★加快建设赣州新型电子、氟盐化工、南康家具等产业基地建设	市工信委、市发改委、相关县	2012年9月底前完成基地规划编制，年底前上报省政府主管部门批准。争取加大省级支持力度
56	★积极引进和推动国内整车企业在赣州设立分厂	市工信委	2012年9月底前完成可行性研究报告，年底上报国家，争取国家支持

续表

序号	规划和方案名称	责任单位	工作要求
57	★建设国家级检验检测技术研发服务平台。推动国家钨与稀土产品质量监督检验中心建设。推动南康创建全国实木家具产业知名品牌示范区,并建设国家家具产品质量监督检验中心	市质监局、市工信委、市科技局、市商务局、江西理工大学、南康市	(1)建设国家级检验检测技术研发服务平台。2012年8月底前开展前期调研论证,2013年底前完成建设科技研发实验室 (2)推动南康创建全国实木家具产业知名品牌示范区。2012年6月完成文审认证,2013年12月底前组织实施和申请验收 (3)支持南康建设国家级家具检验检测技术中心。2012年8月完成可行性分析报告,年底前跟进落实任务,尽早开工建设
58	落实好国家重大人才工程和引智项目向原中央苏区倾斜的政策,鼓励高层次人才投资创业,支持符合条件的单位申报建立院士工作站和博士后科研工作站	市委组织部、市教育局、市科技局、市人力资源社会保障局、市科协	争取2012年10月底前,由市委组织部牵头起草出台《关于鼓励高层次人才投资创业的若干规定》,由市科协牵头起草出台《关于鼓励企事业单位申报建立院士工作站的意见》,由市人力资源社会保障局牵头起草出台《关于鼓励企事业单位申报建立博士科研站的意见》
59	推动瑞金、龙南等省级开发区升格为国家级	市商务局,龙南、瑞金等县(市、区)	2012年底前争取国家批复同意,争取特别支持
60	争取设立国家级高新技术产业园区	市科技局、市工信委、赣州开发区	2012年底前完成规划研究和相关前期工作,2013年6月底前向国家、省申报批复
61	省级出口基地升级为国家级外贸转型升级专业型示范基地	市商务局、章贡区、赣县、信丰县、上犹县、龙南县、瑞金市	2012年8月底前完成申报材料,年底前向省商务厅报呈材料及修改完善。争取2013年一个省级出口基地升级为国家级外贸转型升级专业型示范基地
62	石城、崇义、寻乌县设立产业集聚区	市工信委、崇义县、寻乌县、石城县	2012年9月底前完成项目规划和实施方案,10月报省工信委,年底前争取落实
63	革命旧居旧址保护和修缮	市文广局、市委党史办、市发改委、相关县(市、区)	2012年9月底前完成编制规划(建议稿)并上报省及国家文物局

序号	规划和方案名称	责任单位	工作要求
64	苏区振兴展览展示馆	市文广局、市委党史办、市发改委、市财政局、市国土资源局、市城乡规划建设局	2012年底前完成项目选址及方案,2013年6月前完成可研,2013年底前上报中央办公厅,力争2015年开工建设
65	★中央苏区历史博物馆	市文广局、市委党史办、市发改委、市财政局、市国土资源局、市城乡规划建设局	2012年9月底前完成项目可行性研究报告,10月前上报省,力争2013年开工建设
66	★加快瑞金国家公务员培训基地和瑞金干部教育培训基地建设	市人力资源社会保障局、瑞金市	2012年底前争取国家在瑞金挂牌设立公务员培训基地,2013年起举办全国、全省性公务员培训
67	★瑞金等创建国家5A级旅游景区	市旅游局、市发改委、瑞金市	2012年底完成叶坪景区、沙洲坝景区改造建设;2013年底前完成下肖景区、黄柏原始森林景区、罗汉岩景区开发建设,旅游集散中心、大柏地情景游项目建设
68	赣州综合物流园区	市交通运输局、赣州开发区	已完成规划编制工作,2012年内完成征迁工作
69	★加快创建国家旅游扶贫试验区	市旅游局、市扶贫移民办	积极与国家和省旅游局、扶贫办对接,2012年前编制完成实施方案并报国家旅游局,做好相关前期工作,争取早日创建
70	★加快建设省域副中心城市,尽快完成城市总体规划报批,推动调整行政区划。推动赣县、南康、上犹与赣州中心城区同城化发展	市城乡规划建设局、市发改委、市民政局、市国土资源局	2012年底前完成城市总体规划报批,2013年争取国家批准增设市辖区,2020年中心城区建设面积达到200平方公里,总人口达到200万人
71	科学规划建设章康新区,把章康新区打造成为赣南苏区的核心发展区、先行发展试验区、承接央企帮扶重要平台和全省经济发展的重要引擎	市城乡规划建设局、市发改委、市工信委、市财政局、市国土资源局	2012年底前完成规划编制,2013年启动建设
72	扶持瑞金、龙南次中心城市以及一批卫星城市建设。科学规划城市功能定位和产业布局,强化城市基础设施和公共服务设施建设,增强辐射带动能力	市城乡规划建设局、市发改委、市工信委、市国土资源局、市城管局	2012年底前完成城市总体规划报批

续表

序号	规划和方案名称	责任单位	工作要求
五、生态建设和环境保护			
73	★争取国家将贡江源头纳入国家重点生态功能区范围	市发改委、市财政局、市林业局、市环保局	2012年8月底前完成上报工作,国家修订全国主体功能区规划后,争取列入
74	生物多样性保护	市林业局、市环保局	2012年底前分批上报国家、省自然保护区、森林公园、湿地公园珍贵树种培育、极小种群保护等项目,争取建设资金
75	赣南水土流失综合治理工程	市水保局、市发改委、市城乡规划建设局、市交通运输局、市水利局、市矿管局	2012年8月底前上报省,年底前争取国家、省批复
76	崩岗侵蚀防治	市水保局	2012年8月底完成新增防治规划并上报,力争10月底前下达批复,争取2012年新增防治面积比2011年翻一番
77	赣江、东江源水生态系统保护与修复治理	市水利局、市发改委、市环保局	已完成东江源区水生态系统保护与修复规划,待水利部审批。2012年启动赣江源规划,2013年完成
78	生态移民搬迁	市扶贫移民办、市发改委、市国土资源局	2012年8月底前完成项目编制及上报省厅相关工作,并尽快上报国家有关部委,争取将19.11万人的生态移民搬迁列入国家易地搬迁计划,八年内完成搬迁任务
79	地质灾害移民搬迁	市扶贫移民办、市发改委、市国土资源局、市矿管局	2012年8月底前争取将6.33万人的地质灾害移民搬迁列入国家易地搬迁计划,两年内完成搬迁任务,力争到2013年全面完成任务
80	★"渔民上岸"工程	市扶贫移民办、上犹县、崇义县	2012年8月底前完成项目编制及上报省厅相关工作,并尽快上报国家有关部委,年内争取纳入国家支持,2013年底前全面完成上犹江库区"水上漂"农户(含"双渡人员")1246户4988人上岸建房搬迁

序号	规划和方案名称	责任单位	工作要求
81	矿山地质环境治理	市矿管局、市国土资源局、市林业局	2012年8月底前完成项目编制及上报省厅相关工作,并尽快上报国家有关部委,争取年内国家批复
82	★赣州市重点区域重金属污染防治和历史遗留问题综合整治	市环保局、市发改委	2012年8月底前完成规划编制及上报工作,争取年内国家批复
83	陡水湖水库生态环境保护与治理	市环保局	2012年9月底前完成规划和实施方案,10月份开始申报
84	★推进农村清洁工程,加大农村环境综合整治和农业面源污染防治力度,发展农村沼气	市委农工部、市发改委、市农业粮食局、市果业局、市环保局	2012年内完成3741个村点清洁工程任务。农业面源污染抓紧与省对接,争取尽早实施。2012年8月底前向上申报农村户用沼气、联户工程、大中型沼气工程项目,重点是争取加大对大中型沼气工程扶持力度。同时,争取早日列入国家农村环境连片整治试点,加快项目申报进度
85	★参与国家循环经济"十百千示范行动",建设赣州铜铝有色金属循环经济产业园	市工信委、市发改委、市环保局、赣县、赣州开发区	已完成规划设计,加快推进相关工作,争取2015年底前完成赣州铜铝有色金属循环经济产业园建设
86	★推进赣州开发区实施循环化改造	市发改委、市环保局、赣州开发区	2012年内完成实施方案编制并上报省发改委,请省上报国家发展改革委批复
87	碳汇造林工程	市林业局	抓紧与中国碳汇基金会对接,争取2013年底前申请设立中国碳汇基金会赣州专项
88	推动资源型城市可持续发展	市发改委、市国土资源局、市环保局、市矿管局	2012年内完成相关课题研究并上报国家发展改革委,争取2015年前列入国家试点
六、社会事业			
89	★加快实施学前教育三年行动计划	市教育局、市发改委、市财政局	已初步完成项目建议书,2012年底前完成可研批复,并启动实施一批项目,力争2014年前全部完成

续表

序号	规划和方案名称	责任单位	工作要求
90	★农村义务教育薄弱学校改造	市教育局、市财政局	已初步完成项目建议书,2012年底前完成可研批复,力争到2013年全面完成赣州市校舍危房改造,到2015年基本解决初中小学寄宿生住宿问题
91	赣州市普通高中改造工程	市教育局、市财政局	已完成项目建议书,2012年底前完成项目批复。积极争取国家、省对赣州市普通高中改造的支持,并向赣州倾斜,同时加快项目实施进度
92	边远艰苦地区农村学校教师周转宿舍建设	市教育局、市发改委、市财政局	已初步完成项目建议书,2012年底前完成可研批复,并启动实施一批项目
93	★赣州市中等职业学校基础能力建设	市教育局、市发改委、市人力资源社会保障局	已初步完成项目建议书,2012年底前完成可研批复,并启动实施一批项目,2016年前完成所有项目
94	★积极推动省和国家部委及相关部门共建江西理工大学,支持江西理工大学发展博士层次研究生教育。推动赣南教育学院尽快转制为赣州师范高等专科学校,赣州卫生学校等组建卫生职业技术学院,赣南师范学院更名为赣南师范大学,推动稀土、钨等优势特色学科建设	市教育局、市发改委、市工信委、市科技局、市财政局、市人力资源社会保障局、市卫生局	2012年9月底前完成共建对接工作,争取年内获得工信部、教育部支持
95	★进一步健全市、县、乡、村医疗卫生服务网络,加强公共卫生服务能力建设。在中心城区增设三级综合医院,建设赣州市儿童、肿瘤等专科医院。加快市、县中医院、妇幼保健院建设,支持人口大县按三级综合医院标准加强医疗能力建设。对中心卫生院进行加强型建设,对一般卫生院进行标准化建设,全面消除297个卫生室"空白村"。完善城市社区卫生服务体系。加强基层医疗卫生队伍建设,推进全科医生培训基地建设,大力培养全科医生	市卫生局、市发改委、市财政局、市人力资源社会保障局	抓紧完成相关前期工作,并积极争取国家资金扶持。2012年8月底前完成2013年卫生项目编报。2012年底前完成项目建议书和可研编制。对新增项目在2012年底前完成机构批复,2013年申报规划用地。力争2013年前消除卫生室"空白村"。力争2020年千人口病床数达到全国平均水平

续表

序号	规划和方案名称	责任单位	工作要求
96	加快建设赣州市食品药品检验检测中心和瑞金、龙南等区域性食品药品检验检测机构,加强县级食品药品快检室建设	市食品药品监管局、市发改委、龙南县、瑞金市	2012年8月底前完成可研报告编制并报省,力争2013年纳入国家支持范围
97	加快市级图书馆、文化馆、博物馆建设和县级文化馆、图书馆以及乡镇街道综合文化站、村及社区文化室、农家书屋等城乡公共文化设施建设	市文广局、市发改委、市财政局、市城乡规划建设局、市新闻出版局、市档案局	2012年8月底前完成项目建议书及相关前期工作,力争2013年获得国家资金支持
98	推进高山无线发射台站建设,加快实施广播电视户户通工程	市文广局	2012年8月底前制订方案报省,年内获得批复,到2015年全面完成15座无线发射台站基础设施建设,"十二五"内提前实现户户通广播电视
99	历史文化名城名镇名村保护	市城乡规划建设局、市发改委、市文广局	2012年8月底前完成中心城区、相关县(市)保护项目规划编制等
100	★推进赣南围屋申报世界文化遗产名录和国家级客家文化(赣南)生态保护区设立和建设	市文广局、市发改委、市城乡规划建设局	争取2012年赣南围屋列入国家预备名单,客家文化(赣南)生态保护区通过专家评审命名
101	创办客家出版社	市新闻出版局、赣南日报社	已向国家新闻出版总署上报请示,力争2012年内完成项目建议书及可研并上报获得国家批复
102	赣州基层就业和社会保障服务设施试点项目	市人力资源社会保障局、市发改委、相关县(市、区)	2012年完成已纳入中央预算内投资计划的县(市、区)可研报告、初步设计等的编制,2013年完成6个县(市、区)的项目审批,并争取将未纳入中央投资计划的县(市、区)纳入试点范围
103	加快城乡公共体育设施建设	市体育局、市发改委、市财政局、相关县(市、区)	加快赣州市全民健身中心、县级"两场一馆一池"(体育场、健身场、体育馆、游泳池),乡镇、村级及社区体育场地设施建设,积极争取国家、省资金投入,加快建设第十四届省运会体育场馆设施
104	赣州综合性职业技能实训基地	市人力资源社会保障局、市发改委、市教育局、市财政局	2012年底前完成可行性研究报告的编制,并积极向上争取立项审批。力争2013年内纳入国家支持范围

续表

序号	规划和方案名称	责任单位	工作要求
105	推进赣州市儿童福利院、残疾人康复托养中心、社会养老服务机、救助管理机构等设施建设。每个县(市、区)建设一所综合性残疾人康复托养中心和社会福利中心,每个乡镇建设一所敬老院	市民政局、市发改委、市财政局、市残联	2012年8月底前完成项目建议方案,年底前力争开工建设一批项目并积极争取国家资金扶持,力争2015年底前全面完成
106	★中央苏区烈士陵园	市民政局、市委党史办、市发改委	2012年8月底前完成项目可研报告,力争年内国家批复并纳入支持范围
107	赣州区域性救灾减灾指挥中心和救灾物资储备库、应急避难场所	市民政局、市财政局	建设库房面积6000平方米以上的标准化物资储备库,2012年8月前上报省,拟于2013年立项开工,2015年投入使用
108	加强基层组织建设,修缮和规范村级组织活动场所。创新社会管理,扎实推进"送政策、送温暖、送服务"工作全覆盖、常态化,推动社会管理重心下移。加快社区服务中心、服务站等综合性基层平台建设。进一步拓展和延伸基层社会管理服务内容,完善维护群众权益机制	市委组织部、市信访局、市委政法委、市委农工部、市中级法院、市检察院、市发改委、市公安局、市民政局、市财政局	2012年9月底前编制基层组织建设项目书,积极争取中央部委支持。2012年8月底前编制完成社区服务中心、服务站等综合性基层平台建设规划。进一步推动"送政策、送温暖、送服务"工作全覆盖、常态化。2012年前制定出台进一步拓展和延伸基层社会管理服务内容,完善维护群众权益机制的实施方案
七、特殊政策			
109	西部大开发政策	全面落实财税、投资、产业等各方面优惠政策	市发改委、市工信委、市财政局、市商务局、市招商服务中心、赣州海关、市国税局、市地税局等	2012年8月梳理各项政策,争取年内落实部分政策;2013年全面实施
110	财税政策	争取中央财政加大均衡性转移支付力度和财力补助;争取中央支持化解市县乡村公益性债务,加大专项彩票公益金对社会公益事业支持力度	市财政局、市发改委、市民政局、市体育局、市残联、市国税局、市地税局等	(1)2012年9月底前做好向财政部、省财政厅关于加大均衡性转移支付专题汇报工作,争取2012年及以后年度上级下达我市的均衡性转移支付比上年有所增加 (2)2012年8月底前完成上报中央彩票公益金支持

续表

序号	规划和方案名称		责任单位	工作要求
110	财税政策	争取中央财政加大均衡性转移支付力度和财力补助;争取中央支持化解市县乡村公益性债务,加大专项彩票公益金对社会公益事业支持力度。	市财政局、市发改委、市民政局、市体育局、市残联、市国税局、市地税局等	项目规划,2013年彩票公益金对赣州支持有明显增加 (3)2012年8月底前编制公益性债务化解方案,9月底前报省财政厅审核,10月底前就支持赣州化解市县乡村公益性债务向财政部进行专题汇报,争取2012年先支持化解部分公益性债务
111	投资政策	对接落实中央在赣州安排的公益性建设项目,取消县及县以下和集中连片特困地区市级资金配套政策。	市财政局、市发改委等	2012年8月份梳理需要取消配套资金的项目,9月份报省财政厅、省发改委等部门,10月份报财政部、国家发展改革委等部委,争取2013年全面实施
		对接落实中央安排在赣州的公路、铁路、民航、水利等项目,提高投资补助标准或资金注入比例政策。	市发改委、市铁路建设办、市财政局、市交通运输局、市水利局、赣州机场分公司	2012年8月份梳理需要取消配套资金的项目,9月份报省发改委等部门,10月份报国家发展改革委等部委,争取2013年全面实施
112	金融政策	对接落实政策性银行、商业银行加大信贷支持力度,参与赣南苏区振兴发展。	市金融工作办、市发改委、市工信委、人民银行赣州市中心支行、赣州银监分局	2012年8月底前制定工作方案、重大产业和基础设施项目融资方案,9月份报省金融办审核,10月份报省政府审批,争取2013年在赣州设立开发银行
113	产业政策	拟定特色优势产业发展目录	市发改委、市工信委	2012年8月底前完成送审稿,9月底前报省发改委审核,10月份报省政府审批

序号	规划和方案名称		责任单位	工作要求
113	产业政策	争取中央和省加大对赣州企业技术改造和产业结构调整专项支持力度	市发改委、市工信委、市科技局	2013 年开始，对赣州资金支持有明显增加。
		争取创建国家级印刷包装产业基地，并实行"三来一补"政策	市新闻出版局、市发改委、市工信委、市商务局、赣州海关、市国税局、市地税局、赣州开发区	做好相关前期工作，抓紧申报，争取国家批准创建。
114	国土资源政策	全面落实国务院文件提出的各项扶持政策	市国土资源局、市发改委、市工信委、市财政局、市矿管局等	2012 年 8 月底前完成落实政策工作方案，9 月底前报省国土资源厅审核，10 月报省政府审定，争取 2013 年全面实施。
115	生态政策	争取国家加大对废弃矿山植被恢复和生态治理工程的资金支持。争取国家加大公益林生态补偿投入	市矿管局、市发改委、市财政局、市林业局市财政局、市发改委、市林业局、市环保局	2012 年 9 月底前制定工作方案并行文省有关部门，积极衔接汇报，争取 10 月底前省向国家报文申报资金，争取国家从 2013 年起切实加大资金规模并逐年增加。
116	人才政策	争取东部地区、中央国家机关和中央企事业单位加大与赣南苏区干部交流工作力度	市委组织部、市人力资源社会保障局、市国资委	积极向中央、省相关部门汇报对接，2012 年 9 月底前制订干部交流工作方案，争取 2012 年底到位。
		争取中央国家机关在瑞金设立干部教育培训基地	市人力资源社会保障局、瑞金市	争取省相关部门支持，2012 年 9 月底前与中央国家机关对接，10 月份报文申请，争取年底前有答复，"十二五"时期力争建设一批

附件3：

贯彻《若干意见》的试点和示范事项

序号	试点内容	责任单位	工作要求
1	★建设国家现代农业示范区	市农业粮食局	2012年9月底前，编制示范区建设方案报省；完成项目选址、申报工作；争取2012年底前农业部审批
2	★开展"西果东送"农产品现代流通综合试点	市商务局、市果业局	2012年9月底前完成试点方案，确定承办企业名单，争取年底前国家批准实施
3	★开展统筹城乡发展综合改革试验	市发改委、市委农工部、市城乡规划建设局	2012年9月底前完成试点方案报省，开展先行先试，并争取相关项目资金
4	★建设赣州稀土产业基地和稀土产学研合作创新示范基地，落实国家高新技术产业园区和新型工业化产业示范基地扶持政策	市科技局、市发改委、市工信委	2012年9月底前完成申报方案报省，开展先行先试、加快基地建设步伐，争取2012年底全面启动试点工作
5	★争取列入国家"十城千辆节能与新能源汽车推广示范城市"	市科技局、市工信委	2012年10月底前向国家有关部委行文申报，争取2012年底前国家批准实施
6	★启动物流企业营业税差额纳税试点	市地税局、市交通运输局、市国税局	2012年9月底前向省及国家税务总局行文请求开展试点，争取年底前国家批准实施
7	★创建现代物流技术应用和共同配送综合试点城市	市商务局、市交通运输局	2012年9月底前向省及商务部行文申报，10月底前制订实施方案，争取年底前国家批准实施
8	★建设服务业发展示范基地	市发改委	2012年9月底前完成示范基地建设方案报省，10月底前上报国家发展改革委，争取列入国家第一批示范基地
9	★建设国家木材战略储备基地，率先在崇义、上犹、全南、宁都等县开展试点	市林业局	2012年底前争取崇义、上犹、全南、宁都纳入国家规划先行试点
10	★深入开展瑞金、上犹生态文明示范工程试点	市发改委	争取中央财政资金支持，积极争取扩大试点

续表

序号	试点内容	责任单位	工作要求
11	推进赣州经济技术开发区建设国家生态工业示范园区	赣州开发区、市发改委、市环保局	2012 年 7 月已完成申报材料编制并报国家环保部,11 月底完成国家环保部、商务部、科技部论证评审,争取年底前国家批准实施
12	★开展全国低碳城市试点	市发改委	2012 年 9 月底前编制试点方案报省,争取年底前国家批准实施
13	★实施低碳农业示范工程	市农业粮食局、市发改委	2012 年 9 月底前完成示范工程建设方案报省,争取国家有关项目扶持
14	开展教育综合改革试验	市教育局	2012 年 9 月底前编制试点方案报省,10 月上报教育部,争取年底前国家批准实施
15	★争取赣州尽快批准为较大的市,依法享有相应的地方立法权	市人大常委会办公厅、市政府法制办	抓紧做好前期工作,争取获批
16	★在城乡统筹、扶贫开发、投融资等方面先行开展政策探索	市发改委、市金融办、市扶贫移民办	加强相关政策研究,积极开展试点工作,2012 年底前上报需要国家支持的先行先试政策,争取国家支持
17	推动设立瑞（金）兴（国）于（都）经济振兴试验区	市发改委	按照国家发展改革委批复的经济振兴试验区总体发展规划,争取支持,开展先行先试
18	★推动赣州出口加工区申请设立赣州综合保税区,建设成为内陆开放型经济示范区	赣州开发区、市商务局、赣州海关	2012 年 9 月底前完成综合保税区建设方案报省,争取 2013 年底前国务院批准设立赣州综合保税区
19	★在地方金融组织体系、中小企业金融服务等方面开展改革试验	市金融工作办、人民银行赣州市中心支行、赣州银监分局	争取上级支持我市在相关领域开展改革试验
20	支持开展保险资金投资基础设施和重点产业项目建设,开展民间资本管理服务公司试点。深化融资担保和再担保公司、小额贷款公司创新试点。	市金融工作办、人民银行赣州市中心支行、赣州银监分局	2012 年 9 月底前完成试点方案报省,争取年底前国家有关部门批复

序号	试点内容	责任单位	工作要求
21	★开展低丘缓坡荒滩等未利用土地开发利用试点和工矿废弃地复垦利用试点。支持开展稀土采矿临时用地改革试点。	市国土资源局、市矿管局	2012年9月底前拟订试点方案报国土资源部，争取年底前国家批准实施
22	★将东江源、赣江源列为国家生态补偿试点	市发改委、市环保局	2012年9月底前拟订试点方案报省，争取年底前国家批复实施
23	★赣南土坯房改造示范点建设工程	市委农工部、市发改委、市民政局、市财政局、市城乡规划建设局	2012年9月底前制定示范点建设规范，9月全面动工，年底前完工，确保每个县（市、区）、赣州开发区至少有一个示范点，打造一批示范样板工程
24	★重金属污染治理示范区	市环保局、市发改委、市国土资源局、市水利局、市矿管局	2012年8月底前确定示范区范围，9月下旬编制完成示范区综合治理方案，并报省环保厅审核，省政府审定后实施
25	★"三南"加工贸易承接示范区	市商务局、市发改委、市工信委、市国土资源局、市交通运输局、龙南县、全南县、定南县	2012年9月底前编制建设方案报省商务厅审核，10月份省政府审定，开展与广东省合作共建。到2015年，合作区集聚企业超过300家。到2020年，合作区工业增加值超过300亿元

注：1. 以上三个附件中责任单位排在第一位的为牵头单位。2. 除已明确责任的县（市、区）和赣州开发区外，其他地方也要根据相关工作内容配合做好工作。3. 表中带★标记的工作内容为省《实施意见》附件（规划和方案、行动计划、试点和示范事项）中明确的工作任务。

〔此件发各县（市、区）委、人民政府，赣州开发区党委、管委会，市委各部门，市直、驻市各单位，各人民团体〕

江西省委书记苏荣在全省贯彻落实
《国务院关于支持赣南等原中央
苏区振兴发展的若干意见》
动员会上的讲话

（2012 年 7 月 10 日）

同志们：

6 月 28 日，国务院正式批准了《支持赣南等原中央苏区振兴发展的若干意见》，这是我省继鄱阳湖生态经济区之后又一国家重大区域发展战略，是加快赣南等原中央苏区振兴发展极为难得的历史性机遇，必将对赣南等原中央苏区及全省发展产生重大而深远的影响。今天，省委、省政府召开动员会，目的就是贯彻落实中央精神，迅速动员和组织全省力量，全力推进赣南等原中央苏区振兴发展，把这一重大战略更好地转化为推动发展、造福百姓的强大动力和现实优势，为建设富裕和谐秀美江西提供更强有力的支撑。

刚才，尚勇同志宣读了《若干意见》，赣州市、吉安市、抚州市的主要负责同志作了很好的发言，心社同志代表省委、省政府就加快赣南等原中央苏区振兴发展提出了明确要求，进行了具体部署，请同志们认真抓好落实。下面，我再简要地讲几点意见：

一 加快赣南等原中央苏区振兴发展意义重大、影响深远

《若干意见》的正式出台，标志着支持赣南等原中央苏区振兴发展，已上升为国家重大战略，这是中央关心革命老区、着眼全面建设小康社会全局采取的一项重大战略举措，是加快我省科学发展、绿色崛起的重大历史机遇。全省各级各部门务必从全局和战略的高度，充分认识加快赣南等原中央苏区振兴发展的重大意义，切实把思想和行动统一到党中央、国务院的战略决策和部署上来，进一步增强加快赣南等原中央苏区振兴发展的自觉性和坚定性。

加快赣南等原中央苏区振兴发展，是牢记党的光辉历史、增进苏区人民福祉的迫切要求。赣南等原中央苏区是土地革命战争时期我们党创建的最大最重要的革命根据地，是中华苏维埃共和国临时中央政府所在地，是人民共和国的摇篮和苏区精神的主要发源地，为中国革命作出了重大贡献和巨大牺牲，在中国革命史上具有特殊重要的地位。当年，中央苏区人民在极其艰难困苦的条件下，始终坚定地听党话、跟党走，全力以赴支援红军、支持革命；无数革命先烈抛头颅、洒热血，为中国革命的胜利和新中国的建立，立下了不可磨灭的历史功勋。据不完全统计，仅赣南苏区，当年 240 万人口中，就有 33 万余人扩红参军、支前参战人员 60 余万人，有姓名记载的革命烈士达 10.82 万人，占全国烈士总数的 7.5%，长征路上平均每公里就有 3 名赣南籍战士倒下，不少家庭"全家革命，满门忠烈"。牢记历史、不忘过去，才能更好地坚定信念、开创未来。我们每个共产党人任何时候都不能忘根，不能忘本，不能忘记老区人民，不能忘记为革命牺牲的先烈。加快赣南等原中央苏区振兴发展，让苏区人民过上更加富裕幸福的生活，就是对我们党这段光辉历史最好的回顾，是对革命先烈最好的纪念，是对苏区人民最好的回报，也是各级党组织和广大党员干部坚持执政为民，践行党的根本宗旨的具体实践。

加快赣南等原中央苏区振兴发展，是加快苏区脱贫致富、与全国同步进入全面小康的迫切要求。全面建成惠及十几亿人口的更高水平的小康社会是党的

十七大描绘的宏伟蓝图，是党中央向全国人民作出的庄严承诺。当前，我国已进入全面建设小康社会的关键时期。实现全面建设小康的宏伟目标，就我省来说，最关键、最艰巨的任务，就是革命老区等欠发达地区尽快脱贫致富、与全省同步进入全面小康社会。从这个意义上讲，没有赣南等原中央苏区的全面小康就没有全省的全面小康。因此，加快赣南等原中央苏区振兴发展，关系到全面建设小康社会的工作全局，关系到社会主义制度优越性的充分体现。各级党组织、广大党员尤其是党员领导干部必须十分明确，加快赣南等原中央苏区振兴发展，不是"恩赐"和"施舍"，而是我们必须认真履行的重大责任和义务，是党交给我们的一项严肃的政治任务，必须以只争朝夕的精神、百折不挠的意志，全力以赴、坚持不懈地抓紧抓好、抓出成效。

加快赣南等原中央苏区振兴发展，是打造全省发展战略支点、建设富裕和谐秀美江西的迫切要求。省第十三次党代会着眼实现建设富裕和谐秀美江西的奋斗目标，明确提出要集中力量重点打造支撑全省发展的战略支点，努力形成若干新的重要增长极。具体来说，就是要实施三个重大区域发展战略：一是支持省会南昌打造成为带动全省发展的核心增长极，二是大力推进九江沿江开放开发，三是加快赣南等原中央苏区振兴发展及连片特困地区扶贫开发。赣州位居赣粤闽湘四省通衢的重要位置，地处我省对接长珠闽的前沿阵地，是全省面积最大、人口最多的设区市，在全省发展格局中举足轻重。但由于历史、自然等多方面的原因，经济社会发展仍然滞后，主要人均经济指标与全国、全省的差距仍在拉大，是全国较大的集中连片特困地区。加快赣南等原中央苏区振兴发展，对于整体提升赣南等原中央苏区在全国区域发展的地位，促进我省区域协调发展，加速形成多极支撑、多元发展格局，更好地实现"龙头昂起、两翼齐飞、苏区振兴、绿色崛起"有着十分重要的作用。

二　加快赣南等原中央苏区振兴发展凝聚了党中央、国务院的深切关怀、殷切希望

党中央、国务院对赣南等原中央苏区的振兴发展历来高度重视，始终心系赣南等原中央苏区，始终牵挂和关心着中央苏区人民。新中国成立不久，毛泽

东同志就专门委派中央慰问团到江西和赣南老区看望慰问，并送来了"发扬革命传统，争取更大光荣"的亲笔题词。改革开放后，邓小平同志曾明确指示"战争年代老区人民对革命作了很大贡献，一定要把老区建设和群众生活搞好"，并亲自委托时任中央政治局委员、书记处书记习仲勋到江西老区考察慰问。江泽民同志曾多次来到江西和赣南视察，并强调指出："我们任何时候都不能忘了老区人民。我们要把老区的精神和传统世世代代传下去，永远发扬光大！""由于各方面的原因，目前革命老区一些地方的群众还没有摆脱贫困。我们要进一步加紧工作，集中一些人力、物力、财力，帮助他们早日走上脱贫致富的道路"。进入新世纪以来，以胡锦涛同志为总书记的中央领导集体更是对革命老区特别是赣南等原中央苏区发展给予了极大的关心和支持。胡锦涛同志视察赣南时指出："一定要坚持立党为公、执政为民，让老区经济社会更快更好地发展起来，让老区人民的生活越来越好"。吴邦国、温家宝、习近平、李克强、周永康等中央领导同志也先后对加快赣南等原中央苏区振兴发展作出重要批示和指示。党中央、国务院领导同志的亲切关怀、深情嘱托、殷切希望，饱含着亲民爱民的伟大情怀，是江西革命老区特别是赣南等原中央苏区人民加快发展、脱贫致富的根本动力。

新中国成立特别是改革开放以来，党中央、国务院一直在政策上给予了革命老区许多特殊的关照和巨大的倾斜。进入新世纪以来，中央更是把加快革命老区尤其是赣南等原中央苏区振兴发展，摆在更加重要、更加突出的位置，出台了一系列政策措施，其重视程度、支持力度前所未有。党的十七大明确指出，必须加大对革命老区、民族地区、边疆地区、贫困地区发展扶持力度，提高扶贫开发水平。去年颁布实施的《中国农村扶贫开发纲要（2011～2020年）》又明确将罗霄山区等区域的连片特困地区列为新时期扶贫攻坚的重点地区之一。国家"十二五"规划也明确强调，要继续实施扶持革命老区发展的政策措施，切实改善老少边穷地区生产生活条件。《海峡西岸经济区发展规划》强调，要特别加大对原中央苏区县的扶持力度，在安排中央预算内投资资金时，对原中央苏区县参照执行西部地区政策。目前，我省共有41个县执行比照西部大开发政策，4个市比照执行振兴东北老工业基地政策。赣南18个县（市、区）中，有8个县（市）是国定贫困县，去年又有11个县（市）

纳入国家罗霄山集中连片特殊困难地区扶贫攻坚范围，在政策上给予重点支持。

在党中央的正确领导下，历届江西省委、省政府始终把加快赣南等原中央苏区振兴发展作为义不容辞的重大责任，进行了积极探索，作出了不懈努力。改革开放以来，省委、省政府的每一项重大决策、每一个重大决定、每一项重大工程，首先考虑的是革命老区特别是中央苏区的发展。进入新世纪特别是近年来，省委、省政府强调，加快赣南等原中央苏区振兴发展是全省各级党委、政府的重大历史使命和责任，怎么强调都不为过，怎么支持都不为过，必须像当年老区人民支持红军那样支持老区加快发展。省第十三次党代会上明确提出，要把加快赣南等原中央苏区振兴发展作为全省区域发展的一个重大战略来推进。随后，结合国家深入推进新一轮扶贫开发，省委、省政府决定，对原中央苏区县和国定省定特困连片县实行"四个一"组合式扶贫，即每个县有一个省级领导定点扶贫、一个有实力的部门帮助扶贫、一个重点企业参与扶贫、每年省财政拨付 1000 万资金专项扶贫，连续安排 10 年，下最大决心、以超常规举措，努力使这些地区面貌两三年内有明显改变。可以说，加快赣南等原中央苏区振兴发展，是我们党一贯高度重视的重大问题，今天我们提出大力支持赣南等原中央苏区振兴发展，是长期以来党中央重视和支持苏区发展的指导思想和政策措施的延续与深化，是我们党执政为民理念的昭示，是省委、省政府和全省党员干部的庄重使命。

三 加快赣南等原中央苏区振兴发展成效显著、任重道远

在党中央、国务院和中央领导的亲切关怀下，在广大苏区干部群众的共同努力下，赣南等原中央苏区同全国一样发生了翻天覆地的变化，取得了前所未有的巨大成就：经济实力明显增强，基础设施明显改善，城乡居民收入和人民生活水平明显提高，城乡面貌明显改变。"十一五"时期，赣南等原中央苏区生产总值年均增长 14.06%、财政收入年均增长 28.5%，其中，赣州市 2011 年生产总值达 1335.98 亿元，为 1978 年的 115 倍；财政总收入 180.32 亿元，为 1978 年的 144 倍。2010 年，赣南等原中央苏区城镇居民人均可支配收入为

1.58万元，农民人均纯收入为5718.3元，分别是1978年的50多倍和70多倍，人民群众生活总体上已由温饱向小康迈进。赣南等原中央苏区取得的巨大发展成就、发生的历史性巨变，是新中国成立之前几百年所不可比拟的，这是党中央正确领导的结果，是各级党委、政府团结带领苏区人民不懈奋斗的结果，是社会主义制度强大生命力和巨大优越性的具体体现。

但我们必须清醒地认识到，由于自然条件、资源禀赋、战争创伤等多方面原因，赣南等原中央苏区经济社会发展水平仍然比较落后，经济总量仅占全省的1/9，人均生产总值和农民人均纯收入分别只相当于全省平均水平的70.8%和76.2%，有的甚至比部分西部地区还低；广大群众生活还不富裕，有的甚至还很困难，一些群众仍住在土坯房，一些自然村还没有通水泥路，一些山区儿童还在破旧的校舍上课，医疗卫生条件也相当简陋。按照国家确定的贫困人口新标准，仅赣州市目前就有192.7万贫困人口，占全市农村人口的26.8%，高出全国13.4个百分点。脱贫致富、加快发展的任务十分艰巨而繁重。

让我们倍感振奋、信心倍增的是，《若干意见》的正式出台，给加快赣南等原中央苏区振兴发展送来了及时雨、雪中炭，标志着赣南等原中央苏区发展开启了一个崭新的历史纪元。从研究加快革命老区发展、酝酿中央苏区振兴到《若干意见》获得批准，其速度之快、效率之高前所未有，政策支持力度之大、含金量之高也是前所未有，其中饱含了党中央、国务院以及中央国家部委对赣南等原中央苏区的特别关爱，彰显了党中央、国务院尽快改变苏区贫穷落后面貌的坚强决心，也进一步坚定了我们扎实做好各项工作、团结带领广大苏区人民脱贫致富奔小康的信心和决心。

四　加快赣南等原中央苏区振兴发展必须主动作为、合力攻坚

贯彻落实好中央精神，真正取得加快赣南等原中央苏区振兴发展的实际成效，是党中央的重托和全省人民的期望，是我们必须完成好的重大政治任务，是对我们党性观念、执政能力的一次全面考验。我们必须以对党和人民事业高度负责的精神，扎扎实实地做好工作，让赣南等原中央苏区人民早日过上富裕

幸福的生活，确保与全省同步进入全面小康社会，向党中央、国务院和苏区人民交上一份合格的答卷。

加快赣南等原中央苏区振兴发展，当地党委、政府和干部群众是主体。赣州、吉安、抚州等地的各级党委和政府要把握机遇，乘势而上，切实发挥主观能动性、主动作为、全力以赴，通过自身的不懈努力，确保加快赣南等原中央苏区振兴发展取得明显成效。要全面领会《若干意见》的精神实质，努力用好、用足、用活国家政策，实现政策效益最大化。要始终把加快发展、增强实力作为首要任务，坚持用项目化手段推进政策落实，充分发挥赣南等原中央苏区作为连接赣粤闽湘四省枢纽城市和对接珠三角沿海地区"桥头堡"的区位优势和丰富的矿产资源优势，坚定不移地推动新型工业化、新型城镇化和农业农村现代化，坚定不移地实施重大项目带动战略，着力谋划和推进一批重大战略性、基础性项目，大力加强基础设施建设，加快构建特色鲜明、优势明显的现代产业体系，不断增强加快发展的内生动力和活力。要始终把保障民生、富裕群众作为根本要求，扎实推进保障和改善民生的各项工作，优先解决农村危旧土坯房改造、农村饮水安全、农村电网改造升级和农村道路建设等突出问题，让每个家庭都过上幸福安定的生活。要始终把环境整治、生态保护作为重要责任，牢固树立绿色发展理念，围绕构建我国南方地区重要的生态屏障，加强赣江、东江、抚河源头等重要生态功能区保护和环境综合整治，合理利用自然资源，大力发展绿色经济、低碳经济、循环经济，促进生态优势转化为产业优势和经济优势，增强可持续发展能力。严把项目环保关，凡是污染生态环境、影响群众健康的项目，不管投资有多大、效益有多好，坚决不引进，绝不能因小失大。要始终把加强党的建设作为根本保证，各级领导干部要进一步增强责任感，始终牢记历史、坚定信念、不辱使命，大力弘扬苏区优良传统和苏区干部好作风，不断提高领导能力，用"第一等的工作"抓好各项任务的落实，以加快发展，富裕百姓的实际成效，回报革命、回报先烈、回报老区人民。进一步加强基层党组织建设，切实抓好基层组织建设年活动，推进创先争优常态化、长效化，不断增强基层党组织的凝聚力和战斗力，真正夯实党的执政基础。高度重视党员队伍建设，努力提高党员素质，党员无上光荣，党员必须尽责，要永远忠于党，永远跟党走，充分发挥先锋模范作用，真正成为带领群众致富奔小康的带头人和群众的贴心人。

加快赣南等原中央苏区振兴发展，是全省的大事。为扎实推进这一国家重大战略，省委、省政府制定下发了《贯彻落实〈国务院关于支持赣南等原中央苏区振兴发展的若干意见〉的实施意见》，明确将加快推进赣南等原中央苏区振兴发展的各项任务，具体落实到省直各有关部门，由省委、省政府领导按分管部门负总责。省委、省政府还将建立支持赣南等原中央苏区振兴发展联席会议制度，对贯彻落实中央精神、加快推进赣南等原中央苏区振兴发展，进行统筹协调和督促检查。省直各部门、各中央驻赣单位要切实增强政治意识、大局意识、全局意识、服务意识，坚决按照中央的要求和省委、省政府的部署，带着对苏区人民的深厚感情，主动作为、积极服务，创新思路、突破常规，多出主意、多想办法，在政策上给予最大限度的支持，在资源配置上予以最大限度的倾斜，在服务上更加优质高效，为推动赣南等原中央苏区实现超常规、跨越式发展，提供更强有力的支持。对于《实施意见》明确的各项政策，要逐条逐项抓好落实，主动加强与国家对口相关部委的沟通协调，以争取更大重视、更多支持，对相应的省级配套资金要全力予以保障，未列入预算的，通过资金调剂、调度解决。涉及"两红"人员、革命烈士后代的定期生活补助，农村危房改造、饮水安全、中小学危房改造等重大民生工程，必须一年之内明显见成效，两年基本完成；重大基础设施建设项目，必须一年之内全面启动包括规划编制、项目前期工作，并力争开工一部分。要大力宣传中央支持赣南等原中央苏区振兴发展的重大意义和政策优势，着眼长远、突出重点，利用一切社会资源，大规模开展产业招商，力争使更多的央企、国内知名企业、产业龙头企业和世界 500 强企业，进入原中央苏区，进入江西。

同志们，加快赣南等原中央苏区振兴发展，承载着无数先烈的奋斗理想，寄托着苏区人民致富奔小康的热切渴望，凝结着党中央、国务院对赣南苏区人民的深切关怀，是我们义不容辞的重大责任。让我们更加紧密地团结在以胡锦涛同志为总书记的党中央周围，深入贯彻落实科学发展观，开拓创新，埋头苦干，全面扎实推进赣南等原中央苏区振兴发展，为建设富裕和谐秀美江西作出新的更大贡献，以优异成绩迎接党的十八大胜利召开！

江西省委副书记、省长鹿心社在全省贯彻落实《国务院关于支持赣南等原中央苏区振兴发展的若干意见》动员会上的讲话

(2012 年 7 月 10 日)

同志们:

《国务院关于支持赣南等原中央苏区振兴发展的若干意见》出台,是继鄱阳湖生态经济区建设之后,在我省实施的又一个国家战略,对构建全省"龙头昂起、两翼齐飞、苏区振兴、绿色崛起"区域发展格局,加快科学发展、绿色崛起,建设富裕和谐秀美江西具有重要意义。《若干意见》的出台,将有力推动尽快改善赣南等原中央苏区人民生产生活条件,促进原中央苏区经济社会发展,逐步缩小地区发展差距;有力促进培育江西区域经济发展新的增长极,加快形成与鄱阳湖生态经济区相互呼应的南北两大区域发展格局;有力指导探索革命老区加快发展的机制和模式,推进全国革命老区加快发展,与全国同步进入全面小康社会。

刚才,尚勇同志传达了《国务院关于支持赣南等原中央苏区振兴发展的若干意见》的主要精神,文清、王萍、建华同志分别作了很好的发言。苏荣书记将作重要讲话,我们要认真学习领会,切实抓好落实。下面,我讲三点意见。

一 准确把握支持赣南等原中央苏区振兴发展的总体要求

《若干意见》的出台,是党中央、国务院关心老区、着眼全局作出的重大

决策部署。我们要准确把握这一重大决策部署的丰富内涵和根本要求，牢牢抓住历史机遇，奋力推进赣南等原中央苏区振兴发展。

（一）充分认识支持赣南等原中央苏区振兴发展的战略定位

在充分考虑赣南等原中央苏区的基础条件、比较优势和机遇挑战基础上，《若干意见》对加快赣南等原中央苏区振兴发展提出了"五个方面战略定位"：一是充分发挥国家新一轮扶贫攻坚的政策优势，以罗霄山连片特困地区为主体，兼顾周边其他贫困地区，积极探索建立城市发展带动、重大项目支撑、城乡一体发展的新型扶贫开发新模式，构建全国革命老区扶贫攻坚示范区。二是充分发挥资源和产业优势，强化科技对产业发展的促进作用，推进钨和稀土精深开发，提升电子信息等加工制造业水平，大力发展脐橙等特色农产品生产、加工，构建全国稀有金属产业基地、先进制造业基地和特色农产品深加工基地。三是充分发挥良好的区位优势，加快重大交通项目建设，畅通出省快速通道，发展多式联运，加快物流体系建设，构建重要的区域性综合交通枢纽。四是充分发挥自然生态优势，强化生态建设和环境保护，提升生态环境质量，构建我国南方地区重要的生态屏障。五是充分发挥红色文化资源优势，加强革命遗址保护和利用，推进红色文化发展创新，打造全国著名的红色旅游目的地，构建红色文化传承创新区。

（二）努力实现支持赣南等原中央苏区振兴发展的目标

紧紧围绕《若干意见》确定的发展目标，加快推进赣南等原中央苏区振兴发展。今年重点是抓好动员部署工作，建立健全振兴发展各项工作机制，编制相关规划和方案，做好国家支持政策衔接，抓紧开展先行先试，尽快启动一批项目建设，全面推进各项工作。努力做到"三年见成效"，即到 2015 年，赣南等原中央苏区在解决突出民生问题和制约发展的薄弱环节方面取得突破性进展。全力实现"八年大跨越"，即到 2020 年，赣南等原中央苏区整体实现跨越式发展，与全国同步实现全面建设小康社会目标。

（三）正确处理支持赣南等原中央苏区振兴发展的"三大关系"

一是加快发展与改善民生的关系。坚持把解决好突出民生问题作为振兴发展的首要任务，充分调动广大群众参与振兴发展的积极性；坚持以加快经济发展促进民生改善，全力加快赣南等原中央苏区经济发展步伐。二是增强内力与开放搞活的关系。深化重点领域和关键环节改革，大胆创新体制机制，积极开展先行先试，增强振兴发展的内生动力；有序承接产业转移，推动开放合作，不断提升开放型经济发展水平。三是国家支持与自身努力的关系。积极衔接、落实好国家的各项扶持政策，加快推动振兴发展；大力发扬苏区精神，自力更生，艰苦奋斗，不断开创振兴发展新局面。

二 扎实推进支持赣南等原中央苏区振兴发展的重点工作

推进赣南等原中央苏区振兴发展，要突出重点、抓住关键、扎实推进。

（一）抓紧解决突出民生问题

围绕赣南等原中央苏区群众最迫切、最关心的水、电、路、房等民生需求，统筹各类资源，集中力量尽快解决。一是加快推进农村土坯房改造、城市和国有工矿棚户区改造、国有林农场危房改造，力争在 3 年内完成赣州市、5 年内完成所有原中央苏区改造建设任务。二是加快实施农村安全饮水工程，在人口较为集中的农村地区发展规模化集中供水，推进城镇供水管网向农村延伸，2014 年底前解决赣州市农村饮水安全问题，"十二五"末全面完成赣南等原中央苏区农村饮水安全任务。三是加快实施新一轮农村电网改造升级工程，2013 年底前全面解决赣州市部分农村不通电和电压低问题，到"十二五"末原中央苏区建立起新型农村电网。四是加快实施农村公路危桥改造工程、县乡道路改造和连通工程，进一步提高农村公路的等级标准和通达程度，解决人民群众出行难题。五是加快改善特殊困难群体生活条件，今年内要确定《若干意见》提出的特殊困难群体人数，建立扶持档案，使他们尽快享受到抚恤补助、生活补助、集中供养等优抚政策。

（二）培育壮大特色优势产业

依托特色资源和现有产业基础，加快龙头企业培育，加速产业积聚，努力形成一批有影响力、竞争力的产业基地。一是充分利用良好的生态条件，优化农产品区域布局，推进农业结构调整，在稳定提高粮食综合生产能力的同时，大力发展特色农业。重点做大做强脐橙产业，建设世界最大的优质脐橙产业基地；大力发展蜜桔、茶叶、白莲、生猪、蔬菜、油茶等特色农产品，建设面向东南沿海和港澳地区的重要农产品供应基地。二是充分利用稀缺的资源禀赋，加大技术改造和关键技术研发力度，积极推动钨和稀土等优势矿产业发展，抓紧组建大型稀土企业集团，加快建设南方离子型稀土与钨工程（技术）研究中心、稀有金属期货交易中心，建设全国重要的新材料产业基地和稀土产学研合作创新示范基地，打造具有较强国际竞争力的稀土、钨稀有金属产业基地。三是充分利用现有的产业基础，大力发展电子信息、机械制造、食品加工等产业，积极培育新能源汽车、生物医药等战略性新兴产业，形成一批科技含量高、辐射带动力强、市场前景广阔的产业集群，提高制造业发展水平。四是充分利用优越的区位条件，争取尽快设立赣州综合保税区，推动赣州"三南"（即全南、龙南、定南）建设加工贸易重点承接地，设立赣南承接产业转移示范区，大力支持瑞金兴国于都经济振兴试验区建设，打造内陆地区开放型经济高地。五是充分利用独特的历史文化，加快历史博物馆、烈士陵园等红色文化教育基地和红色旅游精品景区、经典线路建设，促进红色文化产业发展。

（三）加快推进基础设施建设

着眼于解决制约发展的瓶颈问题，加快在建项目建设速度和规划项目前期工作，建设一批重大基础设施项目，切实增强发展保障能力。交通方面。围绕把赣州建成我国重要的区域性综合交通枢纽，加快赣龙铁路扩能改造，建设昌吉赣铁路客运专线，抓紧做好鹰瑞梅、赣井铁路前期工作，争取赣深客专、赣韶铁路复线纳入国家铁路建设中长期调整规划，打通赣州至珠三角、粤东沿海、厦漳泉地区的快速铁路通道。规划建设兴国－赣县、寻乌－全南等高速公路，加大国省道干线公路改造力度，争取"十二五"内县县通高速、县县通国道。加快实施赣州黄金机场和井冈山机场改扩建，研究建设赣东南机场和瑞金通勤机场。能源方面。争取瑞金电厂扩建，今年开工建设抚州电厂，推进国电井冈山水电站前期工作，大力发展风电、太阳能、生物质能发电。加快实施一批输电线路和变电站工程，提高电力保障水平。加快成品油、天然气输送管道建设，力争"十二五"内县县通天然气。水利方面。实施好城镇防洪工程，提高城镇防洪标准。实施好大中型灌区节水改造、病险水库水闸除险加固工程，增强水利对农业的保障能力。

（四）着力促进城乡统筹发展

加快城乡基础设施、产业、公共服务、社会管理等一体化进程，尽快形成以城带乡、以工促农的发展新格局。一要规划建好中心城市。围绕把赣州建设成为省域副中心城市，推动赣县、南康、上犹与赣州中心城区同城化发展，规划建设章康新区，争取到 2020 年中心城区建成面积达到 200 平方公里，总人口达到 200 万。加快吉泰走廊城镇体系建设，着力建设工业化城镇化农业现代化协调发展示范区。二要增强县级统筹发展能力。进一步扩权强县，加大转移支付力度，增强县级发展自主权和保障民生能力。加快城区、工业园区发展，有序推进未设立开发区的县（市、区）设立产业集聚区，使有条件的县城逐步发展成为中等城市。三要促进城乡统筹发展。支持基础较好的中心镇壮大实力，切实发挥联系城乡的纽带作用，推动城镇基础设施向农村延伸、公共服务向农村扩展。搞好村庄规划，引导农村社区建设，推动村落连片、村镇联动整治。推进户籍管理制度改革，让符合条件的农村人口逐步转为城镇居民；大力实施"阳光""雨露"计划，增强农村居民就业能力。启动赣州统筹城乡发展综合改革试点。

（五）加强生态建设和环境保护

牢固树立绿色发展理念，切实保护好生态环境。一要加强生态建设。大力实施长江和珠江防护林保护工程、造林绿化"一大四小"工程、天然林保护工程，加强赣江、东江、抚河源头保护和自然保护区、森林公园、地质公园、湿地公园等建设力度，稳定森林覆盖率，提升森林质量。开展瑞金、上犹等生态文明示范工程试点和生态市县、生态工业园区创建。二要加大环境治理力度。加强矿山地质环境治理，尽快完成赣州市历史遗留矿山地质环境综合治理。加快推进县城生活污水管网体系和开发区、工业园、产业园污水处理设施建设。加大农村环境综合整治和农业面源污染防治，进一步提升农村环境质量。三要大力发展绿色经济。加快赣州铜铝有色金属循环经济产业园建设，实施赣州、井冈山经济技术开发区循环化改造。启动赣州全国低碳城市试点，推动赣州、吉安、抚州列入国家再生资源回收体系建设试点。

（六）大力发展繁荣社会事业

围绕提高公共服务水平，大力发展社会事业，让广大苏区群众共享改革发展成果。一是优先发展教育。加快农村薄弱学校改造和教师周转房建设，实施好学前教育三年行动、集中连片特困地区农村义务教育学生营养改善、普通高中改造、面向贫困地区定向招生四项计划，支持江西理工大学、东华理工大学优势特色学科建设，大力发展中等职业教育，为赣南等原中央苏区振兴发展提供人才保障。二是提升医疗卫生水平。建立健全农村县、乡、村三级和城市社区医疗卫生服务网络，加强基层医疗卫生队伍建设，提升重大疾病防控等公共卫生能力建设，让群众方便看病、看得起病。三是实施文化体育惠民工程。加快市县乡村四级文化体育设施建设，实施好广播电视村村通等文化惠民工程，加强历史文化名城名镇名村和非物质文化遗产保护，丰富群众精神文化生活。四是增强社会保障能力，大力推进儿童福利院、残疾人康复中心、社会养老服务机构等基础设施建设，改善服务条件；建立完善统筹城乡的社会保障体系，实现基本养老保险、基本医疗保险全覆盖，千方百计提高新型农村社会养老保险和城镇居民社会养老保险基础养老金标准、企业退休人员基本养老金水平。完善城乡低保制度，实现应保尽保。

三 切实抓好支持赣南等原中央苏区振兴发展的各项措施的落实

加快赣南等原中央苏区振兴发展，是一项重大而艰巨的任务，《实施意见》政策支持力度大，含金量高，能否真正落到实处，是对我们执行能力和工作作风的重大考验。要明确责任，细化措施，确保政策落实、项目落地、资金到位，各项任务落到实处。

（一）抓紧建立协调推进机制

省里将成立贯彻落实《若干意见》领导小组指导推进工作落实，赣州市、吉安市、抚州市要成立相应组织领导机构，切实抓好本地区贯彻落实工作。省直有关部门要结合各自职责，指导本系统做好实施工作，加大支持力度。牵头单位要加强统筹协调，拟订实施计划，定期向领导小组汇报工作进展；配合单位要按照职责分工主动开展工作，相关部门要加强督促检查，确保落实到位。

（二）抓紧细化工作措施

按照国家确定的功能定位和发展重点，尽快编制完善相关规划、行动计划和工作方案。一是加快推进"1＋10"规划编制工作。会同福建、广东两省，配合国家发改委加快编制赣闽粤原中央苏区振兴发展规划，抓紧编制赣南等原中央苏区土坯房改造规划等10个专项规划或方案。二是切实抓好行动计划实施工作。省委、省政府印发的实施意见已经明确了责任分工，有关牵头部门要根据责任分工，抓紧组织实施民生工程、农业发展、基础设施、产业发展、生态建设和环境保护、社会事业6个方面39项行动计划。三是尽快启动20个试点示范工作。争取年内完成赣州、吉安、抚州国家现代农业示范区、赣州统筹城乡发展综合改革试验、稀土产学研合作创新示范基地等20个先行先试试点方案，2013年全面启动。需要国家有关部门批复的规划、实施方案，有关部门和设区市要主动对接，积极跟进，争取国家尽快批复；需要省里批准的，省有关部门要加紧推进编制工作，尽快报批。

（三）抓紧落实国家支持政策

省直有关部门要加强对口衔接汇报，尽快落实《若干意见》中明确的政策措施。一是抓紧做好赣州市执行西部大开发政策的落实，确保赣州市全面受益。二是争取财政部从今年起安排赣南等原中央苏区振兴发展财力补助资金，并列入中央财政年度补助基数，力争逐年有所增加；尽快落实中央财政加大均衡性转移支付、化解赣州市县乡村公益性债务、专项彩票公益金等政策。三是争取国家尽快落实东江源生态补偿资金，并将赣江源、抚河源纳入试点范围。争取中央财政加大对国家重点生态功能区、国家生态公益林、废弃矿山植被恢复与治理等方面资金支持。四是争取各商业银行参与重大基础设施和产业建设，有效解决昌吉赣客专等重大基础设施项目、钨和稀土等重大产业项目建设的融资问题。五是争取国家增加土地整治、矿产资源勘探中央补助资金和稀土、钨开发生产计划，尽快启动低丘缓坡荒滩等未利用地开发利用、工矿废弃地复垦利用试点。六是争取中组部、国务院国资委尽快制订中央国家机关对口支援和央企帮扶方案，明确国家支援和我省受援单位，尽快召开国家部委对口支援和央企帮扶启动会，力争赣州18个县（市、区）和吉安、抚州特困县都有中央和国家机关单位对口支援，都有央企对口帮扶，确保技术、人才、项目、资金等各项援助切实落实。

（四）抓紧落实省级扶持政策

按照能放则放、能给则给的原则，切实加大省级政策支持力度。一是加大项目支持。对赣南等原中央苏区重大产业、重大基础设施项目，纳入省重大项目绿色通道，做到优先布局、优先申报、优先审批；对列入省重点推进的重大项目，优先安排省预留新增建设用地指标。二是加大资金投入。在安排国家切块到我省的各类专项资金和省基本建设、生态建设、扶贫开发、科技专项等资金时，对赣南等原中央苏区予以重点倾斜；设立省级振兴发展赣南等原中央苏区专项资金，逐年加大支持力度；落实原中央苏区各类建设项目省级配套，提高赣州市公路、铁路、民航、水利等项目投资补助标准或资本金注入比例，保障配套资金足额到位。三是强化其他支持。优先支持赣南等原中央苏区开展生态市县、生态工业园区、承接产业示范基地、特色产业基地等省级示范项目建设。

同志们，加快赣南等原中央苏区振兴发展意义深远、责任重大。我们坚信，有党中央、国务院的正确领导，有国家部委和全省上下的大力支持，有苏区干部群众的团结奋斗、扎实苦干，一定能够开创赣南等原中央苏区振兴发展的新局面！

国家发展改革委副主任、国家部委联合调研组组长杜鹰在支持赣南等原中央苏区振兴发展国家部委联合调研组与江西省委省政府交换意见会上的讲话

（2012 年 4 月 16 日，根据录音整理，未经本人审阅）

刚才，国家部委联合调研组的 12 个专题调研组组长从各个层面就这次调研的体会和整体推进措施讲了很好的意见。下面，我代表联合调研组，重点代表综合组就有关问题谈一些看法，供同志们参考。

根据中央领导同志的重要批示，这次我们 42 个部委、149 名同志来赣南以及周边地区进行为期 7 天的调研。调研期间，我们分成了 14 个组，跑遍了赣南 18 县（市、区）以及周边的一些原中央苏区县，考察了 350 多个项目点，召开了近 50 次座谈会，行程两万余公里。在实地调研过程中，调研组同志广泛接触苏区各级干部群众，每到一处都受到了基层干部群众的热情接待。通过实地调研，我们掌握了大量第一手的鲜活资料，为下一阶段的政策文件起草打下了坚实的基础。这次赣南之行确实令人难忘！我们处处感受到了赣南这片热土上的老百姓对党和政府的信赖和拥护，对加快脱贫致富奔小康步伐、过上更加幸福美好生活的殷殷期待，也看到了赣南苏区各级领导干部仍然保持和发扬苏区干部好作风。与其说是一次调研之旅，不如说是一次学习之旅、受教育之旅，调研所学到的东西将使在座国家部委的同志终生难忘。我们将通过调研，尽力研究提出对赣南等原中央苏区振兴发展的政策支持。

通过这次调研，进一步增强了我们做好支持赣南等原中央苏区加快振兴发展的责任感和紧迫感。在 80 年前土地革命战争时期，赣南作为中央苏区、中

央革命根据地的主体，贡献和牺牲巨大。牺牲的有名有姓的烈士就达 10.82 万人，占全国烈士总数的 7.5%，这里的老百姓倾其所有支持苏维埃政权，把所有的财物都贡献给了中国革命，所以才有我们共和国的今天。第三次反"围剿"时，红军在兴国县白石村休整，当年 8 月份走的时候，群众把刚收的稻谷包括全部口粮都捐献了。毛主席当时说，将来我们是要还的。但迄今为止，赣南苏区群众的生活依然困难，赣南这块热土的经济社会发展依然滞后，实地看了以后，确实让人寝食难安。我觉得，对不起这里的老百姓，也对不起死难的烈士，我们有责任帮助这里的老百姓尽快地富裕起来。我经常这样想，这不仅是赣州同志的责任，是江西同志的责任，也是我们国家各个部委的责任。大家想想，80 年过去了，赣南现在还如此贫困落后，距离实现全面建设小康社会的目标就剩 8 年了，任务确实繁重，责任确实重大。再有一点感受比较深的，就是要科学客观地分析赣南等原中央苏区目前发展的有利条件、主要制约因素、基本区情、发展定位和未来发展目标、重点任务，这是感情替代不了的，我们要有责任感和危机感，更要有科学的态度。只有这样，才能真正实现中央领导同志的战略意图，实现赣南等原中央苏区的振兴发展。

短短的 2 个月时间，5 位中央政治局常委对赣南苏区发展问题作出 7 次重要批示。经过这次调研，我深感中央领导同志的战略部署、战略安排是完全正确的。它不仅对赣南，将来对整个江西，对整个周边地区的经济社会发展，都具有重要意义。同时，还有重要的政治意义，因为这里是共和国的摇篮，共和国从这里走出来。建国 60 多年了，再过不到 10 年就要实现全面小康，如果不能把共和国摇篮所在地老百姓的生活提高到和全国水平一样，我觉得我们会感到脸上无光，全面小康也没有说服力。所以，把赣南发展好也是夯实共产党执政基础的重要任务。刚才 12 位组长的发言，从积极的角度和态度提出了一些意见，我认为都很好，回去后还要进一步细化和实化。下面，我想借这个机会，从发展战略的角度，结合下一步工作讲五个问题。

第一个问题，怎么来看赣南等原中央苏区振兴发展。首先要把赣南等原中央苏区的振兴发展，放在我国工业化和城镇化的大背景下来看待。这是认识问题的基点，也是起草好政策文件的基础。我的一个基本判断或者叫一个假设是，赣南与其他地方相比，确实发展还相对滞后。我看了一些材料和数据后发现，大概到改革开放初期，赣南和全省乃至闽西粤北的发展差距并没有拉大。赣南作为传统农区，无论是农业生产水平还是老百姓的生活水平与周边地区差距并不大。真正差距拉开是在改革开放以后，尤其是最近 10 年来，在全国工业化、城镇化加速发展的大背景下，赣南苏区发展相对慢了。如果这是事实的话，我们就要认真研究，为什么在从农业社会向工业社会转型的过程中，别的地方走得快、走得顺当，而赣南苏区走得不那么快、走得不那么顺当？原因何在？这有历史原因，就是战争创伤对人以及地方经济带来的历史性负面影响。但是光这么认识还不够，同样有战争创伤的影响，为什么闽西就比赣南发展得快？所以我想一定有综合原因，导致了目前这样一个结果。我初步考虑，至少还有这么几个原因：一是资源禀赋不太好。赣南 18 个县（市、区）目前人均耕地只有 0.635 亩，低于全省的 0.995 亩，也大大低于全国 1.45 亩的平均水平。山地有一些，大概是人均有 5~6 亩，但由于水土流失等各种因素，山地农业发展的支撑也偏弱，耕地中有 1/3 的稻田是冷水田，冷水田只能种一季稻。整个赣州市粮食农作物复种指数只有 135%，而全国的复种指数则接近150%。我原来以为赣南的稻田至少可以种两季，实际不然，这里比全国的平均复种指数还低。再加上土壤问题，单产水平不高。农民的生计，一个是靠田，一个是靠畜牧业，一个是靠农产品加工。这两年畜牧业在转型，现在大多数年轻人外出打工。所以，就这种资源条件，对赣南有所约束，很多方面的约束性比其他地区强。二是产业结构单一。整个赣州工业的门类中，稀土和钨两个行业就占整个工业主营业务的 34.7%，占全市利税的近 60%。前几年，稀土和钨的价格一直都不好，产业结构又单一，这种"一矿独大"的单一产业结构，极易受到外部环境和市场价格的搅动。三是交通不畅。我 10 年前第一次来赣南的时候，从南昌到赣州的高速公路好像还没通。赣南出去的大通道非常少。这些年，好不容易有了一条京九线，结果那边广州到武汉客专一通车，这边又被边缘化了，造成开放程度不高。综上所述，赣南发展落后的原因包括：战争创伤的历史遗留问题、资源禀赋不好、产业结构单一、与外部的交往不够、相对闭塞等，至少这几个原因的综合作用，导致别的地区在从农业社会向工业社会转型快一些，而赣南相对就慢一些。

我查了一下赣南的各种数据。2000~2010 年 10 年间，赣南的主要经济指标在全省的占比持续下降，人均 GDP 从占全省平均水平的 70%，下降到 63%；人均固定资产投资从占全省的 59%，下降到 47%；农民收入从占全省平均水平的 98%，下降到 72%。别说与闽西、粤北比，就是和全省平均水平比，赣南已经处于谷底。如果我们再从一个更广阔的范围看，沿海地区率先发展起来了，高度工业化、城镇化，西部地区则有国家重点支持，中部困难就相对多一点了。如果从小范围、从整个江西看，江西是全国的落后地区，而赣南就是全国中的江西。这是对赣南发展态势的一个初步分析。我为什么今天要讲这个问题，就是希望引起大家的重视。真正要使赣南苏区振兴发展，我们既要带着感情做工作，更要科学地做工作，准确把握发展规律，才能真正使赣州发展起来。要充分认识到加快赣南发展的紧迫性。赣南现在的全面小康实现程度只有 71%。从赣州市提供的材料可以看到，如果要和全国同步实现小康，今后 8 年农民收入要以每年 19% 的速度递增，GDP 要以每年 17% 的速度递增，这个任务非常艰巨。我和几位同志商量，我们起草文件的时候，是否可以提"促进赣南苏区跨越式发展"。如果不跨越式发展，就不能与全国同步实现全面小康。但是要跨越式发展，困难很多，需要攻坚克难。我想赣南至少应该保持每年 12% ~ 14% 的速度。目标的设立很重要，有了目标，才能统筹，才能调兵遣将，才能打好反"围剿"，才能突围。目标确定后，基本的态势和趋向还是工业化、城镇化。要把赣南工业化、城镇化起步慢的课在较短的时间内补起来。这是中心任务！赣南等原中央苏区振兴发展，就是要加快工业化、城镇化，同步实现农业现代化。因为所谓发展，就是结构的变革，就是生产要素从低生产率向高生产率跃迁，然后重新优化组合的过程。什么东西阻碍了这个过程，我们就要认真地去思考、研究、解决。我们一定要把赣南苏区的发展放在这样一个大背景下认识，努力把握基本的经济规律。

第二个问题，当前要集中精力优先解决最突出的民生问题。当前和今后一个时期，赣南苏区振兴发展的基本趋向和原则，应该把解决突出民生问题与着眼加快长远发展相结合，把"输血"与"造血"相结合。为什么中央领导同志在这么短的时间内作出这么多次批示？我认为中央领导看问题的基本着力点，就是民生问题。民生问题不解决，我们党执政的说服力就不强，振兴发展赣南等原中央苏区就没有群众基础和社会凝聚力。老百姓的殷殷之盼，必须解决好。我考虑，意见中关于发展目标要分两个阶段。第一个阶段是到 2015 年，第二个阶段是到 2020 年。第一个阶段有经济社会生态各方面指标，但一定要突出民生指标，把民生放在至少是近期工作的首位来考虑。第二个阶段就是要与全国基本同步实现全面小康，实现跨越式发展。民生欠账太多，需要解决的问题非常多。我们只能在矛盾成堆的情况下，抓主要矛盾。我认为有几个突出的民生问题要优先考虑解决：一是农村饮水安全问题。全国"十二五"时期要解决农村 3.2 亿人的饮水安全问题，总投资上千亿元。我建议把赣南的问题在两三年内优先解决。如果需要的话，适当提高补助标准，大概人均四五百块钱就可以了。瑞金市泽覃乡光辉村就是因为饮水不安全，有几十个患癌症、尿毒症的。这个问题非常急迫，要抓紧办。这个问题和大的生态环境变化有关系。整个区域内的植被品相单一，针叶林多，阔叶林少，地下的土质层又少，这样水土保持能力就差，再加上现在农田施用化肥多，造成问题日趋严重。这些问题要系统来考虑，首先要把饮水问题解决好。二是土坯房问题。现在赣州市有土坯房 69.5 万户，如果每户补助一两万元，就要上百亿，量太大。但是客观地分析，现在赣州 918 万人口，719.6 万农村人口，外出打工的劳动力有 110 多万。当然，可能实际人口要超过 918 万，但是常住人口应该远远低于实际人口，很多人外出打工了，回来可能会住在县城。因此，农村危房改造的总量要打个折扣。扣除长年不住、不用改造的土坯房，估计占 20%～30%。剩下的大约还有 50 万户，这 50 万户要优先考虑，而且要优先考虑"两红"人员。我查了一下，全国各类涉及农村危房改造的住房补助标准，有生态移民、游牧民定居、水库移民等住房补助标准，我们力争用最高的标准来安排赣南危房改造的补助。但这是一个细致活。一要结合城镇化进程统筹考虑，就是说不应该全部在原址建，应该结合搬迁和老百姓到中心村、乡镇、县城转移的进程来进行。二要结合新农村建设统筹安排，这样就能够花小钱办大事。三是电的问题。低压电的问题在赣州有普遍性。我们到宁都县小布镇，220 伏的电压只有 141 伏。电器不能用，老百姓的生活况且如此，招商引资发展工业就更没门了。所以整个赣南的电网要统筹安排，然后再配套考虑华能瑞金电厂二期。四是"两红"人员的问题。"两红"人员的政策，民政部、财政部正以积极的态度认真研究。客观地说，不仅中央苏区，其他苏区也有这个问题，所以必须统筹考虑。这个政策诉求是合理的，还是要积极争取，但也有一个分层次和分阶段的问题。我算了一下，赣南苏区"两红"人员9万余人，占全国的7.5%，一年希望中央补助2.3亿元。这样推算下来，全国一年要28亿元，这个钱是花得合理的，有重大政治意义，而且这些老红军遗属、红军老战士的人数只会越来越少，不可能越来越多。

第三个问题，实现跨越发展的问题。基本的思路还是要加快工业化、城镇化进程。加快工业化进程，有这么几个要求请地方同志再深化研究。一是主导产业的确立。赣州市的主导产业怎么安排？赣州同志的提法叫"三个三"的主导产业，就是打造三个上千亿元的产业，稀土和钨及其应用、新能源汽车及其配套、铜铝有色金属；打造三个上500亿元的产业，电子信息、现代轻纺、食品工业；然后再打造三个上200亿元的产业，氟盐化工、生物制药、新型建材。这样提行不行？要进一步论证。赣南的现状是什么？赣南工业有35个行当，其中稀土和钨所占的比重奇高无比，就是"一矿独大"、"一览众山小"。所以在这个产业结构基础上提出"三个三"科学不科学？什么叫主导产业，主导产业的衡量标准一个是叫市场需求大，第二是生产率上升快，也就是技术进步快，只有这样的产业才能形成主导产业。还要统筹考虑和珠三角与闽西的关系，统筹考虑本地的资源和各方面工业的配套情况，统筹考虑交通运输能力、电力供应等方面的现状。要尽快确定主导产业。所有后发地区完全靠市场机制是不行的，一定要有政府的主动引导，政府主动引导最关键的就是要确定主导产业。二是加快承接产业转移。这几年江西的发展势头好，赣南、吉安等地的势头也正在起来，产业从珠三角、海西转移过来的比较多。承接产业转移仍然是今后一个时期赣南苏区加快工业化的主渠道。三是集聚发展。就赣南而言，国家级开发区赣州市有1个，省级开发区加上工业园区有15个，加起来共16个园区，里面大概共5000多家企业，主营业务收入占了赣州市全部主营业务的92%，整个赣南集聚发展的基本格局已经形成。我认为这样的态势非常好，千万不要搞"村村点火、户户冒烟"。整个赣南生态脆弱，这要求既要工业化，又必须把生态环境保护好，只能走集约发展路子。将来配套政策只能往园区里面配，不能遍地开花。四是对外开放。要形成一个新的区域间的合作格局，这和产业转移是相关联的。这方面还要加大力度，主动出击。建议市级层面主动和珠三角对接，和闽西对接，当然通过省层面就更好。我想将来赣州整个生产力的空间布局，可以定位为"一核两带"，即：以赣州特大城市为核心，现在中心城区人口是70多万，上100万就是特大城市了，将来的目标要打造成200万。然后是"两带"，或者叫"两翼"。珠三角这边从全南、定南、龙南（"三南"）到河源，再到深圳，这是一翼；另一翼从宁都、兴国、瑞金，到长汀、龙岩，再到漳州、泉州。我建议在"三南"和广东交界地区共同打造一个跨省的开放合作园区，在瑞金和长汀交界地区打造一个跨省的经济合作区域，这样对江西有好处，对广东、福建也有好处，这样就把整个赣南的骨架撑起来了。总的来看，原来制约赣南从农业社会向工业社会转变的那些因素，现在全部都在发生变化。比如，交通条件在逐步改善，产业结构通过产业转移不断优化，资源禀赋方面，我们有了新的思想，110万人在外面打工，这是一种无形的力量。我认为，只要我们的研判是科学的、分析是透彻的、目标把握是准确的，再配上一些政策来促进它，工作又能够到位，赣州实现跨越式发展应该是有条件的。从大势来看，沿海已经在调整结构，全国、全世界的产业都在调整。从地图上看，赣州到龙岩，再到河源正好是一个三角，是不是金三角不敢说，赣州承接产业转移中既承接海西，也承接珠三角，更远一点承接长三角，这是有条件的。

第四个问题，给予政策支持的问题。我还是讲"四特"：特殊地位、特殊贡献、特殊困难、特殊支持。这也是邦国委员长批示上说的要给予特别的支持，以及邹家华同志批示中说的要建立一对一的对口帮扶关系。我们实地考察以后，感到要实现中央的战略，确实需要特殊的政策。江西以及赣州、吉安、抚州、闽西闽北、粤北的同志都提出了政策诉求，我们都会统筹研究。我觉得有这么几项将来要落地：一是设立赣南苏区振兴发展的专项资金。这个可以研究，叫不叫这个名称再说，或是通过什么专项渠道，总之要有一个专门渠道。二是公益类的投资项目减免地方配套问题。闽西已经享受，我觉得对赣南等地也要统筹考虑。三是实行差别化产业政策。这个很重要，只要这里条件允许、环境容量允许、又有市场，应该适当降低产业准入门槛，扶持这些地方加快一些产业项目的落地。四是土地政策。我赞成实行差别化土地政策，可以给低丘缓坡地发展工业项目用地指标。五是在工业园区给予一些特殊政策，对鼓励类产业企业减按15%的税率征收企业所得税。六是金融方面的支持。七是一些重大项目的摆布，在同等条件下要优先考虑。八是对口帮扶。我们初步考虑向国务院建议，对赣南苏区实行一对一的结对关系，首先考虑的是中央国家部委以及央企作为结对的一方，发达地区第二步再考虑，结对以县为单位。其他你们提的政策意见我们统统带回去，逐条研究，本着积极支持的态度，在政策允许的框架下，有些方面可能要适当有所突破。

第五个问题，振兴发展赣南等原中央苏区是一个重大决策。中央这个决策不仅对赣南苏区有利，对江西也有利，我觉得江西将来应该形成一个南北呼应的格局，即北边是鄱阳湖生态经济区，南边是赣南中央苏区。这两个区域形成两翼齐飞的格局，对江西全省经济发展的作用不可限量，其中鄱阳湖生态经济区主要对接长三角，而赣南苏区包括吉安、抚州重点对接海西和珠三角。将来开通昌吉赣客专、赣龙铁路复线，从汕头港出来一直往上到鹰瑞高速，还有几个高速公路的架设，只要交通条件改善了，赣南作为几大区域中的一片，作用发挥出来了，对带动整个江西的发展能起到一个积极的效应。因此，这次工作对赣南有历史性意义，对整个江西发展也有重要意义。我们一定要认识到，这既有重大的机遇，也有重大的责任，机遇能不能把握，能不能把它转化成巨大的生产力，对我们是一大考验。首先，我强调一条，在国家加大支持力度的情况下，赣南等原中央苏区的各级领导仍然要坚持艰苦奋斗的作风，要努力努力再努力。不能因为中央加大支持力度了，我们就可以松懈了，万万不可这样想。恰恰相反，中央越是加大力度，越是需要我们百倍努力，这样才能真正抓住机遇，实现战略目标。其次，我要强调，还是要弘扬苏区精神和苏区干部好作风，就是近平同志讲的"坚定信念、求真务实、一心为民、清正廉洁、艰苦奋斗、争创一流、无私奉献"的28字苏区精神。革命战争年代要这样，和平建设时期、市场经济条件下，仍然要保持这样的作风。我非常欣赏赣州的"送政策、送温暖、送服务"活动，一心一意为老百姓服务，解民困、聚民力，使基层干部作风更扎实，老百姓非常拥护。将来赣南能不能振兴，能不能实现新的崛起，干部的作风、干部的工作是一个关键因素。这项工作非常重要。万万不可干与民争利的事、损害群众利益的事。谁损害群众利益，谁就是损害赣南苏区振兴发展的大局。越是形势好、机遇好，我们越要保持清醒的头脑和高度的政治责任感，发扬这种好的传统、作风，这点非常重要。

关于下一步工作，我们分两步走：第一步在实地调研的基础上，起草一个支持赣南等原中央苏区振兴发展的若干意见，建议以国务院名义发布。这项工作，回去以后请各个专题组一周以内把专题报告交到综合组，然后综合组抓紧起草这个文件。大约在 5 月份能完成，之后还要征求各部门意见，还要协调政策，争取 6、7 月出来。第二步就是制定赣南等原中央苏区振兴发展规划。待国务院文件下发后，我们将抓紧开展制定赣南等原中央苏区振兴发展规划的工作。这个规划和若干意见的区别在于规划的时候项目都要落地了，政策要更具体化。这里强调一下，吉安、抚州还有闽西闽北、粤北的问题，我们会统筹考虑，你们可以放心。

总之，江西省委、省政府对原中央苏区振兴发展工作高度重视，省里已经决定，给 38 个中央苏区县和帮扶县每县每年 1000 万元的扶持。按照国务院的要求，对整个赣南等原中央苏区的工作将来还会进一步加大支持力度。文件、规划出台后，要在江西省委的统筹领导下，把这个工作进一步抓好。

江西省委省政府、赣州市委市政府和相关地方为我们调研做了大量前期工作，对我们认识区情和发展情况非常有帮助。特别是在整个调研活动中，你们给予了非常周到细致的安排。苏荣书记和心社省长在百忙之中还陪我们下基层、跑山寨，6 位省委常委到赣南共商振兴大计。所有这些，让我们深受鼓舞。最后，请允许我代表调研组的全体同志，对江西省特别是赣州市，还有吉安、抚州、闽西闽北、粤北的同志表示衷心感谢！我们一定用实际行动交出一份中央认可、老区人民满意的答卷！

谢谢！

江西省委常委、赣州市委书记史文清 在市县乡三级干部大会上的讲话

(2012 年 7 月 2 日)

沐浴着党中央的深情厚爱，满载着老区人民的热切期盼，在党的 91 华诞前夕，《国务院关于支持赣南等原中央苏区振兴发展的若干意见》正式出台。这是赣州开天辟地的盛大喜事，是国家战略层面支持赣南等原中央苏区发展的顶层设计，系统绘制了赣州经济社会发展"路线图"，是赣州发展史上的重要里程碑，也是赣州亘古未有的重大历史机遇，必将开启赣州发展的新纪元！今天，我们满怀喜悦、齐聚一堂，继市县联动，举行三十万共产党员、干部群众、共青团员、少先队员集体宣誓，启动"永远热爱党永远跟党走"主题教育实践活动之后，召开市县乡三级干部大会，铭记中央关怀，把握发展机遇，以务实作风和百倍干劲，全面贯彻落实《若干意见》，大力推进赣南苏区振兴发展。刚才，新生同志通报了《若干意见》制定出台情况。下面，我讲几点意见：

一 汇聚关怀厚爱、凝结智慧心血，赣南苏区振兴发展 成为国家战略，来之不易、弥足珍贵

赣南苏区振兴发展，寄托着 10.82 万革命先烈和无数革命先辈的奋斗理想，承载着赣南苏区人民几代人、数十年的孜孜追求。《若干意见》制定出台，使赣州经济社会发展上升为国家战略。回想这一过程，从去年 12 月 30 日中央领导同志首次批示算起，不足半年；从今年 3 月 31 日北京启动会算起，仅仅 89 天，速度之快、效率之高，在我国区域政策发展史上是破天荒的第一次。政策含金量之高、突破常规力度之大，在区域政策中也确属罕见。如此短的时间取得如此大的成效，凝聚着各方面的深切关怀、倾力支持和辛勤付出。

借此机会，我代表中共赣州市委、市政府，向所有关心支持赣南苏区振兴发展，为《若干意见》出台付出辛劳的各级领导、干部群众和各界朋友，以及新闻媒体的朋友，表示诚挚感谢和崇高敬意！

《若干意见》顺利出台，得益于中央的殷切关怀，国家部委的鼎力支持和省委、省政府的坚强领导。中央对赣南苏区这块浸染革命烈士鲜血的红土地，始终充满深情、高度关切。新中国成立伊始，毛泽东主席专门委派中央慰问团来江西和赣南老区慰问，并送来"发扬革命传统，争取更大光荣"的亲笔题词；改革开放后，邓小平同志又委托仲勋同志前来考察慰问；江泽民同志曾多次来江西和赣南视察，念念不忘老区人民脱贫致富。胡锦涛总书记视察赣南时强调，一定要坚持立党为公、执政为民，让老区经济社会更快更好地发展起来，让老区人民的生活越来越好。赣南苏区振兴发展构想提出以来，中央领导同志多次强调，赣南苏区历史贡献特殊、历史地位特殊、面临困难特殊，应予特殊支持。5 位中央政治局常委先后 13 次作出重要批示。习近平副主席在批示中指出，"赣南苏区是中央革命根据地的主体，为中国革命作出了重大贡献和巨大牺牲。由于种种原因，赣南苏区目前经济发展依然滞后，人民生活仍然比较困难。如何进一步帮助和支持赣南苏区发展，使这里与全国同步进入全面小康，使苏区人民过上富裕、幸福的生活，应当高度重视和深入研究。"字里行间，饱含着党中央对赣南苏区人民的无限深情！一些中央老同志心系赣南、情倾老区，以博大胸怀、前瞻眼光和满腔热情，全力支持、鼎力玉成。国家部委以炽热感情和强烈的政治责任感，把支持赣南苏区振兴发展作为开年大事来办。国家发改委综摄统筹，财政部、国资委等部委尽心竭智、倾力支持。省委、省政府着眼全局、科学决策、坚强领导，举全省之力，帮助破解节点难点问题，加快推动《若干意见》出台。苏荣书记、心社省长亲力亲为、关心备至、高位推动，多次赴京或向中央领导同志致信汇报，深入赣南实地调研，指导谋划振兴发展工作；多位省级领导同志以及老领导、老同志，来赣南调查研究，提出很多重要意见，同时通过全国"两会"积极反映、热切呼吁。在《若干意见》征求部委意见过程中，省委、省政府专门就进一步沟通汇报作具体部署，省直相关部门协同做好部委调研接待，并赴京帮助沟通对接。中央和地方媒体倾注热情，聚焦赣州，为赣南苏区振兴发展鼓与呼。这些都为《若干意见》出台起到了有力的推动作用。

《若干意见》顺利出台，源自于我们秉持对人民高度负责的精神，坚持真理、实事求是，精心谋划、坚韧推进。实事求是，是党的思想路线的核心，是共产党人应有的品格，是苏区精神的精髓。在省委、省政府的正确领导下，市委三届九次全会以来，我们始终坚持实事求是，本着对历史负责、对人民负责、对未来负责，把推进赣南苏区振兴发展，作为贯穿经济社会发展各项工作的红线。追根溯源，这项工作从 2010 年 11 月开始谋划，发端于干部下基层"送政策、送温暖、送服务"。干部下到基层一线，开展调查研究，深化市情认识，统一了思想、廓清了思路、坚定了信心；干部主动上门服务，为群众排忧解难，宣传动员群众，密切了党群干群关系，调动了基层和群众的积极性；干部通过基层实践历练，开阔眼界、拓宽思路，学会辩证思考研究问题，客观了解赣州发展现状，真切体会群众生活的艰辛，思想灵魂深受洗礼，增强了对群众负责的责任意识，求真务实之风得到大力弘扬。市委三届九次全会系统分析和准确把握市情，得出"后发展、欠发达"基本市情的判断，抓住了问题的关键，有了讲真话、讲实话的勇气和底气。在调研中，了解到"两红"人员生活困难及土坯危房问题，不遮掩、不回避，以多种渠道负责任地如实反映，得到中央领导同志的深切关注和巨大支持。接下来，积极创造条件，在北京举办"发扬革命传统，争取更大光荣——中央苏区革命传统主题展览"，展示赣南苏区波澜壮阔的红色历史，引起全国广泛关注；中央召开纪念中央革命根据地创建暨中华苏维埃共和国成立 80 周年座谈会，首次提出苏区精神；举行纪念中央革命根据地创建暨中华苏维埃共和国成立 80 周年大会，回顾光荣历史，缅怀先辈功绩，宣传和弘扬伟大的苏区精神，进一步扩大了赣州的影响力。县级班子换届后，市委组织新一届县（市、区）委书记集体谈话，赴井冈山、瑞金、兴国等地接受革命传统教育，铭记苏区历史，坚定理想信念，增强使命担当；市第四次党代会、市委四届一次全会要求各级党员干部，坚持人民至上、民生为本，一切工作以群众利益为最高标准。这一系列工作，精心布局、周密运筹，环环相扣、层层递进，为《若干意见》制定出台做了大量铺垫，打下了坚实基础。在推进赣南苏区振兴发展具体工作中，我们肩负神圣使命和政治责任，以饱满的热情、钢铁般的意志、百折不挠的毅力，一项一项协调，一点一滴争取，一丝一毫不放松，特别是我们始终践行执政为民理念，坚持为民谋福祉不动摇，排除了许多难以想象的干扰、压力甚至非议，勇于触及矛盾，勇于披露问题，竭力为民陈请，毫不气馁、绝不妥协，坚韧不拔地向前推进。我们把握实事求是的精髓，从实际出发，以真情获得认可；动之以情，以真诚赢得支持；锲而不舍，以恒心开启新局。我们组织专门力量，深入开展调查研究，形成了《赣南苏区经济社会发展情况调查报告》和一系列专题报告，客观、真实、系统地陈述赣南的特殊地位、特殊贡献和特殊困难，全面准确地分析振兴发展的有利条件和基本思路，有理有据地提出了振兴发展的建议请求；先后数次集中组织赴京，与53个部委反复汇报对接，促成在北京召开《若干意见》制定工作启动会、国家发改委前期调研和国家部委联合调研，全程参与和协助《若干意见》起草、征求意见与修改完善等工作。我们看到，赣南苏区客观存在诸多实际困难，与全国同步建成全面小康社会艰巨异常，需要有特殊扶持。为此，咬定既定目标，全力争取《若干意见》明确赣南苏区的战略定位，把解决突出的民生问题作为首要任务，想尽一切办法争取执行西部大开发政策、加大中央财政专项支持和均衡性转移支付力度、实施对口支援等重大政策。市委、市政府以对人民、对事业、对历史高度负责的态度，无私无畏，坚持真理，实事求是、至诚至真地反映困难和诉求，广泛动员群众热情参与，最大限度地赢得了各方面的理解和支持。所有这一切，展现了省委、省政府驾驭全局、统筹谋划的智慧，体现了深刻把握群众诉求、坚持人民利益高于一切的精神；从实际出发、准确把握发展阶段的科学态度；超乎寻常、敢于承担风险与压力的胆识和勇气。没有这些，就成就不了这一造福赣南等原中央苏区人民的盛举大事！

《若干意见》顺利出台，汇聚着全市上下的共同努力，是全体干部群众协力同心、众志成城的结果。宋代杰出的政治家、文学家王安石曾经感叹，"看似寻常最奇崛，成如容易却艰辛。"面对寄寓着全市人民期盼、开辟赣南美好前景的盛事壮举，广大干部群众讲政治、顾大局，思想集中，意志统一，步调一致，以极大的热情投身其中。市四套班子领导，市直和驻市单位、各县（市、区）的同志，包括在北京工作的赣州籍同志，都为之协同努力、倾情相与。不少同志长期加班加点、夜以继日，甚至带病坚持工作。老干部、老同志发挥余热、主动参与。广大群众怀着对党和政府的深厚感情，坚守永远热爱党、永远跟党走的信念，满怀激情，像当年支援革命战争那样，参与赣南苏区振兴发展工作，以真情、真诚和坚毅，有力争取了中央和社会各界的最大支持。

《若干意见》的出台，汇聚了天时、地利、人和，是中央对赣南苏区人民的殷殷牵挂和特殊关爱，是对赣南苏区在中国革命史上重要历史地位的充分肯定，是对赣南 10.82 万革命先烈、对当年奉献革命事业的苏区人民最好的慰藉！他们为新中国诞生作出的贡献和牺牲感天动地、撼人心魄！此时此刻，我们手捧沉甸甸的文件，更加深切缅怀长眠于赣南青山赤土间的革命先烈们！我们要十分珍惜机遇，倍加努力工作，加快推进赣南苏区振兴发展，以实际行动回报中央，回报中央各部委和省委、省政府的殷切关怀，不负人民群众的热切期望，让广阔的赣南红土地焕发勃勃生机！

二 制定特殊政策、推进振兴发展，彰显了党执政为民的理念，开启了赣州发展新纪元，意义重大、影响深远

《若干意见》是赣州发展历程中开先河、全省继鄱阳湖生态经济区之后第二个国家区域发展战略，在赣州乃至江西发展史上都具有里程碑意义。我们要站在更高视点，充分认识推进赣南苏区振兴发展的深远意义，切实增强责任感和紧迫感。

第一，推进赣南苏区振兴发展，鲜明体现了党的执政理念、根本宗旨和执政追求。人民群众是我们党执政的牢固根基，让人民群众过上幸福美好生活，是党的宗旨所在，也是无数革命志士抛头颅、洒热血的不懈追求。在艰苦卓绝的革命岁月，赣南人民矢志不渝跟党走，用赤诚、鲜血和生命捍卫红色政权，为革命抛家弃业、舍生忘死，汇聚了赣南苏区振兴发展的美好愿景。推进赣南苏区振兴发展，不仅是重大经济任务，更是重大政治任务，是实现革命先辈夙愿、践行党的根本宗旨的重大举措，是深入贯彻落实科学发展观、促进区域协调发展、实现共同富裕的重要部署，对于全国革命老区加快发展具有标志性意义和示范作用。中央作出这一英明决策，彰显了我们党执政为民的情怀，体现

了中国特色社会主义制度的优越性，对实现人民群众根本利益、凝聚民心民力，巩固党的执政基础、促进社会和谐稳定，具有重大政治意义和深远历史意义！

第二，推进赣南苏区振兴发展，从国家战略层面，系统绘制了赣州经济社会发展宏图伟业。国家实施区域发展战略，能有力促进区域经济快速崛起。中央为赣南量身定做整体性、系统化的特殊扶持政策，着力打造全国革命老区扶贫攻坚示范区，全国稀有金属产业基地、先进制造业基地和特色农产品深加工基地，重要的区域性综合交通枢纽，我国南方地区重要的生态屏障，红色文化传承创新区，从国家层面系统提出了赣州发展的行动纲领，描绘了美好蓝图。这意味着赣州发展在国家生产力布局中的地位得到凸显，必将强力推进赣州在新起点上实现新跨越，极大地提升赣州在全国经济版图中的战略地位，使赣州加速成为区域经济发展的重要增长极。

第三，推进赣南苏区振兴发展，为赣州加快发展、转型发展、跨越发展，提供了持续强劲的动力。国家支持赣南苏区振兴发展，构筑了区域性政策高地。政策机遇与区位优势相互叠加，将有力吸引人流、物流、资金流、信息流加速向赣州集聚，形成"投资洼地"。特别是执行西部大开发政策、中央财政加大转移支付、实施对口支援等政策，比如，西部大开发政策中鼓励类产业企业减按15%的税率征收企业所得税，鼓励类产业项目在政策规定范围内进口的自用设备免征关税，提高建设项目投资补助标准和资本金注入比例，公益性建设项目取消县及县以下和集中连片特殊困难地区市地级配套资金等，含金量都非常高。而且文件内容明确具体，操作性很强，将带来大批项目落地和大规模资金投入。加上省级投资和撬动的其他投资，以及投资放大效应，投资总量将非常可观。同时，推动瑞（金）兴（国）于（都）经济振兴试验区、赣州综合保税区、"三南"加工贸易重点承接地等产业聚集区和创新区建设，将极大地促进机制创新、平台完善以及各类生产要素的聚集和裂变，全面优化赣州发展环境，有力拓宽赣州与外界联系，激发巨大能量，推动赣州经济实现"井喷式"发展。比扩大投资更为重要的是，在争取政策出台过程中，各级干部更新了观念，磨砺了意志，铸就了务实作风；通过加强与国家部委和省直厅局对接交流，开阔了眼界，增长了见识，提升了推进工作的能力；社会各界持续广泛聚焦，全方位提升了赣州的影响力和美誉度，赣州这张名片更加靓丽。这些都是至为宝贵的无形资产。特别是，全市干部群众的荣誉感、责任感和使命感不断增强，"永远热爱党、永远跟党走"的信念更加坚定，与全国同步建成全面小康社会的信心更加充足，认识和行动更加统一，由此产生的内生动力，比任何力量都更为强大、更为持久。

第四，推进赣南苏区振兴发展，对赣州实现与全国同步建成全面小康社会目标，具有决定性意义。按照 2020 年与全国同步建成全面小康社会的要求预测，赣州生产总值年均增速需保持 17% 以上。而这些年来，我市生产总值增速大体保持在 11%～13% 的水平，主要人均经济指标只有全国平均水平的三到四成，处于中西部地区最落后位置和其他革命老区后列，全面建成小康社会的任务异常艰巨。国家出台《若干意见》，对于赣州尽快改变贫困落后面貌，与全国同步建成全面小康社会，将起到决定性作用。现在离建成全面小康社会目标只有 8 年时间，能不能贯彻落实好《若干意见》，抓住国家前所未有的扶持机遇，实现跨越发展，决定着赣州的前途和命运。

推进赣南苏区振兴发展，既是重大历史机遇，更是沉甸甸的历史责任；《若干意见》既是"字字千金"，更是"字字千钧"。全市上下务必要以时不我待、只争朝夕的精神，自我加压、自力更生，艰苦奋斗、负重拼搏，努力把中央的深切关怀和特殊支持落到实处，造福群众、惠及人民！

三 深化发展思路、明晰工作重点，全面落实《若干意见》，努力推进赣南苏区加快发展、转型发展、跨越发展

《若干意见》的出台，只是振兴发展"万里长征第一步"。落实好文件，需要长期艰苦奋斗。要立足赣州实际，完善发展思路，把握工作重点，铆足干劲、务实为民，把国家扶持政策转化为发展的强大动力，创造新优势，实现新跨越。

一是要因势顺变，完善优化发展思路。《若干意见》出台后，赣州的发展条件、发展环境必将发生深刻变化。要在市第四次党代会确立的发展方略基础上，紧扣《若干意见》，进一步完善思路、调优规划、修正目标，明晰赣南苏

区振兴发展"路线图"。总的要求是：深入贯彻落实科学发展观，紧紧抓住国家支持赣南苏区振兴发展的历史机遇，坚持民生改善与经济发展相结合、"输血"与"造血"相结合、国家扶持与自力更生相结合，牢固树立"发展为先、生态为重、创新为魂、民生为本"理念，以新型工业化和新型城镇化为核心，带动促进农业农村现代化、发展生态化，大力推进加快发展、转型发展、跨越发展，加快建设创业、宜居、平安、生态、幸福赣州，努力实现"一年一变样、三年大变样、五年上台阶、八年大跨越"，确保与全国同步进入全面小康社会。要根据《若干意见》所带来的重大政策机遇，围绕2020年实现全面小康目标，系统评估和调整"十二五"及未来规划指标，编制出台专项配套规划，形成振兴发展规划体系。在用好用足政策促进加速发展的同时，要更加注重均衡发展、缩小贫富差距，更加注重经济与社会、人与自然相协调，加快转变经济发展方式，真正实现又好又快发展。各县（市、区）要根据市委、市政府统一部署，全市"一盘棋"，研究完善发展思路。

二是要谋划项目，推进政策转化落实。《若干意见》是宏观性政策，在实际操作中，需要进一步具体化。要加强与国家部委的对接沟通，争取尽快出台贯彻落实《若干意见》重点工作分工方案、部际联席会议制度、对口支援实施方案等配套文件，着力配合省级层面出台实施意见。要着眼于推进政策落实，争取国家各有关部委出台本部委贯彻落实《若干意见》的具体实施意见，抓紧制定市委、市政府贯彻落实《若干意见》的决定、实施意见和各专项工作方案。潜心研究和充分利用政策，特别是执行西部大开发政策、对口支援等重大政策，要逐一细化，深入挖掘内涵，拓展政策容量，放大政策效应。要对《若干意见》提出的政策措施逐项进行任务分解，明确责任主体；抓紧建立和完善项目库，制定产业指导目录、资金管理使用办法等配套文件。项目是落实政策的重要载体和主抓手。没有项目，再优惠的政策也难以转化为现实生产力，善策良谋就不可能结出累累硕果。要推进政策项目化，力求把每一条政策都落实到具体项目上，重点谋划和落实一批战略性、基础性、长远性的重大项目，以大项目带动一个产业乃至一个领域的快速发展。要推进项目集成化，围绕同类项目、关联项目，实行集成开发、打包运作；围绕主体工程、核心项目，系统开发配套项目、延伸项目；围绕产业链条、产业协作，抓好现有产业项目的拓展和扩张，培植壮大产业集群。要继续加大与部委对接的力度，争取《若干意见》中确定的政策、项目、资金尽快落实到位。下半年，全市要组织开展重点项目攻坚，采取有力有效措施，破解发展瓶颈，全力推进项目建设，确保《若干意见》实施取得实实在在的成效。同时，要研究成立专门的领导小组并下设工作机构，加强组织领导和统筹推进力度。各地各部门要加强沟通协调，形成抓项目、促发展的合力。

三是要抓纲带目，破解发展节点难点。赣南苏区振兴发展是一项系统工程、长期任务和开创性事业。既要立足当前、又要着眼长远，既要统筹谋划、又要把握重点，牢牢抓住主要矛盾，突破关键环节，带动全局发展。要重点突破交通、能源等基础设施瓶颈，加快建设昌吉赣客专并延伸到深圳、鹰瑞梅铁路、赣龙铁路扩能改造、黄金机场改扩建、华能瑞金电厂二期等基础设施建设，打造我国重要的区域性综合交通枢纽，基本形成现代综合交通运输体系和能源保障体系。要突出壮大特色优势产业集群，坚持扶优扶强、招大引强，推进技术改造和关键技术研发，实行高端切入、全链条升级，重点打造大型稀土企业集团等企业航母，建设具有较强国际竞争力的稀土、钨稀有金属产业基地、先进制造业基地和世界最大的优质脐橙产业基地，培育新能源汽车及其零部件、生物医药、高端装备制造等战略性新兴产业。要坚持服务业与制造业协同配套，突出发展金融业和现代物流业，鼓励发展科技研发、工业设计和服务外包，规范发展法律咨询、信用评估、广告会展、培训认证等生产性服务业，扶持发展社区服务、家政服务、社会化养老等生活服务业，加快发展红色文化旅游产业，使现代服务业成为高增长的先行产业。要加快推进行政区划调整，拉开城市框架，提升城市品位，推动赣县、南康、上犹与赣州中心城区同城化发展，科学规划建设新区，以区域性、特大型、现代化中心城市崛起，打造振兴发展核心增长极；同时，要积极抓好统筹城乡发展综合改革试验，建设城乡统筹示范区。

四是要民生优先，真正惠及广大群众。赣南苏区振兴发展，最终目的是富民惠民，实现共同富裕。要坚持民生为本，优先解决最迫切、最突出的民生问题，切实让全市人民在短时期内看到振兴发展带来的实惠和变化，使中央的关怀全面落实为实实在在的惠民德政。整合资源、集中力量，实施"农村土坯房三年改造计划"和"农村饮水安全工程三年计划",力争三年任务、两年完成;2013 年底前全面解决部分农村不通电和低电压问题;争取在 2015 年前,先行完成农村电网改造升级、农村中小学薄弱学校改造等任务,大幅提高特殊困难群体生活水平。要坚持"民生财政",加大财政投入,每年集中办好一批民生实事,同时充分发挥社会力量,运用市场机制,综合多种手段,加快发展教育、医疗、卫生、就业、社保、文化、体育等各项社会事业,不断提高基本公共服务水平。要积极衔接、促进中央国家机关对口支援政策有效落实,积极争取央企大力帮扶,突出抓好罗霄山脉集中连片特困地区扶贫攻坚,努力建设全国革命老区扶贫攻坚示范区。

五是要扩大开放,激发振兴发展活力。推进振兴发展,最大的活力、动力和空间在于开放;抓住了开放,就找到了打开振兴发展大门的金钥匙。要充分发挥《若干意见》带来的政策放大和环境优化等综合效应,创新体制机制,深化改革开放,最大限度激活各种生产要素,不断释放发展能量、迸发发展活力。要积极开展现代服务业、城市建设、统筹城乡、扶贫开发、投融资等先行先试,建设具有较强区域竞争力的发展环境,着力在中心城区建设综合保税区,在南部建设"三南"加工贸易重点承接地,在东部和北部建设瑞金兴国于都经济振兴试验区,建设赣南承接产业转移示范区,打造内陆地区开放型经济高地。要抓紧修订完善招商引资政策,加大政策宣传力度,吸引更多外来投资者投资赣州,促进承接产业转移,提升开放型经济层次和水平。要建立与周边地市和经济发达地区的区域联动机制,促进与鄱阳湖生态经济区、海西经济区、长株潭试验区等区域融合互动、合作共赢,推动建设赣闽、赣粤产业合作区,强化与珠三角、厦漳泉等沿海地区的经贸联系,加快区域经济一体化进程。

四 勇于担当使命,苦干实干抓落实,在推进赣南苏区振兴发展宏伟实践中奋发有为、建功立业

推进赣南苏区振兴发展,关键在人,重在落实。《若干意见》出台为我们创造了千载难逢的历史机遇,也给我们带来了前所未有的重大考验。政策意见淌金流银,责任使命重于泰山。能不能把握机遇、经受考验,取决于我们的精

神状态、智慧勇气、思维理念、执行能力和工作作风。全市各级干部要牢固树立机遇意识、"赶考"意识、落实意识，锤炼素质、增长才干，开拓进取、不懈奋斗，着力推动各项工作提速、提质、提效，努力向中央和省委、省政府，向全市人民，向历史与未来交出一份满意答卷。

一要凝心聚力、共促振兴。认识一致、意志统一，才能激发强大而持久的内在力量。推进赣南苏区振兴发展，凝聚共识是内核支撑。要紧紧咬住振兴发展目标，迅速掀起学习宣传贯彻《若干意见》的热潮，广泛凝聚共识，激发昂扬斗志，引导全市广大党员干部和群众同心协力攻坚克难、坚持不懈推进发展。要通过党委中心组专题学习、媒体宣传、政策宣讲、开展"永远热爱党永远跟党走"主题教育实践活动等多种形式，把《若干意见》主要内容宣传到基层，宣传到每一位干部群众，做到全域覆盖、人人皆知，使全市干部群众的思想和行动统一到振兴发展决策部署上来，激发主体力量和创业激情。要引导广大党员干部进一步坚定理想信念，永葆先进性和纯洁性，在振兴发展中当先锋、建功业。人民群众是我们党执政的基础，也是赣南苏区振兴发展的基础，振兴发展离不开群众的热情支持和广泛参与。要深化"送政策、送温暖、送服务"工作全覆盖、常态化，完善干部直接联系服务群众双向全覆盖机制，进一步创新群众工作方法，调动广大群众的积极性，迸发振兴发展的深厚伟力。作决策、定政策要充分尊重民意，从群众中汲取养分，设身处地为群众着想，考虑群众承受能力，注意把握工作节奏，消怨气、增和气。合心才能合力，人心齐泰山移。要充分发挥党的政治优势和组织优势，发挥社会主义制度优越性，宣传群众、动员群众、组织群众，通过感情融合，拉近干群距离，密切党群关系，点点滴滴感染群众，坚定热爱党、跟党走的信念，凝聚千百万群众共同投身振兴发展的时代洪流。

二要臻于至善、争创一等。能力决定作为，创新才能超越。振兴发展能有多大作为，很大程度上取决于干部的开拓意识和创新能力。要大力弘扬苏区精神，立足振兴发展的高起点、高标准、高要求，以非常之能担当非常之事，务求各项工作精益求精、臻于至善，创新奋进、追求卓越。眼界决定世界，格局决定胜局。大视野，才能派生出大思路、大气象、大格局。要培养开阔视野、前瞻眼光和战略思维，把赣南苏区振兴发展放到全省、全国乃至全球发展大格局、大背景中去考量、去谋划。要增强创新意识，打破思维定势，勇于变革、永不僵化，在困难中找出路，在变通中找办法，在创新中求突破。要多方面、多层次、多角度观察和思考问题，准确洞察形势、预判走势、把握方向，促进赣南苏区振兴发展。

三要脚踏实地、真抓实干。"道虽迩，不行不至；事虽小，不为不成。"世界上的事情都是干出来的。不苦干实干，蓝图再美也是空中楼阁，政策再好也是一纸空文。必须在实干中见成效，在实干中出成果。各级干部要把推进赣南苏区振兴发展的热情转化为实干精神和实际行动，敬业、勤业、专业，用心想事、用心干事，脚踏实地、埋头苦干，在振兴发展的广阔舞台上抒写人生和事业的精彩华章。要牢固树立落实意识，加大"治庸、治懒、治散"力度，切实增强执行力、操作力，确保《若干意见》逐条逐项落到实处、取得实效。国家给了这么大的支持，如果几年后没有大的变化、大的跨越，将愧对中央、愧对人民、愧对历史。

四要坚持不懈、长期奋斗。一位哲人说过："世界上只有两条船能通往成功的目标并成就伟大的事业，那就是力量和坚韧。"实现赣南苏区振兴发展，是一项眼前十分紧迫、长期异常艰巨的任务，需要我们坚韧不拔、一以贯之地奋斗。要咬定目标、百折不挠，抓铁有痕、踏石留印，干一事成一事、干一件成一件。在振兴发展征程中，难免遇到许多可以预见和不可预见的困难。对此要辩证看、务实办。困难蕴藏机遇，差距往往就是潜力。要事不避难、迎难而上，困难面前无畏无惧，矛盾面前敢抓敢管，风险面前敢作敢为。要牢固树立正确的政绩观，不动摇、不懈怠、不折腾，朝着振兴发展目标砥砺前行，努力创造经得起历史、人民、实践检验的业绩。

需要特别强调，"为政之要，惟在得人"，人才是最具活力的发展要素。贯彻落实《若干意见》，加快推进振兴发展，需要一大批人才作支撑。要善于发现人才、使用人才、培养人才和引进人才，着力打造一支视野宽广、理念先进、作风踏实、堪当重任的人才队伍。要优化激励机制，树立鲜明导向，注重在振兴发展一线培养造就人才，让善于作为、忠诚任事的人有舞台、有地位。

同志们，"风劲好扬帆，跨越正当时"，赣州的发展已经拉开新的历史帷幕，站在新的起点。我们要把握机遇、乘势而上，同心同德、共创大业，加快建设创业、宜居、平安、生态、幸福赣州，努力开创赣南苏区振兴发展美好未来，以优异成绩迎接党的十八大胜利召开！

江西省委常委、赣州市委书记史文清在全省贯彻落实《国务院关于支持赣南等原中央苏区振兴发展的若干意见》动员会上的讲话

（2012 年 7 月 10 日）

今天，赣南青山起舞，绿水放歌；万众欢腾，喜气盈门。《国务院关于支持赣南等原中央苏区振兴发展的若干意见》刚刚出台，省委、省政府就在这里召开动员大会，举全省之力，全面推进赣南等原中央苏区振兴发展，共襄这一盛举大事。借此机会，我谨代表中共赣州市委、市人民政府和 918 万赣南苏区人民，向长期关心支持赣州各项事业、为赣南苏区振兴发展倾注心血和汗水的各位领导、各位同志，致以崇高的敬意和衷心的感谢！

推进赣南苏区振兴发展，是省委、省政府着眼于科学发展、进位赶超、绿色崛起全局的重大战略举措。从 2010 年 11 月开始谋划以来，我们始终坚持实事求是的原则，本着对历史负责、对群众负责、对未来负责的精神，以超乎寻常、敢于承担风险与压力的胆识和勇气，坚韧不拔向前推进。回望《若干意见》形成的每一个印记，我们深切感受到，没有中央的殷切关怀，没有省委、省政府的坚强领导，没有方方面面倾情支持与艰辛付出，就没有《若干意见》的顺利出台。文件问世，从去年 12 月 30 日中央领导同志首次批示算起，不到半年；从今年 3 月 31 日北京启动会算起，仅仅 89 天。速度之快，在我国区域政策发展史上开了先河。《若干意见》从国家战略高度，对赣南等原中央苏区量身定做扶持政策，支持力度之大，含金量之高，在区域政策中确属罕见。这饱含着中央对赣南等原中央苏区人民的特殊关爱和倾力支持，充分体现了省委、省政府对党和人民事业高度负责的精神，凝结着国家部委的深情厚谊与倾

力帮扶，汇聚了全省上下的辛勤汗水与闪光智慧。这一切，必将亘久镌刻于这片浸染烈士鲜血的红土圣地，成为赣南人民心中永恒的丰碑！

赣南人民永远铭记：中央英明决策、深情关怀。中央始终关心赣南发展，时刻挂念老区人民群众。胡锦涛总书记指出，要尽最大努力帮助老区发展，让老区人民过上更加美好的生活。赣南苏区振兴发展构想提出以来，中央领导同志多次强调，赣南苏区历史贡献特殊、历史地位特殊、面临特殊困难，应予特殊支持。5 位中央政治局常委先后 13 次作出重要批示。习近平副主席在批示中指出：赣南苏区是中央革命根据地的主体，为中国革命作出了重大贡献和巨大牺牲，要进一步帮助和支持赣南苏区发展，使这里与全国同步进入全面小康，使苏区人民过上富裕、幸福的生活。一些中央老同志心系赣南、情倾老区，以博大胸怀、前瞻眼光和满腔热情，全力支持、鼎力玉成。《若干意见》的出台，把中央的关心厚爱送到了赣南人民的心坎上，鲜明昭示着我们党执政为民的核心理念和崇高追求。

赣南人民永远铭记：省委、省政府坚强领导、高位推进。省委、省政府高瞻远瞩，着眼全局，精心构筑"龙头昂起、两翼齐飞、苏区振兴、绿色崛起"发展格局。赣南等原中央苏区振兴发展工作，从酝酿到启动，从点题到破题，每前进一步，都有赖于省委、省政府坚强领导、统筹谋划，精心设计、高位推动。苏荣书记、心社省长亲力亲为、关心备至，多次到赣南实地调查研究，赴京或向中央领导同志致信；在征求部委意见的重要阶段，专程到北京汇报沟通，奔波操劳、倾力玉成政策出台。许多省级领导同志和老同志，到赣州调研指导、现场办公，尽心竭力支持和推进赣南苏区振兴发展工作。桩桩件件、点点滴滴，无不浸润着省委、省政府和各位领导同志的至真深情和至纯关爱。

赣南人民永远铭记：国家部委倾情奉献、鼎力相助。国家发改委综揽统筹，财政部、国资委等部委尽心竭智，以炽热的感情、高度的责任，把支持赣南等原中央苏区振兴发展作为开年大事。北京启动会不久，即组成联合调研组，历时七天，行程两万余公里，走遍穷乡僻壤，深入调查研究，深切体察赣南群众的艰辛，真实了解赣州的困难和问题，客观反映情况，带着真情实感，帮助我们廓清思路、谋划良策。在政策文稿征求意见阶段，各部委倾情相与，竭尽全力给予支持，促成《若干意见》顺利出台。

赣南人民永远铭记：省直各厅局齐心协力、共同推动。省直各厅局始终倾注热情、全力支持振兴发展工作。在国家部委联合调研组在赣南期间，省直对口厅局领导同志，深入基层全程陪同；许多厅局领导同志不辞辛劳、数度带队进京协调沟通，帮助出主意、想办法，带领和指导赣州的同志做好对接汇报工作。由于全省上下同心同德、同心协力，赣南等原中央苏区振兴发展工作才取得预期成效。

古诗云："千淘万漉虽辛苦，吹尽黄沙始到金。"《若干意见》来之不易，弥足珍贵。这是国家战略层面支持赣南等原中央苏区发展的顶层设计，系统绘制了赣州经济社会发展"路线图"，是赣州发展史上的重要里程碑，也是赣州亘古未有的重大历史机遇，必将开启赣州发展的新纪元。此时此刻，我们更加深切缅怀长眠于青山赤土间的赣南革命先烈，更加敬仰无数革命先辈在这里缔造的宏基伟业，更加感受到肩负的使命重于泰山！把中央与省委、省政府的深情嘱托和918万赣南人民的热切期盼，转化为美好现实，是对无数革命先烈忠魂英灵的最好告慰！我们将在省委、省政府正确领导下，牢牢把握机遇，加倍努力工作，全力推进赣南苏区振兴发展。

一是倍加珍惜中央关怀，坚定热爱党、跟党走的信念。赣南人民与党的鱼水深情根深蒂固、植入血脉，热爱党、跟党走的信念坚贞不二、矢志不移。今天，赣南人民更加深切体会到党的关怀和温暖，更加深切体会到社会主义制度的优越性。我们正通过开展"永远热爱党永远跟党走"主题教育实践活动，进一步发挥党的政治优势，创新群众工作方法，广泛动员群众、组织群众、宣传群众，凝聚和激发振兴发展的无穷力量，用实际行动回报党的关怀厚爱，永远热爱党，永远跟党走。

二是把政策转化为现实生产力，推动加快发展、转型发展、跨越发展。牢固树立"发展为先、生态为重、创新为魂、民生为本"理念，坚持民生改善与经济发展相结合、"输血"与"造血"相结合、国家扶持与自力更生相结合，以新型工业化和新型城镇化为核心，带动促进农业现代化、发展生态化，大力推进加快发展、转型发展、跨越发展，加快建设创业、宜居、平安、生态、幸福赣州，努力实现"一年一变样、三年大变样、五年上台阶、八年大跨越"，确保与全国同步进入全面小康社会。

三是优先解决突出民生问题，凝聚振兴发展民心民力。始终将民生改善置于振兴发展之先，充分利用国家扶持政策，集聚各种资源，着力解决最迫切、最突出的民生问题，让群众得到更多实惠，社会更加繁荣和谐。坚持把好事办好、把好事办实，着力把握发展阶段与发展规律，科学规划、统筹布局，精心组织、有序实施，通过几年坚持不懈的努力，促进全市公共服务水平有质的提升，人民群众生产生活条件有看得见的变化。

四是大力弘扬苏区精神，增强振兴发展内生动力。我们将牢记使命、勇于担当，始终以对党、对人民、对历史高度负责的态度，扎扎实实、埋头苦干，不兴浮术、不采华名，一项一项推进，一件一件落实，努力争创新时期"第一等工作"。

各位领导、同志们，蓝图已经绘就，行动只争朝夕。我们将在省委、省政府的坚强领导下，认真贯彻落实苏荣书记、心社省长重要讲话精神，勤勉务实、发愤图强，在赣南这块红土地上，用心抒写振兴发展的时代画卷，为建设富裕和谐秀美江西作出应有贡献！

江西省委常委、赣州市委书记史文清
在市委四届四次全体（扩大）
会议上的讲话

（2012 年 12 月 30 日）

这次全会的主要任务是，深入学习贯彻党的十八大精神和中央、全省经济工作会议精神，认真落实《国务院关于支持赣南等原中央苏区振兴发展的若干意见》，审议《中共赣州市委常委会 2012 年工作报告》、《中共赣州市委关于改进工作作风、密切联系群众的实施意见（讨论稿）》，进一步动员全市党员干部群众，大力弘扬苏区精神，全面加快推进赣南苏区振兴发展。

下面，我受市委常委会委托，讲几点意见。

一　把握赣南苏区振兴发展重大机遇

市第四次党代会以来，在省委的正确领导下，市委班子团结带领全市党员干部群众，励精图治、潜心实干，以开拓创新的勇气、胆识和睿智，书写了赣州发展史上浓墨重彩的篇章。从城市到乡村、从政风到民风、从现实动力到长远后劲、从物质基础到精神风貌，都发生了深刻变化，迈出了全面建成小康社会决定性步伐，迎来了振兴发展的重大机遇。

一是顶层设计开启新纪元。出于对老区群众现实困难的真切体会，源自对后发展、欠发达市情的准确把握和判断，我们坚持实事求是、勇于担当，事不避难、坚韧不拔，付出超乎寻常的艰辛努力，全力推动赣南苏区振兴发展成为国家战略。《若干意见》对赣州发展进行顶层设计，赣南苏区振兴发展与西部大开发、中部崛起、东北老工业基地振兴等国家战略比肩齐重，赣州在国家经济版图中的战略地位前所未有提升，发展潜力和前景比任何时候更令外界瞩目。执行西部大开发政策、中央国家机关对口支援、央企对口帮扶等量身定做的扶持政策，综合保税区、瑞兴于经济振兴试验区等开放创新平台，使赣州成为"老区中的特区"，加速成为全国区域经济增长重要一极。

二是区域竞争力快速提升。积极应对国际金融危机冲击和国内外经济下行压力，集中力量抓项目、扩投入，扶企业、兴产业，今年 1～11 月新开工亿元以上项目 140 个，新入规工业企业是去年的 3 倍，金融机构贷款余额首次超过居民储蓄存款余额。着力落实《若干意见》，投资力度持续加大，要素集中度迅速提升。截至目前，全市获上级财政补助资金 249 亿元，超过去年全年总量 49 亿元，其中中央专项补助 6 亿元并列入补助基数，18 个县（市、区）全部纳入省财政转移支付；1～12 月，引进 5000 万元以上工业项目 165 个。全市经济稳中趋好、好中趋快，固定资产投资、财政总收入、公共财政收入保持或接近"两位数、三字头"增长，主要经济指标增速快于全国、全省平均水平和周边四省八市，在全省排位大幅前移。

三是社会凝聚力明显增强。一切工作以群众的意愿、利益为根本出发点。压缩行政开支，新增财力重点向民生倾斜，市本级财力近六成用于民生，整合资金 200 多亿元办好百件民生实事。实施 10 万户农村危旧土坯房改造，解决 99.37 万农村人口饮水安全问题；扎实抓好保障性安居工程，新开工建设 4.75 万套，基本建成 6.35 万套；推进中心城区"治脏、治乱、治堵"、"背街小巷"整治和历史文化街区保护性改造，加大公交车、出租车投放量；提高"两红"人员等特殊困难群体生活水平，给 3.69 万烈士子女发放定期生活补助，高龄老人补贴提标扩面，为"两癌"妇女免费实施手术，为残疾人免费安装假肢，率先在全省建立城乡低保补助标准自然增长机制。妥善处置大广高速在建隧道塌方、中心城区出租车罢运、赣南师范学院精神病患者驾车撞人等突发事件，有力维护群众生命财产安全。全市人心安定、社会稳定，公众安全感指数居全省前列。

四是干部队伍焕发新活力。《若干意见》出台和落实的过程，成为干部转作风、强本领的火热实践。各级干部更新观念，开阔眼界，磨砺意志，养成踏实作风，铸就新时期赣州干部鲜明的价值追求。深化干部下基层"送政策、送温暖、送服务"工作,实现直接联系服务群众"双向全覆盖",干部与群众越走越亲,为群众造福、为发展担责更加坚定自觉。坚持重品行、重公认、重基层、重实绩选人用人,一批善抓发展、踏实做事、敢于作为、群众公认的优秀干部脱颖而出,精神状态焕然一新,实事求是、苦干实干、同心协力成为风尚。

五是发展自信心空前提振。中央首次提出苏区精神,充分肯定赣南苏区历史贡献,极大地鼓舞了全市干部群众。开展"永远热爱党永远跟党走"主题教育实践活动,组织领导干部赴井冈山、瑞金、兴国等地进行革命传统教育,开展多渠道警示教育,整治干部队伍"庸、懒、散",使苏区精神植根心灵、融入血脉、见诸行动。苏区精神汇聚的强大力量,国家特殊扶持带来的关怀温暖,赣南苏区全面建成小康社会的灿烂前景,使全市上下空前团结,发展愿望、创业激情比以往任何时候都强烈,这是振兴发展最坚实的根基和最可靠的力量。

一年多来的创新实践,成就了赣州几代人跻身发展前沿的期盼,《若干意见》将赣州定格在发展制高点,引领赣州跨入巨大发展增量空间。一年多来的不懈奋斗,我们创造了地方谋划上升为国家战略、推进区域经济协调发展的范例,并努力探索后发展、欠发达地区跨越发展的新路子。一年多来的负重前行,赣州经济基础更加扎实,发展后劲更加强劲,开始步入加速增长期和财富积累期。一年多来的艰辛努力,我们大力弘扬苏区精神,站在更高起点扎实起步,放手向更高目标冲刺,增强了振兴发展的精神力量。赣州发展迎来历史性转折!成绩来之不易,机遇弥足珍贵。这是中央和省委深切关怀、正确领导的结果,是市委班子团结带领全市上下扎实苦干、克难奋进的结果,是社会各界群策群力、倾情支持的结果。我代表中共赣州市委,向所有为赣南苏区振兴发展付出辛勤汗水的同志们、朋友们,表示衷心感谢和崇高敬意!

实践再次昭示我们:抓发展、干事业,必须始终坚持求真务实、科学发展,干实事、求实效,干当前、想长远;必须始终坚持人民至上,站稳群众立场,一心一意为群众谋福祉;必须始终坚持解放思想、创新创造,打破条条框框,创造性开展工作;必须始终坚持敢负责、敢担当,认准的事不畏难、不退缩,坚韧不拔、一抓到底;必须始终坚持弘扬苏区精神,保持为民务实清廉,以良好的党风带政风促民风。

站在振兴发展新起点，我们更加深切感到，全市人民建设创业、宜居、平安、生态、幸福赣州的步伐是如此自信坚定，全面建成小康社会的目标是如此真实接近！作为在赣南老区工作的干部，能够在这个伟大征程中尽一份心、出一份力，我们无比幸运、荣耀和自豪！同时也要清醒看到：我市经济总量偏小，人均水平低；结构不优，产业支撑力不强，企业发展活力不够，财政持续快速增长动力不足，提高发展质量和核心竞争力的要求日益紧迫；城乡差别、贫富差距仍然较大，发展普惠型民生、实现公共服务均等化的任务尤为繁重；市场化改革不到位、不彻底、不规范，与行政职能缺位、越位、错位并存，转变政府职能亟待加强；党的建设还不完全适应新形势、新任务要求，干部的思想准备、能力准备还不足，落实力、创造力有待提高等。对此，我们要积极应对，切实加以解决。

二　明晰赣南苏区振兴发展思路目标

战略决定方向，目标引领未来。要以党的十八大精神为指导，按照《若干意见》提出的战略定位、与全国同步全面建成小康社会的发展目标，进一步完善思路、强化措施，明确赣南苏区振兴发展的时间表和路线图。总的要求是：深入贯彻落实党的十八大精神，高举中国特色社会主义伟大旗帜，以邓小平理论、"三个代表"重要思想、科学发展观为指导，围绕全面加快推进赣南苏区振兴发展，牢固树立发展为先、生态为重、创新为魂、民生为本理念，以工业化和城镇化为驱动、信息化为引领，促进农业现代化和发展生态化，大力推进加快发展、转型发展、跨越发展，着力打造全国革命老区扶贫攻坚示范区，全国稀有金属产业基地、先进制造业基地和特色农产品深加工基地，重要的区域性综合交通枢纽、区域性现代化中心城市和区域性金融、物流、旅游中心，我国南方地区重要的生态屏障，红色文化传承创新区，加快建设创业、宜居、平安、生态、幸福赣州，确保与全国同步全面建成小康社会。

未来 8 年分步走的奋斗目标是：一年一变样。农村危旧土坯房基本改造到位，农村饮水安全、校舍危房改造、农村用电改造基本完成；昌吉赣客专、黄金机场改扩建等重大项目力争开工建设；瑞兴于经济振兴试验区等重大平台建设有实质性进展。三年大变样。生产总值力争达到 2600 亿元，财政总收入、固定资产投资实现"三年翻番"，突出民生问题有效解决，交通、能源等薄弱环节取得较大突破，全面小康实现程度达 80% 以上。五年上台阶。生产总值和城乡居民收入实现"五年翻番"，生产总值力争突破 3600 亿元，人均水平力争达到或超过全省平均水平；工业化、城镇化水平达 50% 以上，省域副中心城市和区域性现代化中心城市地位显著提升。八年大跨越。生产总值、固定资产投资、财政总收入实现三个"翻两番"，力争分别突破 7000 亿元、6000亿元、1000 亿元，人均主要经济指标接近或基本接近全国平均水平；基本公共服务水平接近或达到全国平均水平，整体实现跨越式发展。

我们既要争取较快发展速度，又要争取较好发展质量。力求做到"三个高于"，即主要经济指标增速高于全国、全省和东中部地区平均水平；"四个提高"，即财政总收入占 GDP 比重、工业增加值占 GDP 比重、产业项目投资占固定资产投资比重、民生投入占财政支出比重提高；"两个努力"，即努力使城乡居民收入增长高于 GDP 增长、农民人均纯收入增长高于城镇居民人均可支配收入增长。

瞻望 2020 年，我们这块曾经为中国革命事业作出过重大贡献的红土地，综合经济实力将大幅增强，人民生活更加富裕幸福，社会充满生机活力，赣南苏区将与全国一道，同步全面建成小康社会！我们要抓紧每一天，走好每一步，做好每件事，着力释放和用好国家政策红利、资源禀赋红利、改革开放红利、人口红利和城镇化红利，全面加快推进赣南苏区振兴发展，努力创造一个"黄金发展期"！

2013 年是全面贯彻落实党的十八大精神开局之年，是实施"十二五"规划关键一年，是赣南苏区振兴发展全面加快推进之年。要按照中央和全省经济工作会议部署，以提高经济增长质量和效益为中心，更加注重增加有效投入、扩大消费需求、优化产业结构、深化改革开放、保障和改善民生，稳中求进、开拓创新，实现经济持续快速健康发展和社会和谐稳定。主要预期目标是：生产总值增长 11%，财政总收入增长 18%，公共财政收入增长 16%，规模以上工业增加值增长 16%，全社会固定资产投资增长 28%，社会消费品零售总额增长 15%，实际利用外资增长 10%，出口总额增长 10%，城镇居民人均可支配收入增长 13%，农民人均纯收入增长 13.5%，新增城镇就业 10.85 万人。

三　狠抓赣南苏区振兴发展重点任务

紧扣全面加快推进振兴发展，以加大投入扩张增量、壮大体量，以转型发展调优结构、提质增效，以改善民生增进福祉、促进和谐，着力推进战略性重大项目、主导产业、基础设施和平台建设，支撑和引领赣州新一轮跨越发展，为全面建成小康社会奠定坚实基础。

（一）着力扩大投资项目，支撑经济持续快速健康发展

在较长时期内，投资依然是拉动赣州经济增长的关键。要想方设法扩大有效投入，发挥投资"乘数效应"。一要紧抓项目扩大投资。深化《若干意见》研究与对接，加快政策转化、项目集成，制订未来 8 年项目投资计划，优化项目库，争取在国家和省投资总盘子中占有更大份额。集中力量主攻贡献度高、带动力强的重大项目特别是工业项目，形成大体量、高效益、可持续的投资增长点。明年突出抓好昌吉赣客专、兴国（宁都）至赣县高速、铜铝有色金属循环经济产业园、赣南卷烟厂异地技改、江中制药、首诺电缆、赣州东（红都）500 千伏输变电工程、黄金机场改扩建、统筹城乡发展综合改革试验区赣县示范区、国家级赣南脐橙批发市场等重点项目。实行项目全程跟踪服务，构建项目审批绿色通道，强化电力、土地、劳动力等要素保障，狠抓项目落地见效。二要把准项目投资方向。把握国家政策导向、产业指导目录和投资重点，加强基础设施、实体经济、城市公建、高端产业、现代服务业、生态环保、"三农"和民生事业等领域投资。三要促进项目多元投资。优化金融环境，加强项目对接，提高银行存贷比。整合各类资源，扩大债券融资规模，运用中期票据、项目融资、供应链融资等金融工具，拓宽融资渠道。支持和帮助企业通过银行间市场、证券市场、私募市场、境外市场直接融资，引导保险资金通过股权、债权等形式参与支柱产业和重大基础设施项目建设。

（二）加快主导产业转型升级，推动经济结构战略性调整

遵循经济规律，依托科技支撑，坚持做大总量与调优结构并举，整合、引导各类资金投向产业发展、涵养财源，全面提升产业整体实力和经济综合竞争力。一要做大做强工业主导产业。抓紧修编工业产业发展规划，坚持市场导向、创新驱动，促进产业高端化、智能化、低碳化、集群化。稀土、钨等优势矿产业要推进整治整合，引进战略投资者，掌控高端环节，推进稀有金属期货交易中心、南方离子型稀土战略资源储备中心建设，打造具有较强国际竞争力的稀有金属产业基地。节能与新能源汽车及其配套、新材料、生物制药、高端装备制造等战略性新兴产业，要实施龙头带动，扩张规模，加快形成产业竞争优势。电子电器、现代轻纺、机械制造、食品加工等传统产业，要运用高新技术和先进适用技术改造提升，促进产业特色化、优质化。要深入研究产业发展趋势、市场空间和资源禀赋，培育壮大若干潜力产业。二要扶优扶强龙头骨干企业。一个龙头企业，可以兴一个产业、甚至一座城市。要集中优势资源，舍得放水养鱼，实行"一企一策"，培育一批主业突出、市场占有率高、核心竞争力强的企业群。加大龙头企业扶持，对接和延伸产业链，促进规模扩张、质态提升，形成产业集群优势。整合国有资产，创新管理机制，做大做强城投集团、稀土集团、发展投资集团等国有骨干企业。注重培养和引进一批企业家人才，发展壮大企业家群体。同时，积极扶持发展大批科技成长型、资源加工型、劳动密集型、出口创汇型中小微企业。三要着力发展现代服务业。现代服务业尤其是生产性服务业，是支撑制造业和现代农业、引领经济发展的重要力量，是优化投资和完善城市功能、人居环境的重要载体。要抓紧制定现代服务业发展规划，以建设金融中心、物流中心和旅游中心为重点，加快推进全国服务业发展示范基地建设。金融中心要着力优化金融生态，完善金融产业链，建设金融商务核心区，形成区域性金融结算中心、金融票据中心、金融资产交易中心和各类产权交易中心。加快地方金融组织体系、中小企业金融服务改革试验。发展地方法人金融机构和新型金融业态，探索设立地方法人保险、信托、金融租赁、期货机构，组建金融控股公司，支持发展小额贷款公司、融资性担保公司。积极创新金融服务，鼓励信托、担保、资产管理以及股权投资类企

业、融资租赁企业进行投融资创新，探索开发资产支持票据、房地产信托资金。开展商业保理机构、民间资本管理机构试点，鼓励和引导民间资本参与银行、证券期货、保险等金融机构的改制和增资扩股，支持民间资本参与设立新型农村金融机构和各类创新型机构。积极开展金融创新，探索开展农村"三权"抵押贷款、涉农保险、农村小额贷款保证保险等试点。推进小微企业融资创新，探索组建动产抵押融资监理机构，开展跨行业、跨市场综合金融服务。支持小微企业参与各类行业性资金结算平台，提高融资信用等级。制定出台优惠政策，加大金融人才引培力度，采取校企共建形式，争取创建赣州金融学院，努力打造区域性金融人才培训基地和金融信息中心。物流中心要重点加快综合商贸物流园区、空港物流园、陆路口岸作业区等枢纽和节点建设无水港区载体建设，构建铁海联运、空海联运等多式联运系统；培育引进物流龙头企业，大力发展第三方、第四方物流，用好营改增等减税减负政策，降低物流成本。旅游中心要规划建设一批精品景区和经典线路，发展农家旅馆、温泉养生等旅游产品，提升吃、住、行、游、购、娱等综合配套水平，打造生态文化旅游示范区、全国著名的红色旅游目的地。要打造文化产业新亮点，强化资源整合和深度开发，着力提升文化产业规模化、集约化水平。承接沿海印刷产业转移，创建国家印刷包装产业基地。加快发展交通运输、科技服务、工业研发、设计咨询、电子商务等生产性服务业；大力发展商贸、餐饮、家政、养老、法律等生活性服务业；积极发展总部经济、服务外包和商务会展等新兴服务业；用新技术、新业态、新服务方式改造传统服务业。推进建设国际汽车城、二手车交易中心和工艺美术城。四要发展提升现代农业。围绕脐橙、油茶、花卉苗木、蔬菜、生猪等主导产业，高标准建设国家现代农业示范区。落实脐橙"西果东送"政策，推进标准化和有机果园建设，加快建设国家级赣南脐橙批发市场，打造世界最大、具有国际影响力和市场话语权的优质脐橙产业基地。改造低产油茶林，大力发展高产油茶林，打造"赣南茶油"品牌。支持发展种养大户、家庭农场，着力发展股份合作等新型农民合作组织和多元服务主体，健全集约化、专业化、社会化的农业生产经营体系。实体经济是发展的根基。要强化政策措施，着力构建发展实体企业的财税支持体系，最大限度为企业减负解困，拓展实体企业盈利空间；加快发展产业金融，引入各类金融产品参与实业，把赣州经济大厦建立在稳固的实体经济基础之上。

（三）加速推进城镇化，促进城乡统筹发展

城镇化是最大的内需潜力所在。赣州未来 8 年有 200 多万农村人口向城镇转移，顺势而为、科学引导，将成为振兴发展强劲而持久的动力。要从战略层面统筹工业化、信息化、城镇化和农业现代化，推进产城融合、城乡一体，推动城镇化集约、智能、绿色、低碳发展，提升区域中心城市和城镇体系在"四化"协同发展中的"中轴"、主导作用。一要着力提高中心城市首位度。城市竞争力决定地区竞争力。要加快改变"小马拉大车"格局，握紧拳头、集合要素，增强中心城市的辐射带动能力。编制实施赣州市城市总体规划，高标准规划建设章康新区，加快推进区划调整，拓展城市框架，做大城市体量；充分体现人本理念，优化城市设计，全面提升水电气、污水垃圾处理、防洪排涝减灾、公共交通、医疗教育、文化体育、休闲健身等基础设施和公共服务设施水平，推进社区服务中心建设，加强城市管理，优化人居环境，打造经济生态共生、具有文化品质、宜居宜业的城市，力求不留下历史遗憾。二要统筹城乡一体化发展。启动赣州市域城镇体系规划，突出重点，分步实施，整体推进，积极建设全国统筹城乡示范区。加快发展县域经济，探索完善扩权强县政策措施，用好国家部委对口支援、央企对口帮扶政策机遇，引导各县（市、区）深挖潜力、扬优成势，差别竞争、强势进位；依托综合保税区建设，打造核心增长板块；依托瑞兴于经济振兴试验区建设，打造东部增长板块；依托"三南"加工贸易重点承接地建设，打造南部增长板块。做大做强做优做美县城，扩大规模，繁荣产业，完善功能，提升承载力和辐射力。每个县要按照产业集中区、城市综合体或特色小城市的要求，规划建设、扶持发展一个中心示范镇，促进人口集中、产业集聚、要素集约，使之成为县城扩张和县域发展的载体、农村劳动力就近就地转移和农业现代化的重要节点。以农村危旧土坯房改造为契机，着力打造一批新型农村社区，建设和谐秀美乡村。三要推进农业转移人口市民化。户籍改革要有突破，切实解决农业转移人口就业、住房、就医、就学、社会保障等现实问题，促进基本公共服务均等共享。大力发展职业

教育，建设职教园区，根据稀土、钨等产业发展和企业用工需求，实行定向、订单培训，抓好职业启蒙准备和职业提升教育，大批量培养熟练产业工人和专业技术人才。在工业园区就近建设公共租赁房、廉租房，租售并举、先租后售，让进城务工人员培训在职校、就业在企业、居住在园区，使他们进得来、留得住、过得好。交通是城镇化发展的先导和血脉。要进一步打通融入珠三角、厦漳泉和鄱阳湖生态经济区的外部快速通道，形成两小时城际圈；完善市域全覆盖的快捷路网，畅通城镇内部微循环，延伸农村道路"毛细血管"，形成内外贯通、城乡一体的交通网络。

（四）大力改善民生，提高消费对经济贡献度

改善民生既是投入也是产出，一头连着民心民利，一头促进内需发展。一要增加群众收入。大力实施"居民收入倍增计划"。扶持发展小微企业和劳务经济，加强技能培训，提供更多创业机会和就业岗位；建立健全职工收入正常增长机制，使城市居民收入有大幅增加。全力建设全国革命老区扶贫攻坚示范区，以罗霄山片区扶贫带动全域扶贫；整合涉农资金，集中扶持若干个农业主导产业；设立扶贫专项资金，入股建设农产品基地及批发市场，帮助贫困群众稳定增收；引导农民以土地承包经营权、农村集体权属等入股，投资工业园区标准厂房建设，增加农民租金、股息、红利等财产性收入，促进农民收入较快增长。二要强化民生保障。调整预算支出结构，保证民生支出增长。加大资金统筹力度，继续办好百件民生实事，解决残疾人、孤儿、五保户和孤寡老人等特殊困难群体生活问题，每个县建设一所综合性社会福利中心和公办幼儿园，启动每个乡镇一所敬老院、一所规范化公办幼儿园建设；加大保障性住房、农民返迁房建设力度，进一步解决农村危旧土坯房改造等突出民生问题；加快教育园区建设，推动江西理工大学省部共建、赣南师范学院更名为赣南师范大学、赣南教育学院转制升格为瑞金学院，促进城乡教育均衡发展；实施重大疾病救治工程，健全医疗服务体系；创建国家公共文化服务体系示范区；构建全覆盖、保基本、多层次、可持续的社会保障体系。通过政策扶持、市场化运作、公司化经营，统筹解决中小学和幼儿园校车安全问题。三要扩大消费潜能。完善鼓励消费的政策，加强消费者权益保障；加快消费结构升级，培育消

费热点，积极发展网络购物等新型消费业态，重点建设一批辐射全市及周边地区的批发市场、品牌超市。积极引导居民服务性消费，全面发展健康保健、文化旅游、金融保险、学前和职业教育，以及满足高端人士和商务人士需求消费，推动消费升级换代。

（五）构筑南方重要生态屏障，实现生态与经济协调融合

生态是赣州最大的优势、最鲜明的特色。要把生态建设贯穿振兴发展全过程，促进生态经济化、经济生态化，构筑我国南方地区重要生态屏障。一要呵护生态环境。优化国土空间开发布局，提高土地供应率和利用率；加大"森林城乡、绿色通道"建设力度，积极创建国家森林城市；推进"三江"源头、中小流域、饮用水源地等治理与保护，抓好废弃矿山生态环境恢复治理、重金属污染治理，落实节能减排；保护生物多样性，提高资源能源利用效益，倡导低碳生活方式，提升政府环境执政能力，让赣州青山常在、碧水长流。二要开发生态资本。推动生态资源商品化、资本化。培育发展林权交易市场，探索实施节能量、碳排放权、排污权、水权交易试点，探索建立生态补偿和生态环境共建共享机制。三要放大生态效益。发展新能源和可再生能源，推进光伏发电、风力发电，建设高效节电和智能电网。大力发展生态旅游业、低碳农业、林下经济、节能环保等绿色产业，建设国家生态工业示范园区、铜铝有色金属循环经济产业园，加快生态产业集群化，形成以低碳排放为特征的新的经济增长点。

（六）深化改革扩大开放，激发振兴发展活力与动力

促进改革开放，解放思想是前提，先行先试是突破口，优化环境是重要保障。一要推进重点改革。用好先行先试权，深化医药卫生、投融资、财税金融、文化科技等领域的改革，加快申报较大的市，落实结构性减税、资源性产品价格改革等方面措施。在能源、市政、金融、卫生、教育等领域推出一批具体项目清单，引导民间资本进入。二要提升开放水平。设立招商引资专项资金，大力推行代理招商、合作招商、以商招商等市场化招商，重点引进世界500强、央企、大型民企来赣州设总部、办分厂。促进赣港、赣粤、赣闽等区

域合作，利用区位条件、产业分工、比较优势，开展产业链招商，由引进单个项目向引进产业链及其配套项目转变，提升承接产业转移层次和水平；着力引进产业资本、技术和人才，有效解决品牌、营销、核心技术等问题，推动加工贸易转型升级。办好中国赣州国际脐橙节、赣南苏区振兴发展论坛、中国中部家具博览会等特色节会，培育国内外知名经贸合作品牌。三要打造环境优势。打破利益固化藩篱，大力推进依法行政，降低企业生产和营商成本，着力建设公平正义的法治环境、务实高效的政务环境、要素完善的市场环境、文明诚信的人文环境。纪检监察等有关部门对影响与破坏发展环境的人和事要坚决查处、"零容忍"。

（七）打造战略性发展平台，提升集聚辐射带动能力

围绕振兴发展的重点任务，加快构建经济社会发展的有力支撑平台。一要做大做强综合试验平台。推进瑞兴于经济振兴试验区、国家旅游扶贫试验区等建设；加快统筹城乡发展综合改革试验、教育综合改革试验。二要做大做强产业发展平台。明晰各类开发区、工业园区、产业基地、示范区功能定位，突出特色、协作配套、错位发展；推进工业园区扩区增容，大力建设"产城综合体"，提高园区投资强度和产出率；加强园区污水处理厂、垃圾中转站等基础设施配套，增强承载力和集聚力。积极探索异地合作共建产业园区。三要做大做强投融资平台。促进优惠政策、优良资产、优质项目向重点行业、优势企业集聚，着力打造资产超千亿元的投融资平台；推动国有投资公司上市，提高国有资本证券化率；推动地方投融资平台公司积极发行城投债、市政债券和企业债券等；加强银企合作、银担合作，提升资产管理、融资担保、小额贷款等机构的融资服务水平，大力发展信用评级投资咨询、保险代理、经纪等中介服务机构，为振兴发展提供金融支撑。四要做大做强自主创新平台。重点推进国家级高新技术产业园区、国家脐橙工程技术研究中心、国家离子型稀土资源高效开发利用工程技术研究中心与钨工程技术研究中心建设；强化企业创新主体地位，推进产学研结合，建设一批产业技术开发载体、行业重点实验室、企业技术中心和博士后工作站。加大科技专项资金投入。五要做大做强信息服务平台。信息化有着强大渗透性和广泛应用性，是未来竞争的制高点。要超前抓好

信息网络基础设施建设，推动"三网"融合，加强宽带网络末梢"最后一公里"建设，打造智慧城市；促进信息化与工业化深度融合，推动制造业向数字化、网络化、智能化、服务化转变；大力发展电子商务、软件服务、网络通信等信息产业。六要做大做强民生服务平台。依托人保、教育、民政、司法、社区等机构，在就业创业、扶贫开发、社区服务、法律援助、社会保障、纠纷调处等方面，健全服务网络，提升服务水平，为群众提供常态、具体、优质服务。

四　汇聚赣南苏区振兴发展强大力量

习近平总书记指出，人民群众是我们力量的源泉。赣南苏区振兴发展伟业，需要全市上下拧成一股绳，协力同心共同奋斗。要把做好群众工作作为党的"生命工程"，密切联系群众，凝聚振兴发展合力。

第一，要在尊重群众中汲取决策智慧。"政之所要，在乎民心。"尊重群众意愿，回应群众关切，站在群众立场上想问题、办事情，决策才有正确方向，落实才有坚实基础。生活最深刻，群众最智慧。振兴发展战略的提出，智慧之源在群众；战略的贯彻实施，仍然要从群众中找办法、问路径、拿措施。要拜群众为师，从群众中捕捉闪光思想，萃取创造元素。要坚持科学决策、民主决策、依法决策，健全决策机制，落实社会稳定风险评估机制，建立决策问责和纠错制。要扩大公众参与度，凡涉及群众切身利益的重大事项，都要通过座谈会、听证或公示等形式，多听群众意见，多做比较论证，绝不做群众反感、脱离实际、劳民伤财的事。

第二，要在联系群众中锤炼本领品格。振兴发展事业，需要扎实的作风、过硬的本领。"温室"里培养不出好干部，基层是最好的课堂。要深入开展以为民务实清廉为主要内容的党的群众路线教育实践活动，深化"送政策、送温暖、送服务"工作，推进干部直接联系服务群众"双向全覆盖"，使干部眼睛向下，脚踏实地，融入群众，获得教益。要严格执行中央关于改进工作作风、密切联系群众的"八项规定"，大力弘扬苏区精神，在调查研究、会议活动、公务接待等方面改进作风，深化"治庸、治懒、治散"，进一步浓厚勤业

269

干事氛围。

第三，要在服务群众中弘扬价值追求。群众利益高于一切，服务群众是干部的天职。要把促进振兴发展作为实现群众利益的根本之策，既解决柴米油盐、衣食住行等最急需、最迫切问题，又解决致富项目、技能培训等长远发展问题；既创造更多物质财富，又满足多样化精神文化需求。要建立困难群体长效帮扶机制，下大力气解决土地征用、房屋拆迁、医患纠纷、食品安全等群众反映突出的问题，依法依规办事，维护群众合法权益。群众的大事小情，都要用心去办，当做自己的事来办，在为民服务的点点滴滴中体现崇高的价值追求。

第四，要在依靠群众中聚合发展能量。依靠群众、组织群众，是事业发展最强劲的能量。要增强群众工作的针对性和说服力，强化思想教育，深化"永远热爱党永远跟党走"主题教育实践活动，唱响主旋律，增强精神动力，凝聚发展合力。要强化舆论引领，善于应对微博时代的网络舆情，运用媒体推动工作，组织动员群众在振兴发展中唱主角、显身手。要畅通民意表达渠道，引导群众理性合法反映诉求。要推进城乡社区规范化建设，提高群众自我管理、自我监督、自我教育、自我服务的能力。要尊重群众首创精神，鼓励群众创新创造，让全社会的创造活力竞相迸发。

五　增强赣南苏区振兴发展政治保障

牢牢把握加强党的执政能力建设、先进性和纯洁性建设这条主线，着力建设学习型、服务型和创新型党组织，增强党员干部自我净化、自我完善、自我革新、自我提高能力，做到干部清正、政府清廉、政治清明，为赣州发展提供坚强的政治和组织保证。

一是要锻造队伍。紧密结合振兴发展实践抓班子带队伍，着力提升各级干部理解力、执行力和操作力以及统筹协调、管理经济、项目运作和驾驭复杂局面的能力，以领导方式转型推动发展方式转变。提高党委领导经济工作科学化水平，善于谋战略、把全局、抓大事，善于运用市场经济规律、自然规律、社会发展规律，破解难题、开创新局。坚持德才兼备、以德为先，让埋头苦干、善于创新、大胆负责、实践经验丰富、善于做群众工作的优秀干部脱颖而出。积极引导干部到基层一线、到经济建设主战场、到矛盾和困难较多的地方摔打磨炼、成长成才。

二是要建强堡垒。创新基层党组织设置和活动方式，以服务群众、做群众工作为主要任务，增强组织服务功能，使每个党组织都成为坚强堡垒，每一名党员都成为一面旗帜。健全党的基层组织体系，强化非公经济组织、社会组织党建工作，大力推动党的组织和工作全覆盖。加强城乡基层党建资源整合，积极探索村企联建、村居联建、跨区域联建等新模式，促进城乡党员互动融合。关心培养基层党组织带头人，促进带头致富、带领群众致富。

三是要埋头实干。实干才能兴邦。理想再远大，蓝图再美好，没有掷地有声的行动，没有付出血汗的奋斗，就不可能抵达成功彼岸。要咬定青山、心无旁骛，牢记为民责任，保持忘我干劲，把工作抓得紧而又紧。要务实肯干、干就干好，各地各部门每年都要扎扎实实做成几件关系发展和民生改善的要事实事。要加强组织领导和统筹协调，强化责任落实和责任追究、政绩考核评价和主要工作评估监督，推动工作高效落实。

四是要永葆清廉。深入开展党性党纪党风教育，强化警示教育和岗位廉政教育，增强各级干部免疫力和抵抗力；严字当头、从严要求，认真落实党风廉政建设责任制，规范权力运行，以清廉纯洁树形象、聚人心。领导干部要讲党性、重品行、作表率，市委常委会和全委会成员要带头改进作风、勤政廉政，带头联系群众、深入调研，带头落实责任、攻坚克难，带头发扬民主、精诚团结，努力营造优良的干事创业环境，以振兴发展实实在在的业绩，向党和人民交上一份满意答卷。

当前，社会流动日益增多，利益主体日益多元，社会需求日益多样，社会矛盾日益复杂，社会管理面临更大挑战。各级党委、政府要把加强和创新社会管理摆在更加突出位置，坚持关口前移、源头治理，依法管理、综合施策，不断增强社会管理的前瞻性、主动性和实效性。对重大项目、重大决策、重大改革，要开展合法性、合理性、可行性、可控性评估。要创新机制，促进民意与政府决策对接、矛盾问题及时调处化解，最大限度增加和谐因素，最大限度激发社会活力。要积极建立社会管理多元参与和社会协同机制，营造社会和谐安定、百姓安居乐业的良好环境。

同志们，实现赣南苏区振兴发展，是赣州几代人的追求和梦想，为这个夙愿躬身奋斗，责无旁贷、无上光荣。让我们更加紧密地团结在以习近平同志为总书记的党中央周围，认真贯彻党的十八大精神，在省委、省政府的正确领导下，凝心聚力，开拓进取，为全面加快推进赣南苏区振兴发展，与全国同步全面建成小康社会而努力奋斗！

开启全面小康新征程
开辟跨越发展新纪元

——国家发展改革委地区司司长范恒山关于《国务院关于
支持赣南等原中央苏区振兴发展的若干意见》解读

2012年6月28日，《国务院关于支持赣南等原中央苏区振兴发展的若干意见》（国发〔2012〕21号，以下简称《若干意见》）正式出台。这是在迎接党的十八大召开的重要时刻，国家促进区域协调发展、推动建设全面小康社会的又一重大举措，寄托着党中央、国务院对原中央苏区人民群众的殷切关怀。作为指导当前和今后一段时期原中央苏区经济社会发展的纲领性文件，《若干意见》对于加快原中央苏区经济社会发展步伐，在全国层面上为革命老区和欠发达地区探索一条跨越式发展的新路子，具有十分重要的意义。

一 《若干意见》是基于原中央苏区历史贡献 与现实需要考量的产物

赣南等原中央苏区在中国革命史上具有特殊重要地位，当前又面临特殊困难。党中央、国务院从原中央苏区作出的重大历史贡献与现实的迫切需要出发，研究出台了支持原中央苏区振兴发展的政策文件，具有重大战略意义。

从历史来看，中央苏区是土地革命战争时期中国共产党创建的最大最重要的革命根据地，是中华苏维埃共和国临时中央政府所在地，是人民共和国的摇篮和苏区精神的主要发源地，为中国革命作出了重大贡献和巨大牺牲，在中国革命史上具有特殊重要的地位。以赣南苏区为例，当年参军参战的有93万余人，占当时当地人口的1/3；为革命牺牲的有名有姓的烈士10.82万人，占全国的7.5%，长征路上平均每公里就有3名赣南籍烈士倒下。在苏维埃共和国时期，原中央苏区人民群众为支援革命战争和苏区建设节衣缩食，提供了大力的财力和物力支持。毫不夸张地说，很少有一个地方能像原中央苏区这样，对共和国的创立作出如此巨大和直接的贡献。从现实来看，新中国成立特别是改革开放以来，原中央苏区发生了翻天覆地的变化，但由于历史、自然等种种原因，原中央苏区经济社会发展仍然滞后。2011 年，赣州市人均生产总值 15895元，仅为全国的 45.3%，本省的 61.4%，西部的 58%；人均财政总收入 2145元，仅为全国的 27.8%，本省的 58.4%，西部的 44%；人均财政总收入 2145元，仅为全国的 27.8%，本省的 58.4%，西部的 44%；人均固定资产投资9751 元，仅为全国的 43.4%，本省的 49.8%；地方财政收入占财政支出比重33%，分别比全国、本省和西部地区平均水平低 22 个、8 个和 4 个百分点。支持赣南等原中央苏区振兴发展既是历史赋予我们的神圣使命，又是现实对我们提出的迫切要求，具有深远的历史意义和重大的现实意义。

第一，赣南等原中央苏区的振兴发展关系到党的信誉和国家形象。我党的宗旨和建立共和国的目的，是为了让人民群众过上幸福生活。早在 1933 年 8月，毛泽东同志在中央革命根据地南部十七县经济建设大会上就谈到，必须注意经济工作，我们要使人民经济一天一天发展起来，大大改良群众生活。邓小平同志曾指出：搞社会主义，一定要使生产力发达，贫穷不是社会主义。赣南等原中央苏区是新中国的摇篮，几十万苏区儿女为实现苏维埃的伟大理想信念献出了宝贵生命，为中国革命作出了不可磨灭的贡献。但目前，原中央苏区不少地方还十分贫困，一些村庄没有通电，部分农村困难群众还住在土坯房中。特别是，不少已到七八十岁高龄的革命烈士后代，他们出生在土地革命战争时期，饱受了战争的摧残，至今生活仍非常窘困。革命战争时期，原中央苏区人民与我党建立了生死相依、休戚与共的深厚感情，已经深深融入血脉、代代相传，他们是我党巩固执政地位最坚实的基础和最可靠的对象。在解放 60 多年后的今天，如果还不能让原中央苏区面貌得到根本改观，不能让这些烈士后代过上幸福生活，就难以向历史和人民交代。因此，支持赣南等原中央苏区振兴发展，让苏区人民群众尽快过上富裕生活，使苏区人民能够对当年为革命付出的血的代价而真正感到自豪和骄傲，既是全党、全国人民的殷切期望和我党不可推卸的崇高责任，更是我党兑现承诺、凝聚党心民心、牢固执政之基的必然要求。

第二，赣南等原中央苏区的振兴发展关系到区域协调发展和建设全面小康社会目标的实现。

一是有利于加快改变贫困落后面貌，确保与全国同步进入全面小康社会。赣南等原中央苏区地跨赣闽粤三省，在地理位置上属于全国的东部和中部，但在发展水平上不少市县只相当于西部地区，是全国典型的集中连片贫困地区。以赣州市为例，2011 年，全市城镇居民人均可支配收入 16058 元，仅为全国平均水平的 73.4%，西部地区的 88.2%；农民人均纯收入 4684 元，仅为全国平均水平的 67.1%，西部地区的 89.3%。按国家最新的 2300 元贫困线标准，赣州市 720 万农村人口中，有 216 万人属于贫困人口，贫困发生率高达 29.9%，高出全国 16.5 个百分点。距离全国实现全面小康社会目标只有短短 8 年时间，按现行发展速度，仅仅依靠自身力量，赣南等原中央苏区根本不可能与全国同步进入全面小康社会，这势必将影响我国全面建设小康社会的进程。支持赣南等原中央苏区振兴发展有利于为原中央苏区打造了一个极具含金量的政策平台，通过这一平台形成的强大政策推力与苏区干部群众的自强不息相结合，将迸发出推动原中央苏区超常规、跨越式发展的不竭动力，使这一地区尽快摆脱贫困，确保与全国同步实现全面建设小康社会的宏伟目标。

二是有利于充分发挥比较优势，促进区域联动发展。在市场经济条件下，一个区域只有通过发挥比较优势，实现错位发展，才能走出一条适合自己的路子，才能在激烈的竞争环境中异军突起。各地区比较优势能否得到充分发挥，是衡量区域协调发展程度的重要标志。赣南等原中央苏区的比较优势非常明显。从区位来看，这一地区东临福建沿海，南接广东沿海，是珠江三角洲、海峡西岸经济区的直接腹地和内地通向东南沿海的重要枢纽。从资源来看，位于武夷山、南岭成矿带，是全国重要的有色金属生产基地，赣州更被誉为"世界钨都"和"稀土王国"。支持赣南等原中央苏区振兴发展有利于深挖这些独特优势，补齐自身的发展短板，形成与周边地区产业的合理分工，实现区域整体联动协调发展。

三是有利于进一步保障和改善民生，促进和谐社会建设。民生福祉是发展的根本目的，也是全面小康社会的硬性指标。赣南等原中央苏区经济社会发展的差距突出体现在民生上，特别是农村生产生活条件。截至 2010 年底，赣州市还有近 70 万户群众居住在危旧土坯房中，223.8 万人没有解决饮水安全，2.3 万个自然村不通公路，6011 个村小组收看不到电视，中小学校舍缺口 182.4 万平方米；全市人均教育财政支出 480 元，分别只有全国的 50%，中部的 71.6%，西部的 53%；人均卫生财政支出 275 元，分别是全国的 77%，中部的 91%，西部的 70.1%。支持赣南等原中央苏区振兴发展，对于解决群众特别是农村群众的居住安全和饮水难、出行难、上学难、就医难等问题，推进基本公共服务均等化，使改革发展成果惠及基层群众，促进社会和谐稳定具有重要深远的影响。

四是有利于保障我国南方地区生态安全，实现可持续发展。全面贯彻落实科学发展观的实质在于全面的追求和实现经济社会更好的发展质量与整体的协调，处理好经济建设、人口增长和资源利用、生态环境保护的关系。原中央苏区是我国赣江、闽江、东江等重要河流的发源地，直接关系到深圳、香港、福州、南昌等重要城市和沿江城市居民的用水安全，生态影响十分重大。赣南、粤北还是国家确定的南岭山地森林生态及生物多样性功能区，生态系统和生态功能十分重要。目前，赣南等原中央苏区仍处于工业化的初、中级阶段，经济发展对矿产资源依赖高。由于很多矿区处于大江大河源头，资源开采对生态环境造成不小的影响，经济发展与生态环境的矛盾日益突出。支持赣南等原中央苏区振兴发展有利于加快转变这一地区的经济发展方式，更好地推进这一地区经济发展和生态文明协调进步，保障我国南部地区的生态安全，增强区域可持续发展能力。

当前，原中央苏区振兴发展面临诸多有利条件：我国的经济社会持续发展，经济实力和综合国力显著增强，有条件、有能力支持中央苏区等欠发达地区加快发展。国内产业调整升级步伐加快，沿海地区劳动力密集型、资源型产业开始大规模、整体向内陆地区转移；鄱阳湖生态经济区、海西经济区、珠三角改革发展试验区等一批国家区域战略深入实施，取得了显著成效，辐射带动能力显著增强。特别是原中央苏区广大干部群众奋力求变、攻坚克难，在脱贫致富、振兴发展的道路上进行了积极探索，开拓了思路、积累了经验、找准了方向，这些都为原中央苏区振兴发展打下了良好基础。

党中央、国务院始终高度重视赣南等原中央苏区发展，中央领导同志多次就赣南等原中央苏区发展问题做出过重要指示。2011 年 11 月，中央在北京召开了纪念中央革命根据地创建 80 周年座谈会，习近平同志在座谈会上指出，"中央革命根据地和其他革命根据地对中国革命作出了重大贡献和巨大牺牲，现在不少革命老区的发展与经济发达地区相比还存在比较大的差距。我们要继续大力关心老区人民群众的生产生活，加大人力物力财力的投入，切实帮助老区加快致富发展步伐，促进区域协调发展、科学发展，让老区人民生活得更加富裕、更加幸福"。

去年底以来，多位中央领导同志先后就赣南苏区发展问题作出重要批示，要求国家发展改革委与相关部门一起，研究提出支持赣南苏区振兴发展的政策措施。批示之密集，要求之明确实属罕见，这充分说明了中央领导同志对赣南苏区发展的高度重视，也反映了支持赣南苏区振兴发展的迫切程度。根据中央领导同志批示精神，从 2012 年 3 月底起，我委会同中央和国务院有关部门及相关地方正式启动了《若干意见》制定工作。经过实地调研，并多次征求有关部门和地方的意见，6 月 13 日，我委向国务院上报了《若干意见》（送审稿）。6 月 28 日，国务院以国发〔2012〕21 号文正式印发《若干意见》。此次文件出台时间极短，政策含金量也不同一般，在近年来出台的区域政策文件中是不多见的，这样的速度和力度无不体现了党中央、国务院对原中央苏区人民群众的深切关怀。《若干意见》的顺利出台，标志着赣南等原中央苏区振兴发展正式拉开了序幕，必将使赣南等原中央苏区迎来新一轮发展热潮。

二 《若干意见》基于加快发展和转型发展明确了原中央苏区振兴发展的总体思路

赣南等原中央苏区经济社会发展还相当落后，如果按部就班，不可能与全国同步进入全面小康社会，必须实现跨越式发展。但原中央苏区地处重要生态功能区，生态环境脆弱，土地资源短缺，经济发展方式粗放，必须深入贯彻落实科学发展观，把加快发展和转型发展相结合，统筹处理好经济社会发展与生态资源环境的关系。《若干意见》立足现有发展基础，明确了赣南等原中央苏区当前和今后一个时期经济社会发展的指导思想、战略定位、基本原则和发展目标，既反映出新时期国家对原中央苏区的新要求，又体现出原中央苏区经济社会发展的实际，具有鲜明的时代特征。

一是把又好又快发展作为根本要求。又好又快发展是全面落实科学发展观的本质要求。《若干意见》很好地把加快发展和转型发展有机结合起来，从指导思想开始，就全面体现了又好又快的发展理念，突出强调原中央苏区振兴发展思路的创新。在好的方面，指导思想强调要以加快新型工业化和城镇化为主战略，同时把民生和社会事业、生态环境、体制机制方面摆在突出位置，力图走出一条经济社会全面协调可持续发展的新路子，充分贯彻和体现了科学发展观的要求。在快的方面，《若干意见》在明确把加快发展作为重要原则，提出以加快交通、能源、水利等基础设施建设为突破口，以承接产业转移为抓手，以超常规、跨越式发展为导向，力图短时间内在一些重要领域取得突破性进展。

二是把解决民生问题作为首要任务。着力保障和改善民生是发展的根本目的，是贯彻落实科学发展观的必然要求，是构建社会主义和谐社会的紧迫任务，也是又好又快发展的重要内容。在改革开放三十多年来的今天，赣南等原中央苏区民生发展依然滞后，一些最基本的民生需求还没有得到满足，苏区群众改善基本生活条件的愿望十分迫切。应当看到，支持原中央苏区振兴发展，逐步缩小与其他地区的差距，是一项长期的任务，而解决突出的民生问题等不起、拖不得，必须在短期内有所作为。有基于此，《若干意见》强调解决好民生问题是振兴发展的首要任务，采取更加有力的措施，力争两三年内尽快解决农村安全饮水、农村危旧土坯房改造、农村电网改造升级、农村中小学薄弱学校改造等突出的民生问题。

三是把发挥比较优势作为主要抓手。比较优势是竞争力，也是发展的捷径。发挥比较优势是实现赣南等原中央苏区振兴发展的基本立足点。原中央苏区在全国革命老区中代表性强，稀有金属、农产品和红色文化资源在全国影响力巨大，生态地位非常特殊，《若干意见》在综合分析原中央苏区现实情况、展望未来发展走势的基础上，牢牢把握发挥比较优势这一基本原则，明确了原中央苏区作为全国革命老区扶贫攻坚示范区，全国稀有金属产业基地、先进制造业基地和特色农产品深加工基地，重要的区域性综合交通枢纽，我国南方地区重要的生态屏障，红色文化传承创新区五大战略定位，并以此为依据对各项任务作出了总体部署，指明了原中央苏区振兴发展的动力源泉所在。

四是把推进改革创新作为根本动力。没有改革，就不能推陈出新，就不会有历史的进步和社会的发展。实践充分证明，欠发达地区与沿海发达地区的差距，从根本上说，是思想观念的差距，是体制机制的差距。原中央苏区要在区域竞争中赢得主动，抢占先机，必须紧紧抓住振兴发展与观念落后的矛盾、与体制机制落后的矛盾，加快构建有利于"赶"与"转"的体制机制，加快培育核心竞争优势。《若干意见》把改革创新作为支持原中央苏区振兴发展的基本原则，要求进一步解放思想，开拓创新，深化重点领域和关键环节改革，鼓励先行先试，增强发展动力和活力。为贯彻这一原则，《若干意见》赋予原中央苏区在经济、社会、生态环保和社会事业等多个领域的先行先试权，提出了生态文明示范工程试点、低碳城市试点等9个方面"试点"和研究设立瑞（金）兴（国）于（都）经济振兴试验区、支持创建国家旅游扶贫试验区等具有先行先试要求的具体任务，全面加快原中央苏区改革创新步伐。

五是把深化开放合作作为基本路径。深化区域开放合作能够生产要素自由流动，推动区域间互通有无，实现优势互补、资源共享。原中央苏区工业底子薄、基础差，要实现振兴发展，必须借助外力，将国际和东部地区的资金、技术、人才引进来为我所用，提升原中央苏区的产业层次和整体竞争力。为此，《若干意见》把加强区域合作、构筑开放平台、提高对内对外开放水平作为支持赣南等原中央苏区振兴发展的基本原则，把承接产业转移、打造开放平台和强化与东部沿海地区的交流合作放在重要位置，明确要加快完善区域合作机制，打造内陆开放型经济新格局。

三　《若干意见》基于做强"硬件"和创新"软件"提出了振兴发展的重大任务

市场经济是竞争经济。市场经济的竞争既是资金、技术、人才的竞争，更是"硬件"和"软件"综合实力的竞争。打造良好的硬件和软件是经济发展的基础。《若干意见》根据原中央苏区的战略定位和发展目标，首先从做强"硬件"出发，提出加强一批民生、交通、环保、社会设施建设和夯实产业发展基础。

一是优先解决民生工程问题。保障和改善民生是加快转变经济发展方式的根本出发点和落脚点。当前，赣南等原中央苏区的突出民生问题集中表现在一些基本的民生设施还比较匮乏，人民群众享受的基本公共服务水平还比较低，有必要加大资金投入，集中力量加快建设一批民生设施，切实改善群众生产生活条件。综合分析赣南等原中央苏区民生设施的现状和群众需求，《若干意见》提出把农村土坯房改造、农村饮水安全、农村电网改造和农村道路危桥建设等民生设施建设放在优先位置，要求在短时间内完成建设任务。

二是大力夯实农业基础。农业是国家重要经济命脉，是国家稳定长治久安的保证。赣南等原中央苏区既有吉泰盆地、赣抚平原这样条件优越的产粮区，又有大片生物多样性丰富的丘陵山区，大力发展农业既是发挥这一地区比较优势的重要举措，也是国家对这一地区发展的必然要求。为此，《若干意见》一方面提出要以吉泰盆地、赣抚平原商品粮基地为重点，加强粮食生产重大工程建设，不断提高粮食综合生产能力；另一方面突出丘陵农业的特色，强调要做强脐橙产业，大力发展油茶、毛竹、花卉苗木等特色林业，积极发展蜜桔、茶叶、白莲、生猪、蔬菜、水产品、家禽等特色农产品。为了提升农业发展水平，《若干意见》还特别提出要支持赣州、吉安、抚州等市建设国家现代农业示范区，加快推进农业现代化进程。

三是加快重大基础设施建设。基础设施是区域经济社会发展的重要前提和支撑。赣南等原中央苏区发展滞后很大程度上源于长期落后的基础设施条件带来的严重制约。经过这些年的加快发展，原中央苏区的基础设施条件虽有较大改善，但是由于基础薄弱、历史欠账多，基础设施的瓶颈制约仍很突出。《若干意见》强调要坚持基础设施先行，提出要加快实施一批重大交通、能源、水利等基础设施项目，着力突破发展瓶颈，构建功能完善、安全高效的现代化基础设施体系，增强振兴发展支撑能力。鉴于赣州所处的独特区位，《若干意见》特别提出，要建设赣州综合交通枢纽，加强与周边城市和沿海港口城市的高效连接，实施昌（南昌）吉（安）赣（州）铁路客运专线、赣州黄金机场扩建、赣州港等一批重大项目建设，加快构建综合交通运输体系。

四是培育壮大特色优势产业。产业发展是促进经济发展的助推器，是拉动经济腾飞的强大引擎。赣南等原中央苏区整体上还处于工业化初中级阶段，产业结构不合理，产业竞争力有待提升。赣南等原中央苏区振兴发展归根结底还是要靠构建具有特色的现代产业体系，增强自身的经济实力和竞争力。围绕建成全国稀有金属产业基地、先进制造业基地和特色农产品深加工基地的定位，《若干意见》注重创新思路、挖掘潜力，在做特做优、做大做强方面做文章，明确了原中央苏区产业发展的主导方向。《若干意见》提出要重点支持稀土、钨等优势矿产业，促进稀土、钨等精深加工，发展高端稀土、钨新材料和应用产业，大力发展战略型新兴产业。针对原中央苏区红色资源这一笔不可复制的宝贵财富，《若干意见》提出要加大对革命旧居旧址保护和修缮力度，促进红色文化旅游产业大发展。同时，《若干意见》还明确了金融业、物流业等生产性服务业和生活服务业的发展方向与重点。

五是加强生态建设和环境保护。赣南等原中央苏区承担着保障我国南部地区生态安全的重要职能。但同时这一地区生态环境依然较为脆弱、历史遗留环境问题突出、环境基础设施及环保能力建设薄弱、环保资金投入不足、环保意识不强的问题仍不同程度存在，生态环境约束是原中央苏区实现振兴发展必须破解的难题。为此，《若干意见》突出强调，要加强生态建设和水土保持，加大长江和珠江防护林工程以及湿地保护和恢复投入力度，支持自然保护区、森林公园、地质公园、湿地公园等建设，加强中幼龄林抚育和低质低效林改造，加大水土流失综合治理力度，继续实施崩岗侵蚀防治等水土保持重点建设工程，加强赣江、东江、抚河、闽江源头保护。为加大环境治理和保护力度，《若干意见》提出了加强历史遗留矿山环境综合治理、城市和工业污水处理、城市大气污染防治、重金属污染防治、农村环境综合整治等方面的任务措施。同时，《若干意见》还对大力发展循环经济、支持资源型城市可持续发展等提出了要求。

六是发展繁荣社会事业。作为经济社会发展的重要基础和保障，赣南等原中央苏区公共服务资源和服务能力明显不足，不仅难以满足社会基本需求，更无法保障人民群众共享改革发展成果。按照保障和改善民生的要求，《若干意见》明确了教育、卫生、文化、就业、社保、社会管理等社会事业发展的主要方向，力争在两三年内社会发展水平超常规提升。教育方面，《若干意见》提出到 2013 年全面完成赣州市校舍危房改造，到 2015 年基本解决小学、初中寄宿生住宿问题，建立适应地方产业发展的现代职业教育体系，支持江西省与有关部门共建江西理工大学，支持赣州开展教育综合改革试验。卫生医疗方面，《若干意见》提出健全农村县、乡、村三级和城市社区医疗卫生服务网络，提升赣州区域性医疗服务能力。文化体育方面，《若干意见》提出，加强市级"三馆"和县级"两馆"等城乡公共文化体育设施建设，加大历史文化遗产保护力度。就业和社会保障方面，《若干意见》提出，加强基层人力资源和社会保障公共服务平台建设，建立完善统筹城乡的社会保障体系。

同时，《若干意见》从创新体制机制和扩大对内对外开放等"软件"着手，着力营造推动赣南等原中央苏区实现后发赶超的优良环境。

一是深化体制机制改革。政策推动和机制创新是我国改革开放三十多年经济持续发展的成功经验，也是沿海地区发展由弱到强的伟大实践。近年来，原中央苏区依托毗邻珠三角、厦漳泉等沿海地区的优势，着力解放思想、深化改革开放，在一些方面开展了积极探索，但工作的广度和深度还远远不够。要实现这一地区的超常规发展，必须因地制宜制定特殊政策，支持其先行先试。为此，《若干意见》强调要从行政管理体制、改革要素市场建设、支持非公经济发展、农村集体建设用地流转制度改革、集体林权制度改革、城乡统筹、扶贫开发、投融资等方面积极探索、大胆创新着力构建有利于加快发展、转型发展的体制机制。为取得以点带面的效果，《若干意见》还提出研究设立瑞（金）兴（国）于（都）经济振兴试验区的构想。

二是打造内陆开放型经济新格局。扩大原中央苏区对外对内开放、加强区内与区外合作，有利于克服原中央苏区自我发展能力不足的劣势，抓住国际国内产业结构调整、产业转移的窗口机遇期，促进赣闽粤等地区域协调发展，优化要素配置和产业布局。为推进有序承接产业转移，《若干意见》提出设立赣南承接产业转移示范区，推动赣州"三南"（全南、龙南、定南）和吉泰走廊建设加工贸易重点承接地。为深化开放合作，《若干意见》提出，强化与珠三角、厦漳泉等沿海地区的经贸联系，打造以赣州经济技术开发区为核心，以赣州"三南"至广东河源、瑞金兴国至福建龙岩产业走廊为两翼的"一核两翼"开放合作新格局。

四 《若干意见》基于适度"输血"和着力"造血" 提出了重大政策措施

支持赣南等原中央苏区振兴发展任务非常艰巨，必须有强有力的政策支持。《若干意见》坚持"输血"和"造血"相结合、重在"造血"的原则，在强调发挥原中央苏区自主能动性的同时，在财税、投资、金融、产业、国土资源、生态补偿、人才和对口支援等方面对原中央苏区给予一系列政策支持。这些政策是中央和国务院有关部门反复研究确定的，具有较高的含金量，必将对原中央苏区振兴发展起到巨大的推动作用。

从"输血"角度来看，《若干意见》着眼于满足最基本的发展需要，在资金上对赣南等原中央苏区经济社会发展最急需、最重要的领域给予强有力支持。

一是着力提高财政保障水平。原中央苏区财政实力薄弱，人均财政收入及地方财政"自给率"严重偏低，"吃饭财政"问题突出，仅靠自身财力难以实现《若干意见》确定的各项目标任务。为此，一方面，《若干意见》明确加大中央财政财力补助、加大中央财政均衡性转移支付力度、加大中央专项彩票公益金支持力度等，着力为原中央苏区增收；另一方面，《若干意见》还从化解县乡村公益性债务、取消地方资金配套、提高国家有关专项建设资金项目投资补助标准或资本金注入比例等方面给原中央苏区减负。增收渠道的拓宽和财政负担的减轻，将有力地强化原中央苏区财政保障能力。

二是支持加强生态保障能力建设。原中央苏区是我国南方地区重要生态屏障，生态环境功能非常重要，处理好生态环境保护与经济社会发展的关系是原中央苏区振兴发展的前提。为此，《若干意见》不仅注重解决当前生态环境保护和经济发展之间的突出问题，而且重视建立生态环境保护长效机制，提出国家加大对废弃矿山植被恢复和生态治理工程的资金支持，加大对国家公益林生态补偿投入力度，并提出将东江源、赣江源、抚河源、闽江源列为国家生态补偿试点，将贡江、抚河源头纳入国家重点生态功能区范围，建立资源型企业可持续发展准备金制度，着力提升原中央苏区生态保障能力。

三是着手实施全方位对口支援。对口支援是发挥社会主义制度优越性，推动欠发达地区发展的有力举措。原中央苏区贫困面较大、贫困程度深，推动原中央苏区振兴发展需要各方面大力支持。为此，《若干意见》提出建立中央国家机关对口支援赣州市18个县（市、区）的机制，加强人才、技术、产业、项目等方面的对口支援。同时，为了加大对原中央苏区的项目支持，《若干意见》提出鼓励和支持中央企业在赣州发展，开展帮扶活动。考虑到福建、广东两省经济实力较强，《若干意见》还鼓励福建、广东省组织开展省内对口支援。

从造血角度来看，《若干意见》立足于提升赣南等原中央苏区自我发展能力，在投资、金融、产业、国土、人才、对口支援等领域出台了突破性政策，全面拓展挖掘了这一地区的发展潜力。

一是促进培育壮大特色优势产业。产业发展是制约原中央苏区发展的薄弱环节。为发掘原中央苏区特色优势产业潜力，加快构建现代产业体系，《若干意见》提出实行差别化产业政策，加大企业技术改造和产业结构调整专项对特色优势产业发展的支持力度，对符合条件的产业项目优先规划布局等政策。为支持稀土、钨等产业发展，《若干意见》提出开展稀土采矿临时用地改革试点，支持对稀土、钨残矿、尾矿和重点建设项目压覆稀土资源进行回收利用，对因资源枯竭而注销的稀土、钨采矿权，允许通过探矿权转采矿权或安排其他资源地实行接续，对稀土、钨矿等优势矿产资源在国家下达新增开采、生产总量控制指标时给予倾斜。同时，针对近年来沿海印刷包装产业向内地加快转移这一重大机遇，《若干意见》还明确支持赣州创建国家印刷包装产业基地，并赋予来料加工、来样加工、来件装配和补偿贸易的政策。

二是注重保障重大项目实施。为了便于短期内在原中央苏区布局一批重大项目，尽快提升自我发展能力，《若干意见》提出加大中央预算内投资和专项建设资金投入，在重大项目规划布局、审批核准、资金安排等方面对赣南等原中央苏区给予倾斜。为了保障项目建设用地需求，《若干意见》提出支持赣州开展低丘缓坡荒滩等未利用地开发利用试点和工矿废弃地复垦利用试点，支持开展农村土地综合整治工作等政策。同时，《若干意见》还提出支持开展保险资金投资基础设施和重点产业项目建设，有力保障重大项目实施。

三是推动提升人力资源水平。人才是决定原中央苏区振兴发展的关键因素。目前，原中央苏区人力资源素质普遍偏低，高素质人才外流问题突出。为了显著提升原中央苏区的人力资源素质，《若干意见》从加大东部地区、中央国家机关和中央企事业单位与赣南等原中央苏区干部交流工作的力度，鼓励中央国家机关在瑞金设立干部教育培训基地，国家重大人才工程和引智项目向原中央苏区倾斜等方面，提出了支持原中央苏区人才引进的政策措施。同时，《若干意见》还从提升本地人力资源层次出发，提出鼓励高层次人才投资创业，支持符合条件的单位申报建立院士工作站和博士后科研工作站的政策。

四是努力优化金融发展环境。金融是现代经济的命脉，是引导发展的先导。由于原中央苏区金融业缺乏有利发展条件，金融对经济发展的支撑作用发挥不明显。为改善原中央苏区的金融环境，《若干意见》把金融政策支持摆在突出的位置。针对原中央苏区面临的信贷资金偏紧的问题，《若干意见》提出，鼓励政策性银行加大对原中央苏区的信贷支持力度，鼓励各商业银行参与原中央苏区振兴发展，支持地方法人金融机构合理增加信贷投放，支持开展保险资金投资基础设施和重点产业项目建设。考虑到企业日益增长的直接融资需求，《若干意见》明确支持符合条件的企业发行企业（公司）债券、中期票据、短期融资券、中小企业集合票据和上市融资。在新型金融机构发展方面，《若干意见》提出深化融资性担保公司或再担保公司、小额贷款公司创新试点，大力推进农村金融产品和服务方式创新，鼓励和支持设立村镇银行。

需要指出的是，考虑到在原中央苏区范围内，赣南的历史状况更为特殊，且贫困程度很深，《若干意见》坚持按发展水平特别是贫困程度施策，把支持赣南加快发展作为工作重点，从赣南的特殊贡献、特殊地位和特殊困难出发，明确赣州市整体执行西部大开发政策。这里面包含的优惠政策集"输血"与"造血"为一体，十分丰富，是给予赣州的最大的政策支持，不仅有利于赣州加快发展，也将有利于通过推动赣州的优先发展协同推进原中央苏区整体振兴发展。

五 《若干意见》基于上下联动提出了落实的保障措施

支持赣南等原中央苏区振兴发展使命光荣、责任重大，需要各有关方面上下互动、紧密配合，真抓实干、攻坚克难，以奋发有为的精神状态和务实严谨的工作作风把振兴发展原中央苏区的各项任务落到实处。为此，《若干意见》构建了从国家到地方比较完善的政策落实保障措施体系。

在国家层面，《若干意见》明确要求强化指导协调，推动政策落实。《若干意见》提出，国务院有关部门要结合自身职能，在有关专项规划编制、政策实施、项目安排、体制机制创新等方面给予积极指导和支持。国家发展改革委要牵头建立支持赣南等原中央苏区振兴发展部际联席会议制度，负责对原中央苏区振兴发展的指导和统筹协调，加强监督检查和跟踪落实，评估《若干意见》的实施效果，及时帮助地方解决具体困难和问题。按照《若干意见》要求，国家发展改革委还将抓紧编制赣闽粤原中央苏区振兴发展规划，进一步细化实化各项政策措施。国务院有关部门将按照《若干意见》确定的总体目标和发展重点，研究本部门支持赣南等原中央苏区振兴发展的具体措施，将《若干意见》确定的各项政策落到实处。

在地方层面，《若干意见》明确要求完善组织机制，扎实开展工作。《若干意见》强调，原中央苏区所在地的江西、福建、广东人民政府是《若干意见》落实的主体，三省要结合自身比较优势和发展基础，组建专门的工作机构，研究制定《若干意见》实施意见和具体工作方案，深化细化各项目标和任务，并逐级分解到市、县人民政府和省直有关部门；要研究落实重点领域任务要求的具体政策措施；要建立健全考核机制，根据《若干意见》调整完善相关的政绩考核指标体系，强化激励机制。原中央苏区是以"坚定信念、求真务实、一心为民、清正廉洁、艰苦奋斗、争创一流、无私奉献"为主要内涵的苏区精神的主要发源地，《若干意见》特别强调原中央苏区干部群众要切实增强责任感和使命感，大力弘扬苏区精神，以进一步发扬艰苦奋斗作风，振奋精神、不等不靠、齐心协力、真抓实干。这是推动原中央苏区实现跨越式发展，不断开创振兴发展工作新局面的不竭动力和根本保证。

　　总之，《若干意见》为我们描绘了赣南等原中央苏区振兴发展的美好蓝图。各方面要怀着对原中央苏区人民的深厚感情，铆足干劲、扎实工作，锐意进取、奋力拼搏，把中央的深切关怀和特殊支持落到实处。我们相信，在党中央、国务院的正确领导下，在国务院有关部门的大力支持和帮助下，通过原中央苏区广大干部群众的共同努力，一定能够在这片红土地上不断创造新的辉煌。

下　篇

赣南等原中央苏区地跨赣闽粤，是土地革命战争时期中国共产党创建的最大最重要的革命根据地，是中华苏维埃共和国临时中央政府所在地，是人民共和国的摇篮和苏区精神的主要发源地，在中国革命史上具有特殊重要的地位，为中国革命作出了重大贡献和巨大牺牲。其中，仅赣南苏区有名有姓的烈士就达 10.82 万人，分别占全国、江西省革命烈士总数的 7.5% 、43.8% 。新中国成立特别是改革开放以来，赣南等原中央苏区发生了翻天覆地的变化，但由于战争创伤、自然地理等多种原因，迄今为止原中央苏区特别是赣南苏区经济发展仍然滞后，民生问题仍然突出，贫困落后面貌仍然没有得到根本改变，还属后发展、欠发达地区。加快实现赣南等原中央苏区振兴发展，让苏区人民尽快过上幸福富裕的生活，与全国一道同步全面建成小康社会，对全国革命老区加快发展具有标志性意义和示范作用。

　　党中央、国务院始终高度重视赣南等中央苏区发展，中央领导同志多次就赣南等中央苏区发展问题做出过重要指示。2011 年 11 月，中央在北京召开了纪念中央革命根据地创建 80 周年座谈会，习近平同志在座谈会上指出，"中央革命根据地和其他革命根据地对中国革命作出了重大贡献和巨大牺牲，现在不少革命老区的发展与经济发达地区相比还存在比较大的差距。我们要继续大力关心老区人民群众的生产生活，加大人力物力财力的投入，切实帮助老区加快致富发展步伐，促进区域协调发展、科学发展，让老区人民生活得更加富裕、更加幸福"。江西省委、省政府着眼大局，举全省之力，加快推动赣南苏区振兴发展，帮助突破节点难点问题。省第十三次党代会上明确提出，把加快赣南等原中央苏区振兴发展作为全省区域发展的一个重大战略来推进，摆在"南有中央苏区、北有鄱阳湖区"的重要位置，构筑"龙头昂起、两翼齐飞、苏区振兴、绿色崛起"的区域发展格局。赣州市委、市政府把推进振兴发展作为全市经济社会发展的头等大事来抓，一方面通过多种渠道向中央反映赣南苏区人民群众生活困难状况并引起高度重视，另一方面组织人员深入调研并撰写《赣南苏区经济社会发展状况调查报告》和 9 个分报告，开展了贫困状况、产业发展、基础设施、教育事业、医疗卫生等 66 个专题调研。

2011 年底～2012 年初，5 位中央政治局常委先后 13 次作出重要批示，要求国家发展改革委会同相关部门，研究提出支持赣南苏区振兴发展的政策措施。根据中央领导同志批示精神，国家发展改革委会同有关部委以炽热的感情和强烈的政治责任，把支持赣南苏区振兴发展当作大事要事，倾力相助，大力支持。2012 年 3 月 31 日，国家发展改革委召开了由中组部、中央党史研究室、全国人大财经委、财政部等 42 个部门和单位以及江西、福建、广东省有关负责同志参加的工作启动会，传达学习中央领导同志重要批示，研究讨论工作方案，就下一阶段工作进行安排部署。4 月 10 日～16 日，国家发展改革委牵头组织 42 个部门和单位的 100 余名同志赴江西赣州 18 个县（市、区）以及吉安、抚州和福建、广东的部分县（市、区）进行实地调研，在此基础上，会同有关方面开展政策文件的起草工作。5 月 24 日，《若干意见》（征求意见稿）正式送中央和国务院有关部门、江西省人民政府和福建、广东两省发展改革委征求意见。根据各方面的反馈意见，国家发展改革委对征求意见稿作了进一步修改完善，对有关政策表述进行了反复沟通协调，形成了《若干意见》（送审稿），并于 6 月中旬上报国务院。6 月 28 日，国务院以国发〔2012〕21 号文正式印发了《若干意见》。《若干意见》的正式出台，标志着支持赣南等原中央苏区振兴发展，已上升为国家重大战略，这是中央关心革命老区、着眼全面建成小康社会全局采取的一项重大战略举措，是加快江西科学发展、绿色崛起的重大历史机遇，对于推进赣州加快发展、转型发展、跨越发展，确保赣州与全国同步全面建成小康社会，将起到决定性作用。

一　重大意义

1. 赣南苏区在中国革命史上具有怎样的特殊地位和贡献？

赣南苏区是全国著名的革命老区，是土地革命战争时期中央革命根据地（亦称中央苏区）的主体和核心区域，是人民共和国的摇篮、毛泽东思想的形成地和苏区精神的主要发源地，为中国革命和建设作出了巨大牺牲和重大贡献。中国共产党在瑞金成立了中华苏维埃共和国，创建了第一个全国性红色政权，进行了人民共和国的伟大预演。赣南苏区是全国革命根据地和红军的领导指挥中枢，是全国苏维埃运动的中心和大本营，造就、走出了一大批治国安邦的开国元勋。第一代、第二代中央领导集体重要成员，新中国十大元帅中的 8 位，10 位大将中的 7 位，都曾是中央苏区的重要领导人；在中央苏区其他干部中，有 588 人在 1965 年前被授予将军军衔，其中赣南籍开国将军有 134 位。这为新中国的诞生和建设做了重要的干部准备。赣南苏区人民是中央红军的基本力量，付出了巨大的牺牲。当年 240 万苏区人口中，扩红参军 33 万余人，支前参战 60 余万人，仅有名有姓的烈士就达 10.82 万人，分别占全国、江西省革命烈士总数的 7.5%、43.8%。中央红军在长征出发时的 8.7 万余人中，赣南籍红军就达 5 万余人，占中央红军总数的 65%。为支持革命战争和苏区建设，赣南苏区人民提供了大量军费和军需物资。新中国成立后，赣南人民继续发扬苏区精神，倾力支持社会主义建设，输出了大量资源，保护了生态环境。一个地区，一个贫困山区，为革命和建设作出如此巨大的贡献和牺牲，全国罕见、震撼人心！

2. 赣州经济社会发展存在哪些特殊的困难？

一是经济发展差距大，远远落后于全国平均水平。赣州国土面积和人口数量分别占全国的 0.41%、0.68%，但经济总量和财政收入分别仅占全国的 0.28%、0.15%。主要人均经济指标只有全国平均水平的三至四成。经济发展处于中西部地区最落后位置。人均生产总值、人均地方财政收入分别仅相当于西部地区平均水平的 60%、43%。

二是人民生活差距大，实现小康目标面临严峻挑战。贫困程度深重，仍有国家扶贫工作重点县 8 个，省级扶持贫困村 1119 个，分别占县、村总数的 45%、35%；按国家 2300 元贫困线标准，全市贫困人口约 215.5 万人；还有 25.44 万人生活在深山区、库区和地质灾害频发区，有 41.7 万人依靠国家低保补助生活。民生保障薄弱，全市财政支出中三分之二依赖于上级转移支付。2011 年，赣州小康目标实现程度为 71%，比全国平均低近 10 个百分点。

三是发展基础差距大，自我发展能力严重不足。处在工业化初级阶段，城镇化水平低，仅有 1 个市辖区。基础设施建设滞后，交通运输网络不完善，没有高速铁路，8 个县不通铁路，2 个县不通高速公路，5 个县不通国道；缺电、少煤、无油气，电力供需矛盾日益突出，正常情况下 50% 以上的电力要依靠江西省电网输入，为典型的受端电网。水利基础设施薄弱，有 701 座水库亟待除险加固，灌溉用水利用率不到 45%，18.9% 的农田没有灌溉设施或配套设施不全。环境约束加剧，资源开发和生态环境约束的矛盾较为突出。全市 36.3% 的区域面积被列入国家重点生态功能区，同时因历史上为支持国家建设在开采钨砂、稀土过程中对土地破坏较严重，进行生态环境恢复治理成本和压力巨大。

3. 赣州加快发展具备哪些有利条件和重大机遇？

一是区位优势明显。赣州是我国东南部最大的设区市，地处长三角、珠三角和海西经济板块的交通要道，是珠三角经济区、海西经济区及鄱阳湖生态经济区的直接腹地，"承东启西、联南接北"的区位优势明显，战略地位突出。赣州与南昌、厦门、广州、深圳、长沙距离均在 400～500 公里左右，是赣粤闽湘四省边际地区的几何中心，接受经济辐射集中，具有建设区域性综合交通枢纽和区域性现代化中心城市的条件与优势。

二是自然资源丰富。赣州是全国重点有色金属基地之一，被誉为"世界钨都、稀土王国"。其中黑钨、稀土储量分居全国第一、二位，钨、稀土产值分别占全国三分之一，是全国钨、稀土资源及冶炼产品的主要集散地和全国稀土再生资源综合利用企业最多、产量最大的集散地。赣州是全世界种植面积最大、年产量世界第三、全国第一的脐橙主产区，生态资本化和特色农业潜力巨大。赣州是红色故都、江南宋城和客家摇篮，是中国优秀旅游城市，发展旅游业前景广阔。赣州还是人口大市，劳动力资源丰富。

三是生态环境优良。赣州位于东江和赣江源头，生态资源丰富，为赣江和香港主要饮用水东江源头，森林覆盖率达76.2%，是全国十八大重点林区之一，有"生态王国"、"绿色宝库"之称。

四是发展空间广阔。赣州国土面积3.94万平方公里，辖18个县（区、市）和1个国家级经济技术开发区、1个国家级出口加工区，承载能力较强。中心城区属盆地，市域范围1000平方公里，其中建设用地280平方公里，发展空间广阔。

五是开放程度较高。赣州是商务部确定的全国首批加工贸易梯度转移重点承接城市，也是中部地区唯一集中部、粤商、浙商、深港企业最佳投资城市和中国魅力城市、长江中游十大魅力城市于一身的城市，已初步建成以香港产业园和台资工业园为龙头的赣粤、赣闽产业承接走廊，产业平台初具规模。

4.《若干意见》实施对赣州加快发展有何重大意义？

《若干意见》是党中央、国务院关心老区、着眼全局作出的重大决策，是国家战略层面支持赣州发展的顶层设计，是赣州发展史上的重要里程碑，为赣州带来亘古未有的重大历史机遇，必将开启赣州发展的新纪元。《若干意见》是江西继鄱阳湖生态经济区建设之后第二个国家区域发展战略，对于提升赣州在全省乃至全国区域发展中的战略地位，加快推进赣南苏区振兴发展，确保与全国同步全面建成小康社会，具有重大的现实意义和深远的历史意义。

一是有利于统筹区域发展，促进赣南苏区与全国同步实现全面建成小康社会的宏伟目标。赣南苏区位于赣粤闽湘四省交界处，是中部和东南沿海地区的腹地。赣南苏区作为一个重要区域和贫困地区，直接影响江西省乃至全国的总体发展进程，对促进全国区域协调发展和整体现代化进程具有十分重要的意义。只有贫穷落后地区发展了，才能实现真正的发展和协调；只有贫困地区进入全面小康社会了，整个国家才算进入全面小康社会。所以，实现苏区振兴发展，是走共同富裕道路的必由之路，是国家兴旺发达的一个重要标志。国家出台《若干意见》，对于赣州尽快改变贫困落后面貌将起到决定性作用。

二是有利于更好地推动国家集中连片特殊困难地区扶贫攻坚计划实施，对全国革命老区和贫困地区加快发展、科学发展具有重要导向示范作用。赣南苏区是全国较大的集中连片特困地区，贫困范围广、贫困程度深，人均主要经济指标大部分只占全国平均水平的三四成。同时，赣南苏区地处山地、丘陵地区，基础设施条件较差，经济社会发展的"历史欠账"较多，是我国扶贫开发的重点区域。这些情况决定了赣南在全国扶贫攻坚工作中具有特殊的地位。推进赣南苏区振兴发展，能够为加快革命老区和贫困地区脱贫致富探索新路径、提供新经验。

三是有利于巩固和建设我国南方地区重要生态屏障，创新生态环境保护与经济发展统筹协调机制。赣南苏区是赣江、东江源头，鄱阳湖水系的 25%、香港和珠三角饮用水源东江水系 12% 的流量都源于这里。同时，赣南苏区是国家确定的南岭山地森林生态及生物多样性功能区，生态系统和生态功能十分重要。加强赣南苏区生态环境保护，对确保长江中下游地区、珠三角地区的生产、生活、生态用水安全，增强赣南苏区的环境容量具有积极作用。推动赣南苏区实现科学发展、绿色崛起，有利于促进生态环境与经济建设协调发展。

四是有利于巩固党的执政基础和执政地位，进一步彰显中国特色社会主义制度的优越性。人民群众是我们党执政的牢固根基，让人民群众过上幸福美好生活，是党的宗旨所在，也是无数革命先烈抛头颅、洒热血的不懈追求。在艰苦卓绝的革命岁月，赣南人民矢志不渝跟党走，用赤诚、鲜血和生命捍卫红色政权，为革命抛家弃业、舍生忘死。在我国已进入全面建成小康社会的关键时期，大力弘扬苏区精神，发扬革命传统，加快赣南苏区振兴发展，不仅对全国革命老区加快发展具有标志性意义和示范作用，同时也彰显了我们党执政为民的情怀，体现了中国特色社会主义制度的优越性，对于实现人民群众根本利益、凝聚民心民力，巩固党的执政基础、促进社会和谐稳定，具有重大政治意义和深远历史意义！

二 总体要求

5. 如何把握《若干意见》提出的指导思想?

《若干意见》明确指出:以邓小平理论和"三个代表"重要思想为指导,深入贯彻落实科学发展观,弘扬苏区精神,加大扶持力度,加快新型工业化和城镇化进程,以解决突出的民生问题为切入点,着力改善城乡生产生活条件;以加快交通、能源、水利等基础设施建设为突破口,着力增强发展的支撑能力;以承接产业转移为抓手,着力培育壮大特色优势产业;以发展社会事业为重点,着力提升基本公共服务水平;以保护生态环境为前提,着力促进可持续发展;以改革开放为动力,着力破解体制机制障碍,努力走出一条欠发达地区实现跨越式发展的新路子,使原中央苏区人民早日过上富裕幸福的生活,确保与全国同步全面建成小康社会。

"指导思想"进一步明确了赣南等原中央苏区实现振兴发展要"走什么路、实现什么目标"的重大问题。就是要以解决突出的民生问题为切入点、以加快基础设施建设为突破口、以承接产业转移为抓手、以发展社会事业为重点、以保护生态环境为前提、以改革开放为动力,努力走出一条欠发达地区实现跨越式发展的新路子,目的就是使苏区人民早日过上富裕幸福的生活,确保与全国同步全面建成小康社会。

6. 如何把握《若干意见》提出的基本原则?

《若干意见》明确强调:要统筹兼顾,突出重点;要立足当前,着眼长远;要加快发展,推进转型;要改革创新,开放合作;要国家扶持,自力更生。这五条基本原则是推动赣州实现加快发展、转型发展、跨越发展的重要指针,必须长期坚持和切实遵循。

（1）统筹兼顾，突出重点

在原中央苏区范围内，赣南具有特殊地位，面临特殊困难，要把支持赣南加快发展作为工作重点，协同推进原中央苏区整体振兴发展。2011年，赣州仍有贫困人口215.5万人，贫困发生率达29.9%，高出全国平均水平16.5个百分点，是全国较大的集中连片特殊困难地区。为此，《若干意见》强调要把支持赣南加快发展作为重点，统筹推进原中央苏区整体振兴发展。

（2）立足当前，着眼长远

采取更加有力的措施，力争两三年内使突出的民生问题得到有效解决；加快实施一批增强"造血"功能的工程和项目，不断提升自我发展能力。由于多种原因，赣南苏区经济社会发展明显滞后，一方面民生问题较为突出，另一方面基础设施建设滞后。所以，实现赣南苏区振兴发展，要从破解民生事业发展滞后、贫困人口多等主要矛盾入手，着力解决好人民群众最紧迫、最突出的问题，在较短时间内改善困难群众生产生活条件。同时，着眼于从根本上改变落后面貌，重点实施一批夯实发展基础的重大项目，实现可持续发展。

（3）加快发展，推进转型

坚定不移地走新型工业化、城镇化道路，同步推进农业现代化，促进"三化"协调发展；坚持加快发展与转型发展相结合，努力实现又好又快发展。2011年，赣州工业化率为41%，仅相当于全国20世纪90年代中后期水平；城镇化率仅39.43%，比全国平均水平低11.84个百分点。为此，《若干意见》强调，赣南苏区振兴发展，必须走"三化"协调联动，在加快发展中推进转型发展的新路子。

（4）改革创新，开放合作

进一步解放思想，开拓创新，深化重点领域和关键环节改革，鼓励先行先试，增强发展动力和活力；加强区域合作，构筑开放平台，提高对内对外开放水平。赣州毗邻长珠闽，与沿海发达地区的差距，主要是思想观念、体制机制的差距。进一步解放思想，更新观念，创新体制，开放合作，加快融入经济全球化和区域经济一体化，并借助其力量实现经济腾飞，是赣南苏区振兴发展的希望所在。为此，《若干意见》强调鼓励先行先试，增强发展动力和活力。同时，强调要发挥区位、资源和生态等优势，全方位拓展对内对外开放的广度和深度，推动实现区域错位发展、差异化发展和一体化发展。

（5）国家扶持，自力更生

充分考虑赣南等原中央苏区的特殊地位和当前面临的特殊困难，国家在资金、项目和对口支援等方面进一步加大支持力度；充分调动和发挥地方的积极性、主动性、创造性，大力弘扬苏区精神，通过自身努力加快发展。一个地方的发展，要依靠两方面的力量，一是内生动力，二是外源动力。2011年赣南全面小康实现程度只有71%，要在2020年达到全国平均水平并同步全面建成小康社会，地区生产总值年均增速要保持17%左右。按照目前的状况，仅依靠赣南苏区自身努力难以实现，必须依靠国家层面的大力支持。但从根本上来说，还是要靠地方自力更生、负重拼搏，实现经济超常规、跨越式发展。

7. 如何把握《若干意见》提出的战略定位？

《若干意见》明确指出：要把赣南等原中央苏区建设成为全国革命老区扶贫攻坚示范区，全国稀有金属产业基地、先进制造业基地和特色农产品深加工基地，重要的区域性综合交通枢纽，我国南方地区重要的生态屏障，红色文化传承创新区。

（1）全国革命老区扶贫攻坚示范区

集中力量打好新阶段扶贫攻坚战，编制实施罗霄山片区区域发展与扶贫攻坚规划，为全国革命老区扶贫开发、群众脱贫致富、全面建设小康社会积累经验、提供示范。《中国农村扶贫开发纲要（2011～2020年）》提出，要把连片特困地区作为新时期扶贫开发主战场。赣南苏区所辖18个县（市、区）中，有8个国家扶贫工作重点县；有11个县（市）被纳入罗霄山区集中连片特殊困难地区扶贫攻坚范围。按照国家2300元的贫困线标准，全市有贫困人口215.5万人。可以说，赣南苏区的扶贫开发在全国特别是革命老区中具有典型的代表性。把赣南等原中央苏区建设成为全国革命老区扶贫攻坚示范区，具有重大现实意义。

（2）全国稀有金属产业基地、先进制造业基地和特色农产品深加工基地

建设具有较强国际竞争力的稀土、钨稀有金属产业基地。依托本地资源和现有产业基础，大力发展新材料和具有特色的先进制造业。建设世界最大的优质脐橙产业基地和全国重要的特色农产品、有机食品生产与加工基地。赣南苏区是著名的"世界钨都"和"稀土王国"，是全国重点有色、稀土金属生产基地。全市离子型稀土保有储量在国内外同类型矿种中位居第一，钨资源保有储量居全国第二位，其中高品质的黑钨保有储量居全国同类矿首位。同时，赣南苏区具有种植脐橙得天独厚的气候条件和丰富的山地资源，2011年脐橙种植面积达174万亩，居世界第一；产量达133万吨，居世界第三，被誉为"世界橙乡"。可以说，把赣南苏区建设成为全国稀有金属产业基地、先进制造业基地和特色农产品深加工基地，具有资源优势和产业基础，经过努力完全是可以实现的。

（3）重要的区域性综合交通枢纽

依托赣州区域性中心城市的区位优势，加快现代综合交通体系和快速通道建设，建成连接东南沿海与中西部地区的区域性综合交通枢纽和物流商贸中心。赣州是连接江西、广东、福建、湖南四省的枢纽城市，地处我国长三角、珠三角和海西经济板块的交通要道，与南昌、厦门、广州、深圳、长沙等特大城市的距离均为400~500公里，是这一区域的几何中心，具有建设区域性综合交通枢纽的条件和优势。构筑"布局协调、衔接顺畅、优势互补、四通八达"的现代化立体交通网络和综合运输体系，建成重要的区域性综合交通枢纽、区域性现代化中心城市和区域性金融、物流、旅游中心，对于推动赣南苏区振兴发展，实现区域协调发展，具有重大意义。

（4）我国南方地区重要的生态屏障

推进南岭、武夷山等重点生态功能区建设，加强江河源头保护和江河综合整治，加快森林植被保护与恢复，提升生态环境质量，切实保障我国南方地区生态安全。赣州是全国十八大重点林区和十大森林覆盖率最高的城市之一，全市森林覆盖率稳定在76%以上，被誉为"生态王国"、"绿色宝库"，36.3%的区域面积被列入国家重点生态功能区。赣南苏区还是章江、贡江、

东江源头，鄱阳湖水系的25%、香港和珠三角主要饮用水源东江水系的12%的流量，均源于赣南苏区。将赣南苏区建设成为我国南方地区重要的生态屏障，对于保障我国东南沿海和港澳地区的生态和饮水安全等，具有重大战略意义。

（5）红色文化传承创新区

加强革命遗址保护和利用，推动红色文化发展创新，提升苏区精神和红色文化影响力，建设全国爱国主义教育和革命传统教育基地，打造全国著名的红色旅游目的地。赣南苏区红色文化资源丰富。现有全国重点文物保护单位10处64个点，其中苏区红色革命文物53个点。仅1927～1937年十年革命武装斗争期间，赣南苏区就遗存珍贵革命遗址1080处。把赣南等原中央苏区建设成为红色文化传承创新区，有利于加强革命历史遗址保护，有利于提升苏区精神和红色文化影响力，有利于增强广大人民群众的凝聚力和向心力，有利于促进红色文化产业大发展大繁荣。

8. 如何把握《若干意见》提出的发展目标？

《若干意见》明确指出，推动实现赣南等原中央苏区振兴发展的目标要分两步走。

第一步，到2015年，赣南等原中央苏区在解决突出的民生问题和制约发展的薄弱环节方面取得突破性进展。尽快完成赣州市农村安全饮水、农村危旧土坯房改造、农村电网改造升级、农村中小学薄弱学校改造等任务；基础设施建设取得重大进展，特色优势产业集群进一步壮大，城镇化率大幅提升，生态建设和环境保护取得显著成效；经济保持平稳较快发展；城乡居民收入增长与经济发展同步，基本公共服务水平接近或达到中西部地区平均水平。

第二步，到2020年，赣南等原中央苏区整体实现跨越式发展。现代综合交通运输体系和能源保障体系基本形成；现代产业体系基本建立，工业化、城镇化水平进一步提高；综合经济实力显著增强，人均主要经济指标与全国平均水平的差距明显缩小；人民生活水平和质量进一步提升，基本公共服务水平接近或达到全国平均水平，与全国同步实现全面建成小康社会目标。

《若干意见》设定的发展目标，具有很强的针对性、操作性和前瞻性，是实现赣南等原中央苏区振兴发展的标杆。《若干意见》提出的发展目标涵盖了民生建设、基础设施建设、产业建设、生态建设和环境保护、基本公共服务体系建设等多重领域，最关键、最根本的是全面建成小康社会。赣南苏区贫困面大，贫困程度深，以现有的发展基础和条件，难以与全国一道同步全面建成小康社会，但在国家的特殊支持和大力扶持下，又完全能够实现。当前，就是要大力推进加快发展、转型发展、跨越发展，加快建设创业、宜居、平安、生态、幸福赣州，努力实现"一年一变样、三年大变样、五年上台阶、八年大跨越"，确保与全国同步全面建成小康社会。

三　优先解决突出民生问题，
凝聚振兴发展民心民力

9.《若干意见》为什么把解决好民生问题作为振兴发展的首要任务？

在原中央苏区范围内，赣南既具有特殊地位，又面临特殊困难。目前，全市仍有贫困人口 215.5 万人，贫困发生率达 29.9%，高出全国平均水平 16.5 个百分点，是全国较大的集中连片特殊困难地区。由于战争创伤、自然地理等多种原因，赣南地区经济社会发展明显滞后，与很多地区相比，基础设施薄弱、产业结构单一、生态环境脆弱，不少群众住在危旧土坯房里，喝不上干净水，不能正常用电，一些红军和革命烈士后代生活依然困窘。民生问题突出，人民群众生产生活保障条件差、水平低，既是后发展、欠发达状况突出表现，也是影响凝聚民心民力、加速追赶跨越的制约因素。坚持民生优先，改变赣南等原中央苏区贫困落后的面貌，让人民群众过上富裕幸福生活，是振兴发展的根本目的。《若干意见》把解决好民生问题作为振兴发展的首要任务，强调要加大资金投入，集中力量尽快解决赣南等原中央苏区以土坯房为主的农村危旧房改造、农村饮水安全、农村电网改造和农村道路建设、特殊困难对象生活等突出民生问题，并率先解决赣南苏区最突出的民生问题。这既有利于尽快改变赣南苏区贫困落后面貌，确保与全国同步实现全面建成小康社会目标；也有利于广泛凝聚苏区人民振兴发展的民心民力，促进和谐社会建设。

10. 赣州怎样加大以土坯房为主的农村危旧房改造力度？

目前，赣南苏区有 171 万多户农民生活在农村，由于大多数乡（镇）、村交通区位差、经济发展落后、农民收入水平低，仍有 69.5 万户农民住的还是土坯房，占农村总户数的 40.6%。赣南苏区农村土坯房数量多，分布广，建筑年代久远，涉及贫困人口和特殊群体多。加之建筑成本高、补助标准低等因素，导致农村土坯房改造任务非常艰巨。《若干意见》提出，要"加大对赣南等原中央苏区农村危旧土坯房改造支持力度，重点支持赣州市加快完成改造任务。适应城镇化趋势，结合新农村建设，积极探索创新土坯房改造方式。大力支持保障性住房建设，加大对赣州市城市棚户区改造支持力度，加快国有工矿棚户区和国有农林场危房改造，'十二五'末基本完成改造任务"。《若干意见》把"加大以土坯房为主的农村危房改造力度"置于解决突出民生问题的首位，让赣南苏区人民在振兴发展中早受益、广受益。

推进农村危旧土坯房改造，涉及千家万户，关系子孙后代，是贯彻《若干意见》、解决赣州突出民生问题的重要切入点，是重大的民心工程和德政工程，是推进赣南苏区振兴发展开局的一件大事。赣州将按照中央和省的工作部署与要求，结合赣州实际，重点实施"农村危旧土坯房改造三年计划"，完善政策支持，科学规划选址，控制建筑成本，确保建设质量，确保 2015 年全面完成 69.5 万户农村危旧土坯房改造任务。一是科学确立土坯房改造原则。坚持"因地制宜、科学规划，政府主导、农民主体，一户一宅、节约用地，分类分批、统筹推进，规范程序、阳光操作"。二是积极探索土坯房改造方式。鼓励各地根据实际创新改造模式，结合新型城镇化、新农村建设和统筹城乡发展，协同推进深山库区移民、地质灾害移民，同步协调农村饮水、电网、道路等基础设施及文化、教育、卫生等公共服务设施建设。采取拆旧建新（包括集中新建、分散新建、乡村统建、盘活置换），维修加固和奖励拆旧、引农入城等农村危旧土坯房改造方式。三是合理确定土坯房改造补助标准。分为拆旧建新和修缮加固两类：新建房屋的补助标准是，在乡退伍红军老战士、红军失散人员及革命烈士的遗孀危旧房改造，上犹江库区符合危旧土坯房改造条件的"水上漂"及"双渡"农户建房，每户补助 4 万元；分散供养五保户、低保户、贫困残疾人，"两红"人员及革命烈士的子女家庭危旧房改造，每户补助 2 万元；其他列入改造范围的 D 级危旧土坯房改造，每户补助 1.5 万元。修缮加固房屋的补助标准是每户补助 3000 元。四是加强资金筹措。积极争取落实农民建房中央、省财政补助资金，补助标准范围内的不足部分由市、县（市、区）财政按1∶1比例配套。对享受建房补助后仍然资金不足的困难群众，经县（市、区）、赣州开发区审核批准，可采取联户担保等形式，向银行申请5万元以内的农村危旧土坯房改造贷款，市、县（市、区）财政按照基准贷款利率给予为期两年的贷款贴息，市、县（市、区）各负担40%，借款人负担20%。

11. 赣州怎样加快解决农村饮水安全问题？

饮水安全是指既要有水喝，又要喝上安全卫生水。赣南苏区农村饮水安全不容乐观。由于氟、砷超标，苦咸水及其他水质污染，较多地方存在饮用水水质不达标的问题。据调查，赣南苏区地表水综合评价合格率仅为30.07%，地下水综合评价合格率仅为40.24%。目前还有224万农村人口的饮水安全问题没有得到解决。《若干意见》提出要"加大农村安全饮水工程实施力度，2014年底前解决赣州市农村饮水安全问题，'十二五'末全面完成赣南等原中央苏区农村居民饮水安全任务"。《若干意见》把"加快解决农村饮水安全问题"作为突出的民生问题予以支持和扶助，将使赣州224万农村人口的饮水安全问题尽快得到彻底解决。赣州将认真贯彻落实各项政策措施，一是加大农村安全饮用水工程实施力度。按照《加快推进全市"双安工程"建设实施意见》的要求，2012年解决99万、2013年解决125万农村人口的饮水安全问题。二是改善农村供水方式，积极推进有条件的农村地区发展规模化集中供水，鼓励城镇供水管网向农村延伸。三是建立健全农村水质安全监测系统，认真做好农村饮用水卫生监督检查工作。

12. 赣州怎样加快农村电网改造升级？

赣南苏区农村电网形成于20世纪五六十年代，供电区域覆盖18个县（市、区），供电面积近3.9万平方公里，供电户数约237万户，是江西省覆盖面积最大的农村电网。由于赣南苏区地域面积大，地势多为山区，农村电网基础仍较薄弱，农网110千伏布点不足，主变容量不足，供电可靠性低。35

千伏及以下网络基础薄弱，设备老旧，供电可靠性差。赣南苏区 283 个乡镇只有 182 座 35 千伏变电站，覆盖率为 64%，其中有 45 座为单线单变供电。低压线路普遍线径小，供电半径大，安全隐患较多。为此，《若干意见》提出"加快推进赣南等原中央苏区新一轮农村电网改造升级，到'十二五'末建立起安全可靠、节能环保、技术先进、管理规范的新型农村电网。支持赣州市农村电网改造升级工程建设，电网企业加大投入，2013 年底前全面解决赣州市部分农村不通电和低电压问题"，对于迅速改善赣南苏区农村地区生产生活条件具有重要促进作用。赣州将以此为契机，按照"统一规划、分步实施，因地制宜、突出重点，经济合理、先进适用，深化改革、加强管理"的原则，全面推进农村电网改造升级。一是在 2012 年内完成未与大电网联网采用其他供电方式用电或无电居民户的供电问题；二是用 1 年时间力争解决改造面不足 100%、农村供电不足和电压不稳等问题，提高农村生产生活用电正常率；三是逐年完善电网骨干网架，全面提升供电能力和安全可靠水平。

13. 赣州怎样加强农村道路建设？

农村道路即农村公路，包括县道、乡道和村道。截至 2010 年底，赣南苏区农村公路总里程为 22857.717 公里（农村公路电子地图数据），其中水泥（油）路 13247.329 公里，占 58%，未硬化公路 9610.388 公里，占 42%。由于赣南苏区区域面积辽阔，山地丘陵河流较多，村庄极其分散，造成农村道路建设任务特别繁重。一是仍有 1.85 万个村民小组、2.33 万个自然村不通公路，有 206 个乡镇没有客运站、541 个行政村不通客运班车。二是技术等级低、安全隐患多，特别是公路危桥多。三是造价高、补助低、负债重。为此，《若干意见》提出"实施农村公路危桥改造，推进县乡道改造和连通工程，进一步提高农村公路的等级标准和通达深度"。赣州计划在"十二五"期间完成 4000 公里县至乡公路改造和 683 座农村公路上的危桥改造；按三级公路标准完成 8000 公里乡村公路改造建设，并稳步推进通自然村、农垦区、林区、农业产业区、农产品园区等道路建设；完善农村公路网，实现"村村通班车"。赣南苏区农村公路建设存在的困难和问题，将随着《若干意见》实施得到有效解决。

14. 如何提高"特殊困难群体"的生活水平？

目前，赣南苏区还有众多特殊困难群体，现有各类优抚对象 50 多万人，其中重点优抚对象 5.7 万余人。全市共有革命烈士、"两红"人员、在乡老复员军人及其遗属遗孀 104477 人，其中享受国家抚恤补助待遇的 7388 人，占总数的 7%；没有享受国家抚恤补助待遇的 97089 人，占总数的 93%，他们普遍存在生活、住房、医疗等困难。提高这些特殊群体的生活水平，一直是赣南苏区各级党委政府致力做好的民生工程。《若干意见》明确提出"将居住在农村和城镇无工作单位、18 周岁之前没有享受过定期抚恤金待遇且年满 60 周岁的烈士子女，以及试行义务兵役制后至《退役士兵安置条例》实施前入伍、年龄在 60 周岁以上（含 60 周岁）、未享受到国家定期抚恤补助的农村籍退役士兵等人员纳入抚恤补助范围，落实相关待遇。积极研究在乡退伍红军老战士、失散红军等人员遗孀定期生活补助政策。支持解决上述特殊困难对象中孤老病残优抚对象的集中供养问题。帮助残疾人改善生活条件"。充分体现了党中央、国务院对赣南苏区人民的关怀。赣州将积极落实各项政策，认真解决赣南苏区"三种特殊对象"的基本生活困难，使"三种特殊对象"的生活保障、住房水平、医疗服务水平得到大幅度提高，生活质量得到明显改善，幸福指数得到明显提升。

四 大力夯实农业基础，促进城乡统筹发展

15. 赣州农业发展的现状及存在的问题是什么？

近年来，赣州突出发展现代农业，用工业的理念谋划农业，农业农村经济保持平稳较快发展。目前，全市有省级以上农业龙头企业47家（其中国家级龙头企业3家），各类农民专业合作社2174家。赣南脐橙、兴国灰鹅、宁都黄鸡、兴国红鲤鱼等9个产品获得农产品地理标志；注册省著名商标50个、国家驰名商标（中国名牌产品）3个。建有万头猪场54个、生态畜牧小区234个，出口农业企业18家，产品涉及生猪、米制品、烤鳗、鲜鳗、螺旋藻等。其中年供港生猪量达15万头；鳗鱼出口量占全省40%以上。饲料总产达235万吨，占全省1/2强。

当前赣州农业发展还存在不少问题：一是农业主导产业不强、特色产业规模不大。赣南脐橙、生猪等现代产业体系还不健全，产业波动风险较大，防病减灾、仓储物流、加工配套、市场开拓、品质监管等能力亟待加强。千亩以上连片蔬菜基地少；花卉苗木及茶叶产业规模小且零星分散。二是产业化水平较低，辐射带动能力不强。至今没有1家上市农业龙头企业，加工企业产业链条较短，农产品精深加工比例较低。乡镇农民专业合作社数量少、规模小。三是农业服务体系不健全，从业人员素质低。县、乡两级农业科技人员初级及没有职称的占85%以上。从事农业的劳动力中40岁以上人口超过一半、高中以下文化程度占近90%、妇女占一半以上，劳动力老龄化、低文化、女性化的矛盾日益突出。

16. 《若干意见》关于稳定发展粮食生产的政策措施有哪些？

《若干意见》重点提出了6个方面稳定发展粮食生产的政策措施：一是加

强粮食生产重大工程建设。大力推进农业综合开发、高标准农田整治和农田水利设施建设，增加土地复垦和中低产田改造的投入，实施土地整治重大工程、沃土工程和测土配方施肥工程，不断提高粮食综合生产能力。二是稳定粮食播种面积。通过严格基本农田保护、推进水稻"单改双"，有效缓解耕地资源不足的矛盾，进一步稳定粮食种植面积。三是加快良种繁育体系建设。以建设标准化、规模化、集约化、机械化良种繁育基地为重点，大力发展现代种业，破除赣南苏区粮食种业生产总量不足、种子对外依存度较大的问题。四是扩大良种补贴范围。扩大种粮农民直接补贴、农资综合补贴规模，让种粮农民得到更多实惠，切实保护农民发展粮食生产的积极性。五是提高农业机械化水平。将适宜丘陵山区的中小型农机具纳入农机购置补贴范围，促进提高赣南苏区农业机械化水平和农业生产效率。六是加快农业科技服务体系建设。促进赣南苏区在农业科研和推广体系、农产品和食品质量安全体系、农业信息体系等当前亟需建设的领域率先突破，打破小规模分散兼业农户与农业科技服务低水平均衡，提升赣南苏区农业发展能力。

17. 如何进一步提高赣南脐橙产业水平？

《若干意见》明确了扶持赣南脐橙产业发展的政策措施：做强脐橙产业，加快脐橙品种选育和改良，推进标准化、有机果园建设，支持贮藏、加工、物流设施建设。积极推进国家脐橙工程（技术）研究中心建设，研究建立脐橙交易中心。对脐橙实行柑橘苗木补贴政策和"西果东送"政策。根据《若干意见》要求，赣州将重点在以下方面下工夫：一是扶持建立"保护一批、筛选一批、试验一批、推广一批"的赣南脐橙良种繁育体系，到 2015 年形成年产 500 万株以上脐橙脱毒良种繁育能力，扶持培育具有自主知识产权的脐橙主栽品种。二是推广实施《地理标志产品——赣南脐橙》国家标准，打造一批精品型、效益型、生态型标准脐橙园。三是大力推广脐橙标准贮藏库建设，加快橙汁等脐橙系列产品精深加工，完善赣南脐橙市场营销体系，加强物流设施建设配套，满足未来几年赣南脐橙大量增产带来的贮藏、加工和销售需求。四是以"中国赣南脐橙研究院"为依托，建设国家脐橙工程（技术）研究中心，打造产业高技术研发平台,为产业发展提供技术支持和保障。五是建立具备现货交易、仓储配送、电子交易、价格形成、信息发布和展示展销等功能的国家级赣南脐橙批发市场。六是对农民种植脐橙所需苗木进行补贴,缓解果农开发脐橙园前期资金投入大的问题。七是支持龙头企业在产地建设脐橙贮藏设施,在运输过程中发展冷链物流,在主销地设立直销窗口等,促进赣南脐橙的销售流通。通过以上扶持措施,将赣南脐橙打造成为品质世界最优、产业规模世界最大、产业综合竞争力世界最强、具有国际影响力和市场话语权的富民强市产业。

18. 为什么要建设国家脐橙工程(技术)研究中心?

赣南脐橙是赣南苏区充分发挥当地得天独厚的气候、山地和区位等资源优势,经过历届党委、政府几十年来的常抓不懈,广大果农艰苦奋斗发展起来的特色优势产业,在世界柑橘发展史上产生了重大而深远的影响。赣南脐橙产业虽然得到了长足发展,但与美国、西班牙等脐橙主产区相比还有较大差距,存在结构不合理、生产成本高、产业化水平低等关键问题。为进一步做强脐橙产业,把赣州建设成为种植规模世界最大、果品品质世界一流、技术标准国际领先、营销网络覆盖全球、品牌效应世界闻名的脐橙产业基地,需要建立一个高水平的科技支撑平台,以确保产业的健康可持续发展。

建设国家脐橙工程(技术)研究中心,能够满足赣南脐橙乃至我国脐橙产业发展对工程技术的需求,增强技术服务能力,促进科技成果的转化和推广应用,实现产业发展、技术开发和人才建设的良性循环和发展。赣州将按照管理体制顺、平台建设起点高、专业设置功能全、人才配备力量强、运行模式活的思路,加快建设国家脐橙工程(技术)研究中心,打造中国高水平的脐橙工程技术研发平台,为我国脐橙产业发展提供技术支撑和保障。

19. 为什么要建立脐橙交易中心?

赣南脐橙以其优良的果品质量,受到国内外专家的高度赞誉,深受广大消费者的青睐。2011年种植总面积达174万亩，总产量达133万吨。预计到"十二五"末，产量可达300万吨，将位居世界第一。产量快速递增凸现出巨大的市场销售压力和风险。一是贮藏加工建设滞后。赣州现有标准贮藏库库容20万吨，缺口68万吨，至"十二五"末缺口将达180万吨。果品精深加工不成规模，大量非规格果品直接进入市场，拉低并冲击规格果品的价格。二是市场营销方式单一。主要依靠"上门收购、上市推销"的单一手段，快速、便捷的现代营销模式还未形成。三是小生产与大市场矛盾突出。赣南脐橙90%以上的果园都是农民一家一户开发经营，产业组织化程度低。作为世界最大的脐橙主产区，建立一个集果品批发销售、贮藏保鲜、信息发布、配套服务于一体的专业交易中心，对于赣州构建现代营销平台、搞活脐橙流通、做大做强脐橙产业具有十分重要的意义。

建立脐橙交易中心，重点是建设一个具备现货交易、仓储配送、电子交易、价格形成、信息发布和展示展销等功能的国家级赣南脐橙批发市场，打造世界脐橙的价格形成中心、交易集散中心、信息传播中心和会展贸易中心。

20. 什么是柑橘苗木补贴政策和"西果东送"政策？

柑橘苗木补贴政策是指由国家财政出资，采购无病毒感染、品种纯正、生长健壮、成活率高的柑橘良种苗木，提供给农民种植。实行柑橘苗木补贴政策，可有效缓解脐橙果园开发前期资金投入压力大的问题，还可促进调整品种结构，解决赣南脐橙早熟、晚熟品种少，中熟品种过于集中的突出矛盾，促进赣南脐橙产业发展壮大。

"西果东送"政策是国家继"南菜北运"之后，为缓解西部地区水果等大宗农产品"卖难"问题而组织实施的现代流通综合工程，由国家商务部提出并组织实施。目前国家商务部在新疆和江西赣州进行"西果东送"试点。按照试点方案，每年财政部将下拨专项资金，支持从事"西果东送"的产地、销地流通企业，农民专业合作社，信息化服务支撑单位，物流调运企业加快基础设施建设；国家相关部门加大铁路、航空、信贷等政策支持力度，加开"西果东送"运输专列；地方政府要在规划、用地、用水、用电、税收、资金等方面配套出台优惠政策，支持实施"西果东送"工程。实施"西果东送"政策，重点是支持龙头企业在产地建设脐橙贮藏设施，在运输过程中发展冷链物流，在主销地设立直销窗口等。"西果东送"政策的实施，将加快建设完善赣南脐橙市场体系，推动赣南脐橙种植、仓储、物流、销售等产业化发展。

21. 赣州怎样加快油茶产业发展？

发展油茶产业能带来良好的生态、经济和社会效益。近年来，为加快油茶产业发展，壮大农村经济，赣州把油茶产业列为六大农业主导产业之一，大余、南康、龙南、定南、全南、安远、寻乌等 7 个县（市）已列为国家级油茶产业示范基地县。目前，全市油茶面积达 189 万亩，油茶林基地和茶油加工龙头企业 6 家。油茶加工除精炼茶油外，还进行茶皂素、洗发精、生物肥料等深加工。

赣州将通过进一步争取国家扶持，逐步将国家油茶示范基地建设县市扩大至 17 个县（市），在以下五个方面推进油茶产业发展：一是紧密结合实际，科学制定油茶产业发展规划。二是加快建立一批适宜赣南发展的油茶优良无性系高标准采穗圃、繁殖圃，加快油茶良种的扩繁能力，尽快建立形成保障油茶产业发展的良种支撑体系。三是实施新造高产油茶林和改造低产油茶林项目，全面推进油茶原料林基地建设。到 2016 年，力争油茶面积达到 260 万亩，建成高产油茶林 175 万亩，平均亩产油茶提高至 15 公斤以上。四是加大对油茶产业加工、营销的扶持力度，大力发展精炼油茶加工及系列产品开发的龙头加工企业，全市油茶相关企业年加工能力达到 10 万吨以上。五是加强科技支撑体系建设，为油茶产业发展提供全过程、全方位科技支撑。通过以上措施，基本实现全市油茶产业资源培育基地化、经营管理集约化、产品开发销售一体化，促进油茶产业健康可持续发展。

22. 研究开展脐橙、蜜桔、白莲保险有何重要作用？

政策性农业保险是政府支持农业发展的重要举措，也是解决"三农"问题的重要手段。《若干意见》提出"研究开展脐橙、蜜桔、白莲保险。"脐橙、蜜桔、白莲是赣南苏区的优势特色产业，产业发展势头好，面积大、效益高，对赣南农民增收发挥了重要作用。但这些产业的发展也遭受自然灾害的严重影响，每年都给农民造成一定的经济损失。赣南苏区将重点争取国家将脐橙纳入农业政策性保险目录，提高财政补贴比例，扩大保险范畴，由单一的冻害保险扩大到较大的自然灾害保险、病虫害灾害保险，以及增加果品贮藏、果品流通等环节的保险。同时，积极推进蜜桔、白莲保险业务。通过争取实施脐橙、蜜桔、白莲保险，进一步增强产业防灾减灾能力，保护农民生产积极性，促进产业发展，增加农民收入。

23. 赣州如何建设国家现代农业示范区？

国家现代农业示范区是以现代科学技术和物质装备为支撑，采用现代经营管理方式的可持续发展的现代农业示范区域，具有产业布局合理、组织方式先进、资源利用高效、供给保障安全、综合效益显著的特征。赣州具有创建国家现代农业示范区的优势和条件，区位优势明显、发展基础较好、发展空间巨大等。目前，赣县、南康、宁都、安远、上犹、会昌、大余、兴国等县（市）已相继开展现代农业示范区建设工作。2010 年，赣县、南康、宁都 3 个现代农业示范区已列为省级示范区。2012 年初，赣县现代农业示范区被列为第二批国家现代农业示范区。

《若干意见》提出"支持赣州、吉安、抚州等市建设国家现代农业示范区"。赣州将结合产业发展现状，重点争取建设以脐橙为主的国家现代农业示范区，加快引进一批国际国内农业龙头企业落户示范区，争取国家农业科研院校（所）到示范区建设科技成果转化试验基地，推动企业集群、产业集聚，以示范促发展，提升现代农业发展水平。通过推进国家现代农业示范区建设，把赣州农业示范场（园、片）打造成现代农业生产与新型农业产业培育的样板区、农业科技成果和现代农业装备应用的展示区、农业功能拓展的先行区和农民接受新知识新技术的培训基地。

24. 推动公共服务向农村拓展的重点是什么？

公共服务，是 21 世纪公共行政和政府改革的核心理念，包括加强城乡公共设施建设，发展教育、科技、文化、卫生、体育等公共事业，为社会公众参与社会经济、政治、文化活动等提供保障。赣州推动公共服务向农村拓展重点包括以下几方面：一是基础设施体系。人畜饮水安全、农村道路、供电、供水、邮政通信等乡村公益性基础设施。农田水利设施、防灾设施及服务。二是公共教育体系。建立城乡统一、均衡发展的义务教育体制，高质量普及九年义务教育，加快学前教育普及，推进教育均衡发展。大力发展农村职业教育和成人教育，加强农民工培训，提高农村劳动者素质及劳动技能，增强农村劳动者就业竞争力。三是公共医疗卫生体系。全面加强农村疾病预防控制、应急救治、妇幼保健等公共卫生服务。实现县县有标准化综合医院、乡乡有规范化卫生院、村村有合格卫生室，确保农民享有基本医疗卫生服务。全面实行新型农村合作医疗制度，建立覆盖城乡居民的基本医疗保障体系。四是公共文化体系。建立和完善农村公共文化服务网络，加强农村基层群众体育设施建设，着力解决收听、收看广播电视难、看书难、看电影难等问题，维护广大人民群众基本文化权益。五是社会保障体系。建立农村居民最低生活保障制度、农村养老机制、失地农民保障、特困救助以及五保户供养、农村特困家庭子女教育救助体系等。六是环境治理体系。加强乡村环境治理，发展农村沼气，改善群众生活环境等。

25. 赣州怎样推进农村劳动力转移和农民创业？

解决好农民工就业创业问题，是事关城乡统筹发展、社会和谐稳定大局的当务之急和长远战略。长期以来，赣南苏区始终处于劳动力资源总量多、就业压力大的状况。目前，劳动力总量已达 525.6 万人，农村劳动力外出就业 199 万人，大量劳动力外出就业。近年来，赣南苏区回乡创业农民工人群数量庞大，尽管建立了若干个农民创业基地，但由于政府投入不足、政策扶持力度小，农民创业基地普遍存在规模小、承载能力弱等问题。

《若干意见》提出"强化农村劳动力转移就业和创业能力培训，鼓励外出农民工回乡创业，建设农民创业基地"，对赣南苏区完善和落实更加积极的农民就业创业政策，提高就业创业质量，努力实现充分就业，具有重要的促进作用。赣南苏区将积极创建国家级创业型城市，争取中央专项资金支持，2015年底前建设20个创业孵化基地。同时，争取将赣州全域列入国家基层就业和社会保障服务设施试点项目范围，并争取依托赣州技师学院建设国家级综合性职业技能培训基地，加强瑞金、龙南综合性职业技能实训基地建设，强化对农村劳动力转移就业培训和技能提升培训，为赣南苏区产业发展培养素质高、复合型的技能人才。

26. 赣州如何开展统筹城乡发展综合改革试验？

赣州开展统筹城乡发展综合改革试验，就是要打破城乡分割，加速城镇和农村统筹规划建设，推动城镇道路、供水、生态、环保等基础设施向农村延伸，公共服务、社会保障向农村拓展，引导农民和农村非农产业逐步有序向城镇和中心村集中，促进城乡产业发展、基础设施、公共服务、社会保障联动建设和协调发展。一是规划建设一批统筹城乡发展示范区。按照山、水、田、林、路，村镇、产业、文化、生态、旅游有机融合的要求，科学规划示范区。在示范区内综合考虑人口密度、城乡体系、产业基础、人文环境等因素，因地制宜，有选择地规划工业集聚区、现代农业园区、农民美好家园、乡村休闲观光区、农民创业园区、物流产业园区、农产品加工园区、特色商业街区、文化教育园区以及新市民聚居区等。二是创新城乡一体化的政策和机制。围绕"功能布局专业化、产业发展园区化、人口居住组团化、社会管理社区化、农民财产资本化、基础设施一体化、公共服务均等化、就业收入多元化"等"八化"目标创新体制机制，重点探索推进农村产权制度、公共服务制度、社会保障制度、户籍管理制度和财政支持投入机制等改革，实现"人口向社区集中、产业向园区集中、农业要素向能手集中、公共服务向建成区集中"，加快推动城乡发展一体化。

五 加快基础设施建设，增强
振兴发展支撑能力

27. 制约赣州加快发展的基础设施瓶颈主要有哪些？

当前制约赣州加快发展的基础设施瓶颈主要体现在交通、能源、水利三方面。

一是交通建设严重滞后。铁路设计等级低、运输能力弱，京九干线运力饱和，大部分区段能力利用率已达100%，赣州火车站始发列车只有3趟，至今没有南下的始发列车。尚有2个县未通高速公路，国省道干线等级低、路况差，等外路仍占29%。农村道路建成标准普遍偏低，安全隐患多，有12000多公里的乡村道路需要改造和硬化，有206个乡镇没有客运站。赣州机场只为4C级，通航能力几近饱和且航线数量少，已无法满足目前进出港需求。航道等级低，通航能力差，赣江黄金水运通道三级通航只能到吉安市的万安县，赣江水运潜力未能发挥。

二是能源保障矛盾突出。大型电源支撑点少。境内仅有华能瑞金电厂一期装机70万千瓦，其他小水电装机容量小、布局分散且无调节能力，枯水期电力供需矛盾异常突出。电网结构薄弱，受电能力和变电容量严重不足。赣南电网处于江西电网末端，220千伏、110千伏网架覆盖面不够，变电站分布不均衡，通达性、安全性和可靠性未能有效保障。油气供应能力不足。成品油目前主要依靠铁路运输，受季节性因素和铁路运输紧张因素影响，成品油供应吃紧。

三是水利设施建设落后。病险水库山塘多，堤坝防洪标准低，大多数县城处于不设防状态，农田水利灌溉工程和农村饮水工程等民生水利建设明显滞后。全市1004座水库中有701座亟待除险加固；灌溉用水利用率不到45%。全市18.9%的农田没有灌溉设施或配套设施不全，抗旱能力不足，仍属"望天田"。

28. 为什么提出建设赣州区域性综合交通枢纽？

赣南经济社会发展的兴衰与交通条件紧密相连。唐宋时期，依托赣江这条沟通中原和岭南的黄金水道，赣南是"海上丝绸之路"的主要陆路通道，赣州成为全国36大城市之一。鼎盛的明清时期，赣南"商贾云集，货物如雨"，被誉为"北望中州，南抚百越"的"岭北大郡"。赣南因交通而兴，又因交通而衰。随着海运和京广线开通，赣南失去沟通南北的交通优势，成为一个远离主要交通干线的偏僻封闭地区。直到上个世纪末，随着京九铁路和赣粤高速公路的通车，赣南综合交通条件才有所改善，赣南的经济发展也呈现加速之势。但随着武广高铁通车，赣州再次陷入交通的"劣势"，人流、物流耗时较长、成本较高。虽然拥有铁路、高速公路、航空等多种运输方式，但缺乏高铁、大吨位水运等运输方式，运输能力有限，跨省区综合交通运输建设整体上没有形成网络效应。实现赣南苏区振兴发展，必须大力发展交通。

赣州建设区域性综合交通枢纽既符合实际，又切实可行。首先，从区位优势看，赣州完全具备建设区域性综合交通枢纽的条件。赣州是连接江西、广东、福建、湖南四省的枢纽城市，地处我国长三角、珠三角和海西经济板块的交通要道，与南昌、厦门、广州、深圳、长沙等特大城市距离均为400～500公里，是这一区域的几何中心，接受经济辐射集中，具有建设区域性综合交通枢纽的条件和优势。其次，从现实基础来看，赣南综合交通体系已初具规模。经过近十年的发展，交通基础设施条件得到极大改善。京九、赣龙等铁路通道交会于赣州，赣韶铁路在建，大广、厦蓉、济广、石吉高速公路已建成通车。2011年全市铁路总里程达到364公里，公路通车里程2.6万公里，高速公路通车里程808公里，赣州4C级机场已开通北京、上海、广州、厦门、南昌、深圳、南京、重庆等航线。下一步，随着昌吉赣客运专线开工并延伸至深圳、赣龙铁路扩能改造、鹰瑞梅铁路、赣韶复线、赣井铁路、赣州至郴州铁路等规划建设，以及大广高速改造扩容、兴国至赣县等相继开工，赣州完全可以形成贯通东西、连接南北的区域性综合交通枢纽。

29. 赣州如何加快区域性综合交通枢纽建设？

围绕建设赣州综合交通枢纽，《若干意见》明确了三项重点举措：

一是编制赣州市综合交通枢纽规划。建设"赣州综合交通枢纽"，规划要先行。在充分研究赣州目前交通状况的基础上，科学编制赣州市综合交通枢纽规划，加快构建综合交通运输体系，加强与周边城市和沿海港口城市的高效连接，把赣州建成我国重要的区域性综合交通枢纽，着力破解赣州交通的瓶颈制约。

二是提升赣州在全国铁路网中的地位和作用。通过实施一批重大铁路设施建设项目，加快赣（州）龙（岩）铁路扩能改造，建设昌（南昌）吉（安）赣（州）铁路客运专线，规划研究赣州至深圳铁路客运专线和赣州至韶关铁路复线，打通赣州至珠三角、粤东沿海、厦漳泉地区的快速铁路通道，加快赣（州）井（冈山）铁路前期工作，加强赣州至湖南、广东、福建等周边省份铁路运输通道的规划研究，着力提升赣州在全国铁路网中的地位和作用，为建设"综合交通枢纽"奠定扎实基础。

三是推进赣州机场和水运建设。改造扩建赣州黄金机场，研究建设航空口岸，适时将赣州黄金机场列为两岸空中直航航点。充分开发利用赣江水运资源，加快赣江航道建设，结合梯级开发实现赣州—吉安—峡江三级通航，加快建设赣州港。

随着《若干意见》的贯彻落实，未来几年将是赣州交通发展机遇最好、投入最多的时期。着眼于优化交通网络布局，强化项目工作，加大资金投入，切实提高路网密度，提升线路等级，不断完善铁路、高速公路、航空、水运等多种运输方式，构筑布局协调、衔接顺畅、优势互补、四通八达的现代化立体交通网络和综合运输体系，真正把赣州建设成为区域性综合交通枢纽。

30. 什么是昌吉赣铁路客运专线？

昌吉赣铁路客运专线项目已纳入全国铁路"十二五"发展规划，是京九客运专线的重要组成部分，项目将北接昌九城际，南接规划中的赣深客专，是纵贯江西省南北的交通主动脉，与沪昆客运专线相交，构成江西省"十"字形的高速铁路主骨架，形成环鄱阳湖经济区、赣南苏区通达珠三角经济区和长三角经济区的快速客运通道。项目按国铁Ⅰ级、双线、电气化标准建设，速度目标值 350km/h，线路总长约 400 公里，赣州境内约 100 公里，拟经过章贡区、兴国、赣县。《若干意见》的出台将推动昌吉赣客专铁路前期工作，有望 2013 年底开工建设，2017 年竣工并投入运营。

31. 未来几年赣州公路建设的重点是什么？

根据《若干意见》精神，未来几年赣州公路建设的重点是：

一是完善高速公路网络。推进大庆—广州高速公路赣州繁忙路段实施扩容改造工程，规划建设兴国—赣县、寻乌—全南、乐安—宁都—于都等高速公路，切实提高赣州现有高速公路通行能力，加密区域内县与县之间高速路网。

二是加大国省道干线公路改造力度。从 2013 年起利用 5 年时间完成赣州国省道建设改造 2350 公里，重点推进通县二级公路建设，力争县县通国道。

三是加快推进国家公路运输枢纽站场建设。加快建设完成梅林汽车客运站、长途客运中心站、章江新城汽车客运站、综合客运枢纽站、南康市汽车客运总站等 5 个一级汽车客运站以及红金物流中心、沙河物流中心、水西物流中心、开发区物流中心、赣州综合物流园区、南康市家具物流园区等 6 个公路货运站。

32. 如何提高赣州能源保障能力？

《若干意见》从发电能力建设、电力通道建设以及提高石油、煤炭、天然气保障能力等方面，对赣州提出了一系列支持措施。

一是加强支撑能源点建设，提高能源供给能力。立足区域电力供给现状，研究论证瑞金电厂扩建项目和发展风电、太阳能、生物质能发电，大力改善赣南苏区电源点布局和电网结构，提高区域供电能力，缓解能源紧张状况，为赣南苏区振兴发展提供有力的能源保障。

二是推进重要电力通道建设，提高电网保障能力。建设赣州东（红都）500千伏输变电工程和抚州至赣州东（红都）500千伏线路，打通赣南苏区第二条与省网相联的500千伏电力输入通道，加强与江西省主网的联系，大幅提升赣州电网、东部电网供电能力。提高县网供电保障能力，建设石城、崇义、安远等县220千伏变电站，完善电网结构，满足石城、崇义、安远等县经济社会发展对电力的增长需求。

三是提高赣南苏区油气煤综合供应保障能力。推进中石化樟树—吉安—赣州、泉州—赣州、揭阳—梅州—赣州等成品油管道建设。依托蒙西至华中电煤运输通道建设，解决赣州地区煤运问题。支持建设赣州天然气及成品油仓储基地。解决赣南苏区石油、天然气、煤炭等能源的供应、运输、仓储等瓶颈制约问题，着力改善赣南苏区能源结构并提升能源安全。

33. 《若干意见》在电网建设方面给予了赣州什么特殊优惠政策？

《若干意见》明确提出："取消赣州市220千伏、110千伏输变电工程建设贷款地方财政贴息等配套费用。"此前，根据国家电网公司和江西省人民政府签署的《关于共同推进江西电网建设和发展的会谈纪要》及江西省人民政府办公厅印发的《关于加快江西省电网建设若干意见的通知》精神，江西省新建的220千伏、110千伏输变电工程建设贷款由地方政府负责贴息，新建的220千伏输变电工程变电部分贴息两年，新建的110千伏输变电工程贴息三年。《若干意见》提出的取消赣州市220千伏、110千伏输变电工程建设贷款地方财政贴息等配套费用的政策，将为赣州市及所属县级地方政府减轻财政负担。赣州将根据《若干意见》精神，积极落实做好取消赣州市220千伏、110千伏输变电工程建设贷款地方财政贴息工作，确保用好用足优惠政策。

34. 《若干意见》在加快水利基础设施建设方面提出了什么政策措施？

《若干意见》对加快赣南水利基础设施建设提出了7个方面的政策措施：一是加大支持力度，加快实施城镇防洪工程建设，提高赣州城镇防洪标准。二是开展上犹江引水等水资源配置工程和大型水利枢纽前期工作。三是加快章江等大型灌区续建配套与节水改造，尽快完成病险水库除险加固。四是加快中小河流治理。五是逐步扩大赣南苏区小型农田水利重点县建设覆盖面。六是将一般中小型灌区新建、续建配套及节水改造、中小型排涝泵站更新改造以及小水窖、小水池、小塘坝、小泵站、小水渠等"五小"水利工程纳入中央支持范围。七是建立山洪地质灾害监测预警预报体系。《若干意见》提出的一系列支持政策，对于改变赣南苏区水利建设落后状况，改善生态环境，打牢现代农业发展基础，具有十分明显的促进作用。

35. 为什么要加快实施城镇防洪工程建设？

城镇防洪工程是保障当地城镇防洪安全的重要工程。赣州地处南方丘陵山区，洪水频繁，所辖的18个县（市、区）中，有16个县城驻地均分布在赣江水系的干流与主要支流两岸，有2个县城驻地分布在东江水系主要支流两岸，洪涝灾害对人民生命财产的威胁较为严重，城市防洪问题十分突出。新中国成立特别是改革开放以来，赣州城镇防洪工程的建设步伐明显加快，全市累计已建成城镇堤防工程86.54公里，中心城区已建成堤防17.17公里，城市防洪工程保护范围已达到174.1公里，保护人口195.53万人。但大部分县市城市防洪体系不完善，不健全，整体防洪能力还较低。赣州中心城区还未达到50年一遇、县城未达到20年一遇的防洪标准，均未形成封闭保护圈。为此，《若干意见》提出"加大支持力度，加快实施城镇防洪工程建设，提高赣州等市城镇防洪标准"。赣州将抓紧编制规划项目，借助各方力量加快城镇防洪工程建设，力争通过8年左右的时间，使中心城区、县级城市基本达到国家规定的防洪标准。

36. 什么是上犹江引水水资源配置工程？

水资源配置工程是在水资源总体规划与管理过程中，通过一定的工程措施，充分协调水与社会、经济、生态、环境等要素的关系，提高水资源与之相适应的匹配程度，实现水资源合理利用，促进社会经济可持续发展。引水工程是实现跨流域水量分配和合理利用的工程措施。随着赣州市中心城区的发展，城市供水安全问题显得十分重要。经过充分论证，最终解决赣州市中心城区安全供水问题，必须兴建上犹江引水工程。

上犹江引水工程从陡水水库引水，通过隧道和管道引入赣州市中心城区和上犹县城、南康市城区。目前，上犹江引水工程已完成课题调研，编制完成可研报告初稿。上犹江引水工程的实施，将从根本上解决赣州中心城区的城市供水问题，并解决上犹县、南康市及沿线乡镇的供水，有利于实现赣州中心城区、南康市、上犹县城市基础设施共享，对推进赣州城市化发展，促进全市经济社会发展都具有重要的战略意义。

37. 为什么要加快中小河流治理？

赣州市境内山峦起伏，河流众多，全市流域面积在100平方公里以上的河流有128条。由于地处南方丘陵山区，中小河流源短流急，洪水暴涨暴落。大部分中小河流的防洪设施少、防洪标准低，甚至很多处于不设防状态，遇到常遇洪水就可能造成较大洪涝灾害。还有一些中小河流流域水土流失严重，多年未实施清淤，致使河道萎缩严重，行洪能力逐年降低，对所在地区城乡的防洪安全构成严重威胁。加快中小河流治理的要求越来越迫切。目前，赣州正在实施23个中小河流治理项目，同时有58个中小河流治理项目已列入2013～2015年实施项目规划，其余37个中小河流治理项目也有望列入国家实施规划。江西省正在编制主要支流治理项目可研报告，有11个县（市）城市防洪工程列入主要支流治理项目，可研报告报国家批准后，国家将启动主要支流治理项目。

38. 什么是小型农田水利重点县？目前赣州
哪些县属于小型农田水利重点县？

小型农田水利重点县建设由财政部、水利部在 2009 年联合开展，通过集中资金投入、连片配套改造，以县为单位整体推进，开展小型农田水利建设。重点县项目建设方式是依据县级农田灌溉工程规划，以现有大中型灌区的田间工程和小农水工程的续建、配套和改造为主，主要建设内容为新建或改造渠道、渠系建筑物、堰坝（水陂），更新改造提灌站、机井、排涝泵站、排水涵闸、排涝沟道等。重点县实施期为三年。

目前，赣州共有 13 个县（市）实施了小型农田水利重点县建设，2009 年于都、兴国、南康开始实施；2010 年宁都、安远、信丰、龙南启动建设；2011 年在上犹、崇义、大余、赣县、定南、全南启动建设。至 2011 年，于都、兴国、南康已完成第一批重点县建设任务，另 10 个县将在 2012 年继续实施小农水重点县建设。《若干意见》提出"逐步扩大赣南苏区小型农田水利重点县建设覆盖面"。赣州将积极争取瑞金、会昌、石城、寻乌、章贡区和于都、兴国、南康进入第四批小型农田水利重点县建设。

39. 什么是"五小"水利工程？赣州"五小"
水利工程建设的目标是什么？

"五小"水利工程是指小水窖、小水池、小塘坝、小泵站、小水渠的新建、配套、改造等。小型农田水利工程与农民生产生活密切相关，特别是"五小"水利工程与"灌排最后一公里"问题紧密相关。近年来，赣州市推行了小型农田水利"以奖代补"政策，调动社会和群众参与小型农田水利建设的积极性，加快了建设小型农田水利工程的步伐，完善了小型水利工程建管长效机制。《若干意见》明确将"五小"水利工程等纳入中央支持范围，是对赣州农田水利建设的重大支持。赣州将积极落实《若干意见》精神，按照规划要求，力争到 2020 年完成新建及加固塘坝、蓄水池 9266 座，改造陂坝 17762 座，改造及新建提灌站 876 座，整治及新建灌区骨干渠道 18230 公里，改造末级渠道 24024 公里，新建及改造渠系建筑物 15.9 万座。

六　培育壮大特色优势产业，
　　走出振兴发展新路子

40. 赣州产业发展的现状如何？

近年来，赣州立足资源优势，不断加大产业建设力度，产业得到持续较快发展。一是工业经济发展加速。2011 年，全市实现工业增加值 548.4 亿元，占 GDP 比重达 41.05%。稀土、钨等优势矿产业引领增长，新能源汽车及配套、铜铝有色金属、电子信息、现代轻纺、食品、氟盐化工、生物制药、新型建材等主导产业稳步发展，产业集聚水平不断提升，现有 1 个国家级经济技术开发区、4 个省级经济开发区和 11 个省级工业园区。二是农业产业化步伐加快。2011 年，全市农业总产值 375.09 亿元；脐橙种植面积达 174 万亩，居世界第一，产量达 133 万吨，居世界第三、亚洲第一。三是现代服务业稳步发展。2011 年，全市服务业实现增加值 472.13 亿元，占 GDP 的比重为 35.34%；旅游业呈现良好发展态势，接待旅游总人数 1764.8 万人次，旅游总收入 135.7 亿元；现代物流业稳步推进，有规模以上物流企业 49 家，拥有货物运输能力 5.6 万吨；金融服务体系逐步完善，全市共有金融机构 73 家，金融业实现增加值 43.79 亿元。

但受基础条件等因素制约，全市产业发展落后状况没有得到根本改变，与全国、全省的差距依然明显。一是产业规模小。工业化率仅相当于全国 20 世纪 90 年代中期水平，规模以上工业主营业务收入仅占全省的 9.97%；服务业增加值仅占全省的 13.5%，人均增加值分别只有全省、全国平均水平的 72.1%、39.3%。二是结构性矛盾突出。工业对有色产业的依赖较大，高新技术产业发展滞后；传统服务业比重大，现代物流、金融保险、商贸服务、科技信息等生产性服务业发展滞后。三是产业投入不足。全市没有一个投资 100 亿元以上的产业项目，10 亿元以上产业投资项目也不多。四是企业规模小。全市尚无 1 户主营业务收入过百亿元企业，上市企业仅有 1 户。五是技术创新力弱。缺乏国家级产业研发平台，只有不到 10% 的规模以上工业企业设有研发机构，创业投资企业、科技中介服务机构等市场组织不健全。

41. 《若干意见》在积极推动优势矿产业发展方面提出了哪些政策措施？

《若干意见》围绕进一步发挥赣南苏区产业比较优势，弥补薄弱环节，突破发展瓶颈，提出了一系列政策措施。即：将赣南等原中央苏区列为国家找矿突破战略行动重点区域，加大地质矿产调查评价、中央地质勘查基金等中央财政资金的支持力度。支持赣州建设稀土产业基地和稀土产学研合作创新示范基地，享受国家高新技术产业园区和新型工业化产业示范基地扶持政策。积极推进技术创新，提升稀土开采、冶炼和应用技术水平，提高稀土行业集中度。按照国家稀土产业总体布局，充分考虑资源地利益，在赣州组建大型稀土企业集团。国家稀土、钨矿产品生产计划指标向赣州倾斜。研究支持建设南方离子型稀土与钨工程技术研究中心，加大国家对稀土、钨关键技术攻关的支持力度。支持赣州建设南方离子型稀土战略资源储备基地，研究论证建立稀有金属期货交易中心。

42. 赣州怎样加快稀土、钨优势矿产业发展，建设全国重要的新材料产业基地？

《若干意见》指明了赣州优势矿产业发展方向，提出要"发挥骨干企业和科研院所作用，加大技术改造和关键技术研发力度，促进稀土、钨等精深加工，发展高端稀土、钨新材料和应用产业，加快制造业集聚，建设全国重要的新材料产业基地"。为建成全国重要的新材料产业基地，赣州将严格按照国家稀土、钨产业政策要求，顺应国内外产业发展趋势，坚持资源整合与高端矿产产业发展相结合，加快稀土、钨产业转型升级，打造世界知名的稀土磁性材料及永磁电机、发光材料及绿色光源、硬质合金及刀钻具产业基地。

一是发展高端新材料和应用产品。围绕稀土磁性材料、发光材料、硬质合金等高端功能材料和永磁电机、绿色照明、硬质合金刀钻具等高附加值应用产品，积极开发新产品，重点推进钨硬质合金在切削工具、矿山工具和拉丝模等方面的应用，稀土发光材料在显示显像、新光源、X射线增光屏等方面的应用，稀土磁性材料在电机、计算机及外围设备、磁选机、仪器仪表和家用电器等方面的应用，形成赣州产业特色，增强市场竞争优势。

二是引进培育优势企业。鼓励现有企业通过整合重组、业务流程再造、资本运作等方式做大做强，扶持虔东稀土、金力永磁、章源钨业、世瑞新材料、耀升工贸等行业龙头发展壮大，积极推进赣州稀土集团公司联合重组，加快组建中国南方稀土大型企业集团，提高产业集中度，并通过加快技术创新、管理创新和商业模式创新，提升企业核心竞争力。同时，选择引进有实力的高端应用企业，如汽车制造、航空航天、风力发电设备制造、军工制造等行业知名企业，优先优惠配置或供应资源，加速发展稀土、钨高端新材料和新兴应用产业。

三是搭建科技研发平台。加快国家离子型稀土资源高效开发利用工程技术研究中心、钨工程技术研究中心等一批技术研发中心，高标准推进稀土产学研合作创新示范基地建设，在人才引进、土地规划、配套服务设施等方面加大支持力度，打造国内一流的离子型稀土与钨产业科技研发基地。引导和扶持企业建设国家或省级企业技术中心、博士后工作站、院士工作站等科研机构。积极争取国家支持，加快实施一批稀土、钨开采冶炼和应用领域的科技重大专项和关键技术攻关，强化科技创新的支撑和驱动能力。

43. 什么是国家找矿突破战略行动重点区域？

国家找矿突破战略行动重点区域是指我国经过科学研究发现的重要或紧缺矿种成矿条件较为有利的重点地区。国务院《找矿突破战略行动纲要（2011～2020年）》（以下简称《行动纲要》）确定了全国19个重点成矿区域，其中南岭、武夷两个成矿区域穿越赣州，成矿条件优越，赣州优势矿种及大中型矿产主要分布在这两个成矿区域中。赣州虽然矿产资源丰富，但重要成矿区和大中型国有矿山深边部勘查程度整体偏低，地质勘查投入不能适应当前经济发展形势的需求。不少钨和稀土矿山资源已接近枯竭，矿产资源保障程度下降，资源形势严峻。《若干意见》提出要"将赣南等原中央苏区列为国家找矿突破战略行动重点区域，加大地质矿产调查评价、中央地质勘查基金等中央财政资金的支持力度"，为赣州找矿突破提供了政策支持。赣州通过实施找矿突破战略行动，将尽快形成一批重要矿产资源战略接续区，为优势矿产业发展提供有力的资源保障。

44. 赣州如何建设稀土产业基地和稀土产学研合作创新示范基地？

《若干意见》提出"支持赣州建设稀土产业基地和稀土产学研合作创新示范基地，享受国家高新技术产业园区和新型工业化产业示范基地扶持政策"。这将使稀土产业基地和稀土产学研合作创新示范基地在人才引进、土地规划、环境保护、配套服务建设等方面得到大力支持，基地内的高新技术企业可享受所得税减免等优惠政策，有利于促进赣州稀土资源优势转化为产业优势。目前，赣州正加快推进基地建设，力争通过5年的努力，形成稀土磁性材料3万吨、永磁电机5千万台（套）、震动马达4亿只、发光材料1万吨、节能灯具10亿只的年生产规模。

建设世界级稀土高科技产业园区。科学规划赣州稀土科技产业园的产业链和配套服务体系，抓紧启动一期2.5平方公里征地拆迁和基础设施建设，引进建设高科技稀土产业项目以及研发中心、交易所、仓储物流等配套项目，打造稀土新型材料、稀土应用新产品加工制造中心，成为辐射全国、面向世界的重要产业基地。

创建稀土产学研合作创新示范基地。以政府的组织支持为主导，通过制定战略规划和激励政策、提供资源条件，发挥组织协调、支持服务、监督管理职能；以引领产业可持续发展为目标，同时产业为科技成果转化、教育培训等提供舞台；以科研平台的持续创新为保障，加强与科研院所或高等院校的技术合作，及时获取知识创新成果；以企业的合作为支撑，加速高新技术产业化进程。构建政产学研各方成果共享、风险共担的科技创新模式，提升稀土产业技术创新能力。

45. 组建大型稀土企业集团对赣州产业发展有什么重大影响？

《若干意见》明确提出"按照国家稀土产业总体布局，充分考虑资源地利益，在赣州组建大型稀土企业集团"。这对赣州稀土产业发展具有重大意义。

一是有利于发挥资源优势，增强在国际市场中的话语权。赣州离子型稀土保有储量位居国内外同类型矿种第一，赣州稀土集团作为赣州稀土唯一采矿权人，是全国乃至世界最大的中重稀土资源平台和供应商。在赣州组建大型稀土企业集团，将进一步增强赣州对离子型稀土资源的控制力和市场影响力，提升赣州稀土产业在全国稀土行业中的地位。

二是有利于资源保护和节约开采。南方离子型稀土资源分散，很多矿点地处边远山区，加上稀土资源广泛赋存于地表浅层，开采成本低且工艺简单，极易发生盗采行为。同时，稀土矿区的林权与采矿权相分离，林权分散在千家万户，导致利益关系错综复杂。在赣州组建大型稀土企业集团，有利于以地方政府为主导，充分发挥县乡村各级组织和企业的合力，妥善处理上述问题。

三是有利于解决历史遗留问题。20世纪80年代，南方离子型稀土一度出现一哄而上、乱采滥挖的粗放发展局面，造成资源浪费、水土流失、环境污染和地质灾害隐患等严重历史遗留问题。在赣州组建国家大型稀土企业集团，将充分发挥当地政府和企业合理开采资源、保障生态环境和维护社会稳定的职责，更好地解决这些历史遗留问题。

四是有利于维护资源地财政基本保障能力。南方离子型稀土大部分资源县自我发展能力弱，地方财政收支矛盾突出，且严重依赖当地稀土产业。通过组建大型稀土企业集团，将进一步依托资源优势，提高产业集中度和发展水平，更好地兼顾中央、地方和企业利益，妥善处理好上下游产业的关系，回馈资源产地，支持地方经济发展。

五是有利于打造国家稀土产业重要战略基地。赣州是南方离子型稀土资源分布范围的中心区域，紧邻广东、福建、广西、湖南等南方离子型稀土主要产区，具有明显的区位优势。在赣州组建国家大型稀土企业集团，能够充分发挥赣州稀土资源、产业优势以及中央企业资金、技术、人才、市场优势,形成相互依存、相互配套的产业集群,建设国家稀土产业重要战略基地。

46. 为什么要建设南方离子型稀土与钨工程技术研究中心?

近年来,赣州稀土、钨产业取得了长足的发展,形成了从矿山开采、冶炼分离、深加工及应用到科研贸易的完整体系。然而,赣州稀土、钨产业层次仍然偏低,高端材料及应用处于起步阶段,产品档次不高,其根源在于缺乏具有自主知识产权的高新技术。建设国家级南方离子型稀土与钨工程技术研究中心等高水平产业研发平台已经迫在眉睫。

一是强化稀土、钨产业高端化发展的科技支撑。建设全国一流的国家级离子型稀土与钨工程技术中心、检验检测中心,引进一批具有国际领先水平的研发、检验、检测设备,建设高水平的实验室和中试生产线,将极大地提升赣州稀土、钨新材料和应用产品的研发能力,促进产业高端化发展。

二是打造"产学研用"联合的创新平台。依托国家级产业研发平台,赣州将更多地争取国家 863 计划、科技支撑计划、中小企业创新基金等各类科技计划经费和项目以及省级科研项目,尽快突破稀土、钨产业发展急需的关键技术,并引导赣州稀土、钨行业骨干企业加强与研发机构的联合,加快实现高新技术的产业化,提高企业的市场竞争能力。

三是构建引进培养高层次研发人才的有效载体。高层次研发人才需要有高水平的研发平台施展才干。建设全国一流的国家级离子型稀土与钨工程技术中心,有利于聘请稀土、钨行业的院士专家到赣州服务,引进一批高端研发人才,并通过科研实践为赣州培养高层次人才。

47. 赣州如何建设南方离子型稀土资源战略储备基地?

稀土是国家战略性资源,是国家实行保护性开采的特定矿种。赣州素有"稀土王国"之称,离子型稀土资源丰富,但大部分稀土矿山地质勘查程度低,资源储量可靠性差,经过 40 多年的开采,现有探明资源储量减少,资源保障程度降低。《若干意见》提出"支持赣州建设南方离子型稀土战略资源储备基地"，将加大国家对赣州稀土资源的勘查投入，加强稀土资源的有效保护，为赣州稀土产业持续健康发展提供有力的资源保障。

赣州将按照"矿产地储备为主，产品储备为辅，产能储备相结合"的储备方式，积极推进离子型稀土资源储备体系建设。对接跟进国家稀土资源战略储备的实施，力争将龙南县汶龙上庄、寻乌县吉潭、会昌县珠兰埠、定南县沙头长桥等四个矿区纳入国家稀土矿产地储备范围，争取中央地勘基金对上述四个矿区、国家稀土规划矿区和其他稀土远景区开展稀土资源勘查或调查评价，加大赣县谢公坑稀土普查等中央地勘基金项目的勘查力度，加快推进南方离子型稀土资源战略储备基地建设。

48. 为什么要建设稀有金属期货交易中心？

目前，江西赣州稀有金属交易所已经成立并投入营业，为稀土、钨、钴、锡、铋、钼等金属及其延伸产品提供现货和电子交易市场服务（不含期货交易），以及相关的信息咨询服务。《若干意见》提出"研究论证建立稀有金属期货交易中心"，对于进一步打造赣州稀有金属交易集散中心品牌，增强稀有金属产品价格的影响力和话语权，具有重要意义。

一是维护国家利益的重要举措。期货交易的最终目的并不是商品所有权的转移，而是通过买卖期货合约，回避现货价格风险。期货市场与国家经济发展息息相关，在国际经贸往来中发挥着重要作用。在稀有金属领域，我国还没有期货交易场所，市场定价完全受制于外国。从维护国家利益的角度出发，必须组建和发展我国稀有金属期货交易所。

二是优化金融资本市场的现实需要。当前我国金融资本市场大部分集中在沿海、沿江发达地区。4家期货交易所都在上海以北，且均未涉及稀有金属及其延伸产品。在赣州建立稀有金属期货交易中心，有利于优化我国金融市场空间布局，带动和繁荣东南沿海及台湾地区金融资本市场。

三是赣州建成全国稀有金属产业基地的配套支撑。赣州各县（市、区）几乎都存在稀有金属矿脉，稀有金属产业在大部分县（市、区）的经济发展中占据重要地位。建立赣州稀有金属期货交易中心，可以在赣州形成稀有金属市场价格，降低稀有金属及其延伸产品生产企业的经营风险，规避资源生产企业的经营盲目性，帮助企业管理风险、扩大生产、增加利润。另外，期货交易实行会员制、保证金制度、当日无负债结算制度及风险准备金制度等，将促进赣州金融业、人力资源市场、交通物流等诸多行业的发展。

49. 《若干意见》对发展制造业提出了什么政策措施？

《若干意见》从引导扶持战略性新兴产业发展、增强科技创新能力、加强产业基地建设等方面，就发展制造业提出了系列政策措施：一是支持设立战略性新兴产业创业投资资金，建设高技术产业孵化基地。二是加大对重大科技成果推广应用和产业化支持力度，增强科技创新能力。三是支持国内整车企业在赣州等市设立分厂。支持军工企业在赣州发展军民结合高技术产业。四是支持赣州新型电子、氟盐化工、南康家具等产业基地建设。五是支持建设国家级检验检测技术研发服务平台。

50. 赣州制造业发展的方向是什么？

立足现有产业基础和资源禀赋，赣州将坚定不移做大做强稀土、钨产业以及延伸的新材料、新能源产业，集聚发展先进制造业。同时，按照《若干意见》要求，"发挥现有产业优势，大力发展电子信息、现代轻纺、机械制造、新型建材等产业，积极培育新能源汽车及其关键零部件、生物医药、节能环保、高端装备制造等战略性新兴产业，形成一批科技含量高、辐射带动力强、市场前景广阔的产业集群。"

51. 为什么要设立战略性新兴产业创业投资资金？

战略性新兴产业是新兴科技和新兴产业的深度融合，但这种深度融合具有一定风险，需要进行强有力的引导和支持，设立战略性新兴产业创业投资资金是重要的引导和支持举措。

一是充分发挥财政资金的引导放大效应。战略性新兴产业创业投资资金作为支持创业投资的政策性引导资金，除将争取国家战略性新兴产业发展资金支持和财政投入外，还将吸引社会资本投向战略性新兴产业，充分调动社会资金的投资积极性。

二是积极鼓励和支持科技创新。创业投资资金主要投向战略性新兴产业领域种子期和起步期的科技研发及成果转化项目，项目具有原始创新、集成创新或消化吸收再创新属性，不同于一般商业创业投资，不以利益最大化为目的。

三是有效分摊降低风险。创业投资资金主要解决战略性新兴产业在种子期和起步期资金不足问题，不占大股、不行使经营主导权，并建立有效的风险防范体系和利益激励机制，在条件成熟时及时回收资金，能够有效分摊和降低风险。

52. 赣州如何加快特色产业基地建设？

《若干意见》提出"支持赣州新型电子、氟盐化工、南康家具等产业基地建设"，对赣州进一步完善产业发展平台，加快制造业集聚具有重要的促进作用。未来几年，赣州将以科学规划为灵魂，以政策倾斜为杠杆，以产业招商为引擎，着力打造赣州开发区新能源汽车、稀土高新产业园、章贡区新型电子、南康家具、龙南发光材料、赣县铜铝有色金属、兴国氟化工、会昌氟盐化工等一批特色产业园区。

一是进一步优化园区产业布局和主导产业链规划。突出科学性、前瞻性、战略性和可持续性，着重发挥比较优势，注重环境容量，科学确定总体布局、产业导向、功能区块、生态环保和基础设施建设。

二是推进同类企业及配套企业的空间聚集。重点支持特色产业基地内主营业务收入超亿元的骨干企业，打造成产业集群的龙头；瞄准世界500强、国内500强企业和产业龙头领军企业，着力招大客商、引大项目；采取政府引导与市场机制相结合、迁入与迁出相结合等措施，促进同类和上下游企业聚集。

三是加快完善园区基础设施和配套服务设施。按照"规划先行、适度超前、分步实施"的原则，加强交通、电力、供水、供气、通信、排水、污水处理等园区基础设施和公用设施建设。加快建设海关、出入境检验检疫、外管、银行等"一站式"配套服务设施，鼓励商贸、物流、研发、法律、信息化、专业市场等项目建设，提升园区服务功能。

53. 赣州如何加强革命旧居旧址保护？

赣南苏区是中央革命根据地的主体，留存了众多的党史、革命史遗址旧居、纪念设施和文物。近几年，赣南苏区努力保护传承红色文化，先后建成瑞金中央革命根据地历史博物馆、兴国苏区干部好作风陈列馆、于都中央红军长征出发地纪念园、宁都中央苏区反"围剿"战争纪念馆、石城阻击战纪念馆等一批苏区革命历史标志性建筑，全市已建成开放革命纪念馆（园）、陈列馆16个。同时对部分濒临倒塌的革命旧址进行了局部性、抢救性维修。

由于现行文物维修保护工作实行分级负责制，除全国重点文物保护单位和省级文物保护单位能得到国家和省部分扶助外，其余革命遗址均需市、县解决维修保护资金。赣南革命旧址数量巨大，地方财力无力负担，一些革命遗址濒临倒塌和毁失，亟待进行保护和修缮。为此，《若干意见》提出"编制赣南等原中央苏区革命遗址保护规划，加大对革命旧居旧址保护和修缮力度，发挥革命旧居旧址在爱国主义教育中的重要作用。"将极大地推动和促进赣南苏区革命历史遗址的保护、开发和利用。

目前，赣南苏区正积极实施革命旧址旧居维修保护工程。按照国保、省保、市县保和新发现的类别，力争2012年完成革命历史遗址保护规划编制，并启动急需维修的革命旧址旧居维修工程；到2015年完成238处急需维修保护的革命旧居旧址维修；到2020年完成需要维修和修复的505处革命历史遗址的修复保护。

54. 赣州如何建设红色文化教育基地？

赣南苏区具有独特的红色底蕴，建设一批红色文化教育基地，集中发挥革命旧居旧址在爱国主义教育中的作用，既是建设社会主义核心价值体系的现实需要，更是促进赣南苏区红色旅游和文化繁荣的需要。为此，《若干意见》提出"支持中央苏区历史博物馆、中央苏区烈士陵园等红色文化教育基地建设"。目前赣州已经作出规划，正加快推进红色文化教育基地建设。

一是推进中央苏区历史博物馆建设。赣州将认真编制项目预算、规划等，报国家审批立项，做好土地征用、革命历史事迹整理等前期准备工作，向国家申请专项资金，争取 2015 年前启动中央苏区历史博物馆建设，2020 年前完成中央苏区历史博物馆建设及布展工作。

二是加快建设中央苏区烈士陵园。在赣南苏区创建和保卫战斗历程中，有近 20 万红军官兵和革命志士英勇牺牲，其中赣州籍烈士就有 10.82 万人。目前，赣州有散葬烈士墓 4.12 万座，是全省乃至全国散葬烈士墓最多、最为集中的区域，大量散葬烈士墓地处偏僻，已是残碑断碣、破损严重，对散葬烈士墓进行集中迁葬刻不容缓。赣州已规划在兴国县境内建设中央苏区烈士陵园，主要建设内容包括烈士公共墓区、烈士事迹陈展馆、绿化园区、管理服务区等。

55. 如何建设瑞金公务员培训基地？

瑞金是苏区精神、苏区干部好作风的重要形成地，老一辈无产阶级革命家留下的宝贵精神财富，是加强以人为本、执政为民教育最鲜活的教材。从 1995 年新华通讯社到瑞金"寻根问祖"、修复革命旧址以来，已有 50 多个中央机关和国家部委到瑞金重续"红色家谱"、建立爱国主义和革命传统教育基地。目前，瑞金已成为包括井冈山干部学院、上海市委党校在内的各级党校、行政学院和干部学院的实践教育基地，每年有 20 余万全国各地的党员干部到瑞金开展各种教育培训活动。在瑞金创建全国公务员教育培训基地，时机和条件已经成熟。

目前，全国行政机关公务员特色实践教育（瑞金）基地已正式揭牌，并签订了合作协议。项目建设已完成初步的规划设计、征地，即将进行土地平整并进入实质性的建设阶段。赣州将精心开展基地建设设计，加快推进基础设施建设，保证项目建设质量、工期，并加快完善教学培训和配套服务体系，继续与相关部委、省厅对接，争取更大的支持，力争基地早日建成并尽早安排公务员培训。

56. 赣州如何大力发展红色旅游产业？

赣南苏区红色旅游资源十分丰富，但红色旅游业发展与井冈山、延安、西柏坡、遵义等地相比差距较大，红色旅游景区基础设施落后，精品景区和大型旅游综合体项目较少。《若干意见》提出"大力发展红色旅游，将赣南等原中央苏区红色旅游列入国家旅游发展战略，支持红色旅游基础设施建设"。赣州将抓住机遇，推进红色旅游产业跨越式发展，着力打造全国著名的红色旅游目的地。

一是加强红色旅游基础设施建设。积极推动境内革命旧址旧居的修缮和文物古迹的保护开发、人文历史资源的挖掘、丰富生态资源的开发，推进中央苏区红色旅游长廊等一批重点项目建设，进一步完善旅游基础设施、配套设施和服务设施。以瑞金为核心高起点建设一批精品景区和经典线路，努力创建国家5A级旅游景区。

二是推动红色旅游与生态旅游、休闲旅游、历史文化旅游融合发展，丰富红色旅游内容，实现"红与绿"、"红与古"、"红与俗"结合，不断拓展红色旅游发展空间，满足多样性的旅游市场需求，将赣州打造成全国红色旅游与其他旅游融合发展的示范区。

三是深化赣南与井冈山、闽西、粤东北的旅游合作，进一步打造井冈山—赣南—闽西—粤东北精品旅游线路，加强区域联合，拓宽旅游客源市场。

四是积极创建国家旅游扶贫试验区，通过国家政策倾斜、资金帮扶等方式，扶持贫困地区发展旅游业，带动群众脱贫致富。

57. 什么是国家旅游扶贫试验区？

国家旅游扶贫试验区，是在一些旅游资源丰富的贫困地区，合理开发和积极利用旅游资源，以加强政策引导、资金支持、人员培训等为主要手段，通过发展旅游业带动当地群众脱贫致富的一种有益探索。2000 年，国家旅游局、国务院扶贫办等部门批准设立了全国第一个旅游扶贫试验区——六盘山旅游扶贫试验区。实践证明，大力促进贫困地区发展旅游业，是推进扶贫开发、统筹城乡发展的一项重要内容，是迅速提高贫困群众生活水平，促进贫困地区经济社会跨越式发展的有效途径，也是贫困地区转变经济发展方式、实现可持续发展的内在要求。2012 年 7 月，国务院扶贫办和国家旅游局签署了合作框架协议，以期通过两部门的合作，形成更加稳定有效的工作机制，共同探索新时期旅游扶贫新模式。

58. 如何提高赣州金融业在赣闽粤湘四省边际地区的地位？

近年来，赣州金融业保持快速、稳健、持续发展。2011 年，全市共有金融机构 73 家、融资性担保机构 84 家，金融业增加值达 43.79 亿元，占全市生产总值的 3.28%。赣州金融业总量依然较小，发展水平依然较低，人均存贷款占有量只有全国、全省平均水平的 35%、65%，金融业增加值占 GDP 的比重低于全国平均水平。《若干意见》明确了扶持赣州金融业发展的政策措施。赣州将采取有力措施，努力打造赣粤闽湘四省边际地区的金融中心。

一是推动建立赣粤闽湘四省边际区域性金融资源共享机制。推进金融服务区域化、引导金融资源优化配置、优化金融生态环境、实现金融信息共享，为赣州金融业发展创造更加良好的外部环境。

二是鼓励境内外金融机构在赣州设立经营性分支机构。引导各银行业机构结合自身发展规划，增加在赣南苏区的网点布局，稳定国有商业银行现有分支机构和营业网点，不断提升网点服务功能，并积极推动在赣南苏区新设、重设、升格营业机构，加大 ATM 等自助机具、电子银行、银行卡的推广使用力度，为经济发展提供更加方便快捷的服务。

三是支持和鼓励各类银行业金融机构发起设立新型农村金融机构。科学推进农村合作金融机构产权改革工作，按照"成熟一家、审批一家"的原则，支持符合条件的农信社改制为农村商业银行，支持规范的小额贷款公司、村镇银行等新型农村金融机构发展，力争村镇银行全覆盖，改变农村金融机构不健全、服务手段单一的状况，满足农业、农村和农民的多元化金融需求。

四是完善金融市场和金融产品。鼓励银行业机构在有效防范风险的基础上，创新符合赣南苏区特色的金融产品，推动股权、林权、保函等质押贷款业务；创新小产权抵押贷款和"组合式"抵押贷款，扩大有效担保物范围；引导银行业机构提高电子商业汇票的使用率；鼓励银行业机构依法合规开展同业合作，稳步发展银团贷款、社团贷款和贷款转让业务，合理调剂信贷资源，增加对赣南苏区的贷款支持。

59. 什么是现代物流技术应用和共同配送综合试点城市？

2012 年 4 月，国家商务部开展"现代物流技术应用和共同配送综合试点城市"评选工作。通过综合试点，促进试点城市加大商贸物流基础设施投入、推动物流配送经营模式创新、推广现代物流技术应用、提高物流配送机械化、自动化、标准化和信息化水平，形成布局合理、运行高效、技术领先、网络健全的商贸物流配送体系。赣州是周边区域最具物流发展潜力的城市，近年来物流基础设施日益完善，初步形成了公路、铁路、航空、水运相互补充的立体交通网络；各类物流企业迅猛发展，供应能力不断加强。《江西省物流业调整和振兴规划》将赣州列为国内地区性物流节点，辐射赣中南和周边四省 13 个城市。《若干意见》提出"支持赣州创建现代物流技术应用和共同配送综合试点城市"，赣州将进一步完善商贸物流基础设施建设，提升仓储物流配送标准化应用水平，搭建物流配送信息服务平台，推动商贸物流经营模式创新，优化城市统一配送，加快发展电子商务物流和农村商贸物流。

60. 赣州如何推进服务业发展示范基地建设？

《若干意见》提出"支持赣州建设服务业发展示范基地"，这将大力推进赣州服务业综合改革，促进服务业集聚发展。一方面，要强化规划引导和政策扶持。积极组织实施《赣州市现代服务业发展规划（2011～2020）》，加紧出台《赣州市加快服务业发展若干意见》，积极申报国家和省级服务业综合改革试点，大力争取国家服务业发展引导资金支持。另一方面，要着力打造7个现代服务业集聚区、5个现代服务业特色产业基地。7个现代服务业集聚区包括：赣粤闽湘四省边际区域性总部经济集聚区、现代商贸集聚区、现代商务服务集聚区、会展经济集聚区、专业市场集聚区、文化创意产业集聚区、科技与信息服务集聚区、现代旅游集聚区；5个现代服务业特色产业基地包括：一个世界级特色基地——钨与稀土产业科技服务基地，两个国家级特色基地——优质脐橙科技服务基地、客家文化体验基地，两个省级特色基地——红色旅游产品综合展示基地、现代物流服务基地。

61. 如何理解支持赣州建设省域副中心城市？

省域副中心城市是指在一个省范围内，经济实力较周边地市强大，经济辐射力超出自身行政区范围，拥有独特的优势资源或产业，且与主中心城市有一定距离、未来能够带动周边区域发展的大城市或特大城市。

由于江西人多地广，省会南昌偏于赣北，客观上需要在赣南确立一个"省域副中心城市"。无论从区位条件、人口规模，还是从经济实力和发展潜力来看，赣州都是江西建设"省域副中心城市"的首选。因此，江西省委、省政府提出"建设富裕和谐秀美江西"思路，并要求赣州加快建设省域副中心城市。

目前赣州中心城区辖区总面积约597平方公里、辖区总人口83.11万人，具备建设省域副中心城市的条件。但中心城区建成区面积仍然较小，城市人口比重比较低，赣州仍然缺少强有力的核心城市，"小马拉大车"局面没有根本改变，制约着省域副中心城市最重要的功能——集聚辐射功能的发挥。同时，赣州作为原中央苏区的核心区，与周边城市的经济联系尚不紧密，综合影响力、辐射力还不够。因此，建设赣州省域副中心城市非常必要和迫切。

《若干意见》提出"支持赣州建设省域副中心城市"，旨在通过与中心城市在人流、物流、资金流、信息流、技术流等的互利互动，促进自身发展及辐射区域内其他城市。赣州将采取有力措施推进省域副中心城市建设，一是在

《江西省城镇体系规划》中明确赣州省域副中心城市的地位；二是加快编制《赣州市城乡总体规划》；三是完善区域性交通枢纽功能；四是加快推进城市基础设施建设，提升城市综合服务功能；五是加强与周边城市的全方位对接。

62. 如何加快瑞金、龙南次中心城市建设？

赣州市域面积大、人口多，仅依赖中心城区，很难全面有效地带动全市发展，需要有次中心城市带动其周边县市发展。瑞金和龙南分别位于赣州的东部和南部，是江西省连接福建和广东的重要桥头堡，《江西省城镇体系规划》提出建设瑞金都市区和龙南都市区，把瑞金、龙南作为赣州市"一主两次"的次中心城市；同时，赣州市提出了"一主两次"的城镇空间结构，把瑞金、龙南建设成为次中心城市，更好地促进产业、人口、资源等生产要素向城市集聚。

瑞金是闻名中外的红色故都、共和国摇篮，地处赣州东部，与福建接壤，距赣州市中心城区约150公里，周边有会昌、石城、宁都等县，济南—广州与厦门—昆明等两条高速公路和赣龙铁路与鹰瑞梅铁路在瑞金交汇，且有323、206、319三条国道贯通东西南北，交通区位十分突出。现瑞金市城市人口规模已超过20万，建成区面积超过20平方公里，把瑞金建设成为赣州次中心城市，有利于带动赣州东部片区的发展。

龙南位于赣州南部，毗邻广东，距赣州市中心城区约150公里，周边有定南、全南、安远、寻乌等县，区位优势突出，是承接珠三角产业转移的桥头堡，具有赣州乃至江西省南大门的窗口区位和门户作用。县内已设立海关、检验检疫处，并建有省级龙南经济开发区，也是江西省重要的出口加工区之一，边贸经济与外向型经济的产业体系已初具规模。现龙南县城市人口规模已超过20万，建成区面积超过20平方公里，把龙南建设成为赣州的次中心城市，有利于带动赣州南部片区的发展。

加快推进瑞金、龙南次中心城市建设：一是在《江西省城镇体系规划》及《赣州市域城镇体系规划》中明确瑞金、龙南次中心城市的地位；二是组织编制瑞金、龙南都市区总体规划，加强规划引导作用；三是创新管理体制，统一协调都市区的发展建设。

63. 什么是数字化城市？

数字化城市以计算机技术、多媒体技术和大规模存储技术为基础，以宽带网络为纽带，运用遥感、全球定位系统、地理信息系统、遥测、仿真虚拟等技术，对城市进行高分辨率、多尺度、多时空和多种类的三维描述，即利用信息技术手段把城市的过去、现在和未来的全部内容在网络上进行数字化虚拟实现。数字化城市是从工业化时代向信息化时代转换的基本标志之一。

《若干意见》提出"推进数字化城市建设"。赣州将积极加快数字赣州建设进程，推进电信网、广播电视网、互联网融合发展，强化电子政务和电子商务建设和应用，重点实施无线城市、"数字赣州"地理空间框架、"数字化城管"等项目建设，推动信息技术在城市各领域的广泛应用。

七 加强生态建设和环境保护，
增强可持续发展能力

64. 赣州生态建设和环境保护面临哪些困难和问题？

近年来，赣州生态建设和环境保护取得较大成效，森林覆盖率达76.2%。但依然存在不少困难和问题：一是森林质量不高，生态环境脆弱。主要表现为"三多三少"，即针叶树多、阔叶树少；中幼龄林多、成熟林少；单相林多、混交林少。乔木林亩均蓄积量仅相当于全国平均水平的51%。二是水土流失面积大，崩岗侵蚀危害重。最新遥感调查表明，全市目前仍有1050万亩水土流失，占山地面积的23.57%。有崩岗3.25万处，每年因崩岗侵蚀下泄泥沙630万吨，受影响流域面积达1000多平方公里。三是废弃矿山综合治理难，地质灾害防治压力大。由于矿产资源开采历史较长，现有废弃稀土矿区较多，土地破坏面积较大，经测算全市废弃矿区生态恢复需资金26亿元以上。且矿区地质灾害隐患点多面广，治理搬迁难度大。四是各类污染威胁大，生态环境隐患多。煤炭消费量占整个工业能源消费的76.5%，导致二氧化硫排放量较大，大气环境污染较重。近千家稀土、钨、萤石等矿山企业每年排放的废水占全市工业废水排放总量的60%以上；固体废物占工业固体废弃物总量的40%以上；废石、尾矿量也较大。重金属污染重点防控区监管难度大，涉及人口、企业较多，面积较大，占全省比重达86%。近年来，赣州多次出现重金属、氨氮超标。此外，95%的生活垃圾填埋场设施不全或运行不正常，对周边地面、地下水环境、土壤等产生影响。《若干意见》提出要"牢固树立绿色发展理念，大力推进生态文明建设，正确处理经济发展与生态保护的关系，坚持在发展中保护、在保护中发展，促进经济社会发展与资源环境相协调"。这对于赣州加快发展、转型发展和可持续发展具有十分重要的指导作用。

65. 什么是全国木材战略储备生产基地?

所谓全国木材战略储备生产基地，就是为保障我国木材安全、逐步改变我国大量依靠进口木材、对外依存度过高的局面，防止木材供应长期受制于人，缓解我国木材供需矛盾；为提升我国的木材自给能力，以集约经营和提高林地生产力为手段，建立国家优质高效木材战略储备生产基地为重点，发展短周期工业原料林、中长期用材林和珍贵树种用材林的木材生产基地。《若干意见》提出"将赣州列为全国木材战略储备生产基地"。赣州将有效利用国土资源，增加森林资源，解决木材安全和供应问题，促进林业经济持续快速健康发展。

66. 赣州如何继续实施崩岗侵蚀防治工程?

崩岗是赣州强度以上水土流失主要类型之一，在花岗岩、变质岩、红壤、红砂岩等地区均有发生，是一种特殊的水土流失方式，因其大量的泥沙下泄造成极其严重的危害。据调查，全市 18 个县（市、区）均存在不同程度和规模的崩岗侵蚀，尤以赣县、于都、龙南、兴国、宁都、信丰、南康、瑞金、会昌等县（市）更为严重。据 2005 年崩岗调查统计，全市共有崩岗 3200 多座，崩岗面积达 8030 万平方米，防治面积达 14760 多万平方米。近年来，赣州加快水土流失综合治理进程，在坚持以小流域为单元的水保综合治理过程中，注重崩岗的综合治理，探索了行之有效的崩岗综合治理模式，取得了初步成效。20世纪 90 年代至今，全市累计治理崩岗 1760 多座，治理面积达 1723 万平方米，约占崩岗总面积的 21%。《若干意见》提出"加大水土流失综合治理力度，继续实施崩岗侵蚀防治等水土保持重点建设工程"。赣州将根据不同类型的崩岗分布特点，加大资金投入，运用科技手段，完善监管机制，把生态与经济效益结合起来，把治山与治穷结合起来，做到治理与开发融为一体，以开发促治理，以治理促开发，继续实施好崩岗侵蚀防治工程，进一步改善生态环境，保护人民群众生命财产安全。

67. 开展生态文明示范工程试点的主要内容是什么?

"十二五"期间,国家将选择一批有代表性的县、市开展生态文明示范工程试点,目的是探索不同主体功能区域建设生态文明的有效途径,促进经济社会发展与资源环境相协调,实现可持续发展。中央财政将对试点县市安排一定的引导资金,支持开展生态文明建设试点,并根据考核结果逐步完善激励约束机制。有试点任务的省(自治区、直辖市)在分解国家生态建设工程等资金时将适当向试点县市倾斜,同等条件下优先安排建设任务,支持节能减排、循环经济发展等补助资金也将向试点县市适当倾斜。《若干意见》提出"深入开展瑞金、上犹等生态文明示范工程试点",对赣南推进生态文明建设具有重要作用。

68. 赣州如何开展生态移民和地质灾害移民?

生态移民主要是将居住在生产生活特别艰苦的深山区、库区、严重水土流失区、少数民族特困区和交通、教育、医疗等基础设施相当落后的地区群众,按照政府引导、群众自愿的原则实行整体搬迁。地质灾害移民主要是在地质灾害易发区内,对威胁人民生命财产安全、工程治理难度大或工程治理效益差,且具备避灾移民搬迁条件的地质灾害隐患点,实施整体搬迁移民。据统计,赣州目前尚有25.44万人还生活在搬迁区域和地质灾害隐患点的范围内,需要实施移民搬迁。综合考虑补助资金的筹措、集中安置点建设用地、移民户的经济状况和基础设施建设等因素,在国家政策的支持下,赣州每年将安排3万人左右的移民搬迁,从2013年起用8年的时间完成25.44万人的搬迁任务。按照《若干意见》提出的要求,赣州将积极开展生态移民搬迁和地质灾害移民搬迁,尽快编制移民搬迁规划并有计划地组织实施,采取劳动力培训和转移、产业发展、资金和技术帮扶等措施,在生产生活相对便利的中心村和圩镇进行集中安置,力求在较短的时间内提高移民群众的生产能力和生活水平。

69. 什么是"渔民上岸"工程?

根据中央领导批示精神，住房城乡建设部 2011 年以来就牵头开展了支持陆上无房或居住危房的渔民安居问题研究，目前已确定由住房城乡建设部牵头并会同有关部门，支持全国 10 多万户渔民上岸安居，即"渔民上岸"工程。据统计，目前赣州市仅上犹、崇义两个县就有 1200 多户、近 5000 名农民还居住在库区水面木棚。《若干意见》提出"将赣州市居住在库区水面木棚的农民纳入'渔民上岸'工程实施范围"，将有力地推进赣州生态移民工程建设。

70. 赣州如何加强矿山环境综合治理?

赣南钨和稀土矿产资源开采，为国家作出过重大贡献，也为赣南地方经济发展提供了支撑，但也留下了较为严重的环境问题。赣南稀土资源分布较广，长期以来由于生产工艺落后，产业经营方式粗放，"搬山运动"式的开采工序产生大量尾砂，且长期无序堆积，许多废弃矿山给生态环境带来很大的危害。《若干意见》明确提出要"编制矿山环境综合治理规划，加大矿山地质环境治理专项资金支持力度，加快完成赣州市历史遗留矿山环境综合治理"。赣州将在国家政策支持下，按照"宜耕则耕、宜林则林、宜水则水、宜工则工"原则，加快矿山地质灾害治理，采取工程和生物治理措施，通过地形整治、土壤改良、复垦复绿，建拦挡坝、蓄排水系统等矿山环境治理措施和残矿回收综合利用措施，用 5 年左右时间，力争全面完成历史遗留矿山环境综合治理任务。

71. 赣州为什么要加强重金属污染防治?

赣州是国家重要的钨精矿生产、冶炼加工基地和中重稀土生产、分离、冶炼基地，是江西省锡精矿生产、冶炼的重要基地，给生态环境保护特别是重金属污染治理带来压力。根据 2007 年全国污染源普查结果，赣州工业废水重金属产生量、排放量均居全省前三位。《若干意见》提出"支持赣州市重点区域

345

重金属污染防治和历史遗留问题综合整治，加大工业行业清洁生产推行力度"。这既是赣州工业经济发展要解决的重大问题，更是实现赣州经济可持续发展的重要举措。

72. 为什么要建设赣南危险废物处置中心？

近年来，赣州危险废物产生量逐年增加，带来了巨大的环境安全隐患，如不采取有效的防治措施，必将严重制约经济发展，影响社会稳定。赣州现有的危险废物持证经营企业规模小、业务范围窄，且周边地市均无综合性危险废物处置场，目前绝大部分危险废物需运至江西九江市永修县处置，运输距离长，导致危险废物处置成本高。赣州国土面积约占全省四分之一，且是赣江和东江源头，地理位置特殊，按照《若干意见》要求尽快建设一个符合要求的危险废物处置中心，显得尤为迫切。在赣州建设危险废物处置中心，可以有效解决赣州众多企业所产生的废物（特别是危险废物）无法处理的问题，既保护了生态环境，又使工业固体废物处理做到资源化、减量化、无害化，符合国家低碳经济和循环经济的要求和政策导向。

73. 赣州怎样实施农村清洁工程？

《若干意见》提出"推进农村清洁工程"。赣州将按照"减量化、资源化、无害化"的要求，全面推进农村清洁工程"3＋5"垃圾处理模式。"3"是指抓实"三个"主体。即抓实农户、保洁员、村理事会等3个主体，发挥村民自治作用。"5"是指将垃圾分为沤肥垃圾、可回收利用垃圾、建筑垃圾、封存垃圾、焚烧垃圾，并采取五种不同模式进行无害化处理。各县（市、区）将依据乡镇总体规划和社会主义新农村建设要求，编制环境卫生专项规划，统筹安排、合理布局区域内垃圾处理场、垃圾中转站、垃圾收集点等环卫设施建设，达到优化垃圾处理资源配置、减少运行成本的效果。同时，赣州将建立"以县为主、市级奖励、镇村共担、农户适当缴费"的经费保障机制，完善垃圾无害化处理设施投入的"以奖代补"机制。

74. 《若干意见》对大力发展循环经济提出了哪些政策措施？

《若干意见》重点从七个方面提出了发展循环经济的政策措施：

一是鼓励参与国家循环经济"十百千示范行动"，支持赣州建设铜铝有色金属循环经济产业园，推进资源再生利用产业化；

二是严格控制高能耗、高排放和产能过剩行业新上项目，提高行业准入门槛；

三是积极开展共伴生矿、尾矿和大宗工业固体废弃物综合利用，发展稀土综合回收利用产业；

四是支持赣州经济技术开发区实施循环化改造，建设国家生态工业示范园区；

五是支持赣州开展全国低碳城市试点，实施低碳农业示范和碳汇造林工程；

六是推进循环农业发展；

七是支持资源型城市可持续发展。

75. 什么是国家循环经济"十百千示范行动"？

国家"十二五"循环经济发展规划提出，在全国加快实施循环经济"十百千示范行动"，即组织实施资源综合利用、城市矿产、再制造、园区规范化改造等十大循环经济重点工程，创建百座循环经济示范城市和乡镇，培育千家循环经济示范企业和产业园区。《若干意见》明确提出"鼓励参与国家循环经济'十百千示范行动'，支持赣州建设铜铝有色金属循环经济产业园，推进资源再生利用产业化"。有利于赣州争取国家循环经济项目资金、重点工业污染治理工程项目资金等扶持，加快赣州循环经济发展步伐。

76. 赣州怎样发展稀土综合回收利用产业？

发展稀土综合回收利用产业，是赣州发展工业经济的一项长远战略举措，对于节约稀土资源、改善生态环境、提高经济效益、实现资源优化配置和可持续发展都具有重要意义。目前，赣州拥有众多稀土废弃物加工利用企业，全国70%以上的稀土废弃物在赣州加工处理，已经形成了稀土资源流入的洼地和循环利用的基地。《若干意见》提出"发展稀土综合回收利用产业"，赣州将以此为契机，依托丰富的稀土资源，以现有稀土资源企业回收为基础，整合水西有色基地、赣县经济开发区、龙南县经济技术开发区等基地，促进稀土综合回收利用产业快速发展，努力建设成为全国稀土金属资源节约和综合利用示范基地。

77. 如何推进赣州开发区建设国家生态工业示范园区？

生态工业示范园区是依据清洁生产要求、循环经济理念和工业生态学原理而设计建立的一种新型工业园区。它通过物流或能流传递等方式把不同工厂或企业连接起来，形成共享资源和互换副产品的产业共生组合，使一家工厂的废弃物或副产品成为另一家工厂的原料或能源，模拟自然系统，在产业系统中建立"生产者—消费者—分解者"的循环途径，寻求物质闭环循环、能量多级利用和废物产生最小化。

赣州开发区是赣州工业经济与开放型经济的主平台，是承接沿海产业转移的主要基地。《若干意见》提出"支持赣州经济技术开发区实施循环化改造，建设国家生态工业示范园区"。有利于提高赣州综合竞争力，实现经济飞跃和环境保护的"双赢"。赣州将按照"政府指导、开发区主体、部门联动"的思路，全面推进赣州开发区国家生态示范园区建设。相关职能部门在做实做细申报工作的基础上，积极争取国家、省的支持，使其早日获批。同时，加快编制项目实施计划，研究制定促进园区建设和发展的相关政策。赣州开发区将结合自身优势，在生态链构建、资源节约高效利用、生态工业园区管理体系构建方面实现新突破，切实推进国家生态示范园区建设。

78. 全国低碳城市试点的主要内容是什么？

低碳城市是推进循环经济发展的概念，其基本特征是低能耗、低排放、生态环保、可持续的生产方式或消费模式。国家发改委于 2011 年 8 月启动了广东、湖北、辽宁、陕西、云南 5 省和天津、重庆、杭州、厦门、深圳、贵阳、南昌、保定 8 市的低碳省区和低碳城市试点工作，并明确了开展试点工作的五项具体任务：编制低碳发展规划，制定支持低碳绿色发展的配套政策，加快建立以低碳排放为特征的产业体系，建立温室气体排放数据统计和管理体系，积极倡导低碳绿色生活方式和消费模式。《若干意见》明确提出"支持赣州开展全国低碳城市试点"，既有利于发展经济、改善民生，又有利于应对气候变化、推进赣州绿色发展。

79. 赣州如何推进循环农业发展？

循环农业是指在农作系统中推进各种农业资源往复多层与高效流动的活动，以此实现节能减排与增收的目的，促进现代农业和农村的可持续发展。循环农业必须遵循四个原则，即减量化、再利用、再循环、可控化。赣州积极推广的"猪—沼—果"工程，被国家农业部誉为生态循环农业"赣州模式"。目前，赣州基本形成以"猪—沼—果"为主，"猪—沼—无公害蔬菜"、"猪—沼—鱼"、"猪—沼—花"、"猪—沼—茶"、"猪—沼—瓜"、"猪—沼—稻"等特色模式齐发展的循环农业格局，2011 年共培植沼肥综合利用示范户 22 万户，推广沼肥种植脐橙、水稻、蔬菜、花卉、烟叶等农作物面积 600 多万亩。《若干意见》提出"推进循环农业发展"，赣州将大力推进农业资源节约和综合利用，加快技术开发，开展试点示范，通过转变增长方式、推进结构调整，形成低收入、高产出，低消耗、少排放，能循环、高效率的农业经济体系，促进现代农业和农村的可持续发展。

80. 资源型城市可持续发展的主要内容是什么？

资源型城市（包括资源型地区）是以本地区矿产、森林等自然资源开采、加工为主导产业的城市类型。长期以来，作为基础能源和重要原材料的供应地，资源型城市为我国经济社会发展作出了突出贡献。但是，由于缺乏统筹规划和资源衰减等原因，这些城市在发展过程中积累了许多矛盾和问题，主要表现在经济结构失衡、接续替代产业发展乏力、生态环境破坏严重等方面。2007年国务院出台了《关于促进资源型城市可持续发展的若干意见》，确立了一批资源型城市可持续发展试点城市，加大了对资源型城市尤其是资源枯竭城市可持续发展的支持力度，并提出了明确的工作目标：2010年前，资源枯竭城市存在的突出矛盾和问题得到基本解决，大多数资源型城市基本建立资源开发补偿机制和衰退产业援助机制，经济社会可持续发展能力显著增强；2015年前，在全国范围内普遍建立健全资源开发补偿机制和衰退产业援助机制，使资源型城市经济社会步入可持续发展轨道。《若干意见》提出"支持资源型城市可持续发展"，将有利于赣州作为资源型城市得到相关政策的倾斜和扶持，促进经济可持续发展。

八 发展繁荣社会事业，促进
基本公共服务均等化

81. 赣州基本公共服务的现状和差距是什么？

近几年，赣州基本公共服务水平得到较大提升，但与全国平均水平相比还有很大差距，突出表现在：一是教育资源紧缺，学前教育发展落后，农村义务教育基础设施薄弱，校舍缺口数量多，还有大面积危险校舍亟待改造，农村小学师生比 1∶25.62，远低于全国 1∶17.7 的平均水平，高中阶段毛入学率仅为 69%，比全国平均低 9 个百分点；二是城乡医疗卫生体系不完善，每千人口医疗卫生机构床位数仅有 2.22 张，比全国少 1.34 张，每千人口执业（助理）医师仅有 1.01 人，比全国少 0.78 人；三是城乡公共文化和体育设施建设严重滞后，人均拥有体育场地、文化设施面积与全国平均水平差距甚远，群众文化生活需要难以得到有效满足；四是社会保障体系较脆弱，保障覆盖率和保障水平较低。《若干意见》指出"坚持以人为本，大力发展各项社会事业，优先发展教育事业，提升城乡医疗卫生服务水平，加快文化体育事业发展，加强就业和社会保障工作，强化基层社会管理服务，不断提高基本公共服务水平，让改革发展成果更多地惠及广大城乡居民"，为赣州大力提升基本公共服务水平和能力创造了机会和条件，赣州将以此为契机，努力争取国家更多的资金和项目支持，加强基本公共服务设施建设，不断强化薄弱环节，尽快缩小赣州基本公共服务与全国平均水平的差距，在学有所教、劳有所得、病有所医、老有所养、住有所居上持续取得新进展，让振兴发展成果更多地惠及人民群众。

82. 赣州加快发展学前教育、义务教育的目标是什么？

赣州学前教育发展还很滞后，全市现有幼儿园 2667 所，其中公办幼儿园

62 所，仅占 2.3%，农村办园水平低、城镇入园难，学前一年入园率仅为 72%，分别比全国、江西省和同属革命老区的延安低 2 个、5 个和 13 个百分点。义务教育基础比较薄弱，全市义务教育学校按标准化建设校舍需求缺口达 180 多万平方米，且有危房面积 286.62 万平方米亟待改造，其中 D 级危房 42.21 万平方米急需拆除重建；城镇中小学大班额问题非常突出，农村寄宿制学校条件较差、设施欠缺，有 3 万多中小学生租住校外民房，一些寄宿生还睡地板；农村特别是边远地区教师用房紧缺，有 33920 人急需解决教师宿舍。按照《若干意见》提出的要求，未来几年赣州学前教育、义务教育的目标是：加快推进学前教育三年行动计划，力争到 2015 年使每个县城都有一所以上公办示范性幼儿园，每个乡镇和较大的行政村都有一所公办幼儿园；加快农村义务教育薄弱学校改造、边远艰苦地区农村学校教师周转宿舍建设，到 2013 年全面完成赣州市校舍危房改造，到 2015 年基本解决小学、初中寄宿生住宿问题。

83. 赣州如何加快中等职业教育发展？

近年来，赣州中等职业教育实现较快发展。现有中等职业学校 74 所，其中国家示范中职学校 3 所、国家级重点中职学校 6 所；开设专业门类 32 类、专业 136 个，其中市级以上骨干示范专业、重点建设专业 26 个；专任教师 3256 人，在校生 10.2 万人；有 44 所学校与企业签订了校企合作协议，在企业建立实训基地 391 个；民办中等职业学校 35 所，在校学生 2.5 万人。但由于投入不足等原因，中职教育还存在不少困难和问题，特别是基础设施较差，生均校舍面积仅 9.4 平方米，比全国平均水平少 2.6 平方米；师资队伍薄弱，教职工与学生比为 1:31.5，与国家提出的 1:14.6 配备标准差距大；发展不平衡，有些学校是国家级示范校，有些学校仍未达到省示范校标准，甚至有部分学校目前处于"有校无址"、靠租用场所办学；专业设置与区域产业联系不够紧密，服务地方经济发展的能力不强等。《若干意见》提出"建立适应地方产业发展的现代职业教育体系，扶持办好中等职业学校"。赣州将抓住《若干意见》出台的有利时机，调整优化职业教育布局结构，大力实施中等职业教育基础能力建设二期项目，争取国家优先支持建设职教园区和钨、稀土、新能源汽车、氟盐化工、现代农业（脐橙）等实训基地，扶持每个县（市、区）办好一所中等职业教育改革示范校或优质特色校，根据稀土、钨等产业发展和企业用工需求，实行定向、订单培训，抓好职业启蒙准备和职业提升教育，大批量培养熟练工人和专业技术人才，推动赣州中职教育与产业发展相互推动、相互促进。

84. 赣州如何加快高等院校发展？

赣州现有驻市高校 5 所（其中本科院校 3 所、高职院校 2 所），有市属成人高校 2 所，共有在校生 13 万人。多年来，各高校不断拓宽办学思路，优化专业设置，推进创新平台建设，特别是江西理工大学主动加强与赣州钨、稀土等优势产业发展对接，校地合作设立了国家级钨与稀土检测中心、部级钨资源高效开发及利用工程研究中心，建设了稀土、钨、铜、锂等一批优势特色学科，为推动赣州经济发展发挥了积极作用。但受所处区域位置、发展水平及学校自身办学条件等影响，赣州高等院校核心竞争力还不强，优势特色学科建设还比较滞后。《若干意见》提出"支持江西省与有关部门共建江西理工大学，扶持赣州等市高等院校和稀土、钨、铀等优势特色学科建设"。赣州将充分利用好这项政策，积极破解高等教育发展难题，扩大高等教育规模；推动江西理工大学开展省部共建、赣南师范学院更名为赣南师范大学，支持驻市高校加快发展。推动赣南教育学院改制升格为瑞金学院、赣州卫校升格为赣州卫生职业技术学院，争取建设瑞金干部学院，全面提升驻市、市属高校办学水平，进一步增强高等院校服务地方发展能力。

85. 赣州教育综合改革试验的主要内容是什么？

为提高中西部地区人口素质、加快经济社会发展，探索中西部地区特别是革命老区、贫困地区教育改革发展新模式，国家教育部分别于 2010 年和 2011 年实施了省部共建贵州省毕节市、四川省广安市教育改革发展试验区。赣州是全国较大的集中连片特殊困难地区，人口多、底子薄、欠发达，与贵州毕节、四川广安同属贫困地区、革命老区，且目前教育综合发展水平明显落后于西部地区。为此，《若干意见》提出"支持赣州开展教育综合改革试验"。赣州将在教育部和江西省人民政府支持下，积极开展教育综合改革发展试验，试验的主要内容包括：巩固"两基"成果，促进义务教育均衡发展；加快中等职业教育发展；推进各类教育协调发展；加快中小学教师队伍建设和素质整体提升；加快学校信息化建设；深入推进素质教育；改革创新办学体制机制等。通过开展教育综合改革试验，积极探索贫困地区加快教育事业发展的有效途径，推动教育优先发展。

86. 赣州提升城乡医疗服务水平的目标是什么？

改革开放以来，赣州大力推进医疗卫生事业发展，基层医疗卫生设施明显改善，公共卫生服务体系逐步完善，多层次的医疗服务保障体系基本建立，城乡居民健康水平不断提高，食品药品监督和计划生育工作取得积极成效。但受自然地理、历史条件和经济发展水平等因素制约，目前赣州卫生事业发展仍然不足，医疗资源短缺，面向特殊群体的医疗保障薄弱，人才队伍建设任务重，乡镇卫生院和村卫生室建设滞后。2011 年，每千人口医疗卫生机构床位数为 2.38 张，仅相当于全国平均水平（3.55 张）的 67%，西部平均水平（3.35 张）的 71%，中部平均水平（3.07 张）的 77.5%。《若干意见》提出"健全农村县、乡、村三级和城市社区医疗卫生服务网络，加快重大疾病防控等公共卫生服务能力建设"，赣州将在国家的大力支持下，力争到 2015 年千人口床位数达到江西省平均水平，2020 年达到全国平均水平，建立供需平衡、布局合理、公平性和可及性较好的基本医疗卫生服务体系，实现与全国同步建立健全覆盖城乡居民的基本医疗卫生制度、人人享有基本医疗卫生服务的目标。

87. 赣州如何健全农村三级医疗卫生服务网络？

赣州目前共有农村三级医疗卫生服务机构 8500 多家，其中县级"二甲"

综合医院 17 所、"二乙"综合医院 2 所，县级中医院 16 所，县级妇保院 18 所，乡镇卫生院 321 所，村卫生室和个体诊所 8000 多个，医疗卫生机构床位数近 20000 张。由于赣州人口多、地域面积大，特别是投入不足等原因，赣州农村三级医疗卫生服务体系还比较脆弱，特别是乡镇卫生院业务用房严重不足，部分卫生院仍在使用危房，乡镇卫生院危房面积达 2.3 万平方米，职工周转房建设严重滞后；江西省撤乡并镇时保留下来的 38 个卫生院至今没有得到国家建设项目支持；297 个人口稀少、地处边远的行政村没有卫生室业务用房，没有固定村医，当地群众"看病难"问题较为突出。《若干意见》提出"健全农村县、乡、村三级和城市社区医疗卫生服务网络"，赣州将按照《若干意见》的要求，大力推进县级综合医院建设，对人口大县按三级医院标准建设综合医院，加强县级中医院、妇保院建设，实现每个县（市）公立综合性医院、中医院和妇幼保健院都达到"二甲"以上标准；对中心卫生院进行加强型建设，对一般卫生院进行标准化建设，全面消除 297 个卫生室"空白村"，实现每个行政村建成一所标准化卫生室，尽快形成健全完善的农村三级医疗卫生服务网络。

88. 如何提升赣州区域性医疗服务能力？

赣州地处赣粤闽湘四省边际区域中心，目前中心城区有各类医院 9 所（其中"三甲"综合医院 3 所、"三甲"专科医院 3 所、三级医院 1 所），医疗卫生服务辐射了本地及周边地区 2000 万人；同时拥有驻市医学高校赣南医学院，具备了建设区域性医疗卫生服务中心的良好条件。目前，赣州医疗服务能力建设还不完善，病床使用率达 126.8%，尤其是全市有老年人 109 万、儿童 205 万，没有专门的老年医院和儿童专科医院，肿瘤疾病年发病率超出全国平均 0.35 个千分点，但仅有 1 所 300 张床位的三级肿瘤专科医院；市级医疗机构至今没有国家级、省级重点学科、领先学科和临床重点专科。《若干意见》提出"加强赣州市市级医院建设，支持中心城区增设三级综合医院，建设儿童、肿瘤等专科医院和中医院、妇幼保健院，提升区域性医疗服务能力"，赣州将积极落实《若干意见》提出的各项政策措施，加强市级综合医院基础设施、技术装备、重点学科等建设，重点加快人民医院新院、赣南医学院附属医院黄金分院、精神病医院、疾病预防控制中心、卫生监督所等建设，启动实施赣州市儿童医院建设，推进赣州市肿瘤医院、老年康复医院以及市中医院、妇保院建设，切实提升城市医疗卫生规模和档次，提高医疗卫生服务能力和水平，努力打造赣粤闽湘四省边际的区域性医疗中心。

89. 赣州如何完善食品药品检验检测体系？

目前，赣州食品药品检验检测能力和安全保障能力还比较薄弱。市级食品药品检验所没有固定的实验室，只能暂时借用办公用房，面积只有 1200 平方米，不符合实验室要求；每百万人口食品药品检验实验室面积只有 133 平方米，少于延安、遵义等革命老区，更达不到国家基本标准要求；餐饮保化监督机构均没有业务办公用房，乡镇、社区虽然设立了食品药品安全监管工作站，但未配备相应的办公和监管设备，严重影响了食品药品监管工作的正常开展。《若干意见》提出"完善食品药品检验检测体系，支持赣州市食品药品检验检测中心和瑞金、龙南等区域性食品药品检验检测机构建设"。这是国家对赣州加强食品药品安全监管的重要扶持政策，赣州将积极加大食品药品检验检测基础设施和技术支撑体系建设，推进食品药品监管信息化，重点加快启动赣州市食品药品检验检测中心和瑞金、龙南等区域性食品药品检验检测机构建设各项工作，同时进一步加强县级食品药品快检室建设，努力打造食品药品安全平台，为解决人民群众食品药品安全问题创造更加良好的条件。

90. 赣州怎样加强人口和计划生育工作？

统筹解决好人口问题，对于加快赣南苏区振兴发展，促进基本公共服务均等化，实现人口数量、素质、结构、分布与经济社会、资源环境协调发展，有着重大而特殊的意义。《若干意见》提出"加强人口和计划生育服务能力建设"，有利于进一步争取国家增加对赣州基层计划生育服务基础设施体系建设投入，加大对计划生育家庭的奖励和扶持力度。未来几年，赣州将重点加强人口发展监测评估体系建设，完善人口发展评估和统筹协调机制，全面开展国家免费孕前优生健康检查，实现计划生育优质服务全覆盖，切实稳定低生育水平，促进人的全面发展；逐步提高农村部分计划生育家庭奖励扶助和城乡计划生育家庭尤其是失独家庭特别扶助标准，提高独生子女父母奖励标准，尽快建立计生女儿户家庭特殊制度；积极争取国家基层计划生育服务基础设施体系建设等方面的投入，完善县、乡服务机构，提升优质服务能力和水平，力争到2015年全面完成赣州县乡计生服务站（所）标准化、规范化、信息化建设，为实现赣南苏区振兴发展营造良好的人口环境。

91. 赣州如何加快城乡公共文化设施建设?

近年来，赣州在经济基础薄弱、地方财力困难的情况下，积极推动文化事业发展，公共文化设施不断完善，全市新改建文化馆、图书馆、博物馆、剧场、文化广场、艺术中心等53个，兴建村级文化活动室1498个，建成文化信息资源共享工程县级支中心16个，共享工程基层服务点2396个。但目前赣州文化建设总体薄弱的状况还没有根本改变，文化产品和服务供给与人民群众快速增长的精神文化生活需求还存在较大差距。特别是公共文化设施建设滞后，每万人拥有群众文化设施面积不到190平方米，远低于全国平均水平；仍有1个县级图书馆没有馆舍，大部分文化馆、图书馆需要新建及扩建，近半数文艺院团无演出场所；中央投资建设的287个乡镇综合文化站，相当部分因地方配套资金没到位而达不到建设要求，功能存在缺项；57%的行政村没有文化活动室。《若干意见》提出"支持市级图书馆、文化馆、博物馆和县级文化馆、图书馆以及乡镇街道综合文化站、村（社区）文化室、农家书屋等城乡公共文化设施建设"，赣州将充分利用好国家扶持政策，大力创建国家公共文化服务体系示范区，积极争取国家文化设施建设资金和项目，构建结构合理、发展平衡、网络健全、运行有效、惠及全民的公共文化服务体系，到"十二五"末实现市级有"四馆"（博物馆、图书馆、文化馆、美术馆）、县级有"两馆"（图书馆、文化馆）、乡镇（街道）有一站（乡镇综合文化站）、村（社区）

有一室（文化活动室）的目标，更大程度地满足人民群众多样化、多层面的精神文化需求，保障群众基本文化权益。

92. 赣州如何推进户户通广播电视？

近年来，赣州广播电视事业不断进步，赣州电视台自办栏目达 13 个，每天自制电视节目 200 分钟以上，平均日播出时间超过 70 个小时。但与其他地区相比，赣州广播电视发展还相对滞后，特别是在农村边远地区。据初步统计，目前仍有 6011 个村小组、18.65 万户群众收看不到电视。《若干意见》提出"加快实施广播电视村村通等文化惠民工程，支持赣州市加强高山无线发射台站建设，'十二五'末基本实现户户通广播电视"。赣州将在国家的大力支持下，加快建设 15 座无线发射台站基础设施，加快实施广播电视村村通和直播卫星公共服务户户通建设，利用地面数字电视实现有效覆盖，全面解决目前部分农村边远地区群众看不到、看不好电视的问题，提前实现户户通广播电视的目标。

93. 赣州如何利用国家扶持政策加快新闻出版事业发展？

近年来，赣州新闻出版业取得较快发展，2011 年底，全市新闻出版业单位总数达 1323 家，新闻出版业总产值占文化产业的 80%，建成农家书屋 1873 个。但由于起步较慢，特别是赣州没有地方专业出版机构，一定程度上制约了新闻出版事业的快速发展。《若干意见》提出"在新闻出版资源配置上给赣州倾斜，支持赣州按照市场化方式创办客家出版社"，同时"支持赣州创建国家印刷包装产业基地，并实行来料加工、来样加工、来件装配和补偿贸易的政策"。赣州将积极抓住政策出台机遇，按照市场运作方式加快创办客家出版社，搭建与港、澳、台及世界各地客家人文化交流平台，充分利用赣州客家文化资源优势做大做强出版产业；同时加快创建国家印刷包装产业基地，充分利用国家政策优惠，更好地吸引全国乃至世界印刷产业知名企业来赣州投资，进一步提升赣州新闻出版事业的发展档次，不断扩大发展规模，进而推动赣州文化产业大发展、大繁荣。

94. 赣州如何加快城乡公共体育设施建设？

由于长期投入不足等原因，赣州公共体育设施比较薄弱，人均体育场地面积不到 0.7 平方米，与国家到 2015 年达到人均 1.5 平方米的要求差距甚远；有体育健身活动中心的县、乡、村占全市县、乡、村总数的比例分别为 38%、7%、26%，与国家达到 50% 以上的要求存在较大差距。《若干意见》提出"支持城乡公共体育设施建设"，赣州将通过积极争取国家"雪炭工程"、体育场馆建设、全民健身工程等项目和资金支持，进一步加快城乡公共体育设施建设，有效增加人均公共体育场地面积，在"十二五"期间全面完成市级体育健身中心、县级"两场一馆一池"（体育场、健身场、体育馆、游泳池）、乡镇、村级及社区体育设施建设任务，提高城乡整体公共体育设施建设水平。抓紧十四届省运会各项筹备工作，完善全民健身服务体系。

95. 赣州如何加强人力资源和社会保障公共服务平台建设？

赣州是劳动力资源大市，目前劳动力总量已达 525.6 万人，在经济欠发达、后发展的背景下就业创业工作面临巨大的压力。近几年，每年新增劳动力约 7.1 万，新增就业岗位约为 5.9 万个，劳动力供大于求的矛盾突出，农村劳动力外出就业达 199 万人，其中市外就业 150 余万人。同时，随着赣州承接沿海发达地区产业转移步伐的加快，现有人力资源和社会保障公共服务平台承载能力已难以适应劳动力供求增长和社会保障服务能力提升的需要。目前仅有瑞金、全南开展县级就业和社会保障服务设施试点项目建设，中心城区、各县市区均缺乏适应产业发展需要的公共实训基地。高级工以上的高技能人才只占技能劳动者的 10% 左右，比全国平均水平低 15 个百分点。《若干意见》提出"加强基层人力资源和社会保障公共服务平台建设，依托现有资源建设综合性职业技能实训基地"，对改变赣州基层人力资源和社会保障公共服务平台基础设施落后面貌，提升劳动者的整体素质和技能有着重要的推动作用。赣州将积极争取国家扩大赣州基层就业和社会保障服务设施建设项目试点范围，加强各级公共就业服务机构能力建设，尽快实现城乡公共就业和社会保障服务体系建设全覆盖；同时依托赣州技师学院和瑞金、龙南两个次中心城市的培训资源，加快启动建设国家级综合性职业技能实训基地，进一步落实和完善更加积极的就业政策，建立完善就业援助制度，健全劳动者自主择业、市场调节就业、政府促进就业相结合的机制，努力实现充分就业。

96. 赣州如何加强城乡基本养老、基本医疗等社会保障工作？

近年来，赣州社会保障工作稳步推进，社会保障体系建设正在从"制度全覆盖"向"人人享有社会保障"的目标迈进。18个县（市、区）已整体纳入新型农村养老保险和城镇居民社会养老保险试点，五项社会保险参保人数累计达708万人次，其中城镇职工基本养老保险参保65.44万人、城乡居民社会养老保险参保360万人、城镇基本医疗保险参保204.2万人。但由于经济欠发达、居民收入低等原因，赣州社会保障覆盖率低，特别是工业园区企业参保比例低于40%，城乡居民社会养老保险仍有200多万人未参保；社会保障水平偏低，2011年企业退休职工月人均养老金水平1197元，仅为全国平均水平的78%，城乡居民社会养老保险的基础养老金标准仅为每人每月55元，难以充分保障城乡居民的基本生活；社保资金缺口呈不断扩大趋势，2011年城镇职工养老保险基金收支缺口达8.1亿元，多数县（市）城镇职工养老保险基金收不抵支。《若干意见》提出"建立完善统筹城乡的社会保障体系，实现基本养老保险、基本医疗保险制度全覆盖。逐步提高新型农村社会养老保险和城镇居民社会养老保险基础养老金标准以及企业退休人员基本养老金水平"，这对于赣州加强城乡基本养老保险、基本医疗保险等社会保障工作具有重大意义。赣州将加快推进覆盖城乡居民的社会保障体系建设，以工业园区和农村地区为重点，推进扩面征缴和基础管理工作，稳步扩大社会保险覆盖面，让人人享有基本社会保障；积极争取中央加大对赣州的财力支持，稳步提高社会保障待遇水平，妥善解决城乡困难群众基本生活，缩小贫富差距；逐步提高新型农村社会养老保险和城镇居民社会养老保险基础养老金标准以及企业退休人员基本养老金水平，力争2020年达到全国平均水平，让人民群众过上安全稳定的幸福生活。

97. 赣州如何完善城乡低保制度，实现应保尽保？

城乡居民最低生活保障制度（以下简称"城乡低保"）是社会保障工作的重要组成部分，也是城乡社会保障工作中的最后一条保障线。多年来，赣州以提高城乡困难群众生活水平为目标，全力保障城乡困难群众的基本生活。但由于赣州经济欠发达，地方财力有限，城乡低保覆盖面偏小。目前享受农村低保的 32.14 万人，仅占农村总人口的 4.0%；享受城市低保的 11.12 万人，仅占城市总人口的 5.6%。城乡还有 196.3 万人不同程度地存在生活难、生产难、医疗难、住房难等问题。《若干意见》提出"完善城乡低保制度，实现应保尽保，合理提高低保标准"，为赣州争取国家、省提高财政补差水平，扩大城乡低保面、提高低保标准提供了政策支持。赣州将进一步完善城乡低保工作机制，科学合理制定保障标准和范围，多层次筹措资金，积极扩大城乡低保保障面，力争到 2020 年，城市低保保障人数增加 4 万人以上，保障总人数达到 15 万人，占城市总人数的 7.8%；农村低保保障人数增加 14 万人以上，保障总人数达到 46.5 万人，占农村总人数的 5.9%。同时逐步提高城乡低保标准和补助水平，努力实现城乡低保"应保尽保"目标。

98. 赣州如何加快社会福利事业发展？

近年来，赣州以满足人民群众不断增长的福利服务需求为导向，大力加强福利基础设施建设，增强城镇"三无"对象、孤儿、孤寡老人等群体的供养能力，社会福利事业得到新发展。全市拥有福利院、敬老院、光荣院等公办福利机构 313 个，各类养老床位数 12477 张；多数县（市、区）设有儿童福利院或"三院"儿童部，孤儿集中养育条件得到改善；福利保障水平得到提高，城镇"三无"对象供养标准达 400 元，部分县（市、区）达到 500 元以上。但仍然存在基础设施薄弱、项目建设资金匮乏、整体保障水平偏低等问题。特别是赣州有残疾人约 58 万人，其中有康复需求的 19 万人，由于社会福利服务设施总量严重不足，尤其是残疾人服务基础设施匮乏，服务能力薄弱，残疾人难以得到有效服务。《若干意见》强调"支持儿童福利院、残疾人康复中心、社会养老服务机构等设施建设",为赣州争取中央投资,加快社会福利事业发展创造了良好的条件。赣州将大力实施以项目建设为重点的社会福利服务体系建设,加快建立以居家为基础、社区服务为依托、机构为补充的社会养老服务体系,以家庭养育为基础、社区福利服务为依托、儿童福利机构为保障的孤儿保障服务网络,进一步加强和完善残疾人服务设施及康复服务体系,力争在2015年前新建1所市级福利院老年公寓、1所市级儿童福利院和1个市级重度残疾人托养中心,新改扩建18个县级社会福利中心、100所农村敬老院,新建18个县级重度残疾人托养中心、5个流浪未成年儿童保护中心,着力形成有效满足老年人、孤儿和残疾人需求,布局合理、功能齐全、设施完善的社会福利服务网络。

99. 赣州如何积极主动开展送政策、送温暖、送服务工作?

"送政策、送温暖、送服务"工作,是赣州在新形势下积极探索做好群众工作、提升基层社会管理科学化水平的有效尝试。自2010年12月起,赣州组织市、县、乡23690名干部深入各乡镇(街道)、村(社区)和企业开展"送政策释民惑、送温暖聚民心、送服务解民难"活动,积极为群众办实事好事,落实扶助资金解决生产生活困难,协调处理矛盾纠纷解决信访案件等,取得了"干部受教育、群众得实惠、社会更和谐"的良好成效。《若干意见》提出"积极主动为基层群众送政策、送温暖、送服务",为赣州进一步推进"送政策、送温暖、送服务"工作全覆盖、常态化,加速推进社会管理重心下移,更好地贴近基层、贴近群众开展基层社会管理创新提供了政策支持和制度保障。赣州将坚持以干部直接联系群众"双向全覆盖"为切入点,以"促进创业致富、促进环境提升、促进民生改善、促进社会和谐、促进基层党建、推动振兴发展"为主要内容,坚持组织引导、干部服务、部门联动、社会参与、全民创业"五位一体",积极推进"送政策、送温暖、送服务"工作全覆盖、常态化,不断创新社会管理,夯实基层基础,推动赣州经济社会加快发展、转型发展、跨越发展。

100. 赣州如何加快构建以城乡社区为重点的基层社会管理服务体系？

近年来，赣州高度重视基层社会管理服务，积极探索创新，社会管理和群众工作取得明显成效。但随着经济社会发展中各种矛盾问题的不断出现，基层社会管理的难度增大，重经济建设轻社会管理、重管控轻服务等现象仍然存在。构建以城乡社区为重点的基层社会管理服务体系，是加强和创新基层社会管理的重要手段。社会管理服务体系的薄弱环节集中体现在社区服务中心、服务站等综合性基层平台建设滞后。目前，赣州有272个社区居委会没有属于自己产权的办公用房，占社区总数的76%；中心城区48个社区居委会中有20个靠租借房屋办公，农村社区多数没有建立符合要求的社区服务中心（站）。《若干意见》提出"加快社区服务中心、服务站等综合性基层平台建设，构建以城乡社区为重点的基层社会管理体系"，是根据赣州城乡社区基础设施薄弱状况提出的非常有针对性的政策措施，赣州将积极争取国家项目和资金支持，加快城乡社区服务中心、服务站建设，力争通过3年时间，建设城市社区服务中心（站）180个、新型农村社区1800个，解决多数社区无办公用房、无居民公益性服务设施等问题，形成较为完善的社区服务体系，提高基层社会管理服务水平，促进和谐社会建设。

九 深化改革扩大开放，为振兴发展注入强劲活力

101. 赣州在深化改革方面还面临哪些困难和问题？

近年来，赣州市坚持以科学发展为主题，以加快转变经济发展方式为主线，解放思想，与时俱进，推动各项改革不断深化。但消除体制机制性障碍的任务仍然繁重，重点领域和关键环节体制机制层面的矛盾和问题仍然凸显。从公共管理层面来看，政府职能转变不到位，规划引导、产业政策引导以及社会管理和公共服务较为薄弱，职责交叉、权责脱钩和效率不高的问题比较突出，论证、咨询和决策评估制度还不健全，决策失误追究、纠错改正机制不完善等。从经济发展层面来看，随着发展步伐加快，资金、资源需求加大，供需矛盾突出，市场配置和调节要求提高，急需建立与振兴发展相适应的投融资机制和市场机制。从企业层面看，企业管理体制还不够规范，法人治理结构不够健全，企业经营机制缺乏活力，激励约束机制也有待加强。特别是对中小企业、非公经济发展的体制机制需要继续加大创新力度。改革永无止境，体制机制创新永无止境，要结合《若干意见》带来的独特优势，加大改革力度，通过创新体制机制为赣南苏区振兴发展注入强劲活力。

102. 赣州将在哪些方面推进体制机制创新？

《若干意见》明确指出：坚持以改革开放促振兴发展，积极探索、开拓创新，着力构建有利于加快发展、转型发展的体制机制。赣州将从八个方面推进体制机制创新：一是深化行政管理体制改革，加快转变政府职能，提高行政效能，优化发展环境。二是加快申报较大的市，争取早日依法享有相应的地方立

法权。三是加快要素市场建设，支持发展非公有制经济和中小企业，鼓励民间资本参与基础设施、公用事业和社会事业等领域建设。四是稳步开展农村土地承包经营权登记，探索农村集体建设用地流转制度改革。五是深化集体林权制度改革，开展经济林确权流通。六是采取更加灵活的措施，在城乡统筹、扶贫开发、投融资等方面先行开展政策探索。七是推进赣州综合保税区、国家级高新技术产业园区、瑞兴于经济振兴试验区、"三南"加工贸易重点承接地、赣南承接产业转移示范区、统筹城乡发展示范区等平台建设，鼓励先行先试，加大支持力度。八是在地方金融组织体系、中小企业金融服务等方面开展改革试验。

103. 赣州如何深化行政管理体制改革？

行政体制改革的关键是要厘清政府和市场的边界，建设服务型政府。就赣州而言，一是加快政府职能转变。加快推进政企分开、政资分开、政事分开、政府与市场中介组织分开；加强和改进经济调节和市场监管职能，更加重视社会管理和公共服务；切实推进行政审批制度改革，能下放的权限尽可能下放到县级层面。二是完善行政管理机制。理顺部门职责分工，避免"一权双授"和"一事多管"；建立健全制度化的政府协调机制；推进市与区、县与乡镇的事权科学划分，形成条块结合、以块为主的管理新体制；推进电子政务，创新管理和服务方式，提高行政效率，降低行政成本。三是强化政府的服务意识。进一步深化干部人事制度改革，建设高素质的公务员队伍；加强干部作风建设，牢固树立政府管理就是为市场主体服务、为创造良好发展环境服务的观念；建立社情民意反映制度，全面推行"农事村办"服务方式；建立行政管理权力运作过程的监督机制和运作效能评价机制，使人民赋予的权力真正为人民谋利益。

104. 什么是"较大的市"？

《中华人民共和国立法法》第六十三条第四款规定："较大的市是指

省、自治区的人民政府所在地的市，经济特区所在地的市和经国务院批准的较大的市。"目前，我国除 27 个省会城市、4 个经济特区城市（深圳、汕头、厦门、珠海）属于当然的"较大的市"以外，国务院分别于 1984 年批准重庆、唐山、大同、包头、大连、鞍山、抚顺、吉林、齐齐哈尔、无锡、淮南、青岛、洛阳；1988 年批准宁波；1992 年批准淄博、邯郸、本溪；1993 年批准徐州、苏州；先后四次共批准 19 个设区市为"较大的市"。

根据《中华人民共和国立法法》，较大的市依法享有相应的地方立法权，主要有：一是根据《中华人民共和国立法法》第六十三条规定，"较大的市人民代表大会及其常务委员会根据本市的具体情况和实际需要，在不同宪法、法律、行政法规和本省、自治区的地方性法规相抵触的前提下，可以制定地方性法规，报省、自治区的人民代表大会常务委员会批准后施行"。其中，地方性法规包括为执行法律、行政法规的规定，需要根据本行政区域的实际情况作具体规定的事项和属于地方性事务需要制定地方性法规的事项。另外，除不具备制定法律的权限外，其他事项国家尚未制定法律或者行政法规的，省、自治区、直辖市和较大的市根据本地方的具体情况和实际需要，可以先制定地方性法规。在国家制定的法律或者行政法规生效后，地方性法规同法律或者行政法规相抵触的规定无效，制定机关应当及时予以修改或者废止。二是根据《中华人民共和国立法法》第七十三条规定，省、自治区、直辖市和较大的市的人民政府，可以根据法律、行政法规和本省、自治区、直辖市的地方性法规，制定规章。其中，地方政府规章可以就为执行法律、行政法规、地方性法规的规定需要制定规章的事项和属于本行政区域的具体行政管理事项作出规定。

《若干意见》提出"支持赣州发展成为较大的市，依法享有相应的地方立法权"，这将进一步拓展赣州创新体制机制的空间，扩大赣州创新体制机制的自主权，有利于赣州更好地结合当地实际，出台更具操作性的地方性法规或政府规章；有利于推进经济社会发展、解决民生等难题；有利于赣州加强对外交往、提高知名度。

105. 赣州如何支持非公有制经济和中小企业发展？

近年来，赣州非公有制经济保持良好发展态势，有力推动了全市经济发展，扩大了就业，但与国内发达地区相比，在发展水平、发展规模、发展质量等方面仍有较大差距。《若干意见》提出"加快要素市场建设，支持发展非公有制经济和中小企业，鼓励民间资本参与基础设施、公用事业和社会事业等领域的建设"，这将有利于充分发挥市场在资源配置中的基础性作用，推进农民合作组织、企业协会和各种民营经济实体的建立；有利于鼓励民间资本积极参与资源开发、基础设施、公用事业和金融服务等行业领域的建设，为非公有制经济发展提供广阔的空间。赣州将积极贯彻《若干意见》精神，大力支持非公有制经济和中小企业发展，坚持"非禁即入、平等待遇"原则，规范设置透明化的投资准入门槛，公开投资准入的标准信息，创造公平规范的市场准入环境。鼓励和引导民间资本进入市政、金融、能源、文化、卫生、教育等行业和领域。对预期有收益或通过收费补偿获取收入的基础性公共项目，要向民间资本全面开放；对国有企业的重组改制，要创造条件让民间投资积极参与；对民间投资愿意进入、可以采用市场化运作的项目，政府投资要尽可能退出。

106. 推进农村集体建设用地流转制度改革有哪些方面的要求？

农村集体建设用地流转是指经规划为建设用地的集体土地的所有者、使用权行使者、使用者，依法将建设用地的使用权，以转让、出租、合作联营的方式转移给受让人，并通过签订集体建设用地有偿使用合同取得一定数量的土地收益的土地法律制度。《若干意见》提出"稳步开展农村土地承包经营权登记，探索农村集体建设用地流转制度改革"，目的在于深化农村经济体制改革，完善农村土地法律制度。推进农村集体建设用地流转制度改革有以下几方面要求：一是明确集体土地所有权的主体和权能。依法保护集体土地所有权和使用权，在符合规划和用途管制的前提下，土地使用权可以依法转让；土地财产权归农民集体所有，集体决定土地处置和土地收益分配。二是明确集体建设用地流转的条件和范围。权属合法、界址清楚、面积准确，已经依法批准，并符合土地利用总体规划的集体建设用地，才能流转；不符合规划的，不得流转。三是明确集体建设用地流转的方式和期限。集体建设用地流转方式有转让、租赁和集体建设用地使用权作价出资或入股等。流转的最高期限，参照国有土地出让的最高年限确定。四是适当限定流转的土地用途。要严格执行规划，坚持用途管制原则，严禁使用集体建设用地用于商品住宅开发。五是合理分配集体建设用地流转的土地收益，保障农民土地财产权。

107. 赣州如何深化集体林权制度改革？

2005 年以来，赣州按照"明晰产权，减轻税费，放活经营，规范流转"方针，开展了集体林权制度改革，建立了"山有其主，主有其权，权有其责，责有其利"的适用于市场经济规律的林业产权关系，充分调动了林农和社会参与林业建设的积极性。《若干意见》提出"深化集体林权制度改革，开展经济林确权流通"，赣州将认真贯彻落实《若干意见》要求，按照温家宝总理"确保林农的合法权益得到有效落实、确保林农在林地经营中真正得到实惠、确保森林资源总量增长和生态环境改善、确保林区乡村基层组织和林业部门的正常运转、确保林区社会和谐稳定"的指示精神，坚定不移地深化林权制度各项改革，努力在林权流转、林权抵押贷款、林业专业合作组织建设、政策性森林保险、森林采伐管理改革等方面取得新进展。

108. 《若干意见》提出设立瑞（金）兴（国）于（都）经济振兴试验区的主要考虑是什么？

瑞金是"红色故都"、兴国是"将军县"、于都是"长征出发地"，在中国革命史上地位特殊、牺牲和贡献巨大。目前，瑞金、兴国、于都已具备设立经济振兴试验区的条件。一是交通区位优势大幅提升。随着赣龙铁路扩能改造、鹰瑞梅铁路等项目的建设，瑞金、兴国、于都承接产业转移前沿地带的区位优势将凸显出来。二是开发条件优势明显、潜力巨大。矿产资源、红色旅游资源、农业资源和劳动力资源丰富，工业园区各项配套设施基本完备，特色优势产业迅速发展。三是影响地域广阔。瑞金、兴国、于都地处赣粤闽交界地带，是我国东部地区贫困带和中部地区贫困带的接壤区域，瑞金、兴国、于都的开发建设对周边区域的影响和辐射带动范围广。《若干意见》指出"研究设立瑞（金）兴（国）于（都）经济振兴试验区，鼓励先行先试，加大支持力度"。这是党和国家对瑞金、兴国、于都发展直接关心的生动体现，是加快赣南苏区脱贫致富奔小康步伐的有力举措。

109. 《若干意见》在鼓励金融改革创新方面提出了哪些政策措施？

为推进赣州金融改革和创新，《若干意见》分别在"创新体制机制"和"金融政策"中重点提出了五项政策措施：

一是支持赣州在地方金融组织体系、中小企业金融服务等方面开展改革试验。赣州地方金融组织发展相对滞后，地方保险公司、信托公司、货币经纪公司、再担保公司等金融机构都处于空白。同时，各金融企业对中小企业金融服务创新不足，中小企业普遍存在融资难问题。《若干意见》对于赣州加快地方金融组织发展，促进金融服务改革，构建多元化金融体系将起到促进作用。

二是支持开展保险资金投资基础设施和重点产业项目建设，促进本地保险资金回流，更多地运用于本地经济社会建设。

三是支持开展民间资本管理服务公司试点，加强对民间借贷的引导、监管，促进民间借贷行为的阳光化、合法化和规范化。

四是深化融资性担保公司或再担保公司、小额贷款公司创新试点，探索为中小微企业提供更加灵活的担保和融资服务，进一步缓解中小企业融资难问题。

五是大力推进农村金融产品和服务方式创新，鼓励和支持设立村镇银行，促进金融机构推进农村金融产品和服务方式创新，更好地满足农业、农村和农民的多元化金融需求。

110. 赣州怎样推进承接产业转移示范区建设?

赣州东临福建、南接广东,是珠江三角洲、海峡西岸经济区的直接腹地和内地通向东南沿海的重要通道,也是沟通长江三角洲和珠江三角洲的重要枢纽,具有优越的区位和资源优势,对于成本、资源和市场驱动型的转移产业有较强的吸引力。《若干意见》提出"支持设立赣南承接产业转移示范区,有序承接东南沿海地区产业转移",这将赣州承接东南沿海和国际产业转移摆上了全国布局的重要位置,并为赣州承接产业转移指明了方向。

赣州加快承接东南沿海产业转移,将以苏区振兴发展为契机,把赣州打造成中西部地区承接产业转移的桥头堡,钨和稀土、氟盐化工、脐橙等优势产业总部经济的聚集地,全国重要的先进制造业产业基地,赣粤闽湘四省周边地区的重要增长极。一是围绕主导产业打造赣粤产业承接走廊,完善产业链。按照赣州实现追赶和跨越的"对接"战略,着力打造赣粤产业承接走廊,利用与珠三角快速便捷的交通,依托现有产业发展平台,大力承接珠三角产业转移。二是沿赣龙铁路和瑞赣高速骨干线,鼓励沿线的瑞金、会昌、宁都等工业园与海西地区的工业园展开"一对一"对接,按照"对接融合、协作配套、错位发展、形成特色"的思路,加快承接海西产业转移步伐。要尽力在更大范围、更广领域和更高层次上承接沿海产业转移,走特色化、集群化的发展道路,全面融入沿海地区的产业分工体系,培植壮大有赣州特色的优势产业,做大经济总量,提升发展竞争力。

111. 建设"三南"(龙南、全南和定南)加工贸易重点
承接地的主要考虑是什么?

"三南"(龙南、全南、定南)位于赣州南部,与广东省接壤,是江西的"南大门"和对接珠三角的地区的"桥头堡",京九铁路、赣粤高速、大广高速将其与广州、深圳、香港紧密连接,具有承接珠三角产业转移的独特地理区位优势。"三南"商务配套功能完善,其中龙南县建有海关、检验检疫机构,是目前中西部省份唯一建有正处级海关、检验检疫机构的县，并与深圳盐田港开通了铁海联运。《若干意见》提出，推动赣州"三南"建设加工贸易重点承接地，对于加快赣州加工贸易发展，全面提升全市承接沿海产业转移工作水平必将起到强劲推动作用。

建设"三南"加工贸易重点承接地的思路是：通过引进外来资金、先进技术和管理经验，把"三南"建设成为赣州转变经济发展方式，推进制造业转型升级，发展现代服务业，优化经济结构，提升产业整体发展水平的加工贸易重点承接地。以"三南"为重点，辐射赣州全境，以园区为载体，不断完善基础设施和服务设施，大规模承接沿海地区及国（境）外加工贸易产业。

112. 建设综合保税区对促进赣州外向型经济发展有什么重要意义？

综合保税区是设立在内陆地区的具有保税港区功能的海关特殊监管区域，由海关参照有关规定对综合保税区进行管理，执行保税港区的税收和外汇政策，集保税区、出口加工区、保税物流区、港口的功能于一身，可以发展国际中转、配送、采购、转口贸易和出口加工等业务。综合保税区实行最先进的管理模式，实行封闭式管理，综合保税区与中国关境内的其他地区之间，设置符合海关监管要求的卡口、围网、视频监控系统以及海关监管所需的其他设施。截至 2012 年 5 月 31 日，经国务院批准设立 21 家综合保税区。国家对综合保税区在保税、免税、退税以及通关等方面给予一定优惠：一是国外货物入区保税；二是货物出区进入国内销售按货物进口的有关规定办理报关，并按货物实际状态征税；三是国内货物入区视同出口，实行退税；四是区内企业之间的货物交易不征增值税和消费税。

《若干意见》提出"在条件成熟时，在赣州出口加工区的基础上按程序申请设立赣州综合保税区，建设成为内陆开放型经济示范区"。综合保税区作为独具政策功能优势的产业发展平台，对提升赣州承接加工贸易产业转移能力，整合赣州口岸功能，推动赣州壮大电子物流、大件物流、有色冶金物流等方面都将产生积极影响。综合保税区设立后，必将提升赣州对外开放的整体质量和水平，进一步改善投资环境，促进产业结构调整和开放型经济发展，延长加工贸易产业链，提高企业国际化运作承载能力，成为内陆开放型经济示范区。

113. 《若干意见》在支持产业园区建设
方面提出了什么政策措施？

近年来，赣州把工业园区当做工业经济发展的主战场、承接产业转移的大平台，努力推进其加快发展。目前，共有 1 个国家级开发区——赣州经济技术开发区，龙南、赣县、瑞金、兴国 4 个省级经济技术开发区，章贡区、南康、信丰等 11 个省级工业园和石城、崇义、寻乌 3 个省级中小企业创业园。受资金投入不足等因素影响，赣州工业园区产业发展水平不高。

《若干意见》指出，"推动瑞金、龙南省级开发区加快发展，支持符合条件的开发区升级，在科学规划布局的基础上有序推进未设立开发区的县（市、区）设立产业聚集区"。这将有力促进赣南苏区工业园区的建设，全面提升承接产业转移能力，拓展承接产业转移的空间。未来几年，赣南苏区将按照集中布局、节约集约的原则，积极推动瑞金、龙南等符合条件的省级开发区升格为国家级开发区，争取省级工业园逐步升级为省级经济技术开发区，争取石城、崇义、寻乌等县设立产业集聚区。

114. 设立国家级高新技术产业园区有何重大意义？

国家级高新技术产业园区由国务院批准成立，依托智力密集和开放环境，依靠科技和经济实力，吸收和借鉴国外先进科技资源、资金和管理手段，通过优惠政策和各项改革措施，实现软硬环境的局部优化，最大限度地把科技成果转化为现实生产力。设立国家级高新技术产业园区，国家将对入驻园区的高新技术企业在税收、科技扶持等方面给予优惠政策支持，有利于赣州借助国家级科技创新支持政策，改善创新创业环境，增强科技创新能力，推进重大科技成果推广应用和产业化，建设高技术产业孵化基地，形成赣州高新产业发展大平台；有利于赣州依托现有产业基础，培育新能源汽车及其关键零部件、生物制药、节能环保、高端装备制造等战略性新兴产业，形成一批科技含量高、辐射带动力强、市场前景广阔的产业集群；有利于促进城市、社会和经济转型，促进产业结构调整和发展方式转变，推动赣南苏区创新发展、转型发展、跨越发展。

115. 如何理解《若干意见》提出的"一核两翼"开放合作新格局？

《若干意见》提出"打造以赣州经济技术开发区为核心，以赣州'三南'至广东河源、瑞金兴国至福建龙岩产业走廊为两翼的'一核两翼'开放合作新格局"。"一核两翼"开放格局，旨在加强赣南苏区与福建、广东的产业对接与融合，建立周边城市经济圈，推动区域内经济一体化进程。"一核"是以赣州开发区为重点的内陆开放型经济示范区，带动邻近县（市、区）发展；北翼以瑞金、兴国、于都经济振兴试验区为重点，辐射周边各县及闽西，与福建省形成赣闽产业走廊，承接东南沿海产业转移；南翼以"三南"加工贸易重点承接地为重点，辐射周边各县及粤北，与广东省形成赣粤产业走廊，承接珠三角产业转移。

打造"一核两翼"开放格局，拟分三步实施：一是巩固和扩大现有产业合作成果，加快香港工业园、台商创业园的建设开发，推动与深圳产业合作协议，巩固与厦门产业合作协议等；二是加快产业聚集区建设，按照合作开发、互利双赢的原则，建设产业配套和转移基地，承接产业转移；三是优化产业分工和提升专业化程度，实现与周边城市经济圈经济一体化。

116. 赣州如何加强区域合作？

《若干意见》指出"建立完善区域内更加紧密的合作机制，加强在基础设施共建共享、资源开发利用、产业发展、生态建设与环境保护等方面的合作，加快区域一体化进程。密切与鄱阳湖生态经济区、海峡西岸经济区等周边重要经济区的协作互动。鼓励与沿海地区加强铁海联运等合作"。这将进一步加速赣州融入鄱阳湖生态经济区、珠三角经济区、海西经济区，实现赣州与珠三角、海西经济区的全面对接。重点抓好以下方面：一是巩固和加强现有合作平台。本着"互惠互利、优势互补、结构优化、效益优先"的原则，在总结区域经济合作成功经验基础上，进一步拓宽合作领域、丰富合作内涵、加大合作力度、扩大合作成果，推动赣南苏区和周边地市的规划、产业、市场、交通和政策联动。二是探索加快"苏区"变"特区"步伐的实现路径。一方面自身要在体制上不断创新，在"特"字上做文章，建立促进发展的内生机制；另一方面争取国家在战略层面上给予政策、资金扶持，打造更加优越的合作平台。三是建立区域经济合作项目贷款和补贴专项基金。在产业、旅游、金融、科技、人才、基础设施、口岸建设、教育等方面争取补贴和支持。四是探索建立周边发达地市和赣南苏区的结对帮扶机制。鼓励沿海发达地区重点在建设飞地产业园区、推进铁海联运等方面结对帮扶赣南苏区。

117. 赣州如何进一步推进与沿海地区铁海联运？

铁海联运是目前国际上较为流行和应用较广的一种多式联运模式。它根据一个多式联运合同，采用公路短途运输、铁路运输和国际海上运输相结合，由多式联运的经营人（简称国际货代）把货物从国内客户工厂装入集装箱后运到国外收货人指定交付地点，实现"内地报关、口岸转关"和"一次报关、一次查验、一次放行"的通关模式，能有效提高通关效率、降低物流成本。从 2005 年起，赣州相继开通了赣州至厦门港、赣州至深圳盐田港和龙南至深圳盐田港等 3 条国际集装箱铁海联运通道。为发展壮大铁海联运，赣州投资完善了赣州铁路东站口岸作业区，先后引进国内知名的国际货代企业入驻赣州开展业务，引导组建了赣州铁海联运服务有限公司和赣州口岸集装箱运输有限公司。经过多年的努力，铁海联运使赣州进出口企业的运输成本降低了 30% 左右。下一步，赣州将按照《若干意见》要求，坚持"政府搭台、市场运作、企业主体"的原则，进一步打通、拓展铁海联运通道，推进铁路口岸物质载体建设，逐年扩大通过铁海联运发运的本地报关国际集装箱运量，并积极向上争取铁路运价下浮，从而进一步推进与沿海地区的铁海联运。

118. 赣州如何推进国家级外贸转型升级专业型示范基地建设？

设立国家级外贸转型升级专业型示范基地，是商务部为加快转变外贸发展方式、促进外贸转型升级的重要举措，中央财政将安排专项建设扶持资金，这对于增强地区外贸竞争力有重要作用。自 2011 年起，国家商务部开展了国家级外贸转型升级专业型示范基地确认工作。2009 年以来，章贡区、龙南、赣县、信丰、瑞金和上犹等 6 个县（市、区）相继被评为省级区域（产业）出口基地。下一步，赣州将根据国家商务部有关文件精神，抓紧做好 6 个省级出口基地的申报工作，积极推动省级出口基地成为国家级外贸转型升级专业型示范基地。

十　加大政策扶持力度

119. 西部大开发政策的主要内容有哪些?

西部大开发是党中央、国务院贯彻邓小平关于我国现代化建设"两个大局"战略思想,面向新世纪全面推进社会主义现代化建设,高瞻远瞩、总揽全局而做出的一个重大战略部署。西部大开发的范围包括陕西省、甘肃省、青海省、宁夏回族自治区、新疆维吾尔自治区、四川省、重庆市、云南省、贵州省、西藏自治区、内蒙古自治区、广西壮族自治区 12 个省、自治区、直辖市,此外中部地区湖北恩施、湖南湘西和东北地区吉林延边等 3 个少数民族自治州也纳入西部大开发范围,面积为 685 万平方公里,约占全国的 58%。为促进西部地区加快发展,国家出台了一系列的政策文件,主要有:(1) 2000 年 10 月国务院下发《关于实施西部大开发若干政策措施的通知》(国发〔2000〕33 号),正式拉开了西部大开发战略的序幕;(2) 2001 年 8 月国务院西部开发办印发《关于西部大开发若干政策措施的实施意见》,出台了实施西部大开发的若干政策措施的具体实施意见;(3) 2004 年 3 月国务院下发《关于进一步推进西部大开发的若干意见》(国发〔2004〕6 号),就进一步推进西部大开发提出要重点抓好 10 项工作;(4) 2010 年 6 月,在西部大开发实施十年后,中共中央国务院下发《关于深入实施西部大开发战略的若干意见》 (中发〔2010〕11 号),就今后 10 年实施新一轮西部大开发作出新的重大战略部署;(5) 2012 年 2 月国家发展和改革委员会印发《西部大开发"十二五"规划》,对"十二五"时期西部大开发进行战略规划。此外,国务院有关部门根据实际需要,还制定了实施西部大开发战略的政策实施细则,如财政部、海关总署、国家税务总局《关于深入实施西部大开发战略有关税收政策问题的通知》(财税〔2011〕58 号);科学技术部《关于印发〈关于加强西部大开发科技工作的若干意见〉的通知》（国科发计字〔2000〕352号）等。

2010年6月中共中央国务院下发的《关于深入实施西部大开发战略的若干意见》作为2011～2020年实施西部大开发战略指导性文件，对新一轮西部大开发提出了新的要求和目标任务，并出台了一系列的政策措施，包括财政、税收、投资、金融、产业、土地、价格、生态补偿、人才、帮扶等10个方面。有些政策是过去行之有效保留下来的，有些是根据新形势新情况修改完善的，还有一些是新增加政策。主要政策措施包括：

财政政策。加大中央财政对西部地区均衡性转移支付力度，逐步缩小西部地区地方标准财政收支缺口，推进地区间基本公共服务均等化。中央财政用于节能环保、新能源、教育、人才、医疗、社会保障、扶贫开发等方面已有的专项转移支付，重点向西部地区倾斜。通过多种方式筹集资金，加大中央财政资金支持西部大开发的投入力度。中央财政加大对西部地区国家级经济技术开发区、高新技术产业开发区和边境经济合作区基础设施建设项目贷款的贴息支持力度。

税收政策。对设在西部地区的鼓励类产业企业减按15%的税率征收企业所得税。企业从事国家重点扶持的公共基础设施项目投资经营所得，以及符合条件的环境保护、节能节水项目所得，可依法享受企业所得税"三免三减半"优惠。推进资源税改革，对煤炭、原油、天然气等的资源税由从量计征改为从价计征，对其他资源适当提高税额，增加资源产地地方财政收入。各级地方政府在资源税分配上，要向资源产地基层政府倾斜。对西部地区内资鼓励类产业、外商投资鼓励类产业及优势产业的项目在投资总额内进口的自用设备，在政策规定范围内免征关税。

投资政策。加大中央财政性投资投入力度，向西部地区民生工程、基础设施、生态环境等领域倾斜。提高国家有关部门专项建设资金投入西部地区的比重，提高对公路、铁路、民航、水利等建设项目投资补助标准和资本金注入比例。中央安排的公益性建设项目，取消西部地区县以下（含县）以及集中连片特殊困难地区市地级配套资金，明确地方政府责任，强化项目监督检查。加大现有投资中企业技术改造和产业结构调整专项对西部特色优势产业发展的支持力度。中央预算内投资安排资金支持西部大开发重点项目前期工作。国际金融组织和外国政府优惠贷款继续向西部地区倾斜。

金融政策。进一步加大对西部地区信贷支持力度。加强财政政策和金融政策的有效衔接，鼓励政策性金融机构加大对西部地区金融服务力度，探索利用政策性金融手段支持西部地区发展。深化农村信用社改革，培育农村资金互助社等新型农村金融机构。抓紧制定并实施对偏远地区新设农村金融机构费用补贴等办法，逐步消除基础金融服务空白乡镇。落实和完善涉农贷款税收优惠、定向费用补贴、增量奖励等政策，进一步完善县域内银行业金融机构新吸收存款主要用于当地发放贷款的政策。鼓励地方各级政府通过资本金注入和落实税费减免政策等方式，支持融资性担保机构从事中小企业担保业务。积极支持西部地区符合条件的企业上市融资，支持西部地区上市公司再融资。扶持创业投资企业，发展股权投资基金。研究探索西部地区非上市公司股份转让的有效途径，规范发展产权交易市场。

产业政策。实行有差别的产业政策，制定西部地区鼓励类产业目录，促进西部地区特色优势产业发展。凡是有条件在西部地区加工转化的能源、资源开发利用项目，支持在西部地区布局建设并优先审批核准。支持民间资本以合作、参股等方式进入油气勘探、开发、储运等领域。扩大西部地区外商投资优势产业目录范围。加大中央地质勘查基金、国土资源调查评价资金对西部地区的投入力度，鼓励和引导多元资金投入。鼓励外资参与提高矿山尾矿利用率和矿山生态环境恢复治理新技术开发应用项目。

土地政策。进一步完善建设用地审批制度，简化程序，保障西部大开发重点工程建设用地。实施差别化土地政策，在安排土地利用年度计划指标时，适度向西部地区倾斜，增加西部地区荒山、沙地、戈壁等未利用地建设用地指标。稳步开展农村土地整治和城乡建设用地增减挂钩试点。工业用地出让金最低标准，可区别情况按《全国工业用地出让最低价标准》的10%～50%执行，适当降低西部地区开发园（区）建设用地的基准地价。

价格政策。对新建铁路和部分支线铁路，可根据实际情况，按照偿还贷款本息、补偿合理经营成本的原则，考虑当地经济发展水平和用户承受能力，核定新线和支线特殊运价。加快资源性产品价格改革，健全资源有偿使用制度，建立和完善反映市场供求关系和资源稀缺程度以及环境损害成本的生产要素和资源价格形成机制。支持资源地群众便捷使用质优价廉的煤气电。促进水资源节约利用，合理确定城市供水价格，逐步实行阶梯式水价。完善中水优惠利用价格，鼓励中水回用，中央在中水回用设施建设投资上给予支持。科学制定水资源费征收标准，逐步使污水处理费价格达到合理水平。积极推行发电企业竞价上网、电力用户和发电企业直接交易等定价机制。抓紧完善可再生能源发电定价政策。

生态补偿政策。按照谁开发谁保护、谁受益谁补偿的原则，逐步在森林、草原、湿地、流域和矿产资源开发领域建立健全生态补偿机制。探索推进资源环境成本内部化。逐步提高国家级公益林森林生态效益补偿标准。按照核减超载牲畜数量、核定草地禁牧休牧面积的办法，开展草原生态补偿。抓紧研究开展对湿地的生态补偿。充分考虑大江大河上游地区生态保护的重要性，中央财政加大对上游地区等重点生态功能区的均衡性转移支付力度。鼓励同一流域上下游生态保护与生态受益地区之间建立生态环境补偿机制。加大筹集水土保持生态效益补偿资金的力度。继续完善用水总量控制和水权交易制度，在甘肃、宁夏、贵州开展水权交易试点。建立资源型企业可持续发展准备金制度，资源型企业按规定提取用于环境保护、生态恢复等方面的专项资金，准予税前扣除。矿产资源所在地政府对企业提取的准备金按一定比例统筹使用，专项用于环境综合治理和解决因资源开发带来的社会问题。加快制定并发布关于生态补偿政策措施的指导意见和生态补偿条例。

人才政策。完善机关和事业单位人员的工资待遇政策，逐步提高工资水平。进一步加大对艰苦边远地区特别是基层的政策倾斜力度，落实艰苦边远地区津贴动态调整机制。研究完善留住人才、吸引各类人才到西部地区基层工作的优惠政策，在职务晋升、职称评定、子女入学、医疗服务等方面给予政策倾斜。

帮扶政策。进一步加强和推进对口支援西藏、新疆工作，建立经济支援、干部支援、人才支援、科技支援等相结合的全面对口支援机制，完善支援方式，加大支援力度。做好青海等民族地区及集中连片特殊困难地区的对口支援和对口帮扶工作。继续实施中央和国家机关及企事业单位等定点扶贫和对口支援。建立健全军地协调机制，充分发挥人民军队在参加和支援西部大开发中的优势和积极作用。广泛动员社会各界支持和参与西部大开发。鼓励开展各种形式的公益活动和慈善捐助。

120. 执行西部大开发政策与比照实施西部大开发政策有什么区别？

2007 年，《国务院办公厅关于中部六省比照实施振兴东北地区等老工业基地和西部大开发有关政策范围的通知》（国办函〔2007〕2 号）确定中部六省中 243 个县（市、区）比照实施西部大开发有关政策，江西省有 41 个县（市）列入"比照"范围，其中赣州有赣县、上犹、安远、宁都、于都、兴国、瑞金、会昌、寻乌、石城等 10 个县（市）。"比照实施"政策以来，由于"比照县"在转移支付、投资、税收、金融、产业、土地、生态补偿政等方面得到国家更大扶持，比照实施西部大开发政策以来，赣州市"比照县"经济加速发展，主要经济指标增长快于"非比照县"和全市平均水平，与"非比照县"的差距缩小。

《若干意见》明确"赣州市执行西部大开发政策"。这将为赣州经济社会发展带来极为广泛而深远的影响。赣州执行西部大开发政策相对之前部分县市比照实施西部大开发政策，将在三个方面受益更加明显：一是受益的面更广。《若干意见》将赣州由原来的 10 个县（市）"比照实施西部大开发政策"变为赣州整体"执行西部大开发政策"，使赣州受益范围更广、受益人口更多。二是受益的方式更直接。原 10 个县（市）是"比照实施西部大开发政策"，《若干意见》明确提出"赣州执行西部大开发政策"。赣州由西部大开发政策的"准主体"变成了政策执行和受益的真正"主体"。三是受益的内容更丰富。中部地区比照实施西部大开发政策，主要是财政转移支付及项目扶持方面部分享受西部大开发政策。"赣州执行西部大开发政策"之后，赣州将在财政扶持、资金投入、税收政策、产业发展、吸引人才和科技教育等各个方面享受与西部地区一样的优惠政策措施，政策"含金量"大大提高。

121. 如何确保西部大开发政策在赣州全面落地?

西部大开发政策内容丰富、涉及面广,对赣南苏区振兴发展影响巨大,赣州各级各部门对此要有深刻认识,采取切实有效措施,确保政策在赣州全面落地。

一是加大学习宣传力度,增强全市干部群众对西部大开发政策的认识和参与度。广泛深入地开展西部大开发政策学习宣传活动,动员各种舆论宣传工具,加强对政策的宣传和解读,提高政策的全民知晓率,形成全社会参与的浩大声势,动员全市人民认真贯彻落实西部大开发政策,积极主动地参与振兴发展工作。

二是加强与国家部委的主动对接、协调,保证政策及时、全面到位。西部大开发政策措施包括财税、金融、产业、人才等方方面面,国家相关部委也出台了一系列西部大开发配套政策,赣州作为新纳入实施西部大开发政策范围地区,要将各项政策措施落实到位,需要国家部委重新调整相关政策,尽快出台赣州执行西部大开发政策的文件,这既需要国家发改委加强协调,也需要我们主动与国家部委做好对接。同时,赣州作为地级市,许多西部大开发政策必须通过省一级才能支持落实到赣州,应主动向省委、省政府及相关部门做好汇报和对接,使省里各项配套政策全面落实到位。

三是对西部大开发政策进行全面系统梳理,并结合各地各部门实际,细化落实各项优惠政策。

四是抓紧制定和调整相关规划,及时做好起步工作。国家《西部大开发"十二五"规划》已经出台,要根据规划精神,重新调整和制定好赣州市的"十二五"相关规划,以使赣州发展规划更好地与西部大开发战略衔接。

五是借助西部大开发战略,加快推进赣州项目建设。西部大开发战略的载体和落脚点是项目,项目是赣州利用好西部大开发政策的关键。赣州将根据国家西部大开发投资导向,利用执行西部大开发政策这一机遇,争取赣州更多的项目纳入国家西部大开发盘子中。

122. 赣州市执行西部大开发税收政策的主要内容是什么？

2013 年 1 月 10 日，财政部、海关总署、国家税务总局联合下发《关于赣州市执行西部大开发税收政策问题的通知》（财税〔2013〕4 号），明确赣州市执行西部大开发税收政策。政策的主要内容：一是对赣州市内资鼓励类产业、外商投资鼓励类产业及优势产业的项目在投资总额内进口的自用设备，在政策规定范围内免征关税。二是对设在赣州市的鼓励类产业的内资企业和外商投资企业减按 15% 的税率征收企业所得税。政策执行的时限自 2012 年 1 月 1 日至 2020 年 12 月 31 日。

123. 西部大开发税收政策将给赣州带来哪些政策效应？

赣州是华东地区唯一执行西部大开发税收政策的设区市。西部大开发税收政策将对赣南苏区振兴发展产生巨大的政策效应，为赣州加快发展、转型发展、跨越发展带来重大机遇。一是有利于形成政策"洼地"效应。执行西部大开发税收政策与《若干意见》赋予赣南苏区在财政、投资、产业等方面的特殊扶持政策效应叠加释放，将使赣州政策优势更为凸显。相比西部地区，赣州具有明显的区位优势，到长珠闽和港澳台地区交通便利，综合成本更低，将有力推动赣州成为投资洼地和发展高地，加快承接沿海产业转移，吸引发达地区的优秀企业、优秀人才到赣州投资兴业。二是有利于增强企业竞争力。减按 15% 税率征收企业所得税，比法定企业所得税税率优惠幅度达 40%，将给企业带来立竿见影的减负效应，降低企业经营成本，极大增强企业发展后劲和市场竞争力。据初步预计，全市有 2000 多户企业符合西部大开发企业所得税优惠政策，每年将为企业减税 2.5 亿元以上。三是有利于推动产业转型升级。税收优惠政策将进一步引导外地和本地企业在赣州投资鼓励类产业，引进国外先进生产设备，提高企业淘汰落后产能、技术升级及精深加工的积极性，促进产业规模化、高端化，推动产业转型升级。四是有利于加速特色优势产业发展。赣州执行西部大开发税收政策，将直接惠及钨和稀土等有色金属精深加工及应用产品生产、脐橙等农产品深加工、汽车零部件制造、生物医药等 20 多个特色优势产业，随着产业转移力度加大和技术升级，受益范围还将更广。目前国家正在研究完善西部地区鼓励类产业目录，赣州将会有更多特色优势产业从中受益。

124. 享受西部大开发税收政策的企业应符合什么条件？

符合以下条件的企业可享受西部大开发税收政策：一是设在赣州市范围内，以《产业结构调整指导目录》规定的鼓励类产业项目为主营业务，且主营业务收入占企业收入总额的 70% 以上的内资企业。二是设在赣州市范围内，以《外商投资产业指导目录》规定的鼓励类项目和《中西部地区外商投资优势产业目录》规定的江西省优势产业项目为主营业务，且主营业务收入占企业收入总额的 70% 以上的外商投资企业。

125. 鼓励类产业目录包括哪些产业项目？

鼓励类产业目录内容涉及很广，主要包括以下三个目录明确的产业项目：

一是《产业结构调整指导目录》（2011 年本）的内资鼓励类产业项目，共有 40 大项、750 条，涉及农林业、水利、电力、新能源、有色金属、建材、医药、机械、汽车、轻工、纺织、信息产业、现代物流、金融服务、商贸服务、旅游等行业。

二是《外商投资产业指导目录》（2011 年修订）的外商投资鼓励类产业项目，共有 12 大项、354 条，涉及农林牧渔、采矿、制造、交通运输和邮政、批发和零售、教育、社会保障和社会福利、稀土深加工及应用产品生产、农副食品加工、食品制造等行业。

三是《中西部地区外商投资优势产业目录》（2008 年修订）规定的江西省优势产业项目，共有 19 条，主要有纺织针织及服装加工、稀土深加工及应用产品生产、新型干法水泥生产、汽车零部件制造、城市供气供热供排水管网建设经营、旅游景区保护开发和经营及其配套设施建设等行业。

126. 总分机构企业如何享受企业所得税优惠政策？

总机构设在赣州市的企业，仅就设在赣州市的总机构和分支机构（不含赣州市外设立的二级分支机构在赣州市内设立的三级以下分支机构）的所得确定适用15%优惠税率。总机构设在赣州市外的企业，其在赣州市内设立的分支机构（不含仅在赣州市设立的三级以下分支机构），仅就该分支机构所得确定适用15%优惠税率。企业在投资决策时，可以充分考虑注册地的选择，利用好税收优惠政策，为自身发展创造机遇。比如，可以通过调整自身的机构设置，将总部企业和二级分支机构迁到赣州市，赣州市三级以下分支机构升级为二级，赣州市的分公司变为子公司，从而享受15%的企业所得税优惠政策。

127. 企业能否叠加享受企业所得税优惠政策？

企业既符合西部大开发企业所得税优惠政策，又享受企业所得税税法、条例以及国务院相关规定的企业所得税优惠政策的，可以同时享受，叠加适用。

128. 赣州如何运用西部大开发税收政策发展总部经济？

充分发挥西部大开发税收政策优势，加快引进国内外鼓励类产业总部企业，赣州各级政府应做好以下几方面工作：一是对鼓励类产业目录进行研究梳理，编制重点引进的鼓励类产业总部企业指导目录。同时，对在赣州设立分支机构或子公司的总分机构调查摸底，为下一步依托企业定向招商做好准备。二是在落实好国家财税扶持政策基础上，研究出台赣州市促进总部企业发展的实施意见，加大对总部企业在开办入驻、税收优惠、人才引进等方面的政策扶持。三是按照产业性质组建若干总部企业专业招商服务团队，明确招商目标责任，开展政策宣传、招商推荐及项目引进等工作。四是对引进总部企业实行"绿色通道"服务，为总部企业入驻提供优质高效的服务，帮助企业解决实际困难。

129. 企业如何申请享受西部大开发企业所得税优惠政策？

企业申请享受西部大开发企业所得税优惠政策需要经过一定的审核备案程序。企业首次申请享受企业所得税优惠政策时，须在规定的时间内向税务机关提出书面申请并附送相关资料，由税务机关审核确认后，才能享受税收优惠政策，第二年及以后年度实行事后备案管理。具体申报办法及程序按税务部门制定的管理办法执行。

130. 如何理解"进一步加大中央财政均衡性转移支付力度，逐步缩小地方标准财政收支缺口"政策？

中央财政设立均衡性转移支付的目的是缩小地区间财力差距，逐步实现基本公共服务均等化，推动科学发展，促进社会和谐。均衡性转移支付不规定具体用途，由接受补助的省（自治区、直辖市）政府根据本地区实际情况统筹安排。均衡性转移支付资金分配选取影响财政收支的客观因素，考虑人口规模、人口密度、海拔、温度、少数民族等成本差异，结合各地实际财政收支情况，按照各地标准财政收入和标准财政支出差额及转移支付系数计算确定，并考虑增幅控制调整和奖励情况。用公式表示为：某地区均衡性转移支付 =（该地区标准财政支出－该地区标准财政收入）×该地区转移支付系数+增幅控制调整+奖励资金。凡标准财政收入大于或等于标准财政支出的地区，不纳入均衡性转移支付分配范围。

中央均衡性转移支付资金规模不断扩大，从 1995 年的 21 亿元增加到 2011 年的 7486.81 亿元，年均增长 48%。2012 年中央财政均衡性转移支付预算数达 8583.65 亿元。中央财政对赣州的均衡性转移支付规模逐年增加，以 2008～2011 年数据为例，中央财政对赣州均衡性转移支付分别为 5.92 亿元、8.63 亿元、10.06 亿元、11.35 亿元，年均增长 22%。《若干意见》提出"进一步加大中央财政均衡性转移支付力度，逐步缩小地方标准财政收支缺口"。这将提高赣州市县级财力保障水平，缩小地方标准财政收支缺口，增强基本公共服务能力。

131. 如何理解"加大中央财政对赣南等原中央苏区振兴发展的财力补助"政策?

财力补助是一般性转移支付的通俗说法。它不规定具体用途,可由地方作为财力统筹安排使用,旨在促进各地方政府提供基本公共服务的均等化和保障国家出台的重大政策实施。例如:均衡性转移支付、民族地区转移支付、资源枯竭城市转移支付、县级基本财力保障机制、调整工资转移支付等。

赣州地方财力状况较差,收支矛盾突出,财政支出的 2/3 依靠上级转移支付支持,2010 年人均决算财力 5.6 万元/年,仅相当于全省平均水平的三分之二,70% 左右的财力用于人员经费和正常运转支出需要,维持着最基本、低标准的保障水平。《若干意见》提出"加大中央财政对赣南等原中央苏区振兴发展的财力补助",对于缓解赣州地方财力困难将起到很好的"输血"作用。

132. 如何争取中央专项彩票公益金加大对赣州社会公益事业的支持力度?

彩票公益金是从彩票发行收入中按规定比例提取的,专项用于社会福利、体育等社会公益事业的资金,彩票公益金由各省、自治区、直辖市彩票销售机构根据国务院批准的彩票公益金分配政策和财政部批准的提取比例,按照每月彩票销售额据实结算后分别上缴中央财政和省级财政。彩票公益金按政府性基金管理办法纳入预算,实行"收支两条线"管理,专款专用,结余结转下年继续使用,不得用于平衡一般预算。根据财政部《关于印发〈彩票公益金管理办法〉的通知》(财综〔2012〕15 号)规定,上缴中央财政的彩票公益金,主要用于社会福利事业、体育事业、补充全国社会保障基金和国务院批准的其他专项公益事业。

当前,赣州社会福利和体育事业面临较多困难:一是福利设施严重不足,供需矛盾十分突出。全市尚无一所标准化、规范化的综合养老服务机构。二是残疾人数量多、困难程度大。据统计,全市现有残疾人 58 万人,但全市至今没有一所功能完备的残疾人专业康复机构。三是专业性儿童福利机构少，康复和特教设施缺乏，福利机构床位紧缺。全市儿童福利机构床位不及全市孤儿总数的 7.14%，大量孤儿无法实现集中养育，只能散居在乡镇敬老院、光荣院或被迫送给家庭寄养。四是体育设施较差。人均体育场地面积仅为全国、全省人均水平的 32%、60%，至今没有一座能举办综合性体育赛事的体育场馆。

《若干意见》提出"加大中央专项彩票公益金对赣州社会公益事业的支持力度"，这是对赣州社会福利、体育等公益事业的有力支持，是赣州改善落后的社会公益事业状况的历史性契机。赣州将积极争取省里支持，主动向民政部、体育总局、财政部等部委汇报对接。认真研究《彩票公益金管理办法》，切实做好社会福利事业和体育项目的规划、筛选和可行性研究，建立体育和社会福利事业项目库，并积极做好项目申报工作。

133. 《若干意见》为什么提出支持化解赣州市县乡村公益性债务？

长期以来，赣州市财政基础差、底子薄，属典型的"吃饭财政"，仅能维持最基本的"保工资、保运转"需要，地方财政可以用于公益性建设的资金更是捉襟见肘。在国家有关政策的支持和引导下，赣州市县乡村通过银行贷款、国债转贷、民间集资、外国政府贷款等途径积极开展公益性基础设施建设，由此形成了较大规模的债务。据统计，截至 2011 年，全市县乡村公益性债务余额几乎是 2011 年赣州地方财政收入的总和。随着农业税的取消，乡、村没有了财政收入，主要依靠转移支付资金维持乡、村基层政权的运转，之前形成的巨额公益性债务大多数没有还款来源，需由县级财政负责偿还。目前，这些债务除了要付息外，大部分已到还本期，给县域经济的发展增加了沉重包袱。

国家自 2007 年开始化解乡村债务工作，前一阶段主要是化解农村义务教育债务，目前化债重点正在转向乡村垫交税费等其他公益性乡村债务。2009 年 12 月，经国务院同意，国务院农村综合改革工作小组选择重庆等 3 个省份启动了清理化解乡村垫交税费等其他公益性乡村债务试点工作。目前，试点省份已增至 12 个。《若干意见》提出"支持化解赣州市县乡村公益性债务,将公益性建设项目国债转贷资金全部改为拨款",这是解决赣州历史债务问题的有力举措,有利于赣州在振兴发展征程中轻装上阵,促进县域经济加快发展、跨越发展。

134. 中央代地方政府发行的债券是指什么?

中央代地方政府发行的债券本质上是地方政府债券,是指经国务院批准同意,以省、自治区、直辖市和计划单列市政府为发行和偿还主体,由财政部代理发行并代办还本付息和支付发行费的可流通记账式债券。债券期限一般为 3年,利息按年支付,利率通过市场化招标确定。地方政府债券资金主要安排用于中央投资地方配套的公益性建设项目及其他难以吸引社会投资的公益性建设项目,严格控制安排用于能够通过市场化行为筹资的投资项目,不得安排用于经常性支出和楼堂馆所项目建设。投资项目资金使用范围主要包括:保障性安居工程,农村民生工程和农村基础设施,医疗卫生、教育、文化等社会事业基础设施,生态建设工程以及其他涉及民生的项目与配套。

2009~2011 年,赣州共获得地方债资金 11.1 亿元,一定程度上缓解了赣州保障性住房以及其他公益性基础设施建设的资金缺口问题。《若干意见》指出"中央代地方政府发行的债券向原中央苏区倾斜",这是中央扶持原中央苏区加快发展的重要措施,对于推进赣南保障性住房以及道路交通、农田水利、教育设施、医疗卫生等公益性基础设施项目建设具有积极意义。

135. 中国服务外包示范城市的内涵及其优惠政策有哪些?

为了促进各地加快发展服务外包产业,积极承接国际服务外包,提高服务外包企业的竞争力,商务部会同有关部委自 2009 年起开展中国服务外包示范城市试点工作,目前全国共有北京、上海等 21 个试点城市,其中包括江西省南昌市。根据《国务院办公厅关于促进服务外包产业发展问题的复函》(国办函〔2009〕9 号),对服务外包示范城市实行税收优惠、特殊工时工作制、支持人员培训、扶持公共服务平台建设等政策措施。在税收优惠上，财政部专门下发了《关于示范城市离岸服务外包业务免征营业税的通知》（财税〔2010〕64 号）和《关于技术先进型服务企业有关企业所得税政策问题的通知》（财税〔2010〕65 号）两个文件，对税收优惠政策进行了明确、细化：（1）财税〔2010〕64 号文件规定，自 2010 年 7 月 1 日起至 2013 年 12 月 31 日，对注册在 21 个中国服务外包示范城市的企业从事离岸服务外包业务取得的收入免征营业税。（2）财税〔2010〕65 号文件规定，自 2010 年 7 月 1 日起至 2013 年 12 月 31 日止，在 21 个中国服务外包示范城市实行以下企业所得税优惠政策：对经认定的技术先进型服务企业，减按 15% 的税率征收企业所得税；经认定的技术先进型服务企业发生的职工教育经费支出，不超过工资薪金总额 8% 的部分，准予在计算应纳税所得额时扣除，超过部分准予在以后纳税年度结转扣除。

目前，赣州有大专院校 7 所、职业技术学校 37 所，每年培养出大批服务外包从业人员，同时有 10 余家从沿海地区转移进来的企业已经开展服务外包业务。《若干意见》明确"统筹研究将赣州列为中国服务外包示范城市并享受相关优惠政策问题"，将有力促进解决赣州大中专毕业生就业问题，同时鼓励区域内企业加强与世界知名企业的联系，推进赣州服务外包等现代服务业的发展。

136. 《若干意见》提出从哪几个方面加大对赣州建设资金的投入力度？

赣州是经济欠发达地区，经济发展仍属投资拉动型，投资是发展的重要推动力。长期以来，由于区位等原因，赣州没有国家重大项目投资和布局。新中国成立后，国家已经实施了十一个五年计划，除了"一五"时期在赣南建设统调资源的大吉山、西华山和岿美山三大钨矿，以及作为配套动力设施的装机 5 万千瓦的上犹江水电厂外，基本上没有针对赣南苏区投资建设过其他的大型产业和基础设施项目。由于国家投入不足，赣南苏区基础设施建设严重滞后，工业基础十分薄弱，亟需得到国家投资大力支持。

《若干意见》从四个方面提出加大建设资金的投入力度：一是加大中央预算内投资和专项建设资金投入，在重大项目规划布局、审批核准、资金安排等方面对赣南等原中央苏区给予倾斜；二是中央在赣州安排的公益性建设项目，取消县及县以下和集中连片特殊困难地区市级资金配套；三是加大扶贫资金投入；四是国家有关专项建设资金在安排赣州市公路、铁路、民航、水利等项目时，提高投资补助标准或资本金注入比例。这些政策的实施，将使赣南更多的重大基础设施项目列入国家级专项规划，减轻项目资金配套压力，对于加快赣州项目建设起到重要的推动作用。

137. 如何理解"中央在赣州安排的公益性建设项目取消县及县以下和集中连片特殊困难地区市级资金配套"政策？

公益性项目是指非营利性和具有社会效益性的项目。中央安排的公益性建设项目，主要包括水库除险加固、农村饮水、生态建设、社会事业等项目。赣州因财政困难，投资配套能力有限，很多想建也急需建的项目无力开建，许多已立项的项目也因配套资金难以到位而不能按时完工，导致交通、水利、市政公用设施等基础设施建设严重滞后，极大地制约了生产发展和人民生活水平的提高。

《若干意见》提出"中央在赣州安排的公益性建设项目，取消县及县以下和集中连片特殊困难地区市级资金配套"。这意味着今后中央安排的公益性建设项目将不需要县级财政配套，同时，对列入了罗霄山脉连片特困地区的11个县（市）的项目，还将取消市级资金配套。此项政策的实施，将大大减轻地方财政压力，有效解决因配套资金困难影响项目建设问题。

138. 国家专项建设资金提高赣州市项目投资补助标准或资本金注入比例政策有何意义？

国家对公路、铁路、民航、水利等基础设施建设均有相关专项资金给予支持，有的是按一定标准给予补助，如公路建设资金，国家根据不同公路等级每公里按不同标准补助一定资金；有的是通过投入资本金给予补助，如在铁路建设中国家通过铁路建设基金作为资本金投入；在农村电力设施建设中，中央财政区分中西部地区差异，安排不同比例资本金予以补助。《若干意见》提出"国家有关专项建设资金在安排赣州市公路、铁路、民航、水利等项目时，提高补助标准或资本金注入比例"。这将大大缓解赣州项目建设的资金压力，同时也将提高相关部委和央企对赣州项目建设的积极性，使赣州更多的项目得到国家支持。

139. 《若干意见》提出从哪几个方面支持增加信贷投入？

为加大对赣州的货币信贷支持力度，促进赣州大力推进加快发展、转型发展、跨越发展，《若干意见》从三个方面支持增加信贷投入：

一是"鼓励政策性银行在国家许可的业务范围内，加大对赣南等原中央苏区的信贷支持力度"。我国的政策性银行主要有国家开发银行、中国农业发展银行和中国进出口银行。与传统的商业信贷相比，政策性银行贷款主要领域通常包括那些对国民经济发展、社会稳定具有重要意义，投资规模大、周期长、经济效益见效慢、资金回收时间长的项目，如农业开发项目、重要基础设施建设项目等。目前，只有中国农业发展银行在赣州设有分支机构，且业务规模只有数十亿。这项政策的提出将有利于赣州获得更多的国家政策性贷款资金，加快重大项目建设、农业开发和重要基础设施建设，促进赣州脱贫致富、振兴发展。

二是"鼓励各商业银行参与赣南等原中央苏区振兴发展"。银行信贷是赣州融资的主要渠道。但受信贷规模调控等因素影响，2011年末赣州全市银行业机构存贷比仅为57.06%，而地方法人机构的存贷比更低，赣州银行为40.65%，其他三家村镇银行为59.93%。信贷总量小，加上大量的信贷资源难以运用到实体经济发展之中，导致赣州中小微型企业普遍面临资金"严重缺血"的境地。这项政策将有利于赣州争取金融机构更大的信贷支持，支持地方经济发展。

三是"促进赣州地方法人金融机构加快发展，发挥差别准备金动态调整机制的引导功能，支持地方法人金融机构合理增加信贷投放，优化信贷结构，满足有效信贷需求"。所谓差别准备金动态调整，是指对金融机构存款准备金率与其资本充足率、资产质量状况等指标挂钩，动态调整。实行差别准备金制度，有利于货币政策传导，加强流动性管理，抑制货币信贷盲目扩张，进而有利于促进金融机构主动优化信贷结构，满足有效信贷需求。这项政策的提出为赣州地方法人金融机构在统一的货币政策下，与其他地区同类金融机构相比执行较低存款准备金率提供了可能。初步估算，赣州市全部地方法人金融机构都实行同类机构中最低存款准备金率，可为赣州注入近十亿基础货币，这些基础货币通过货币乘数将派生出数十亿的可用资金。

140. 什么是民间资本管理服务公司？

民间资本管理服务公司，目前仅在浙江省温州市开展试点和探索。成立民间资本管理服务公司的主要目的，是建起一个稳定的中小企业融资与民间资本投资的平台。与同样面向小微企业的小额贷款公司相比，民间资本管理服务公司的资金来源显得更加灵活。按规定，小额贷款公司增资只能通过股东出资的方式，民间资本管理服务公司则可以在确定投资项目的前提下，以向特定对象进行募资的方式，吸收财务投资人共同投资。但与小贷公司相同的是，民间资本管理服务公司被严格限制不能吸收公众存款。从投资回报率来说，相比小额贷款公司固定的贷款利率，民间资本管理服务公司的投资回报，既可以视投资项目的盈亏情况按比例分担风险分享收益，也可以约定固定回报。原则上投资期限在 3 个月以内的，回报率不超过同期银行贷款基准利率的 4 倍，超过三个月的则没有限定。《若干意见》提出"支持开展民间资本管理服务公司试点"，将对赣州民间借贷的引导、监管产生积极影响，促进民间借贷行为的阳光化、合法化和规范化。

141. 什么是企业（公司）债券、中期票据、短期融资券、 中小企业集合票据和上市融资？

发行企业（公司）债券、中期票据、短期融资券、中小企业集合票据和上市融资均属直接融资范畴。（1）企业（公司）债券：指企业依照法定程序发行、约定在一定期限内还本付息的有价证券。企业债券持有人有权按照约定期限取得利息、收回本金，但是无权参与企业的经营管理。企业发行企业债券必须按照《企业债券管理条例》（国务院第 121 号令）的规定进行审批，未经批准的，不得擅自发行和变相发行企业债券。地方企业发行企业债券，由中国人民银行省、自治区、直辖市、计划单列市分行会同同级计划主管部门审批；（2）中期票据：根据《银行间债券市场非金融企业中期票据业务指引》，中期票据是指具有法人资格的非金融企业在银行间债券市场按照计划分期发行的，约定在一定期限还本付息的债务融资工具。中期票据是由人民银行主导的银行间债券市场一项创新性债务融资工具，它是由企业发行的中等期限的无担保债，属于非金融机构的直接债务融资工具。中期票据常见期限多在 3～5 年间，因此中期票据的推出弥补了我国债券市场 3～5 年期限信用产品短缺的状况。对于发行人，中期票据的融资资金，可以用于补充流动资金、置换银行贷款、支持项目建设和战略并购等；（3）短期融资券：指企业在银行间债券市场发行（即由国内各家银行购买不向社会发行）和交易并约定在一年期限内还本付息的有价证券；（4）中小企业集合票据：指 2 个（含）以上、10 个（含）以下具有法人资格的企业，在银行间债券市场以统一产品设计、统一券种冠名、统一信用增进、统一发行注册方式共同发行的，约定在一定期限还本付息的债务融资工具。企业发行集合票据应依据《银行间债券市场非金融企业债务融资工具注册规则》在交易商协会注册，一次注册、一次发行；（5）上市融资：就是通过上市来融通资金。即将经营公司的全部资本等额划分，表现为股票形式，经批准后上市流通，公开发行。由投资者直接购买，短时间内可筹集到巨额资金。

当前，赣州融资结构不合理，资本市场融资发展缓慢，社会融资主要依靠银行贷款扩大总量，利用资本市场筹措资金的能力与发达地区相比有较大的差距，难于实现量质齐升的发展。以 2011 年为例，当年赣州市社会融资总量完成 262 亿元，但通过股票市场融资总量为零，债券市场融资仅 20 亿元，直接融资占比不足 8%，利用资本市场融资水平远低于全国、全省平均水平。《若干意见》出台，将极大地拓宽赣州的直接融资渠道，有利于扩大社会融资规模、优化融资结构。

142. 什么是融资性担保公司、再担保公司和小额贷款公司？

融资性担保公司是指依法设立，经营融资性担保业务的有限责任公司和股份有限公司。融资性担保是指担保人与银行业金融机构等债权人约定，当被担保人不履行对债权人负有的融资性债务时，由担保人依法承担合同约定的担保责任的行为。经监管部门批准，融资性担保公司可以经营贷款担保、票据承兑担保、贸易融资担保、项目融资担保、信用证担保、其他融资性担保业务。同时，经批准，融资性担保公司可以兼营诉讼保全担保、投标担保、预付款担保、工程履约担保、尾付款如约偿付担保等其他履约担保业务。融资性担保公司不得从事吸收存款、发放贷款、受托发放贷款、受托投资和监管部门规定不得从事的其他活动。

再担保是指为担保人设立的担保。当担保人不能独立承担担保责任时，再担保人将按合同约定比例向债权人继续剩余的清偿，以保障债权的实现。双方按约承担相应责任，享有相应权利。再担保公司是指专业从事中小企业融资再担保和中小企业直接融资担保等业务的企业。通过再担保机制的补充，金融机构可部分转移开展中小企业信贷业务的金融风险并增强合作力度，引入新的风险分担机制，担保机构可享受合作机制下更多样的合作选择和更优惠的授信条件，合作机制下的中小企业可从利率优惠、保证金等方面降低融资成本。

小额贷款公司是由自然人、企业法人与其他社会组织投资设立，不吸收公众存款，经营小额贷款业务的有限责任公司或股份有限公司。与银行相比，小额贷款公司更为便捷、迅速，适合中小企业、个体工商户的资金需求特点；与民间借贷相比，小额贷款更加规范、贷款利息可双方协商。小额贷款公司是一种新型非银行业金融企业，可弥补传统性的商业性银行在金融服务中的缺位，起到不可替代的"市场补位"的重要作用，对于规范民间融资、完善金融服务体系和支持"三农"、中小企业，推动地方经济社会发展，都具有重大意义。

近年来，赣州市融资性担保公司和小额贷款公司快速发展，截至2012年5月末，全市有融资性担保机构84家，累计担保金额19.4亿元；开业的小额贷款公司 27 家，累计发放贷款金额 61.3 亿元，有力地支持了中小企业和"三农"融资。《若干意见》提出"深化融资性担保公司或再担保公司、小额贷款公司创新试点"，将进一步促进赣州融资性担保公司、小额贷款公司创新发展，对于探索为中小微企业提供更加灵活的担保和融资服务，进一步缓解中小企业融资难问题具有重要意义。

143. 赣州市在农村金融产品和服务方式创新方面进行了哪些尝试？

2009 年以来，赣州在寻乌、龙南两县开展了农村金融产品和服务方式创新试点，目前两个试点县创新贷款业务已初见成效。创新方式主要为抵押模式和品种的创新，重点发展农户住房抵押贷款、农村城镇化贷款、农民承包经营权抵押贷款、果园证抵押贷款、林权抵押贷款等贷款品种。目前，龙南县已在农民住房贷款、林权抵押贷款、"信贷＋保险"信贷业务、扩大惠农卡业务面、农民工返乡创业贷款等项目累计发放创新贷款 9899 万元；寻乌县已在创新农户住房贷款、农村经济组织贷款、农业订单贷款、"信贷＋保险"信贷业务、扶持困难群体创业等项目累计发放创新贷款 5727 万元。《若干意见》提出"大力推动农村金融产品和服务方式创新"，对于进一步促进金融机构创新发展农村金融产品和服务方式，更好地满足农业、农村和农民的多元化金融需求具有重要的现实意义。

144. 什么是村镇银行？

村镇银行是指经中国银行业监督管理委员会依据有关法律、法规批准，由境内外金融机构、境内非金融机构企业法人、境内自然人出资，在农村地区设立的主要为当地农民、农业和农村经济发展提供金融服务的银行业金融机构。村镇银行可经营吸收公众存款，发放短期、中期和长期贷款，办理国内结算，办理票据承兑与贴现，从事同业拆借，从事银行卡业务，代理发行、代理兑付、承销政府债券，代理收付款项及代理保险业务以及经银行业监督管理机构批准的其他业务。按照国家有关规定，村镇银行还可代理政策性银行、商业银行和保险公司、证券公司等金融机构的业务。

村镇银行是真正意义上的"小银行"。村镇银行虽小，却是独立法人，区别于商业银行的分支机构，具有信贷措施灵活、决策快等优势和特点。建立村镇银行是解决我国农村地区银行业金融机构覆盖率低、金融供给不足、竞争不充分、金融服务缺位等"金融抑制"问题的创新之举，对于促进农村地区投资多元、种类多样、覆盖全面、治理灵活、服务高效的新型农村金融体系的形成，改进和加强农村金融服务具有十分重要的意义。目前，赣州有 3 家村镇银行，分别是南康赣商村镇银行、江西赣州银座村镇银行、兴国新华村镇银行。其中江西赣州银座村镇银行是一家总分行制村镇银行，已在赣州设立 11 家县级支行，将于 2012 年底实现县域全覆盖。《若干意见》提出"鼓励和支持设立村镇银行"，将进一步促进赣州村镇银行发展，加强农村金融服务。

145. 《若干意见》对加快赣州产业发展提出了哪些支持政策？

赣州具有良好的资源、生态、劳动力等比较优势，稀土、钨、萤石等矿产资源丰富。但由于基础薄弱、投资不足等原因，产业发展速度慢、规模小、产业链短、产品附加值低，资源优势尚未真正转化为经济优势。特别是受交通、区位等因素影响，国家在赣南投资布局的重大产业项目少，缺乏辐射范围广、带动能力强的旗舰型企业和投资百亿元以上的特大项目。赣州产业振兴发展起点低，如果没有特别的产业发展政策支持，与全国的差距将进一步拉大。

为切实增强赣州自我发展能力，《若干意见》提出对赣州实行差别化产业政策，从规划引导、项目安排、资金配置等多方面，给予全方位的扶持和倾斜。一是"对符合条件的产业项目优先规划布局"。对有条件在赣州市加工转化的资源开发利用项目予以优先规划布局和审批备案；对赣州市具备资源优势、有市场需求的稀土、钨、氟盐化工，以及新型建材、汽车制造、特种钢铁等部分行业的项目准入，可简化程序，优先核准。二是"加大企业技术改造和产业结构调整专项对特色优势产业发展的支持力度"。国家在每年安排重点产业振兴和技术改造专项、中小企业技术改造专项、国家重大科技成果转化补助资金、电子信息产业发展基金、物联网发展专项资金、国家稀土创新发展工程项目、稀土产业调整升级专项扶持资金等专项资金时，对赣州予以重点倾斜，支持赣州特色优势产业加快发展。

146. 《若干意见》为什么提出支持赣州创建国家印刷包装产业基地？

国家印刷包装产业基地是由国家新闻出版总署批准建立，集印刷包装产品研发、创意设计、生产加工、展示销售、教育培训、材料供应、物流配送、信息与金融服务于一体的综合性印刷包装产业承载平台。赣州印刷产业发展具有良好的基础，在赣州香港工业园区内建立了赣州印刷产业基地，2010 年被江西省新闻出版局批准为省级印刷产业基地，2011 年进入国家新闻出版总署新闻出版业改革发展项目库，为江西省规模最大的印刷基地。

目前，珠三角地区有"三来一补"印刷企业上千家，珠三角地区已经成为世界第四大印刷中心，年产值达 3000 亿元，占全国印刷产业的三分之一。在加工贸易政策调整、国际金融危机冲击、人民币汇率变动、原材料和劳动力成本上涨等因素影响下，这些企业正在面临转移的紧迫选择。赣州紧邻珠三角地区，具有承接珠三角印刷产业的区位优势。《若干意见》提出"支持赣州创建国家印刷包装产业基地，并实行来料加工、来样加工、来件装配和补偿贸易的政策"。赣州印刷产业基地享受"三来一补"政策后，外资印刷企业可以印刷境外印刷品，在税收上享有相应的优惠，可以更好地吸引珠三角、全国乃至全球的印刷企业来赣州投资发展。

147. 《若干意见》在增强赣州用地保障方面提出了哪些支持政策？

为增强赣州用地保障，《若干意见》提出了以下几方面土地支持政策：一是在安排土地利用年度计划、城乡建设用地增减挂钩周转指标等方面，加大对赣南等原中央苏区的倾斜；二是支持赣州开展低丘缓坡荒滩等未利用地开发利用试点和工矿废弃地复垦利用试点，相关指标单列管理；三是支持开展农村土地综合整治工作，研究探索对损毁的建设用地和未利用地开发整理成园地的，经认定可视同补充耕地，验收后用于占补平衡。

148. 什么是土地利用年度计划和城乡建设用地增减挂钩？

土地利用年度计划是根据土地利用总体规划和国民经济发展计划，对年度内各项用地数量的具体安排，包括新增建设用地量、土地开发整理补充耕地量和耕地保有量等的具体安排。它是实施土地利用总体规划的主要措施，是当年农用地转用审批、建设项目立项审查和用地审批、土地开发和土地管理的依据。据测算，"十二五"期间，赣州市交通、水利等基础设施建设项目、招商引资中的"好、大、优"等重点项目、保障性住房、"两新"工程等项目，每年的用地需求量均突破6万亩，而每年下达赣州市新增建设用地年度计划约为1.39万亩，新增用地计划缺口大，用地供需矛盾非常突出，急需国家倾斜赣州用地计划，保障用地需求。

城乡建设用地增减挂钩，是依据土地利用总体规划，将若干拟拆旧复垦为耕地的农村建设用地地块（即拆旧地块）和拟用于安置和城镇建设的地块（即建新地块）等面积共同组成拆旧建新项目区，通过拆旧建新和土地整理复垦等措施，在保证项目区内各类土地面积平衡的基础上，最终实现增加耕地面积、提高耕地质量、优化土地利用空间、节约集约用地、城乡用地布局更合理的目标。赣州市农村人口多，城市化水平低，新农村建设任务繁重，极有必要开展城乡建设用地增减挂钩试点，改善农民生产生活条件，促进城乡统筹发展。

149. 《若干意见》支持赣州开展低丘缓坡荒滩等未利用地开发利用试点有什么重要意义？

低丘缓坡荒滩等未利用土地开发利用，是指选择具有一定规模、具备成片开发利用条件的低丘缓坡荒滩等未利用地区域，合理确定土地开发利用的用途、规模、布局和时序，促进城镇建设、工业建设和农村新居民点建设中科学开发和充分利用未利用土地。

《若干意见》提出"支持赣州开展低丘缓坡荒滩等未利用地开发利用试点"，这是专门针对赣州国土特点的特别政策措施。赣州低丘缓坡资源丰富，据统计，全市林地总面积 4397.58 万亩、园地面积 197.19 万亩、未利用地总面积 182.7 万亩，分别占土地总面积的 74.45%、3.34%、3.09%，三者合计占土地总面积的 80.88%，基本分布在低丘缓坡土地上。根据《赣州市低丘缓坡荒滩等未利用土地开发利用试点专项规划（2010～2020 年）》，赣州具备 44 个区块非耕地面积大、区位优势明显、基础设施条件较好的低丘缓坡荒滩等未利用土地，面积超过 20 万亩。通过低丘缓坡荒滩等未利用土地开发利用试点，将大大减少建设占用耕地，特别是平原优质耕地，对于增强全市土地保障能力，缓解土地供需矛盾，促进经济社会又好又快发展具有十分重要的意义。

150. 开展工矿废弃地复垦利用试点有哪些要求？

工矿废弃地复垦利用试点，是将历史遗留的工矿废弃地以及交通、水利等基础设施废弃地加以复垦，并与新增建设用地相挂钩，确保建设用地总量不增加、耕地面积不减少、质量有提高的措施。开展试点的条件必须是已完成土地利用总体规划修编和工矿废弃地复垦调整利用专项规划编制，且工矿废弃地面积较大、产权明晰，复垦农用地的潜力较大。依据《土地复垦条例》规定，应由土地复垦义务人负责复垦的工矿废弃地，不得纳入试点范围；使用国家资金投资的，不得纳入试点范围。

新中国成立以来，赣南累计开采钨精矿 130 万吨，占全国一半以上；累计开采稀土 25 万吨，占全国中重稀土总量的七成以上，长期的开采造成大量的工矿废弃地。由于赣州地方财力有限，对工矿废弃地治理的投入不足，以及缺乏相关政策的扶持，工矿废弃地复垦治理任务十分艰巨。根据《赣州市工矿废弃地复垦利用专项规划（2011～2020 年）》，全市工矿废弃地面积较大、产权清晰、复垦耕地潜力较大、无复垦义务人、具备工矿废弃地复垦利用试点条件的县有 13 个，面积 12 万亩。开展工矿废弃地复垦利用试点，一方面能促进工矿废弃地治理，同时又与新增建设用地相挂钩，对于改善矿区生态环境、拓展用地空间具有十分重要的意义。

151. 赣州如何加强农村土地综合整治?

农村土地综合整治是在一定的区域内，按照土地利用总体规划确定的目标和用途，以土地整理、复垦、开发和城乡建设用地增减挂钩为平台，推动田、水、路、林、村综合整治，改善农村生产、生活条件和生态环境，促进农业规模经营、农民集中居住、产业聚集发展，推进城乡一体化进程的一项系统工程。

赣州耕地资源有限，耕地面积仅占土地总面积的 9.73%，人均耕地 0.63 亩，低于江西省人均水平（0.99 亩/人），远远低于全国人均水平（1.41 亩/人），也低于联合国粮农组织所规定人均耕地 0.8 亩的警戒线。而且现有574.5 万亩耕地中，高排田、冷水田等中低产田超过总面积的 1/3，大多分布在山间峡谷、坡地或低丘地。据调查，至 2015 年全市需要实施土地整治的面积 19.46 万亩，农村土地整治任务艰巨。

开展农村土地综合整治：一是坚持政府领导，建立共同推进工作的机制。以地方政府为主导，统筹各部门资源，形成相关部门协调配合、农村集体经济组织和农民群众积极参与、聚合相关涉农资金的联动机制，有效防止工作的失误和偏差，共同落实坚守红线的责任；二是坚持规划先行，与城乡建设、产业发展、生态建设、新农村建设等规划有机结合，科学合理布局生产、生活、生态用地，使农民居住向中心村镇集中，耕地向适度规模经营集中，产业向园区集中，实现耕地增加、用地节约、布局优化、要素集聚的目标；三是以促进农民增收、农业增效和农村发展为出发点和落脚点，把维护农民合法权益放在首位，坚持最严格的耕地保护和节约用地制度，坚持群众自愿、因地制宜、量力而行、依法推进，按照统筹规划、整合资源、加大投入、实施田水路林村综合治理的原则，以农田整治为重点，提高高产稳产农田比重和节约集约用地水平；四是根据当地经济社会发展水平，顺应农民改善生产生活条件的愿望和能力，先示范、后推进，防止一哄而上。

152. 为什么要开展稀土采矿临时用地改革试点?

　　赣州南方离子型稀土矿开采有自身的特点:一是采矿时间短,采矿用地一般使用1~2年;二是采用原地浸矿开采工艺,对山林植被破坏较小,基本不改变原有的农业用地性质,采矿后林地和其他土地复绿、复耕难度较小;三是采矿后可还地于民,土地所有权、使用权可不发生转移,土地用途基本不变。采取征用采矿临时用地的用地方式,可以较好地与法律、法规及现行的土地管理制度和规定相衔接。

　　当前,稀土矿山面临使用林地和其他土地时采矿权人难以进入及补偿标准不统一的问题,严重影响稀土开发秩序,必须深化采矿用地使用制度改革,创新采矿用地方式,破解发展难题。《若干意见》提出"支持开展稀土采矿临时用地改革试点",将有效地解决制约赣州稀土矿山开采用地问题。

153. 如何理解"支持对稀土、钨残矿、尾矿和重点建设项目压覆稀土资源进行回收利用,对因资源枯竭而注销的稀土、钨采矿权,允许通过探矿权转采矿权或安排其他资源地实行接续"政策?

　　赣州钨矿开采历史已有一百多年,稀土开采历史也有四十多年,早期稀土、钨矿的开采,生产工艺落后,经营方式粗放,稀土、钨回收率低,排放的尾矿中仍含有一定数量资源。同时,开采者为了追求经济效益最大化,采富弃贫,致使一些矿区仍留存少量低品位的残矿。随着矿产品价格的上涨,这些残矿、尾矿便具有开采和利用价值,如果在治理过程中不回收利用,将造成国家资源浪费。赣州钨、稀土废弃矿山面积比较大,残矿、尾矿较多,支持对稀土、钨残矿、尾矿综合回收利用,既可以促进集约节约利用资源,又可以通过综合回收的收益,缓解废弃矿山生态环境治理资金压力,实现"以矿治矿"。对稀土及钨残矿、尾矿和重点建设项目压覆稀土资源进行回收利用，是矿产资源节约与综合利用的具体体现，是大力发展循环经济的必然要求。

国土资源部 1999 年下发《关于对稀土等八种矿产暂停颁发采矿许可证的通知》（国土资发〔1999〕104 号），停止新办稀土、钨矿采矿权。赣州稀土、钨矿产资源丰富，但经过长期的开发利用，许多矿山资源已枯竭或接近枯竭，急需进行稀土、钨资源枯竭矿山接续。《若干意见》提出"支持对因资源枯竭而注销的稀土、钨采矿权，允许通过探矿权转采矿权或安排其他资源地实行接续"，对增强赣州稀土、钨产业发展的资源保障具有重要意义。赣州将充分利用好这一政策，认真编制稀土、钨资源枯竭矿山资源接续区设置实施方案，不突破现有稀土、钨采矿权总数，本着"枯竭一批、投放一批、注销一批"的原则，设置采矿权，采取探矿权转采矿权、扩大矿区范围、国家稀土规划区内新设矿权、国家稀土规划区外新设矿权、基金项目内设立接续区、其他资源地（共伴生钨矿）实行接续等方式实行资源枯竭矿山接续，以保障赣州钨、稀土产业持续发展。

154. 什么是矿产资源开采、生产总量控制指标？

根据《国务院关于将钨、锡、锑、离子型稀土矿产列为国家实行保护性开采特定矿种的通知》（国发〔1991〕5 号），国家对钨、锡、锑、离子型稀土矿产等国家保护性开采的特定矿种，从开采、选冶、加工到市场销售、出口等各个环节，实行有计划的统一管理。国家于 2002 年和 2006 年开始对钨矿、稀土实行开采总量控制管理，随后又对钨、稀土实行指令性生产计划管理，每年下达钨、稀土资源开采总量控制指标，以及钨精矿、稀土矿产品和稀土冶炼分离产品指令性生产计划指标。近年来，赣州稀土、钨产业发展速度加快，已成为主要经济支柱，但开采、生产总量控制指标难以满足稀土、钨产业发展的需求。《若干意见》提出"对稀土、钨矿等优势矿产资源在国家下达新增开采、生产总量控制指标时给予倾斜"，将有效解决因开采、生产指标不足导致的资源供给瓶颈问题，促进赣州稀土、钨产业持续健康发展。

155. 什么是绿色矿山?

2010 年国土资源部发布《关于贯彻落实全国矿产资源规划发展绿色矿业建设绿色矿山工作的指导意见》，提出了建设"绿色矿山"的明确要求，并于 2011 年 3 月公布了首批"绿色矿山"试点单位。"绿色矿山"的要求包括依法办矿、规范管理、资源综合利用、技术创新、节能减排、环境保护、土地复垦、社区和谐、企业文化等九大方面。建设绿色矿山，是矿山企业经营管理方式的一次变革，对于完善矿产资源管理共同责任机制，全面规范矿产资源开发秩序，加快构建保障和促进科学发展新机制具有重要意义。2011 年赣州市茅坪钨钼矿和蕉里铅锌矿两矿山已被国土资源部列为第二批国家级绿色矿山建设试点单位，目前两矿山正在组织编制绿色矿山建设的发展规划。

156. 如何理解"将东江源、赣江源列为国家生态补偿试点"?

生态补偿是以保护和可持续利用生态系统服务为目的，以经济手段为主调节相关者利益关系的制度安排。更详细地说，生态补偿机制是以保护生态环境，促进人与自然和谐发展为目的，根据生态系统服务价值、生态保护成本、发展机会成本，综合运用行政和市场手段，调节生态保护利益相关者之间利益关系的公共制度。

作为江西的母亲河赣江和香港饮用水源东江的重要源头，鄱阳湖以及长江中下游重要饮用水源地，赣南人民自觉承担社会责任，为保护好水源作出了巨大牺牲，放弃了许多发展机会和经济利益。《若干意见》提出"将东江源、赣江源列为国家生态补偿试点"，将有效地解决赣州生态保护与经济发展的突出矛盾，进一步增强建设东江源、赣江源生态系统的积极性，推进东江源、赣江源生态保护与建设。

157. 什么是国家重点生态功能区?

国家重点生态功能区包括《全国主体功能区规划》中限制开发区域和禁

止开发区域，其功能定位是：保障国家生态安全的重要区域，人与自然和谐相处的示范区。在全国生态功能区规划中，赣州被划为"江西东江源水源涵养重要区"、"南岭山地水源涵养重要区"和"南岭山地生物多样性保护生态功能区"，其中寻乌、安远、定南、崇义、大余、上犹、龙南、全南8个县纳入国家南岭山地生物多样性保护生态功能区，并列入国家重点生态功能区转移支付资金支持范围。作为东江和赣江源头区域，东江源头县市和章江源头县市大部分已纳入国家重点生态功能区范围。《若干意见》提出"结合主体功能区规划调整和完善，研究将贡江源头纳入国家重点生态功能区范围，提高国家重点生态功能区转移支付系数，中央财政加大转移支付力度"，赣州将加强向国家发改委、财政部、环保部对接汇报，在国家对主体功能区规划进行调整时，将贡江源头各县纳入国家重点生态功能区范围，并积极争取中央财政逐步加大对赣州国家重点生态功能区转移支付。

158. 什么是资源型企业可持续发展准备金制度？

为保证资源型企业实现可持续发展战略目标，履行安全、环保等社会责任，国家正研究建立资源型企业可持续发展准备金制度。可持续发展准备金由矿山企业在税前按一定比例从成本中提取，专门用于支持矿山企业可持续发展的各项需要，如环境恢复与生态补偿、发展接续替代产业、解决历史遗留问题和企业关闭后的善后工作等。《若干意见》提出"加快建立资源型企业可持续发展准备金制度"，这对于加强矿山生态环境治理、促进赣州可持续发展具有重要意义。

159. 国家对公益林有哪些生态补偿政策？

生态公益林是指生态区位极为重要，或生态状况极为脆弱，对国土生态安全、生物多样性保护和经济社会可持续发展具有重要作用，以提供森林生态和社会服务产品为主要经营目的的重点防护林和特种用途林。包括水源涵养林、水土保持林、防风固沙林和护岸林，以及自然保护区的森林和国防林等。在我国，生态公益林按事权等级划分为国家公益林和地方公益林。目前，国家级生态公益林每年由中央财政给予了一定的经济补偿，补偿标准为国有每亩每年5元、集体每亩每年10元。

　　赣州是我国南方地区重要的生态屏障，是典型的丘陵山区。全市林业用地面积4595.6万亩，占全市国土面积的77.8%，占全省林地面积的1/4。森林覆盖率76.2%，名列全省第一，在全国设区市中列第九。全市共实施国家级生态公益林和省级生态公益林保护面积1509万亩，占全市林地面积的1/3。公益林面积大，在一定程度上影响到经济林、油茶、速生丰产林等产业山地开发。《若干意见》提出"加大对国家公益林生态补偿投入力度"，这对于赣州加强生态公益林的管护和弥补林农经济损失具有重要意义。

160.《若干意见》对加强干部交流提出了什么支持政策？

　　干部挂职交流是培养干部的有效形式，也是增进双方交流合作的重要途径，《若干意见》提出"加大东部地区、中央国家机关和中央企事业单位与赣南等原中央苏区干部交流工作的力度"，将进一步加强赣州与东部地区、中央国家部委和企事业单位的沟通联系。2007年以来，共有8家中央国家机关和企事业单位选派13名领导干部到赣州挂职，他们为赣州带来全新的思想和务实的作风，特别是在帮助赣州理清发展思路、拟定科学规划、健全工作机制等方面发挥了积极的作用。

　　目前，赣州正处于加快发展转型发展的关键时期，迫切希望东部地区、中央国家机关和企事业单位选派一批熟悉产业经济、精于行政管理、善于资本运作的领导干部来挂职。同时，也迫切需要选派一批中青年干部赴东部地区、国家机关和国企挂职锻炼，丰富阅历，增长见识，启迪思维，拓展思路，增长才干，为建设创业、宜居、平安、生态、幸福赣州，提供坚强有力的智力支持和人才保证。

161.《若干意见》为什么提出鼓励中央国家机关
在瑞金设立干部教育培训基地？

　　瑞金是享誉中外的红色故都、中华苏维埃共和国临时中央政府的诞生地，具有极其宝贵和丰富的精神财富和红色教育资源。目前，瑞金已经成为包括井冈山干部学院、上海市委党校在内的各级党校、行政学院和干部学院的实践教育基地，每年都有 20 多万全国各地的党员干部来瑞金开展各种教育培训活动。在瑞金建立干部教育培训基地，具有得天独厚的办学条件和独一无二的资源优势。

中央和国家部委在瑞金设立干部教育培训基地，一方面，可以充分利用部委所属高校、科研院所、培训中心等培训资源，为赣南苏区干部的教育培训提供帮助。另一方面，可以有效地整合瑞金的各类教育资源，重点开展苏区精神和苏区干部好作风的干部培训教育，对于进一步弘扬苏区精神和苏区干部好作风，预防和克服"精神懈怠的危险，能力不足的危险，脱离群众的危险，消极腐败的危险"具有十分重要的现实意义和极其深远的历史意义。

162. 国家重大人才工程和引智项目主要包括哪些内容？

2010 年，中央在《国家中长期人才发展规划纲要（2010～2020 年）》中，编制了 12 项重大人才工程：创新人才推进计划、青年英才开发计划、企业经营管理人才素质提升工程、高素质教育人才培养工程、文化名家工程、全民健康卫生人才保障工程、海外高层次人才引进工程、专业技术人才知识更新工程、国家高技能人才振兴计划、现代农业人才支撑计划、边远贫困地区边疆民族地区和革命老区人才支持计划、高校毕业生基层培养计划。

近年来，赣州充分发挥资源优势，吸引了不少高层次人才来赣州创业，但由于自有生产要素少，没有国家重大产业、重大工程和重点项目的布局，没有国家级知名教育、医疗机构、大型中央企业等人才依附载体，也缺乏国家级重点实验室和国家级科研机构，再加上地处山区，工资待遇偏低，人才吸附力较弱，制约了高层次人才和创新创业人才的引进。2008 年以来，赣州每年都编制人才需求目录，并在国家、省主流媒体发布引才公告，至今没有引进 1 人。截至 2011 年末，全市国有企业、事业单位中，具有副高级以上职称的 9832 人，仅占体制内专业技术人才总量的 8%。《若干意见》提出"国家重大人才工程和引智项目向原中央苏区倾斜"，必将为经济欠发达、后发展的赣州提供更强有力的人才支撑和智力保证。

163. 什么是院士工作站和博士后科研工作站？

院士工作站系由政府推动，以企事业单位创新需求为导向，以中国科学院院士、中国工程院院士及其团队为核心，以地方研发机构为依托，联合进行科学技术研究的高层次科技创新平台。院士工作站旨在促进科技成果产业化，培养创新人才队伍，为增强企事业单位的自主创新能力提供强有力的支撑；博士后科研工作站是指在企业、科研生产型事业单位和特殊的区域性机构内，经批准可以招收和培养博士后研究人员的组织。

建立院士工作站和博士后科研工作站，是引导院士、专家等高端人才及技术、信息等创新要素向企业集聚的重要载体。2012年4月赣州市成立了首个院士工作站"江西省地矿局赣南地调大队院士工作站"，2008年江西理工大学钨资源高效开发及应用技术教育部工程研究中心被国家人力资源和社会保障部批准设立博士后科研工作站。《若干意见》提出"支持符合条件的单位申报建立院士工作站和博士后科研工作站"，对于促进赣州创新型人才培养，切实提高自主创新能力，推进创新型城市建设具有重要意义。赣州将积极引导和鼓励具备条件的企业、高校、科研院所和园区申报建站，大力支持申请建站单位争取高端人才扶持政策。

164. 《若干意见》提出建立中央国家机关对口 支援政策的主要考虑是什么？

对口支援即经济发达或实力较强的一方对经济不发达或实力较弱的一方实施援助的一种政策性行为。目前，国家仅在新疆、西藏、青海藏区等特殊地区实行了对口支援政策，组织发达地区和中央国家机关实施对口支援。

赣州是全国较大的集中连片特殊困难地区之一，国家扶贫开发重点县占了全省的38%，国定贫困村占了全省的38.8%，省级扶持贫困村占了全市行政村总数的35%。贫困面之广和贫困村数量之多，就地级市而言在全国不多见。按国家最新的2300元贫困线标准，全市贫困人口约215.5万人，贫困发生率达 29.9%，高出全国平均水平 16.5 个百分点，扶贫攻坚任务艰巨，动员和鼓励中央国家机关、中央企业和社会各界积极参与和支持赣州经济社会发展非常必要。

《若干意见》提出，"建立中央国家机关对口支援赣州市 18 个县（市、区）的机制，加强人才、技术、产业、项目等方面的对口支援"，对于赣州加强与中央国家机关联系，争取国家部委大力支持具有重要意义。落实对口支援政策，首先要制定对口支援实施方案，确定"一对一"结对关系和主要任务，编制相关专项规划，加强人员培训，争取国家从 2013 年起全面实施赣州对口支援工作，积极争取中央国家机关在项目资金、产业发展、干部交流、人员培训等方面加大支持力度，帮助赣州改变贫困落后的面貌。其次要创新对口支援模式和机制，充分发挥赣州自然资源和劳动力资源优势，支持支援方和受援方共建产业基地，推动部县（企县）合作、资本与技术融合，实现利益共享、合作双赢，大力支持特色产业的发展，提升赣州自身造血功能，增强自我发展能力。

165. 如何争取中央企业加大对赣州的帮扶？

中央企业是国民经济的主体，是中国经济发展的引擎，对经济社会发展的带动作用巨大。赣州矿产资源丰富，素有"世界钨都"和"稀土王国"之美称，区位和劳动力资源优势明显，产业发展有一定的基础。同时，赣州还是许多中央企业的发源地，与中央企业有深厚的历史渊源。充分利用中央企业的产业优势和赣州的资源优势，引进中央企业在赣州投资合作，长期发展，互利共赢，是实现赣南苏区振兴发展的重要途径。

《若干意见》提出"鼓励和支持中央企业在赣州发展，开展帮扶活动"，对赣州加强与中央企业合作提供了强有力的政策支撑。为大力引进中央企业，赣州将按照互惠互利、共同发展的原则，以项目为支撑，在优势资源开发、特色产业发展，人才交流和智力引进等方面与中央企业开展多领域合作。一是充分利用赣州区位优势和资源特点，围绕重点产业、重大项目、重点区域和产业平台，编制央企对接合作规划，重点引进高端矿产业、金融业、能源产业、新能源汽车等战略性新兴产业，设立央企产业园、产业基地，衔接央企产业链条，打造产业板块，拓展央企招商合作空间，争取央企的产业支持，引进央企来赣州设总部、办分厂；二是充分利用革命老区的特殊优势和与央企的历史渊源，积极寻求央企在赣州实施基础设施建设项目、能源建设项目、扶贫开发项目和其他公益项目，扩大合作范围，争取央企的项目资金扶持；三是加强与央企的人才交流，选派本地企业高管到央企学习深造，争取央企高管到赣州各地、各部门挂职、任职，学习交流先进理念和管理经验；四是优化服务环境，建立央企引资、服务激励措施，鼓励各地、各部门积极对接央企、合作央企、服务央企，争取央企项目，加大定点帮扶或扶贫力度。

166. 如何利用社会力量积极参与对口支援赣州发展？

社会扶贫是针对政府财政扶贫提出的一个概念。财政扶贫是指中央和地方政府安排的财政资金，通过专门的扶贫工作机构开展的扶贫。社会扶贫是除财政扶贫之外，动员和组织社会各界力量开展的所有扶贫活动和扶贫行为。

《若干意见》提出"鼓励社会力量积极参与对口支援"，赣州将运用舆论宣传、政策引导、典型带动等措施和办法，鼓励和引导各类人民团体、社会组织、民营企业和广大公众积极参与扶贫开发，针对特殊困难地区群众脱贫致富的要求，通过定点帮扶、结对帮扶、实施专项扶贫工程、参与具体扶贫活动等多种形式，支持产业发展，援建基础设施，发展教育卫生，改善生产生活条件，开展生态环境建设。工会、共青团、妇联、科协、工商联等群团组织要结合自身优势，坚持不懈地开展形式多样的扶贫济困活动，引导和鼓励各类专业技术人才和青年志愿者到贫困地区服务，支持和帮助城市工商企业尤其是民营企业到贫困地区发展、创业。要不断扩大扶贫领域的国际交流与合作，引进更多国际非政府组织参与赣州的扶贫开发。

后　记

　　本书的编撰出版得到了国家发展改革委的高度重视，地区经济司给予了大力支持，范恒山司长、刘苏社副司长对本书的框架结构及主要内容作了悉心指导，范恒山司长还亲自撰文对《若干意见》进行了全面系统、深入浅出的解读，中部地区发展处彭实铖同志提出了修改意见。江西省委常委、赣州市委书记史文清亲自出题并审定大纲，江西省发展改革委等省直部门单位对书稿内容提出了具体的指导性意见。赣州市委常委、市委秘书长彭业明精心组织、统筹协调，赣州市委政研室认真做好具体撰写工作，赣州市直各部门单位提供了大量翔实的素材。本书的出版饱含了国家发展改革委、江西省和赣州市领导的关心支持，凝聚了有关单位和全体编撰人员的智慧和心血，是集体劳动的结晶、团队协作的结果。在此，对关心支持本书出版的各级领导、有关单位和编撰工作人员表示衷心的感谢！

　　本书编写组成员：彭业明、刘建明、杨赋、黄京山、黄红民、黄明哲、陈昌保、潘金城、林小兵、杨兴国、杨冰、李民湖、朱伏飞、陈朝栋、刘央、潘九根、胡宗洪、赖路成、陈晔明、华春林、吴晓红、邱轶群、刘建华。

编者

2013 年 2 月

图书在版编目（CIP）数据

《国务院关于支持赣南等原中央苏区振兴发展的若干意见》简明读本/
《〈国务院关于支持赣南等原中央苏区振兴发展的若干意见〉简明读本》
编写组编. —北京：社会科学文献出版社，2013.6（2013.7重印）
　ISBN 978 - 7 - 5097 - 4639 - 4

　Ⅰ.①国…　Ⅱ.①国…　Ⅲ.①区域经济发展 - 赣南地区 - 学习参考资料
②社会发展 - 赣南地区 - 学习参考资料　Ⅳ.①F127.56

　中国版本图书馆 CIP 数据核字（2013）第 098751 号

《国务院关于支持赣南等原中央苏区振兴发展的若干意见》简明读本

编　　者／本书编写组

出 版 人／谢寿光
出 版 者／社会科学文献出版社
地　　址／北京市西城区北三环中路甲 29 号院 3 号楼华龙大厦
邮政编码／100029

责任部门／社会政法分社（010）59367156　　责任编辑／尹传红　黄金平
电子信箱／shekebu@ ssap. cn　　　　　　　　责任校对／张怀波　张艳艳
项目统筹／王　绯　　　　　　　　　　　　　责任印制／岳　阳
经　　销／社会科学文献出版社市场营销中心（010）59367081　59367089
读者服务／读者服务中心（010）59367028

印　　装／北京季蜂印刷有限公司
开　　本／787mm×1092mm　1/16　　　印　　张／26.75
版　　次／2013 年 6 月第 1 版　　　　　字　　数／432 千字
印　　次／2013 年 7 月第 2 印刷
书　　号／ISBN 978 - 7 - 5097 - 4639 - 4
定　　价／58.00 元